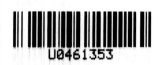

时尚的启迪：关键理论家导读

Thinking Through Fashion: A Guide to Key Theorists

[英] 安格内・罗卡莫拉 Agnès Rocamora

[荷] 安妮克・斯莫里克 Anneke Smelik　编著

陈涛　李逸　译

重庆大学出版社

目 录

致　谢

出版社和编辑同仁希望在此感谢本书相关内容的版权所有者，他们的慷慨授权令本书得以面世。我们已经尽力联系了每一位版权所有者，但是万一无意间仍有疏漏，我们也十分乐意在第一时间作出必要的调整。非常感谢丛书编辑雷娜·刘易斯（Reina Lewis）和伊丽莎白·威尔逊（Elisabeth Wilson）对本书的设想所给予的热情回应。她们对本书的长期帮助和编审过程中的批评建议令我们获益匪浅。此外，本书的顺利出版还得益于托里斯出版社（I.B. Taurist）的菲利普·普鲁斯特（Philippa Brewster）的倾情帮助。不仅如此，我们同样还要感谢作者们在编审过程中不厌其烦的积极配合。最后，鲁斯·利夫朗（Roos Leeflang）在手稿筹备方面的贡献也令我们不胜感激。

1

THINKING THROUGH FASHION

An Introduction

引论
通过时尚来思考

安格内·罗卡莫拉和安妮克·斯莫里克
Agnès Rocamora and Anneke Smelik

一场思索就是一趟航程。
——德勒兹和加塔利（Deleuze & Guattari, 1987: 482）

上篇
时尚的理论化

面纱对当代穆斯林身份的确认、女性在时尚杂志中的再现、男性内衣的文化史、时尚博客的兴起、走秀的起源及其对现代性定义的贡献、创意经济和非洲时尚的全球化，这些只是方兴未艾的时尚研究领域所涉及的部分话题（详见 Lewis, 2013; Jobling, 1999; Cole, 2009; Rocamora, 2012; Evans, 2013; Rabine, 2002）。所有的时尚研究文本都有一个共同的愿景，即理解时尚，并剖析时尚表象背后的社会文化动因。事实上，时尚如今已经成为社会和文化理论研究的一个重要课题，许多研究都致力于理解这个复杂的领域。对时尚不同层面的考察表明，时尚提供了一个内容丰富的平台，人们可以借此反思包括消费实践、生产实践和身份政治在内的重要社会文化问题。

通过时尚进行思考，就像通过任何文化过程和经验进行思考一样，是一项令人兴奋和富有挑战性的实践。然而，由于思想家们通常没有写过关于时尚的专门著述，因此时尚研究又不同于其他文化批评，它有赖于个人对大量理论概念的批判性积累。本书旨在陪伴读者通过时尚来思考，试图帮助他们理解社会文化理论与时尚、衣着乃至物质文化的互动关系。为此，本书精选了一些重要的思想家，介绍其关键性理论概念与思想，并探讨这些观点是如何被其他作者恰当地运用到时尚研究之中的。

本书所谓的“时尚”是一种广义的用法，既指服饰、外貌，也指风格。它既是一种物质文化，也是一套符号系统（Kawamura, 2005）；它既是生产和售卖物质产品的商业体系，也是与现代性和后现代性紧密联系的社会文化力量。因此，物品和符号共同构成了时尚，并通过其自身生产、消费、分配和再现的实践，联系起了无数个人和集体。时尚研究必然牵涉从生产到消费、从意义到象征的广阔领域，研究者也必须打破学科界限，广泛涉猎相关理论。因此，尽管直到 20 世纪 80 年代早期，对服饰、外貌和风格的研究一直由服装史学家、艺术史学家和博物馆策展人主导，但它也受到人类学、语言学和文化研究的关注（Burman and Turbin, 2003; Mora 等 , 2014）。尤其是文化研究方面的探索，将时尚研究的领域扩展到更广泛的社会、文化和经济问题（Breward, 2003）。因此文化研究本质上是跨学科的，它受到本书所讨论的大多数理论家的影响。

“时尚研究”一词也逐渐成了涵盖许多学科的广义研究，囊括了历史（例如服装史）、哲学、社会学、人类学，也包含文化研究、女性研究和媒介研究（Mora 等 , 2014）。因此时尚研究的路径非常丰富，基于具体物品的时尚物质性考察和对时尚内在动因的分析（包括全球化、后殖民主义等）并行不悖（详见 Maynard, 2004; 关于后殖民主义，见 Rabine, 2002; Hendrickson, 1996; 关于时尚和创意产业，见 Root, 2013; Rantisi, 2004; Santagata, 2004）。

因此，时尚研究实际上也是跨学科的。即便研究者主要关注某一特定的学科，例如艺术史或物质人类学（material anthropology），他们也总是需要知道或至少了解其他相关的学科。本书有助于引导学生和研究者在不同的学科背景下“通过时尚来思考”。当研究者选择关注时尚的某个具体维度——例如关注生产而非消费，关注媒介的再现而非衣材的磨损——之时，他们需要选择适当的理论方法来有效地进行研究并分析结果。本书在时尚的背景下对主要理论家进行评价性介绍，并以此为读者提供相关理论的概述，帮助其更深入、更具批判性地“通过时尚来思考”。

“通过时尚来思考”的基本前提是，理论家们已经为我们提供了思考的宝贵理论工具，而为了理解和分析时尚，与这些理论打交道是必不可少的。在《柯林斯社会学词典》（*Collins Dictionary of Sociology*）中，大卫·贾瑞（David Jary）和茱莉亚·杰瑞（Julia Jary）将“理论”（theory）一词定义为：“任意一组由逻辑或数据联系起来的假说或命题，用于解释经验现实或某类现象。”（1995: 686）因此，时尚的理论化意味着发展相应的命题和论点，以促进对时尚逻辑及其表现形式的理解，其目的在于解释与时尚相关的多种实践（Williams, 1983），即再现、生产和消费。

理论的概念维度使其蒙受抽象和脱离现实的指责。然而，正如特里·伊格尔顿（Terry Eagleton）所说：“理论的真正困难之处并非其复杂性。恰恰相反，理论之困难正在于它要求我们拒绝一切理所当然，拒绝来自长者的蒙骗和狡智，重新回到童年时代。”（1990: 34-35）换言之，时尚领域的学生或研究者需要用全新的眼光来看待时尚，清除自己心中先入为主的偏见。这也是为什么理论能帮助我们更好地理解时尚动因的关键。它让我们得以拒绝想当然的表象，并质疑一切显而易见和理所当然的现象，保持必要的批判距离从而全面认识时尚的复杂性。例如乔安妮·恩特威斯特（Joanne Entwistle）就在她撰写的关于布鲁诺·拉图尔（Bruno Latour）的一章中，借助拉图尔的“行动者”（actant）概念，帮助我们反思非人类因素是如何在时尚中发挥作用的。弗朗西斯卡·格拉纳塔（Francesca Granata）则在讨论米哈伊尔·巴赫金（Mikhail Bakhtin）时，从“怪诞”（grotesque）这一概念出发，理解设计师离经叛道的作品。安格内·罗卡莫拉（Agnès Rocamora）揭示了皮埃尔·布尔迪厄（Pierre Bourdieu）的场域（field）理论意味着所有的创造都是一个集体过程，因此时尚设计并不来自离群索居的个人苦思，而是各种社会、经济和文化力量的产物。彼得·麦克尼尔（Peter McNeil）则将格奥尔格·西美尔（Georg Simmel）对日常生活的二元理论应用于理解时尚逻辑：一方面我们希望与他人相似，另一方面我们又希望拥有个性。换言之，时尚即相似性与差异性的统一。

理论还关注某人对一个话题进行分析和阐释时所使用的概念。正如斯图亚特·米尔斯（Stuart Mills）所说："'理论'首先要密切注意所用的词语，特别是它们的概括性和逻辑关系。"（2000[1959]: 120）事实上，"专门的术语"（Hills, 2005: 40）与一个人的理论实践密切相关。这是构建理论框架和学科原则所必须的。本书关注社会和文化理论，因此各章所涉及的思想家及其著作均属于社会科学和人文领域，包括历史学、哲学、社会学、人类学、文化研究和媒介研究。然而学科之间的界限并不总是明确的，许多思想家的著作都横跨一个或两个学科。以米歇尔·福柯（Michel Foucault）为例，他是一个历史学家，但同时也是一个哲学家。布尔迪厄早年致力于民族志（ethnography）研究，随后在社会学领域建立了他的场域理论，这两个学科共同构成了他思想的基石。理论的实践通常涉及各种"姐妹"学科和相关概念。本书中提到的所有思想家都可以与其他的理论相互联系并产生对话，给我们以更深入的思考和启迪。理论化并非凭空而来的。它在与现有著作和理论的批判性对话中产生，其"目的在于给我们提供思考世界的新方法"（Barker, 2011: 37-38）。正如米歇尔·德·塞托（Michel de Certeau）所说："我们从来不是在白纸上写作，而是在续写别人的笔迹。"（1988: 43）

这也印证了希尔斯（Hills）的判断：理论"总是把读者引向一系

列别的文本，构成一个巨大的互文网络”（2005: 39）。这个网络可以穿越空间——就像理论可以在许多期刊和书籍中寻得——它也可以穿越时间。卡尔·马克思（Karl Marx）的作品虽然写于19世纪，但影响了包括布尔迪厄、让·鲍德里亚（Jean Baudrillard）在内的一大批后世学者。其中，鲍德里亚在其早期作品中也常常援引福柯，但随后渐渐摆脱了福柯的影响（Best and Kellner, 1991）。巴赫金的作品也影响了吉尔·德勒兹（Gilles Deleuze）；朱迪斯·巴特勒（Judith Butler）的思想则来自于精神分析和福柯的话语理论。先哲们的伟大思想在如今的著作中仍然鲜活。

由于本书是以思想家为主体组织起来的，因此我们根据每个思想家的出生日期安排了章节的先后顺序。尽管这种时间的线性展开可以帮助读者了解一些理论和概念的过去、背景和起源，但它未能捕捉到过去和现在的理论实践中总是相互交叉的观点。因此，我们的撰稿人在对个别理论加以历史性介绍的同时，也强调了思想的交叉融合。本书强调不同历史时期人类思维的相似性，这也是我们在下一节中讨论理论流变的方法。

同时代的思想家可能会在不同的时期获得认可，并抱得大名。我们必须注意，有些年轻思想家可能比年长者更早成名。此外，作者完成作品的时间和它受到其他学者关注的时间，乃至译为其他语言的时间，都可能存在差异。例如巴赫金在20世纪30年代到40年代的作品，直到20世纪60年代才在西欧引起广泛关注。又譬如法国后结构主义思想家——福柯和雅克·德里达（Jacques Derrida），直到他们的作品在美国翻译出版后才声名鹊起。这种现象被称为“越洋连结”

（transatlantic connection）或者“断链”（disconnection）（Stanton, 1980），也可以被称为“旅行理论”（travelling theories）（Said, 1982）。同样的理论作品可以在不同的时间、不同的国家产生和接受，这取决于思维趋势、语言翻译和社会文化的影响。这些都是根据时间线索组织本书结构的弊端。正如我们下一节的讨论所表明的那样，尽管思想家们在时间上可能彼此分立，但他们的理论思想以及由此产生的影响可以使他们彼此接近。

卡罗琳·伊凡斯（Caroline Evans）曾引用瓦尔特·本雅明（Walter Benjamin）的论述，强调历史时间“并非是从古代平稳地流淌至今日的。它是一种复杂的回环。过去的时间因为被注入现在而得以激活”（2000: 104）。这种说法同样也适用于理论。在这里，“过去和现在彼此交融”（转引自 Evans, 2000: 102）。因此，读者可以按照时间顺序阅读本书，也可以在章节之间跳读——从马克思到鲍德里亚，或者从西格蒙德·弗洛伊德（Sigmund Freud）到巴特勒。本书将理论呈现为思想和概念的集合。这些思想和概念以不同的形式在时空中流转，并在不同作者的作品中沉淀下来。随着读者阅读的深入，这种体验将会越来越强。

本书之所以不厌其烦地分章讨论单个思想家，目的是呈现他们的思想对理解时尚、衣着和物质文化的重要性。作为编者，我们深刻地意识到每一次编写都意味着筛选和摒弃。本书意在精挑细选而非面面俱到。我们决定加以关注的思想家及其理论构成了现代西方社会和文化理论的核心。与此同时，这些思想家的理论在时尚研究方面也都具有无可比拟的价值。本书所介绍的理论都是我们认为在“通过时尚来思考”方面最关键和必要的。

本书中所有的思想家都是西方思想和科学传统的产物，与西方现代性密不可分。17、18 世纪以来，尤其是 19 世纪工业革命之后，新的社会、文化和经济发展带来了关于世界的新理论。马克思、西美尔等思想家试图理解社会的变化，发展出了有助于我们理解事物转变的理论。时尚是一些思想家关注的其中一个话题，比如西美尔（1971[1904]）就写了专门的论文加以探讨。因为在西方，时尚本身就被视为现代性的范式。法国诗人波德莱尔（Baudelaire）将现代性视为“短暂、过渡、偶然”（1999: 518）。这个定义同样适用于时尚。事实上，波德莱尔正是从时尚中发现了对现代性的完美表述（Evans, 2003; Lehmann, 2000; Rocamora, 2009; Vinken, 2000）。

尽管时尚被视为西方现代性的范式，但并不意味着它是西方世界的专利（Mora 等 , 2014; Niessen 等 , 2003; Rabine, 2002）。诚然，多种现代性彼此并存（Eisenstadt, 2000），以时间顺序和地理区域为基础的前现代、非现代、现代、后现代的说法也在学者间引起争议（Chakrabarty, 2000; Gaonkar, 2001; Gilroy, 1993）。许多学者认为多种现代性不仅在全球范围内并存，甚至也存在于某个帝国或者大都市中心的内部。例如伊丽莎白 · 威尔逊（Elizabeth Wilson）（2003）就证明了欧洲内部时尚的不平衡。

西方思想家的理论一直是思考西方现代性和时尚的核心，因此这本书的大部分内容都致力于探讨西方思想家和西方时尚。同样，为本书撰稿的时尚学者及其知识背景也大都来自西方，他们主要关注西方时尚的消费和生产。这些学者大多数都供职于英美或西方的研究机构，并以英语为母语。以上因素都进一步将本书的视野局限在西方世界。

此外，本书的编写语言和目标读者都是英语的使用者，这无疑也限制了它的地理范围。[1] 我们期望看到后续的书籍能为我们揭示不受西方现代性框架拘束的思想和时尚体系。

理论的流变

对理论的思索、发展、探求、评价必须立足于特定的语境。正如上文所述，理论化的过程也并非无源之水、无本之木。因此，本节意在揭示一些重要理论形成和流传的语境。在社会和文化理论中，我们常常会用各种浪潮、运动、学派将不同的思想家根据其所处的历史时期和学科领域进行归类，例如马克思主义、女性主义和结构主义。由于文化研究为时尚研究确立了基本框架（Breward, 1995, 2003），所以我们不妨由此出发，追溯相关理论的流变。文化研究容纳了诸多学科，由批评理论、文化理论和语言理论组成。其中，语言理论又是重中之重。

语言学转向

这一场理论追索的起点是罗兰・巴特（Roland Barthes）。他是第一个将结构主义语言学运用到流行文化研究中的理论家。具体而言，他进一步发展了费尔迪南・德・索绪尔（Ferdinand De Saussure）（1996 [1916]）在符号学上的结构主义观点。一个符号（sign）是意义表达的最小单位，由意义的物质载体——能指（signifier，法语作

1 《国际时尚研究》(*International Journal of Fashion Studies*) 由本书的其中一位编者安格内・罗卡莫拉与伊曼纽拉・莫拉（Emanuela Mora）、鲍罗・沃隆德（Paolo Volonté）联合创办。它是一本以英语为主的国际时尚研究刊物，同时接受各种语言的同行评审。

signifiant），及其指向的内容——所指（signified，法语作 signifié）构成。索绪尔的语言学一方面认为能指和所指是二元对立的，另一方面也强调二者之间关系的任意性：一个单词的写法、发音与其所指的内容之间并无内在的联系（详见巴特和鲍德里亚的相关章节）。这种任意性同样有助于我们理解具体的文本、图像、音乐或者衣物——它们的意义并不是自然生成的，而是依靠人类的后天建构和约定俗成。

美国哲学家理查德·罗蒂（Richard Rorty）将这一理论发展概括为“语言学转向”（linguistic turn, 1967）。在他看来，语言学转向标志着西方思想范式的转变，语言学、符号学、修辞学及其他文本性模式（models of textuality）从此构成了当代艺术和文化批评的主要框架。可以这样说，索绪尔的语言学著作发展出了一套对各种系统“语法”进行结构主义分析的方法，而巴特则在其 20 世纪 50 年代的《流行体系》（*The Fashion System*）（该书的英文版发行于 1967 年）中首创性地将这一方法应用于时尚研究，并在《神话修辞术》（*Mythologies*）（1973[1957]）中将其推广到所有流行文化表达的研究之中。语言学转向成功地开启了一个符号阅读的时代，食物、广告、服饰、电影、小说都可以被视为符号系统。无论是列维 - 施特劳斯（Lévi-Strauss）的神话研究，还是巴特的时尚研究，又或者是克里斯蒂安·麦茨（Christian Metz）的电影研究，都是这一思潮的产物（Sim, 1998）。

本书中讨论的法国思想家，诸如巴特、鲍德里亚、德里达和福柯，在 20 世纪 60 年代至 70 年代奠定了结构主义和后结构主义思想的基础。在他们看来，语言是一切意义的范式。米哈伊尔·巴赫金有时被视为这一思潮的先行者之一，朱迪斯·巴特勒的著作也源于这一传统；

然而像吉尔·德勒兹这样的法国后结构主义思想家却反对语言中心主义的观点。语言学转向的支持者认为，所有符号系统的结构方式都与语言中的语法结构如出一辙。因此巴特（1967）探索服饰的“语法”，麦茨（1982）寻找电影的“语法”，米歇尔·福柯（1990 [1976], 2004 [1969]）则从“话语”的角度分析权力关系与真理，而在雅克·拉康（Jacques Lacan）的精神分析理论（1977）中，即便是人类的无意识活动也具备类似语言的结构。

语言学转向以文本性为中心，其所谓的“文本”不仅包括书写的文本，也包括图像、音乐、建筑和时尚。这一路径将语言学应用于一切符号实践，乃至雷蒙·威廉斯（Raymond Williams）所谓的“作为生活方式的文化”（1958），开启了崭新的流行文化研究领域。正如巴特在其《神话修辞术》中呈现的那样，一个意大利面的广告、一张葛丽泰·嘉宝（Greta Garbo）或者新雪铁龙（Citroën）的照片，都是意义编码和解码之所。流行文化也由此被赋予了前所未有的复杂性。巴特的努力动摇了精英文化与大众文化之间的边界。这也构成了文化研究最显著的特征（详见 Grossberg 等 , 1992; During, 1993; Storey, 1996）。

后结构主义的政治

在结构主义之后，后结构主义登上了历史舞台，但是二者并不泾渭分明。罗兰·巴特就同时是这两种思想的代表人物，他在写《流行体系》（*The Fashion System*, 1967）时，还是一个结构主义思想家，但是在《文之悦》（*The Pleasure of the Text*）（1973）和《恋人絮语》（*A Lover's*

Discourse）（1977）中又无疑是一个后结构主义者。

后结构主义接受语言中心主义，但是否认固定的主体位置、二元对立和普遍真理（Barker, 201: 84）。例如雅克·德里达（1976）的解构主义就认为语言及其意义本质上是不稳定的，并且永远处于延迟和变动之中。弗朗索瓦·利奥塔（François Lyotard）（1984）宣告"宏大叙事"（Grand Narratives）的终结，意识形态从此被剥夺了许诺真理和未来解放的权威。叙事仍然可呈现一个整体性的"宏大"故事，但人们不再将其视为真理。巴特（1967）和福柯（1969）同时断言"作者已死"，将作者的权威从意义中心驱逐出去，代之以读者的多重意趣。宏大叙事的颠覆和作者已死的呼声回应了 20 世纪 60 年代以来，边缘群体对各自故事的合法化，包括青年人、黑人、女性、同性恋、后殖民及其交叉群体（Woods, 1999）。于是，人们开始关注微小的、碎片化的故事，并在其中寻求唐娜·哈拉维（Donna Haraway）（1988）所谓的"部分真理"和"情境知识"。聆听少数群体诉求是一种机遇（从另外的角度看也是挑战）。它与如今时尚界的"非西方"设计师在特定的文化环境下发现自我的商品化处境遥相呼应（Eicher, 1999; Kondo, 1997; Niessen 等 , 2003）。

后结构主义是 1968 年 5 月从巴黎蔓延到世界各地的左翼革命的产物。符号学等语言理论演变为对马克思和弗洛伊德的激进重读。事实上，马克思主义和精神分析的结合早已在 20 世纪 40 年代到 50 年代间对法兰克福学派产生了深远的影响，无论是本雅明、马克斯·霍克海默（Max Horkheimer），还是西奥多·阿多诺（Theodor Adorno）。而这一影响又在 1968 年重演了。许多法国思想家都深受马克思主义的启发。英国的伯明翰文化研究学派也同样具有左翼色彩，在流行文化研究中强调阶级性（Williams, 1958; Hall, 1997）。后结构主义的政治诉求在于理解“资本主义的文化逻辑”（此处引用了杰姆逊名著的副标题）（Fredric Jameson, 1991），并且将性从资产阶级的束缚中解放出来。此外，符号学、马克思主义和精神分析的结合还凸显了流行文化的主导意义和意识形态。

拉康（1977）对弗洛伊德进行了实验性重读，他的精神分析理论意味着个体不再是具有自主性和自我认知能力的主体。马克思在一个世纪以前就已经指出，人类并不是自主的个体，劳动和资本才具有决定性[Marx, 1990（1867）; Sturken and Cartwright, 2009: 100]。弗洛伊德（1964[1900]）认为主体受制于无意识的欲望，而非理性的意志。拉康则进一步指出，主体从其诞生的那一刻起，就已经四分五裂了（Lacan, 1977）。

这样看起来似乎比较消极，但马克思主义和精神分析由此不再承认上帝、自然或时运所赋予个体的不变本质，认为个体身份是多变而动态的。这样的假设一旦成立，那么处在个人与社会、自然与文化之间不断协商过程中的个体身份就变成了一个社会建构的产物，因而存在转变的可能。于是，女性主义、少数族裔和后殖民研究也同激进的社会变革一道应运而生（Irigaray, 1985; Trinh, 1989; Gilroy, 1993）。不仅如此，关注大众文化中变化沧桑的欲望（Berger, 1995）、批判资产阶级约定俗成的性观念（Butler, 1990; Braidotti, 1991）也由此蔚然成风。所谓的意识形态也越出了阶级意识的范畴，涵盖了人种、族裔、社会性别和生理性别（Hutcheon, 1989; Hooks, 1990, 1992）。渐渐地，没有了本质核心的个人身份显得愈发流变不居（Sim, 1998: 367）。相关内容可以参见本书吉尔·德勒兹和朱迪斯·巴特勒的章节。

后结构主义理论对社会科学和人文科学影响深远，回应了诸多新兴研究领域：性别研究、后殖民研究、文化研究、媒介研究和时尚研究。正如基勒·利伯维茨基（Gilles Lipovetsky）所说（1994: 148-49），个人身份现在已经是一个关乎“个性和品位变化”的问题了，因此穿衣打扮也成为人们建构自我身份的手段。他认为，由于现代性呈现出碎片化的特征和结构上的可变性，因此当代社会关于现代性的宏大叙事已经被时尚和消费的逻辑所取代（2005: 11-12）。鲍德里亚也有类似的表述。后结构主义认为个人身份是流动的、可变的，因此变化多端的时尚也不断赋予个体以全新的身份（2005: 84）。这也印证了弗雷德·戴维斯（Fred Davis）的判断，当代时尚的意义是“令人吃惊的（就算其程度不是压倒性的）歧义”（1992: 7）。尽管时尚理论家（例如利伯维茨基和戴维斯）为时尚的歧义和流动性而摇旗呐喊，但齐格蒙·鲍曼（Zygmunt Bauman）这样的社会学家却对后现代文化中流动的“液体性”（liquidity）提出了批判。他痛斥“大部分甚至所有身份内在的暴力和不确定”（2008: 83）。令鲍曼感到格外忧虑的是，在时尚的社会文化权力结构之下，消费成为了塑造身份的核心力量——一如芭芭拉·克鲁格（Barbara Kruger）的名作《我买故我在》（*I shop, therefore I am*）。因此，后现代的处境一面被鼓吹，另一面也因身份的不确定性和所指的任意游移而受到批判；而时尚则正是这样一场游戏（Baudrillard, 1993 [1976]）。

新旧唯物主义

理查德·罗蒂认为，语言学转向标志着西方哲学范式的转变。在他看来，这样的剧变是非常罕见的，它们将西方哲学史分为三个不同的时期：其一，从古代到中世纪的“事物”（things）阶段；其二，从17世纪到19世纪的“理念”（ideas）阶段；其三，肇始于20世纪的“语言”（words）阶段。然而，现如今无数的“转向”已经让人目不暇接——视觉转向、经验转向、空间转向、文化转向、操演转向（performative turn）、情感转向、物质转向等。这不仅是对“转向”的滥用，也意味着人们无法定义后现代主义之后的这个快速变化的时代（Vermeulen and Van den Akker, 2010）。

语言学转向过于强调语言的重要性。这个问题在时尚研究中尤为明显。乔安妮·恩特威斯特就认为，结构主义和后结构主义已经“有效地排除了个体的观念，并且拒绝一切经验和能动性”（2000: 70）。因此，恩特威斯特与其他时尚研究者试图借鉴不同学派的研究成果，动摇文本性和符号学的研究框架。其中最明显的就是西美尔、欧文·戈夫曼（Erving Goffman）、布尔迪厄和拉图尔等人的社会学理论，这些都会在本书中得以呈现。总体来看，在社会学理论看来，时尚并不只是一个符号系统，更是社会集体空间内的具体实践。

正是在这个意义上，我们的讨论走向了唯物主义的复兴，即“新唯物主义”或“物质转向”（material turn）（Bennett and Joyce, 2010; Coole and Frost, 2010; Dolphijn and Van der Tuin, 2012; Barrett and Bolt, 2013）。这些理论家认为，后结构主义对语言的关注使其忽视了物品自身的物质性与世界本身。芭芭拉·博尔特（Barbara

Bolt）强调，一切创造性艺术（包括时尚在内）的物质转向起源于“文本、语言和话语对物质性本身的消弭”（2013: 4）。在比尔·布朗（Bill Brown）看来，这一现象不只发生在艺术或时尚领域，更是针对身体和身份而言的——它们也远不只是符号的建构，更具有物质性（2010: 60）。换言之，身份的重要性就在于其物质性。

这一物质转向重启了时尚研究的许多面向，例如实践、呈现和体验。我们的时尚活动都必须有赖于实物——例如衣服。阿尔君 · 阿帕杜莱（Arjun Appadurai）就认为，人们与事物的联系离不开一定的社会和文化，这意味着事物本身就被赋予了一种社会性（2013[1986]）。我们通过一定的物品来协调社会关系，这些物品也在社会体系中产生了意义（或者无意义）。因此从物质文化的角度看，我们的身份产生于我们与事物的情感关联，无论是一块安抚我们焦虑的巧克力，还是一首让我们回忆往昔的歌曲，又或者是一条性感的裙子。食物、音乐、服饰都有其价值。诚然，在高度资本化的世界里，所谓的价值不过是金钱而已，但马克思却在《资本论》（1990[1867]）中强调，经济意义上的价值其实是因我们与实物之间的关系而产生的剩余价值。物质、事物都有其内在的社会属性。正如丹尼尔 · 米勒（Daniel Miller, 2010）的书名所示——“物品”并不只是默默存在，它将社会交往变成某种固定的价值：“我买故我在”。由此可见，对物质性的强调并不排斥事物的象征意义，而是呈现物质和符号之间的对话。

在文本和文本性统治学界数十年之后，新唯物主义之“新”即表现为对物质和物质性的重新关照。需要注意的是，唯物主义自有其漫长而显赫的谱系。这一谱系源流众多，并且受不同的学科影响

（Bennett and Joyce, 2010）。诸多理论家一直以来彼此激发，因此这些理论从来都不是彼此分离的。其中，卡尔·马克思的历史唯物主义首当其冲，它强调生产和劳动的实践，相关详述可参见本书专论马克思的章节。之后，托斯丹·凡勃伦（Thorstein Veblen）和格奥尔格·西美尔的著作在马克思的影响下开启了文化领域的社会学研究路径（Brown, 2010: 62）。马克思主义者本雅明则指出生产和劳动的历史是如何与流通及消费紧密联系，并构成"一部充满迷恋、忧惧和渴望的历史"（Brown, 2010: 63）。不宁唯是，这一社会学的研究路径又与文化人类学密切相关，因为二者均将"物本身"视为核心议题（Brown, 2001: 9）。此外，布鲁诺·拉图尔的"行动者网络理论"（Actor-Network-Theory, 2005）赋予非人的行动者以部分的能动性，并以此来思考事物的能动性以及人类与非人行动者的结合。不仅如此，莫里斯·梅洛－庞蒂（Maurice Merleau-Ponty）的现象学强调人类身体的物质性，探索其所谓的"我在世界中的肉身"之经验（2002: 167）。由此，信奉唯物主义的女性主义者开始反思人类身体与其自然性别的物质性（Braidotti, 2002）。于是，德勒兹和加塔利（Guattari）（1987[1980]）最终一面强调肉身的物质性，将身体视为智能之物；另一面也为其设定了一个经验主义的形式以拒斥一切先验的理性。这两种路径的结合最终产生了一种熔批判与创造于一炉的生机唯物主义（vital materialism）。

本书讨论了以上许多位理论家，这也反映了唯物主义在时尚研究中的重要性。比诸其他文化领域，时尚不仅充斥着物质对象，更关乎衣着的身体体验，因此它绝不只是一个符号系统，更是一个生产和销售物质产品的商业体系。时尚研究者们从来没有忽视过这一点。人类学的观点认为，服饰是自足的客观存在，并在穿着打扮的实践中产生意义（Küchler and Miller, 2005）。丹尼尔·米勒就致力于平衡各理论以呈现物质文化的独特性。民族志的路径则为我们理解人们穿什么和为什么穿提供了重要的理论工具（Woodward, 2007）。恩特威斯特（2000）基于经验的社会学研究对服饰的具体实践进行了严肃的探讨。这些纷繁复杂的路径都是时尚研究的重要方法，因此“新唯物主义”这样的说法也显得略有些笼统。在这个意义上，与其将这些理论统称为“新唯物主义”倒不如说它们都是“唯物主义的更新”。

由此可见，时尚研究的独特之处在于各种理论的结合，避免了语言学转向走向极端，并使其受制于时尚的物质性：包括生产方式和材质，也包括衣橱里的或者我们身上的服饰本身。正如比尔·布朗所说：“文化不只是文本（text），其实也是材质（textile）。”（2010: 64）本书精选了各领域的理论家，所有章节均由相关专家学者在时尚研究的领域中对各个理论家进行介绍和探讨，为读者准备了一场场跨越时空的对话和关乎心智的冒险。借由社会和文化理论，本书将揭示时尚研究领域的独特活力与贡献。相关思想家及其追随者在这一全新领域中的思索都将全面地呈现在读者面前。因此，不仅是时尚研究者和学习者，一些不太了解时尚研究的社会学和文化学者也可以在本书中有所收获。

也许我们可以用研究时尚的“快乐”作为这一部分的结尾。理论的内涵往往枯燥抽象或者不易理解。但是，当我们将这些理论运用到时尚领域中时，却能够感受到兴奋和激动。丹尼尔·米勒就认为学习与时尚相关的事物意味着享受“对细节的沉湎：触感、颜色、潮流。

时尚研究始终是有温度的研究，它开启了一个体感的、多情的、亲密的感官世界”（2010: 41）。我们希望本书可以为诸君找到一条通往理论的道路，而这些理论将带领我们进入时尚研究的世界。毕竟，时尚研究不只是一件趣事，更是一件要事。

下篇
导读：重要理论家

第 2 章　卡尔·马克思（Karl Marx，1818—1883）

本书以卡尔·马克思批判资本主义的一些讨论开篇。这些讨论中暗藏着时尚批评研究的基础。安东尼·沙利文（Anthony Sullivan）阐明了马克思在文化和社会层面上理解时尚的丰富理论资源。《共产党宣言》（*The Communist Manifesto*）生动地点明了资本主义的基本特征：在这样的社会里，变化、矛盾和淘汰侵蚀了连续、稳定和传统。正如马克思的名言所说，“一切坚固的东西都烟消云散了”——而时尚却也恰恰产生于此。这一章阐释了在一个资本主义的“生产方式”（mode of production）中，“类存在”（species being）是如何通过我们的劳动和产品“异化”（estranged）的。在这个意义上，我们彼此之间、我们与自然的关系都被物化了。马克思主义的路径对有关时尚生产的既有著作，乃至 20 世纪 40 年代到 50 年代的德国法兰克福学派的心理灌输（psychologically infused）以及否定辨证（negative dialectics）都产生了影响。沙利文指出，马克思认为人类文化是一种有意识的物质转化，而这一点常常为人们所忽视。马克思曾经说过，“裙子只有被穿上以后才成为一条裙子”。这一观点可以算是时尚物质文化观点的滥觞。通过在时尚领域讨论马克思主义的具体运用，本章揭示了马克思的观点如何帮助我们理解时尚，并追问时尚是如何且为何至今仍然影响巨大、充满争议。没有马克思对“商品拜物教”（commodity fetishism）的分析，人们将无法理解时尚之物的神秘化和再现，精致魔幻如图腾般的服装、箱包和鞋子将变得愈发神秘。本章的结语部分将对马克思主义的优缺点进行总结，着眼于后马克思主义遗产的一个方面，用以理解品牌化的、充满道德意味的慢时尚。

第 3 章　西格蒙德·弗洛伊德（Sigmund Freud，1856—1939）

詹尼斯·米勒（Janice Miller）考察了西格蒙德·弗洛伊德的思想，并且尝试运用这些思想分析时尚和服饰。她关注弗洛伊德关于精神分析（psychoanalysis）的思想，这是一种形成于 19 世纪的精神疾病疗法。这一套精神分析的概念框架来源于弗洛伊德本人的文化分析以及半个世纪之后的精神分析学家雅克·拉康。本章揭示了诸如“恋物癖”（fetishism）、“凝视”（gaze）等精神分析概念是如何为时尚写作者所用的。重要的是，米勒不仅强调这些精神分析概念是如何变成理解时尚和服饰的工具的，更关注为什么其他理论在这一领域被极大地忽视了。本章意在探讨精神分析思想在时尚研究领域的多种可能。米勒最终断言，尽管时尚研究看起来更偏爱社会文化读解，但精神分析却拥有更新流行时尚规则和框架的可能性。

第 4 章　格奥尔格·西美尔（Georg Simmel，1858—1918）

格奥尔格·西美尔在柏林度过了人生的大部分时光，这座世纪末（fin-de-siècle）的伟大欧洲城市在西美尔思想走向成熟的过程中产生了不可磨灭的影响。正如彼得·麦克尼尔所说，西美尔对社会形式（social form）的研究开创了一种理解时尚的模式。例如美国 20 世纪最初 10 年独特的时尚风格在随后的 20 世纪 50 年代和 20 世纪 80 年代经历了两次复兴，并且持续影响了如今许多国际时尚研究的方方面面。西美尔对物品无穷分化和当代社会细节的分析为后来关于日常生活的理论奠定了基础，这其中也包括了罗兰·巴特。他也影响了北美“日常生活社会学”（sociology of everyday life）、“民族方法论”（ethno-methodological）的社会学以及社会心理学。西美尔对时尚的研究与他对现代性的理解密不可分。无论采用什么样的方法论，或者从什么样的学科背景出发，大量的时尚研究者都不可避免地受到西美尔的影响。在麦克尼尔看来，西美尔的写作风格类似于绘画和音乐中的“印象派”或“象征主义”。事实上，西美尔也被马克思主义哲学家格奥尔格·卢卡奇（Georg Lukács）称为“哲学的莫奈”。

第 5 章　瓦尔特·本雅明（Walter Benjamin，1892—1940）

亚当·格奇（Adam Geczy）和维基·卡拉米纳斯（Vicky Karaminas）认为，瓦尔特·本雅明在《拱廊计划》（*Arcades Project*）中的思想是其时尚研究的精华：时尚与现代文化密不可分，它清晰地反映了资本主义变化的意志——这一论断受到了马克思的直接影响。对本雅明而言，时尚的风格和鉴赏都内在于现代文化的本性之中。服饰并不只关乎阶级认同和渴望，更是一种瞬时性的陈述。这种陈述普遍而持久。在格奇和卡拉米纳斯的讨论中，现代性需要维持其变化的表象，而所谓的“瞬时性”则与维持这一表象的方式相关。它包括了经济和叙事两个层面，因为现代性既是对历史的颠覆，也是对历史的发展。是故时尚应当被视为一个历史参照物，它一方面被承认，另一方面也在“新”的名义下被压抑。此外，本雅明对媒介和再现的洞见也对时尚研究产生了重要影响。在《机械复制时代的艺术作品》（*The Work of Art in the Age of Mechanical Reproducibility*）一文中，本雅明指出复制品缺乏“灵晕”（aura）。这一观点令时尚研究获益良多，尤其是如何通过此地此刻和欲望之物重新赎回灵晕，并实现灵晕的再投资。格奇和卡拉米纳斯认为，时尚在幻境中的再现和对名流甲胄（armature of celebrity）的拒斥，构成了时尚工业的驱力。过去的二十年里，高端时尚通过融合艺术和历史，与时间产生了新的关系。

第 6 章　米哈伊尔·巴赫金（Mikhail M. Bakhtin，1895—1975）

在《拉伯雷和他的世界》（*Rabelais and his World*）一书的尾注中，俄国学者米哈伊尔·巴赫金写道：“在时尚领域中追溯古典（身体）与怪诞（身体）的斗争是一件有趣的事。”但可惜的是，巴赫金终其一生也没有实现这个计划。弗朗西斯卡·格拉纳塔认为，巴赫金关于怪诞经典的文化历史论述与时尚研究息息相关，尤其是时尚身体历史的研究。在巴赫金看来，一个开放式的集体狂欢的身体能够跨越边界，以其“怪诞”（grotesque）对抗封闭式的个人化古典身体，而后者则正是 20 世纪高端时尚的特征。巴赫金的著作与女性主义、性别研究、酷儿理论和残障研究（disability studies）之间有诸多共通之处，为我们审视时尚在维护习俗中的独特地位提供了工具；同时也悖谬地成为了我们超越、颠覆和背叛规约的载体，用巴赫金的话来说就是循规蹈矩与离经叛道的狂欢化。正如巴赫金自己所承认的那样，由于时尚与身体行为准则有着千丝万缕的联系，所以时尚研究也是他理论应用的核心领域。在具体案例分析的基础上，格拉纳塔从历史和地理两个维度，将巴赫金的著作放入一个更大的理论和时尚研究脉络中，由此更好地理解其对“怪诞”进行过度庆祝性解读（over-celebratory reading）的意义。

第 7 章　莫里斯 · 梅洛 - 庞蒂（Maurice Merleau-Ponty，1908—1961）

卢埃琳 · 内格林（Llewellyn Negrin）指出，时尚是为了穿着而设计的，因此与身体有着千丝万缕的联系。然而直到现在，很多时尚研究仍然只将时尚视为一种“文本”，并进行符号学解读；又或者从美学形式的层面分析其形象。这些路径都忽略了时尚是一种触觉或具身（embodied）形式的事实。换言之，时尚一直被当作一种纯粹的视觉现象，并且无视身体与服饰的天然互动。因此，时尚不仅是具体“外观”的创造，更是身体在空间中的行为举止。服装的意义不只在于符号和美感的传达，更是某种身体行为模式的生产。在时尚与身体的分离中，时尚理论延续了身 / 心二元论，将身体视为一个任人书写的非物质化的表面，忽视了其肉身的本性。身体被当作刻印服装符号内涵的白板（tabula rasa），而不考虑我们穿衣经验的整体性。本章探讨了莫里斯·梅

洛 - 庞蒂的现象学理论，强调具身化本性和我们对世界的体验，并从这个角度弥补了时尚研究的缺憾。梅洛 - 庞蒂现象学的核心是一种对身体的全新认识。在他看来，身体并不是外部刺激的被动接受者，而是我们体验这个世界的媒介。正如梅洛 - 庞蒂所说，我们的身体并不是独立于头脑之外且没有行动力的存在物，而是我们认识世界和表达自我的手段。内格林认为，梅洛 - 庞蒂的现象学为我们提供了时尚研究的理论工具，揭示了时尚不仅是一种美学或符号现象，更是一种体感经验。

第 8 章　罗兰 · 巴特（Roland Barthes，1915—1980）

罗兰·巴特的《流行体系》是一个遭受误解和诽谤的文本 [里克·瑞兰斯（Rick Rylance）评价它是“罗兰·巴特写过的最索然无味的书”]，但是巴特自己辩解说 :“该书为我们提出了一个问题，即所谓的时装是不是真的存在。”可以这样说，巴特的时尚研究围绕着这样一个核心观点 : 我们每天所穿的真实服装（real clothing）次生于语言和视觉的时尚修辞和时尚传播 :“如果没有话语，时尚便会失去精髓，不再完整。”因此，保罗 · 乔布林（Paul Jobling）在本章中讨论了罗兰 · 巴特提出的一对辩证概念——“书写服装”（written clothing）和“意象服装”（image clothing），并以此来分析时尚文本中文字和图片的重复表演性（repetitive performativity）。与此同时，乔布林还探讨了包括《物的语义学》（*The Semantics of the Object*）和《文之悦》在内的其他重要著作，思考时尚作为一种身份地位的标志与服饰、照片乃至广告的符号内涵之间的关联。

第 9 章　欧文·戈夫曼（Erving Goffman，1922—1982）

欧文·戈夫曼的著作《日常生活中的自我呈现》（*The Presentation of Self in Everyday Life*），及其关于前台 / 后台、道具和表演的具体观点，为我们理解个人日常生活中的时尚，乃至时尚行业的空间劳动与分工提供了有效的工具。在本章中，伊夫兰特·特斯隆（Efrat Tseëlon）讨论了戈夫曼对社会“拟剧化”（dramaturgy）的分析，并由此反思时尚在社会中的位置，提出了时尚作为一种交流方式的观点。在戈夫曼看来，社会行为的核心是一种避免羞耻、丢脸和尴尬的集体努力。他将日常行为的微观分析与源自经验和想象的洞见结合起来，提炼出构成西方社会的隐性规范，并以各种违规行为来审视这些规范的边界。本章用经验性证据支持了戈夫曼关于服饰的“拟剧”命题，力图避免陷入这样一种误解，即“后台”（backstage）尽是真实，而“前台”（front stage）则全是操纵。戈夫曼认为，身份是通过表演创造的，而服饰则是这一自我建构过程中的关键工具。正如特斯隆在讨论职业装的时候所说，服饰可以被当作个人表演者在各种社会背景中与他人协商的“道具”。尽管戈夫曼的研究主要集中在个人工作的自我呈现方面，但特斯隆认为，这一观点也可以拓展到各种组织和机构实践的层面上，包括时尚领域。

第 10 章　吉尔·德勒兹（Gilles Deleuze，1925—1995）

吉尔·德勒兹的哲学常常被纳入法国后结构主义的脉络，但他却不强调语言的中心地位，这与后结构主义并不相同。德勒兹想要找到一些新的概念以反思并重振生活。在这个意义上，他是一个生机论者和唯物主义思想家。尽管德勒兹的理论在时尚研究中鲜有应用，但是安妮克·斯莫里克（Anneke Smelik）认为，德勒兹的一些概念对当今的时尚具有很强的解释力，譬如“生成”（becoming）、“无器官身体”（body-without-organs）和“褶皱”（fold）。以“生成”这一概念为例，在德勒兹和加塔利（1987）看来，它是指一个连续的创造性变化过程，例如“生成女性”（becoming-woman）、“生成动物”（becoming-animal）和“生成机器”（becoming-machine）。“生成”暗示了一个反思人类身份和衣着的新方式：它并不是生而注定的，而是在生活中不断流变的。这一过程导向了所谓的“无器官身体”，指的是重新组织为身体赋予意义的方式，有助于我们反抗身体所应然的规范——这也是高端时尚中夸张设计的训诫。德勒兹的“褶皱”概念取消了内与外、表象与本质的二元区分，批判了将时尚视为一种肤浅游戏的观点——这种观点认为，时尚是一种表面化的游戏，无法彰显隐藏在灵魂内部的“深层”自我。事实上，自我认同本身就是一系列褶皱（褶出和褶入），与我们日常生活中衣服的褶皱类似。德勒兹的“褶皱”概念有助于我们研究时尚设计如何令身体发生运动，并将它从快时尚消费主义的主导身份模式中解放出来。

第 11 章　米歇尔·福柯（Michel Foucault，1926—1984）

简·泰南（Jane Tynan）通过米歇尔·福柯的著作，讨论了时尚的实践和话语。在福柯看来，身体是社会控制的场所。不同学科领域的理论家们将他的观点应用到与时尚、美感、风格和服饰规则相关的社会实践中去。学术界对福柯作品的兴趣很大程度上是因为他的现代社会理论。这一理论以空间中的身体控制为中心，显然适用于时装和服装的具体实践。泰南立足于福柯的“话语”（discourse）、“治理术”（governmentality）和“生命政治”（biopolitics）的概念，论述了时尚和服饰对集体身份的维系，并沿着这一讨论，继续探索颠覆性的时尚实践如何挑战那些试图规范身体权力的势力。福柯的理论认为，身体是现代性的权力目标。他为从事时尚研究的学者和学生们留下了一个思考的空间，引导他们探索服装如何团结社群，又如何将之区别开来。

第 12 章　尼克拉斯·卢曼（Niklas Luhmann，1927—1998）

德国社会学家尼克拉斯·卢曼自从 20 世纪 90 年代以来便在社会科学和人文领域产生了巨大的影响。社会学家、哲学家和文学学者们看到了其理论的普遍解释力。事实上，他的“超理论”（super theory）是我们研究社会系统的通用理论。卢曼在其著作中提出的“自生”（autopoiesis）或自我生成系统的概念，更新了社会系统的理论传统，旨在接纳建构主义（constructivism）和普世主义（universalism）。卢曼的思想在时尚领域的应用相对较少。为此，奥雷·范德佩尔（Aurélie Van de Peer）呈现了其系统理论在时尚研究方面的丰富可能。本章并没有对卢曼的 50 余部著作及其理论框架进行细致的分析，而是试图用关键词的方式揭示卢曼的思想与时尚研究的关联。这些关键概念指出，现代社会既是一个功能分化的社会系统，也是一个交流沟通的中心。范德佩尔试图探究时尚在这样的社会中，是否已经因其自身的悖论而变成了一个自生系统。如果时尚的子系统真的是按照其自身理性而运转的，那么我们也许需要重新审视之前众多学者争论不休的话题：

时尚遭到了不公正的轻蔑。

第 13 章 让·鲍德里亚（Jean Baudrillard，1929—2007）

后现代思想家让·鲍德里亚将新马克思主义、精神分析和后符号语言学冶于一炉，提出了所谓的消费理论。这一理论并不关心物品需要或欲望的满足，而是将物品视为一种话语体系，并探索它与我们自身的关系。在这个体系中，物品的功能与“符号”如出一辙，填充着我们对图像符号的无尽欲望。伊夫兰特·特斯隆（Efrat Tseëlon）运用鲍德里亚关于“意指”三阶段的论述，解析了欧洲时尚史的意义。在鲍德里亚看来，物品的意指将从一个指示系统转变为自指系统。意指的第一个阶段建立在前现代时期的模仿上，它承认表象是对现实的反映，因此服饰也是社会等级的索引。其后则是现代的生产阶段。机械化和城市化使得服饰的大量生产成为可能，所有阶层都可以使用从前专属于贵族的面料和款式。在这个阶段，人们可以装扮成任意的阶层，表象由此掩盖了现实。最终，意指终结了，交流也被诱惑所取代。物品变成了可供玩赏的人造奇观和没有任何意义的符号。宗教和民族的符号被用于审美，而不具备符号价值。事实上，在这个最后的阶段中，表象最终创造了现实。

第 14 章 皮埃尔·布尔迪厄（Pierre Bourdieu，1930—2002）

本章专论皮埃尔·布尔迪厄。安格内·罗卡莫拉（Agnès Rocamora）指出了这位法国社会学家影响深远的著作在时尚领域的无穷价值。结合布尔迪厄本人在 20 世纪 70 年代针对法国高端时尚的论述，罗卡莫拉首先介绍了布尔迪厄的一系列理论概念，包括“场域”（field）、“文化资本”（cultural capital）和“惯习”（habitus）。随后，罗卡莫拉重点讨论了布尔迪厄的名作《区分》（*Distinction*）。在这本书中，布尔迪厄强调从阶级的角度来看待品位，揭示了社会和文化力量在我们进行品位判断时的重要性，这其中也包括了时尚品位。与本书所讨论的许多思想家一样，布尔迪厄认为，文化将许多过程和价值自然化了，因此他试图将这些过程和价值重新非自然化。在本章的最后，罗卡莫拉从布尔迪厄的理论框架出发，对时尚博客进行一些探究，讨论了时尚杂志的传统场域和时尚博客场域之间的关系，并由此揭示当代时尚媒体不断变化的本质。

第 15 章　雅克·德里达（Jacques Derrida，1930—2004）

雅克·德里达集语言学的理论洞见之大成，却也反对将这些理论明确系统化。他一面强调语言对理论的重要性，一面又坚持所有语言理论的模糊性和开放性，并由此成为后结构主义的重要思想家。艾莉森·基尔（Alison Gill）在本章尝试揭示德里达思想与时尚研究的关联，呈现了时尚设计师对服饰原则的批判性颠覆。她首先介绍了“解构”（deconstruction）的哲学内涵，强调“文本”（text）、“痕迹”（trace）和“双重思维”（double-thinking）等概念。基尔认为，这些概念在时尚领域意味着一种差异化的思维，构成了对失败或“不稳定性”（instablity）的表达与实践。在本章的第二部分中，她将时尚文本中的“不稳定性”视为一种挑战传统行业权威性、创新观念和时尚历史的力量。以 Maison Martin Margiela 为例，德里达关于文本建构和解构的理论可以很好地解释马丁·马吉拉（Martin Margiela）对时尚根本元素的创造性探索，包括服饰的材质、结构、技艺和组合。在此基础上，本章讨论了“擦除”时尚生产驱力的方法。正是这一驱力使时装得以在令人眼花缭乱的季节性节奏和可预测的时间关系中，永远与这个崇尚创新、奇观和无缝的审美理想的商业体系保持一致。

第 16 章　布鲁诺·拉图尔（Bruno Latour，1947—　）

乔安妮·恩特威斯特（Joanne Entwistle）研究了法国社会学家布鲁诺·拉图尔的著作，尤其是他著名的科学与技术研究（science and technology studies，简称 STS）和行动者网络理论（actor-network-theory, 简称 ANT）。拉图尔的著作激进地批判了社会学的主流概念(例如“自然”和“文化”)，挑战了传统意义上的社会“行动者”概念。在他看来，社会行动者网络中的行动者未必是人类，只要他 / 她 / 它有能力影响其自身所处的网络即可。拉图尔对这类网络，或“集群体”（assemblages）的关注意味着细致的民族志研究，因此行动者网络理论和科学与技术研究成为更合适的研究方法。尽管拉图尔的著作十分重要，但大多数研究仍然止步于实验室里的科学研究。米歇尔·卡伦（Michel Callon）则不然。他受到了行动者网络理论的启发，将市场视为网络，并试图揭示不同的市场是如何在特定的集群体中交叠的。本章讨论了拉图尔的理论在时尚研究中的应用。事实上，时尚圈本身也是一个汇聚着人和非人行动者的网络。恩特威斯特以自己关于时尚模特和时尚买手的研究为例，将不同的时尚市场视为特定行动者的集群体，展示了这一研究路径在时尚领域的解释力。

第 17 章　朱迪斯·巴特勒（Judith Butler，1956—　）

伊丽莎白·威斯辛格（Elizabeth Wissinger）介绍了朱迪斯·巴特勒对哲学和女性主义的解读。在巴特勒看来，文化实践赋予了身体以存在形式。这种文化实践很大程度上有赖于话语，并且仍然生产着活生生的、性别化的身体。基于这种令人不安的身体本性，巴特勒指出了操演过程（performative processes）是如何将自我、身体和服饰不可逆转地融合在一起的。由此，身体通过既定的符码表达自身的社会性别，尽管这些符码一直处于协商之中。她的著作从同性恋亚文化的角度审问并动摇了社会性别的稳定，为新生的酷儿研究和运动添砖加瓦。与此同时，巴特勒认为，所有的社会性别都是一种表演。这一观点有助于我们通过时尚来理解女性主义者关于具身化的争论。威斯辛格指出，巴特勒对心理学和符号学的激进重读也可以被用来反思时尚在社会生活中的刻板印象。巴特勒认为，能动性并不来自一个自治的主体，而是身体不受约束的自我超越。

参考文献*

Appadurai, A. (ed.) (2013 [1986]) *The Social Life of Things: Commodities in Cultural Perspective*, 11th edn, Cambridge: Cambridge University Press.

Barker, C. (2011) *Cultural Studies: Theory and Practice*, London: Sage.

Barrett, E. and Bolt, B. (eds) (2013) *Carnal Knowledge: Towards a 'New Materialism' through the Arts*, London and New York: I.B. Tauris.

* 编者注：为方便读者查阅，本书参考文献保留了原文，并沿用了原书格式。

Barthes, R. (1967) 'Death of the Author', reprinted in (1978) *Image, Music, Text*, S. Heath (trans), Glasgow: Fontana Collins.

—— (1973) *Mythologies*, A. Lavers (trans), London: Paladin.

—— (1973) *The Pleasure of the Text*, R. Miller (trans), New York: Hill and Wang.

—— (1977) *A Lover's Discourse: Fragments*, R. Howard (trans), New York: Hill and Wang.

—— (1983) *Simulations*, New York: Semiotext(e).

—— (1990 [1967]) *The Fashion System*, M. Ward and R. Howard (trans), Berkeley and Los Angeles: University of California Press.

—— (1993 [1976]) *Symbolic Exchange and Death*, I. Grant (trans), London: Sage.

Baudelaire (1999 [1863]) 'Le Peintre de la Vie Moderne', *in Baudelaire: Ecrits sur L'Art*, Paris: Le Livre de Poche.

Baudrillard, J. (1993 [1976]) *Symbolic Exchange and Death*, I. Grant (trans), London: Sage.

Bauman, Z. (2000) *Liquid Modernity*, Cambridge: Polity Press.

—— (2011) *Culture in a Liquid Modern World*, Cambridge: Polity.

Bennett, T. and Joyce, P. (eds) (2010) *Material Powers: Cultural Studies, History, and the Material Turn*, London and New York: Routledge.

Berger, A.A. (1995) *Manufacturing Desire: Media, Popular Culture, and Everyday Life*, New Brunswick, NJ: Transaction Publishers.

Best, S. and Kellner, D. (1991) *Postmodern Theory: Critical Interrogations*, London: Macmillan.

Bolt, B. (2013) 'Introduction' in: E. Barrett and B. Bolt (eds), *Carnal Knowledge: Towards a 'New Materialism' through the Arts*, London and New York: I.B. Tauris.

Braidotti, R. (1991) *Patterns of Dissonance: A Study of Women and Contemporary Philosophy*, Cambridge: Polity Press.

—— (2002) *Metamorphoses: Towards a Materialist Theory of Becoming*, Cambridge: Polity Press.

Breward, C. (1995) *The Culture of Fashion*, Manchester: Manchester University Press.

—— (2003) *Fashion*, Oxford: Oxford University Press.

Brown, B. (2001) 'Thing Theory' in *Critical Inquiry*, 28 (1): 1-22.

—— (2010) 'The Matter of Materialism' in T. Bennett and P. Joyce (eds), *Material Powers: Cultural Studies, History, and the Material Turn*, London and New York: Routledge.

Burman, B. and Turbin, C. (eds) (2003) *Material Strategies: Dress and Gender in Historical Perspective*, Oxford: Blackwell.

Butler, J. (1990) *Gender Trouble*, New York and London: Routledge.

Cavallaro, D. (2001) *Critical and Cultural Theory*, London: Athlone Press.

Certeau, M. de (1988) *The Practice of Everyday Life*, Berkeley: University of California Press.

Chakrabarty, D. (2000) *Provincializing Europe: Postcolonial Thought and Historical Difference*, Princeton, NJ: Princeton University Press.

Cole, S. (2009) *The Story of Men's Underwear*, New York: Parkstone.

Coole, D. and Frost, S. (eds) (2010) *New Materialisms: Ontology, Agency, and Politics*, Durham, NC: Duke University Press.

Davis, F. (1992) *Fashion, Culture, and Identity*, Chicago: University of Chicago Press.

Deleuze, G. and Guattari, F. (1987 [1980]) *A Thousand Plateaus: Capitalism and Schizophrenia*, B. Massumi (trans), Minneapolis: University of Minnesota Press.

Derrida, J. (1976) *Of Grammatology*, G.C. Spivak (trans), Baltimore, MD: John Hopkins University Press.

Docherty, T. (ed.) (1993) *Postmodernism: A Reader*, New York: Columbia University Press.

Dolphijn, R. and van der Tuin, I. (2012) *New Materialism: Interviews and Cartographies*, Open Humanities Press.

During, S. (ed.) (1993) *The Cultural Studies Reader*, London: Routledge.

Eagleton, T. (1990) *The Significance of Theory*, Oxford: Blackwell.

Eicher, J.B. (1999) *Dress and Ethnicity: Change across Space and Time*, Oxford: Berg.

Eisenstadt, S.N. (2000) 'Multiple Modernities' in *Daedalus*, 129 (1): 1-29.

Entwistle, J. (2000) *The Fashioned Body: Fashion, Dress and Modern Social Theory*, Cambridge: Polity.

Evans, C. (2000) 'Yesterday's Emblems and Tomorrow's Commodities: The Return of the Repressed in Fashion Imagery Today' in S. Bruzzi and P. Church Gibson (eds), *Fashion Cultures: Theories, Explorations and Analysis*, London: Routledge.

—— (2003) *Fashion at the Edge: Spectacle, Modernity and Deathliness*, London: Yale University Press.

—— (2013) *The Mechanical Smile: Modernism and the First Fashion Shows in France and America, 1900-1929*, London: Yale University Press.

Foucault, M. (1969) 'What is an Author' reprinted in J.D. Faubion (ed.) (1994)

Aesthetics, Method and Epistemology, London: Allen Lane.

—— (1990 [1976]) *The History of Sexuality*, Vol. 1, R. Hurley (trans), London: Penguin.

—— (2004 [1969]) *The Archaeology of Knowledge*, London: Routledge.

Freud, S. (1964 [1900]) 'Interpretation of Dreams' in J. Stratchey (ed.), *Standard Edition*, London: Hogarth.

Gaonkar, D.P. (ed.) (2001) *Alternative Modernities*, Durham, NC: Duke University Press.

Gilroy, P. (1993) *The Black Atlantic: Modernity and Double Consciousness*, London: Verso.

Grossberg, L., Cary, N. and Treichler, P. (eds) (1992) *Cultural Studies*, Routledge: New York.

Hall, S. (1997) *Representation: Cultural Representations and Signifying Practices*, London: Sage.

Haraway, D. (1988) 'Situated Knowledges: The Science Question in Feminism and the Privilege of Partial Perspective', reprinted in (1991) *Simians, Cyborgs and Women: The Reinvention of Nature*, London: Free Association Books.

Hendrickson, H. (ed.) (1996) *Clothing and Difference: Embodied Identities in Colonial and Post-colonial Africa*, London: Duke University Press.

Hills, M. (2005) *How to do Things with Cultural Theory*, London: Bloomsbury.

hooks, b. (1990) *Yearning: Race, Gender, and Cultural Politics*, Boston, MA: South End Press.

—— (1992) *Black Looks: Race and Representation*, Boston, MA: South End Press.

Hutcheon, L. (1989) *The Politics of Postmodernism*, London: Routledge.

Irigaray, L. (1985) *This Sex Which Is Not One*, Ithaca, NY: Cornell University Press.

Jameson, F. (1991) *Postmodernism, or the Cultural Logic of Late Capitalism*, London: Verso.

Jary, D. and Jary, J. (1995) *Collins Dictionary of Sociology*, Glasgow: Harper Collins.

Jobling, P. (1999) *Fashion Spreads: Words and Image in Fashion Photography since 1980*, Oxford: Berg.

Kawamura, Y. (2005) *Fashion-ology: An Introduction to Fashion Studies*, New York: Berg.

Kondo, D. (1997) *About Face: Performing Race in Fashion and Theater*, London: Routledge.

Küchler, S. and Miller, D. (2005) *Clothing as Material Culture*, Oxford: Berg.

Lacan, J. (1977) *Écrits: A Selection*, New York: Norton.

Latour, B. (2005) *Reassembling the Social: An Introduction to Actor-Network-Theory*, Oxford: Oxford University Press.

Lehmann, U. (2000) *Tigersprung: Fashion in Modernity*, London: MIT Press.

Lewis, R. (2013) *Modest Fashion: Styling Bodies, Mediating Faith*, London: I.B. Tauris.

Lipovetsky, G. (1994) *The Empire of Fashion: Dressing Modern Democracy*, Princeton, NJ: Princeton University Press.

—— (2005) *Hypermodern Times*, London: Polity.

Lyotard, J-F. (1984) *The Postmodern Condition*, Manchester: Manchester University Press.

Marx, K. (1990 [1867]) *Capital Volume One*, B. Fowkes (trans), London: Penguin.

Maynard, M. (2004) *Dress and Globalisation*, Manchester: Manchester University Press.

Merleau-Ponty, M. (2002) *Phenomenology of Perception*, London, New York: Routledge.

Metz, C. (1982) *Psychoanalysis and Cinema: The Imaginary Signifier*, London: MacMillan.

Miller, D. (ed.) (1998) *Material Cultures: Why Some Things Matter*, Chicago: University of Chicago Press.

—— (2010) *Stuff*, Cambridge: Polity.

Mills, C.W. (2000 [1959]) *The Sociological Imagination*, Oxford: Oxford University Press.

Mitchell, W. (1994) *Picture Theory: Essays on Verbal and Visual Representation*, Chicago: University of Chicago Press.

Mora, E., Rocamora, A., and Volonté, P. (2014) 'The Internationalization of Fashion Studies: Rethinking the Peer-reviewing Process' in *International Journal of Fashion Studies*, 1 (1): 3-17.

Niessen, S., Leshkowich, A.M., and Jones, C. (2003) *Re-orienting Fashion: The Globalisation of Asian Dress*, Oxford: Berg.

Pine, J. and Gilmore, J. (1999) *The Experience Economy*, Cambridge: Harvard Business School Press.

Rabine, L.W. (2002) *The Global Circulation of African Fashion*, Oxford: Berg.

Rantisi, N. (2004) 'The Designer in the City and the City in the Designer' in D. Power and A.J. Scott (eds), *Cultural Industries and the Production of Culture*, New York:

Routledge.

Rocamora, A. (2009) *Fashioning the City: Paris, Fashion and The Media,* London: I.B. Tauris.

—— (2012) ‘Hypertextuality and Remediation in the Fashion Media: The Case of Fashion Blogs’ in *Journalism Pratice*: 92-106.

Root, R. (2013) ‘Mapping Latin American Fashion’, in S. Black, A. De La Haye, J. Entwistle, A. Rocamora, R. Root and H. Thomas (eds) *The Handbook of Fashion Studies*, London: Bloomsbury.

Rorty, R. (1967) *The Linguistic Turn: Recent Essays in Philosophical Method,* Chicago: University of Chicago Press.

Said, E. (1982) ‘Traveling Theory’ in *The World, the Text, and the Critic*, Cambridge, MA: Harvard University Press.

Santagata, W. (2004) ‘Creativity, Fashion and Market Behavior’ in D. Power and A.J. Scott (eds), *Cultural Industries and the Production of Culture,* New York: Routledge.

Saussure, F. de (1996 [1916]) *The Course in General Linguistics,* R. Harris (trans), Chicago and La Salle, IL: Open Court.

Silverman, K. (1983) *The Subject of Semiotics,* New York: Oxford University Press.

Sim, S. (ed.) (1998) *The Icon Critical Dictionary of Postmodern Thought,* Cambridge: Icon Books.

Simmel, G. (1971 [1904]) ‘Fashion’ in D.N. Levine (ed.), *Georg Simmel,* Chicago: University of Chicago Press.

Stanton, D. (1980) ‘Language and Revolution: The Franco-American Dis-Connection’ in H. Eistenstein and A. Jardine (eds), *The Future of Difference,* Boston: Hall.

Storey, J. (ed.) (1996) *What is Cultural Studies? A Reader*, London: Arnold.

Sturken, M. and Cartwright, L. (2009) *Practices of Looking: An Introduction to Visual Culture*, Oxford: Oxford University Press.

Trinh, M-H. (1989) *Woman, Native, Other: Writing Postcoloniality and Feminism*, Bloomington: Indiana University Press.

Vermeulen, T. and Van den Akker, R. (2010) ‘Notes on Metamodernism’ in *Journal of Aesthetics and Culture,* 2: 1-13.

Vinken, B. (2000) *Fashion Zeitgeist: Trends and Cycles in the Fashion System*, Oxford: Berg.

Williams, R. (1958) *Culture and Society: 1780-1950*, Harmondsworth: Penguin.

—— (1983) *Key Words*, London: Fontana.

Wilson, E. (2003) *Adorned in Dreams: Fashion and Modernity*, London: I.B. Tauris.

Woods, T. (1999) *Beginning Postmodernism*, Manchester: Manchester University Press.

Woodward, S. (2007) *Why Women Wear What They Wear*, Oxford: Berg.

2

KARL MARX

Fashion and Capitalism

卡尔·马克思

时尚与资本主义

安东尼·沙利文
Anthony Sullivan

引言

基于威尔逊（Wilson）“时尚是资本主义幼子”（2003: 13）的评论，本章将运用马克思主义丰富的基本概念，在社会、文化和物质层面对时尚的缘起和流变进行深入的批判解读。时尚诞生于资本主义体系之下，因此它也同这体系一样，具有“双重面孔”（Wilson, 2003: 13）：欢乐和苦痛，表达与剥削并存其间。

马克思的生平简介
及其衣着象征意义的教诲

与晚年的赤贫境遇不同，马克思于 1818 年出生在莱茵兰州特里尔城德国大教堂镇的一个中产阶级家庭，那里的生活相对舒适宽裕。马克思的父亲是一个为了逃避反犹主义而皈依新教的犹太律师。马克思本人也于 1835 年在波恩学习法律，并于一年后赴柏林大学学习哲学。1841 年，23 岁的马克思已经完成了关于古希腊哲学的博士论文，可他却放弃了留校任教的机会，决心用自己的毕生精力从事资本主义研究，并为这样一项壮丽的事业奠定了理论基础——通过消除资本主义条件下普遍存在的阶级剥削和不平等，实现社会的解放（Callinicos, 1983）。在资本主义体系，或者“生产方式”（mode of production）（Marx, 1976: 3）下，物品（goods）产出的目的在于商品（commodities）销售，进而使拥有“生产资料”（means of production）（即原材料和生产机器）的资本家获利。因此对马克思来说，资本主义并非简单地致力于满足劳动者的需要。相反，工人的“劳动力”（labour power）被出售，经由资本家的控制和剥削，才折算成了生存所必需的工资。与此同时，工人们自身也变成了消费者，并被迫以高价买回他们所生产的商品。这一剥削制度是资本主义所特有的，因此也是时尚发展的关键，这一点将在后文详述。

离开大学后，马克思的主要经济来源就是微薄的稿酬。于是他常常被迫典当大衣来为自己和家人换取食物等生活必需品。由于常常光顾典当行，马克思一定“知道他大衣的价值”（Stallybrass, 1998:

203)。在这样的情境下，大衣成为一种商品或者交换手段。然而，当马克思用大衣换取现金的同时，时尚的一个重要特征也在他面前昭然若揭：无论真实与否，也“无论造作与否”(Finkelstein, 1991: 128)，时尚能成为一个人社会地位的象征。如果没有这件大衣，马克思将无法继续从事他的研究，毕竟“大英图书馆的阅览室不是什么烂大街的人都能进的，而一个没穿大衣的男人……正在此列。没有了大衣的马克思……也无非是个无名小卒”(Stallybrass, 1998: 187)。因此，马克思对衣着的象征意义有切身的体会。这种象征意义可以成为制造社会身份和印象的手段，也可以“使人在社会中找到自己的位置”(Marx and Engels, 1973: 84)。

黑格尔、费尔巴哈和马克思：历史唯物主义之路

马克思之所以能在西方思想史中脱颖而出，是因为他对同时代人的思维定式感到不满。正如他自己所说：“哲学家们只是用不同的方式解释世界，但问题的关键是改变世界。”(Marx, 1974: 123) 学生时代的马克思曾经是激进思想圈中的一员，他们受到当时最重要的哲学家黑格尔及其作品的巨大影响，被称为“青年黑格尔派”。这些思想者仍然沐浴在 18 世纪启蒙运动的阳光下，笃信理性和思索——而非上帝、自然和超自然的力量——才是理解历史和社会变化的关键。他们常常在柏林的博士俱乐部举行聚会，纵酒论道，抨击当时的普鲁士（现在德国的前身）社会的压迫 (Gonzalez, 2006)。

马克思在黑格尔的著作中找到了“历史唯物主义”理论的源头。黑格尔曾经提出将理性及其塑造的社会进程划分为几个不同的阶段。从一种社会形态到另一种社会形态的转变并不是通过温和渐进的方式完成的，而是有赖于人们理解世界之理念的矛盾对抗和断裂。因此对黑格尔来说，唯有当理念的矛盾在思考方式的革命中得以解决，人们对世界的理解得以更新时，社会形态的进步才有可能达成。他认为普鲁士已经从上帝和超自然力量所形塑的历史中艰难地走出，迈向了启蒙哲人所构建的理性历史。

然而马克思的“历史唯物主义”指出，社会的变迁不仅仅源于社会中理念的矛盾，更受到生活物质条件和劳动组织方式的影响。马克思认为，资本主义社会矛盾的要害在于谁能拥有和掌控生产及其产品。这一关键问题区别了不同的群体，用马克思的话来说，就是阶级。不同阶级之间对劳动掌控的斗争也由此产生。正如马克思的名言所示：“迄今为止的所有历史都是阶级斗争的历史。自由民和奴隶、贵族和平民、领主和农奴、行会师傅和帮工（工人或者说无产阶级与资本家），一言以蔽之，都是压迫者和被压迫者的斗争。”（Marx and Engels, 1998: 3）。此处，马克思受到了费尔巴哈的影响。而费尔巴哈则大力批判黑格尔，坚称物质决定意识。费尔巴哈的观点提供了一个与黑格尔截然不同的视角，他认为黑格尔的劳动只是精神上的概念，因此屈服于“将现实伪装成思想产物的幻觉”（Marx, 1993: 101）。可是，对马克思这样一个注重改变并致力于使之成为现实的人来说，费尔巴哈的唯物主义也是有问题的，因为费尔巴哈认为人类的天性、思想和行为的本质是一成不变的。

因此，马克思的“历史唯物主义”批判性地继承了这些思想家的观点。他认为人类的天性并不是一成不变的，因为劳动及其结果使人类与别的动物区别开来。对马克思来说，劳动中与物质世界的积极互动重塑了我们的意识，并由此改变了人类的天性。与此同时，通过我们的“物质生产和交往，我们的意识及其产物随着现实世界而改变”（Marx and Engels, 1975: 37）。所以在马克思看来，资本主义的阶级矛盾使得不同群体 / 阶级对劳动及其产品的所有权展开争夺，阻碍了人类的自我实现和创造性的劳动。这种对自身劳动的失控即马克思所谓的“异化”（alienation）（1844）。马克思及其伙伴恩格斯（Friedrich Engels）认为，最高形态的社会是共产主义社会，而统治阶级对劳动的掌控则使共产主义无法实现。在共产主义社会中，生产过程将会是透明的。劳动将会在社会需要而非私人利益的驱使下，被民主地掌控和组织起来。为了使这样的社会成为可能，马克思在恩格斯的支持下构建了革命的社会主义的基本理论。他在包括《共产党宣言》在内的一系列巨著中坚持着这样一个信念：唯有当工人阶级通过摧毁现有的资本主义国家而掌权的时候，整个社会才能够从阶级关系、“异化”和劳动剥削所产生的不平等和苦难中解放出来。

资本主义，从穿着打扮到时尚

威尔逊（2003）将五六百年前的宫廷社会（court society）（Elias, 1978）中的时尚萌芽与资本主义的兴起联系起来。她认为，用不同的装饰来象征性地区别族群和社会身份（包括部族或者亚文化，性别或者阶级）是所有文化的共同特点——衣服、珠宝、妆容、打孔无一不体现着这一点。但这仍然属于穿着打扮的范畴，而非时尚。从某种程度上来说，时尚是“穿着打扮的一种，其核心特征是风格款式迅速且持续的变化”（Wilson, 2003: 4-5）。

尽管马克思并没有专门讨论穿着打扮和时尚，但他的《共产党宣言》描述了这样一个社会：在那里，时尚变成了一种愈加广泛的社会实践。在他描绘的图景中，无常的变化战胜了一切延续、稳定和传统。《共产党宣言》雄辩地指出，社会转型使得以往规定社会生活的“一切固定僵化的关系以及与之相适应的素被尊崇的观念和见解”都被“消除了”，取而代之的是资本主义和现代都市社会。正如马克思的著名论断所示，在这样的社会里，“一切坚固的东西都烟消云散了”（Marx and Engels, 1998: 38）。

在《共产党宣言》无数令人记忆犹新的片段中，有一段关于旧有的确定性崩溃的描述。这一确定性源于一种神授的社会秩序，一切社会和阶级关系都取决于“国王—贵族—平民”的固定等级关系。马克思和恩格斯这样写道：

> 资产阶级在它已经取得了统治的地方把一切封建的、宗法的和田园诗般的关系都破坏了。它无情地斩断了把人们束缚于天然尊长的形形色色的封建羁绊，它使人和人之间除了赤裸裸的利害关系，除了冷酷无情的“现金交易”，就再也没有任何别的联系了（1998: 37）。

就这样，《共产党宣言》戏剧性地呈现了“新的冲击”（Hughes, 1991）和现代性的影响。一个新的社会形式及其内部可能的社会流动与个人概念应运而生。不仅如此，马克思和恩格斯还曾经断言，当资产阶级“使农村屈服于城市的统治”（Marx and Engels, 1998: 40）之时，社会关系将变得愈发紊乱，由此产生的流动性也愈强。除去消费以外，资本家通过劳动剥削的利润还积累了剩余所得，因此他们得以和原有的乡村贵族阶级在自己关注的公共都市领域展开竞争。这一阶级领导权的斗争体现在经济、政治，乃至穿着等各个方面。多恩·斯莱特（Don Slater）就曾指出：“新的富人购置了地产，穿上了宫廷的衣着，可以纵乐于贵族闲暇的消遣。”（1997: 70）据威尔逊（2003）和恩特威斯特（Entwistle, 2000）所言，对阶级位置的重新确认与这种确定性的丧失相伴而生。这点在你与街上的陌生人擦肩而过的时候尤其明显。在这种彼此陌路的情况下，通过穿着展现社会身份就变得格外重要。穿着也由此成为一种表达方式，人们借此显露或者掩藏社会身份——就如同马克思的大衣所具有的象征意义。因此，早期的资本主义城市正是威尔逊所谓的“矛盾的熔炉”（crucible of contradiction）（2003: 13）。与个人身份相关的时尚概念在资本主义对旧有社会关系的瓦解下，产生于都市邂逅的旋涡中。

唯有在这种全新的竞争性社会语境中，穿着打扮才得以成为时尚。这种变化和无尽的突转在日积月累的扩散中、在“高等”阶层到“下等”阶层的传播中，不断地发展（Veblen, 1899）。封建时代里，确定服饰规范的依据是个人的职业——不论你是“卖饼干的，卖刀具的，还是卖文具的”（Wilson, 2003: 24-25），所有人都在“禁奢法令”的管制下，穿着限定的布料和颜色（Craik, 2009）。可随着资本主义的兴起，富有竞争性的时尚攀比和特立独行的象征符号得到了发展，并且最终取代了封建时代的穿着模式。恩特威斯特认为，上层阶级和下层阶级之间就主导权展开的斗争，“更多地是通过符号呈现出来的，而非刀光剑影的战争。这其中，穿着打扮就是这场符号斗争最重要的一个方面”（2000: 106）。由于传统贵族起初想要通过独特的消费在新兴资产阶级面前守住自己高贵的身份，因此资产阶级需要发展出一种更为节制的穿衣风格（至少对男性来说是这样）：素净的长袍大衣配上深色的西装，这样的衣着使其同时区别于贵族和工人阶级（Breward, 1999）。如果不理解封建主义到资本主义的深刻转折，那么阶级之间的服饰之争、时尚的动态变化，以及个人与社会之间的矛盾生成将会是不可理解的。正如西美尔所言（详见第 4 章），时尚在阶级语境下变成了一种调和社会规约和自我个性的手段，这使得“社会调适”（social adaptation）和“分化”（differentiation）同时成为可能。

制造和消费“大众的时尚”

如果我们重新把目光聚焦到资本主义时尚的物质层面，特别是在资本条件下，服装的生产和消费是怎样实现的，那么我们将得到一幅意义非凡却充满矛盾和不公的总体图景，封建时代的生产方式正渐渐远去。在曾经那样一个缓慢运行的体系下，自给自足的小规模手工作坊主导着商品生产。服装制造是一种“家庭手工业”（cottage industries）。它以店铺为中心，其中包括裁缝、学徒、缝纫女工和制裙技工（Rouse, 1989; Tarrant, 1994; Lemire, 1997）。如今，作为零售商品的大规模时尚生产使得服饰仿佛都是“成衣”（ready to wear，这里是指服饰好像不再需要制作的过程），成为全球时尚链中现成的一环。二者之间的巨大差异至今仍令人震惊，并且在许多重要方面形成了误导。

瞬息万变的“快时尚”（fast fashion）时代意味着富有吸引力的最新名流和秀场形象将会通过互联网和社交媒体进行病毒式的传播，并迅速为全球时尚圈所接纳。时尚的从业者们会立即把这些形象变成已经制作完毕的成品服装，卖给如今的消费者。Zara 将电子技术运用到设计、仓储、采购和物流等环节，从它们定义潮流到销售成品只需要短短数周（Edwards, 2011）。然而，直到 20 世纪 50 年代中期，“专门定制服装的情形仍然很普遍”（Rouse, 1989: 244）。有趣的是，尽管在 19 世纪末 20 世纪初的时候，时尚是由资产阶级向中产阶级传播的（Rouse, 1989; Entwistle, 2000; Wilson, 2003），但是大多数人仍然在封建时代之后的很长一段时间里没有参与任何时尚消费。和如今破坏生态的一次性时尚不同，18、19 世纪的服饰被尽可能长时间地保存着，人们会对其进行修补、拆装、清洁，并且重复使用——二手、三手、四手，甚至五手、六手的衣物都屡见不鲜（Lemire, 1997）。不仅如此，二手交易直到 20 世纪初都是除了中产阶级、资本家和贵族阶级以外的大众获得时尚成衣的主要渠道（Rouse, 1989; Tarrant, 1994）。

可见在资本主义早期，时尚的生成和时尚文化的传播之间存在着矛盾，广大的工人阶级被排除在时尚之外。直到 20 世纪下半叶，传统时尚被机智地改造成了“大众的时尚”（fashion for all），这一情况才有所转变（Rouse, 1989: 278）。其中，新的制衣成本则是导致这一转变的根本。一位打字员“在1910年的年收入是66欧元”，在服装上的支出预算只有“每年5欧元”，因此昂贵的时装对他们来说只能是“可远观而不可亵玩”的（Rouse, 1989: 278）。马克思和恩格斯就曾在《共产党宣言》中指出，“生产力”的潜能被资本主义的社会阶级关系束缚住了，因此在本该富足的时代里制造了贫乏。时尚领域发生的事情有力地印证了这一点。直到贸易联盟在19世纪末20世纪初崛起，发达国家的开销被迫增加，时尚对大多数工人阶级来说仍然是可望而不可即的。此时的时尚正如巴特（Barthes）所言，就是对风格废替的感受。在这个迅速更替的循环中，“更新换代超过了折旧损坏”（Barthes, 1998: 297-298；更多关于巴特的内容，详见第8章）。这种排外的消费历史也同样在时尚生产的现实中有所反映。时尚生产始终没有摆脱前工业化的痕迹，它主要还是采用传统的CMT制作装配流程，即裁剪（Cut）、制作（Make）、装饰（Trim）。事实上，CMT流程所使用的技术自从170年前缝纫机的发明以来就几乎没有什么改变。

劳动、“类存在”和装饰的二元性

如上文所述，马克思认为资本主义体系的基础是资本家剥削工人。这种剥削是通过榨取马克思所谓的“剩余价值”（surplus value）而得以实现的。因此，充分认识“剩余价值”的含义，能够帮助我们理解时尚生产和消费之间的矛盾。具体来说，“剩余价值”理论可以解释21世纪的时尚业为什么仍然沉重地剥削着服装工人的劳动，也正是这些工人为大家生产了每天所穿的衣物。他们的劳动是如此艰辛，简直和马克思时代充满血泪的工作条件如出一辙——因为时尚如果要持续作为一种大众消费，那么它的生产和销售必须廉价。

马克思关于劳动是“类存在”（species being）的概念将成为我们理解时尚的关键。举例来说，如果没有从采棉到零售这四十多道制作流程的社会劳动，一条成品棉裤（时尚男装的主要产品）将成为无米之炊（Jarnow and Dickerson, 1997）。

马克思著作的灵魂是其关于劳动的宏大概念。他认为劳动是我们积极创造的“类存在”，是人类区别于其他物种的本质特征。尽管马克思和恩格斯赞扬资本主义发展了人类的这一生产潜能，但同时也批评“资本主义时代”（1998: 38）作为一个商品财富丰富非凡的世界，却建立在对大多数人的剥削之上，只有少数人才能在其中享乐。因此在马克思看来，消费常常被这样一个事实所玷污：在资本主义的社会关系下，以金钱和信用为基础的市场决定了商品的获得（Fine and Leopold, 1993）。对马克思来说，唯有当阶级束缚和私有制被彻底扫除之时，这一矛盾才能和我们创造性劳动力的“异化”（Marx, 1844）一起被克服。

马克思对人类无穷劳动潜能的赞美在其著作中显而易见。他认为劳动的潜能可以创造一切令人叹为观止的事物及其规则，这当然也包括衣着。马克思在《资本论》第一卷（1867）中写道：“蜘蛛的活动与织工的活动相似。”同理，蜜蜂也构筑蜂巢，“但是最蹩脚的建筑师从一开始就比灵巧的蜜蜂高明。他在用蜂蜡建筑蜂房以前，就已经在自己的头脑中把它建成了”（Marx, 1990: 284）。此外，他还写道：不同于“片面地从事生产”而满足“直接需要”的动物，人类“全面地从事生产，即使我们已经不再受制于物质需要，并且从需要本身中解放出来，从事真正的生产”（Marx, 1844）。因此对马克思来说，劳动作为我们的“类存在”，既包括了功能性的需求，也包括了基本需求之外的精心设计和审美创造。正是人类创造物的这一品质使得我们的生产在文化上独一无二，因为正如马克思所说，唯有人类才能“按照美的法则构建事物”（Marx, 1844）。

这些话语反驳了马克思是一个粗糙的唯物主义者或者“生产主义者”（productivist）的评价，同时也揭示了装饰的二元性。这也是时尚具备强大文化影响力的核心品质。在《资本论》第一卷中，马克思这样定义商品：它既满足了“口腹”（stomach）的需要，即身体或者实用的需要；也满足了“幻想”（fancy）或者想象的需要（Marx, 1990: 125）。因此，时尚是一场形式的游戏，它有具体的功能性，同时也超越了功能：我们穿鞋不只是用它们来保护双脚，更有对款式的要求，不论是便鞋、皮鞋、靴子，还是运动鞋。这些都是出于社会性的、符号和审美的需要。

与众多关于时尚的研究创作不同，除了个别作品以外（详见 Braham, 1997; Entwistle, 2000, 2011; Fine and Leopold, 1993; Phizacklea, 1990），鲜有人跟马克思一样，不仅仅只在抽象层面上关注事物的创作、审美和趣味。他决心关注的问题在于，商品生产过程中的人类劳动是如何被系统地剥削的。马克思试图理解资本主义社会中由此产生的矛盾。就时尚领域而言，他不仅可以在典当衣物的个人经历里发现这种矛盾，更能够入木三分地发问：为什么时尚生产要采用这样一种残酷的、非人道的方式？在《资本论》第一卷中，马克思深入探究了纺织业、缝纫业和其他形式的服装制造业，揭开了华丽时尚背后劳动剥削的现实。一如既往地，马克思在此指出："异化"意味着劳动生产出了他所谓的"超越需要的美与奇迹"，但其后果是价格的"畸变"（deformity）和工人的血泪（转引自 Molyneux, 2012: 12-13）。

恩格斯的父亲便是一个纺织厂的厂主，他也与马克思类似地记录了英格兰在 19 世纪 80 年代因工业城市的商品生产而出现的贫困和悲剧。眼见"15 000 名年轻的女缝纫工"在厂房中工作、休息、用餐，每天劳动 15~18 个小时，他写道："一个发人深省的事实在于，因为生产资本家阔小姐的私人华服，工人的健康受到了最惨痛的伤害，"（2009: 12）马克思为时尚更新换代的人力靡费而感到愤怒。他抨击时尚的"凶残任性"（murderous caprices），并且特别提到了发生在沃克利（Walkley）这个二十岁女工身上的悲剧："她在不间断地工作了 26.5 个小时后最终过劳而死。"（Marx, 1990: 365）在这种情况下，马克思的愿望也就容易理解了——他希望缝纫机的"决定性革命"能够用现代工业手段转变服装制造的现状（Marx, 1990: 443）。然而他的愿望并没有实现，缝纫机器的发明反而加剧了劳动剥削。搞清楚这一情况为何发生、新的技术又为什么没有改变制衣业的 CMT 生产模式，这是理解时尚矛盾的关键。如今，我们仍然需要用马克思的观点来看清时尚工业的双重趋势。

剩余价值、血汗和竞争

为了解释“剩余价值”或者利润是如何通过资本家和工人之间的社会关系而产生的，马克思为资本主义——更精确地说是资本交换——构建了一个基本的公式：M-C-M（1990: 248-57）。这一公式揭示了掌握生产资料的资本家或者资产阶级如何从工人手中榨取金钱，并且使广大的工人阶级出售劳动力来交换生存所必需的工钱。具体来说，马克思认为资本家增加的价值以金钱的形式呈现，记为 M；以金钱购得的“劳动力”价值则记为 C，这一部分作为商品，体现为工人所获得的工资。但关键的是，工人在任意时间内劳动所创造的价值——即公式中的第二个“M”——永远超过资本家的投资或者支出。因此，工人只能获得他们自己创造的总价值中的一部分作为工钱。而这部分工钱则是在马克思所谓的“社会必要劳动时间”（socially necessary labour time）中创造的。对马克思来说，劳动，更准确地说是在社会必要劳动时间内创造的事物，才是所有商品价值的基础。它体现了平均的时间需要，即在现有社会正常的生产工具和技术条件下，工人产出与自己薪资等价的生活必需品（包括衣食住行和娱乐）所需的时间。在马克思看来，商品的核心价值高低就源于社会必要劳动时间的多少。马克思的“劳动价值理论”（labour theory of value）意味着，如果一名工人只要用 4 个小时的劳动即可创造足够的价值来满足其生活所需，那么每天工作 8 小时就意味着他在另外 4 个小时的劳动中一无所得，也就是为雇佣他们的资本家创造了 4 个小时的“剩余价值”。因此“剩余价值”就是由工人创造，且为资本家所得的，超出工人工资的那部分价值。在实际的金钱层面上表现为资本家售卖商品所得的利润。

在这样的总体图景之下，当我们对时尚生产进行具体考察之时，行业的特殊性使得服装工人所获得工资——（他们在社会必要劳动时间内创造的价值）一直很低。从历史的角度说，第一件成衣的制作是上文所提到过的旧有封建“家庭手工业”之延续，即所谓的“家庭工包制”（the putting-out system）（转引自 Lemire, 1997: 55）。这种前工业化的体系需要商人或者其他中间人为纺纱工提供原料，为纺织工提供线材，为针织女工或者裁缝提供布料。相关人员各自对线、布料或者衣物进行加工，并且获得各自的报酬。在这种体系下，工人起初保有着一些权力，因为他们各自出售自己的劳动产品，而非商品中的“劳动力”。18 世纪末 19 世纪初，大规模机器生产缩短了制衣的时间，工匠们失去了手工织布机时代对劳动的自我掌控。结果，侵入纺织生产的“劳动力”价值瓦解并摧毁了这些手工业者的生活。他们的劳动产品无法与机器生产进行竞争，只能被迫廉价出售自己的“劳动力”。

在服装方面，马克思认为（资本家）可以通过缩短制衣时间，或者压低“劳动力”价值的方式提高利润。在《资本论》第一卷中马克思引用了“儿童就业委员会”（The Children's Employment Commission）（1864）的一段话：“当工作几经转手，每一道工序都需要分享利润……，因此女工实际所得十分微薄”（1990: 695）。菲扎克莱（Phizacklea）认为，“家庭工包制”的逐步发展、家庭网络和小生产者的离散型生产，都意味着技术革新的迟滞。廉价的女工、孩子、移民和日后的全球劳动力都为剥削提供了条件，因此无须对昂贵的机器进行投资。这就是马克思所谓的资本的“后备军”（reserve army）

（1990: 781）。

关键的是，正是马克思本人解释了为什么“血汗”向来都是服装制造链的核心。他认为这一情况是因为有“寄生的中间人”或“中间交易商”（Leopold, 1992）。这些人通过“资本主义‘制造商’支付的劳动价格和工人实际所得的差价”获取利润（Marx, 1990: 695）。不仅如此，这些中间代理商的“中间地位”使其支持“计件工资”的支付方式，因为他们身处商店、大工厂和服装工人（无论是家庭作坊，还是大工厂）之间（Marx, 1990: 695）。尽管从表面上看，串联起家庭工包制度的是对外包工劳动“产品”而非实际“劳动力”的购买。可事实上，“计件工资”以及劳动者与资本主义“中间交易商”（Leopold, 1992）之间的讨价还价使雇佣劳动在服装行业中得以产生。马克思认为，把利率或者每件成衣的成本固定下来，彻底剥夺了劳动者对自己劳动过程的有效掌控。这确保了“（衣服生产的）质量和强度都被这种唯一的支付方式所控制”（Marx, 1990: 695）。“计件工资”由此加强了对剩余价值的榨取，产生了更沉重的剥削。事实上，资本家一方面给某些辛勤工作的工人支付了高于平均水平的薪水，但另一方面也在整体上削减工人的平均工资（Marx, 1990: 697），因为生产时间的缩减使得每一件衣服中凝结的劳动力价值随之降低。

总而言之，代理人和中间商通过“计件工资”的压力，缩短了衣服的生产时长，从而将“劳动力”的价值削减到最低。这不仅增加了这些中间商的利润，也进一步促进了“劳务分包”，劳动者因此需要付出更多的血汗从事服装生产以赚取生活所需的基本工资（Marx, 1990）。这意味着家庭作坊和小生产者将工作分配到包括孩子在内的每一位家庭成员身上，尽可能多地提高服装产量来抵消单位价值的下降。最终，马克思断言，当缝纫机发展至 18 世纪 50 年代之时，以其廉价和便携而得到了广泛使用（Marx, 1990: 603）。这一固定资本的庞大数量和低廉价格则进一步加剧了小生产者之间的竞争。这种竞争在马克思看来，“与竞争资本的数量成正比，而与其规模成反比”（Marx, 1990: 777）。马克思在一个半世纪之前定义的这种剥削和竞争模式在今日的时尚生产中仍然具有解释力（Leopold, 1992）。如今，孟加拉国等一些发展中国家的小型服装生产公司仍然通过降价竞争的方式获取来自中间商的订单。而这些中间商则服务于沃尔玛（Walmart）、普利马克（Primark）、The Gap、H&M 和 Arcadia 等全球化的大型品牌零售商。这些品牌通过外包的方式获取利润，并且降低了制衣的成本和风险，但服装工人们却需要以最高价为这些“便宜”的衣服和夸张的企业利润买单。

商品拜物教和时尚

马克思在其《共产党宣言》中前无古人地断言，资本主义将成为一个全球性的体系（Marx and Engels, 1998）。这意味着更廉价的劳动市场将席卷全球，包括那些社会必要劳动时间内的劳动成本极低的国家。而这些廉价的劳动也正是制造业扩张的“后备军”（Marx, 1990: 792）。时尚一方面在全球售卖和消费过程中呈现出了绚烂多彩的神奇幻象，但其全球生产却构成了与之截然相反的晦暗面。在这个意义上，既然衣物是一种在竞争化的全球市场中以挣取更大利润为目标的商品，那么所谓的时尚也不过是实现这一目标的手段，因此时尚消费和生产之间的这组矛盾也愈演愈烈。于是，在时尚生产的每一个环节中，那些卷入这一复杂晦涩供应链的劳动无不遭遇了剥削。

马克思认为，工人与生产资料的分离将损害我们的“类存在”。这种分离或者马克思所谓的“异化”在人与物质世界之间创造出了一种全新却有害的关系。这也就是他所说的“商品拜物教”（commodity fetishism）（Marx, 1990: 163）：笃信物品自身的力量，认为这些物品作为商品出售给消费者之后能够改变他们的生活。从这个角度上看，时尚仍旧是一个鲜明的例子。在所有时尚苦心经营的希望、梦想，乃至与电影、市场、名流相关的符号意义背后（Church-Gibson, 2012; Miller, 2011），一个共同的条件使其成为现实：劳动以及对其“异化”（Marx, 1844）的控制。在《资本论》第一卷中，马克思写道：“在一个资本主义生产方式大行其道的社会中，社会财富表现为无穷的商品堆积。”（1990: 165）他认为这本质上是劳动的堆积，是一系列被隐藏起来的、相互联系的生产行为或者“活动”的堆积，“是人们自己创设出来的明确的社会关系，是事物之间一种奇妙的关系形式”（1990: 165）。这一论断是马克思“商品拜物教”理论的核心，它抓住了时尚作为一场由猫步和秀场组成的视觉盛宴的表象和它根植于劳动生产的本质之间的分裂。正是这种生产和消费之间、生产者和生产资料之间的分裂创造了资本主义。因此资本主义体系的形成基于这样的条件：为了在市场上获取利润而从事商品生产，用薪资交换“劳动力”，随后这些金钱又被用来购买商品。因此当我们将社会劳动归为时尚生产时，也掩藏起了对人类和地球所造成的其他社会和生态损耗。不仅如此，对马克思来说，人类的创造性的“类存在”意味着我们可以通过改造世界来改变我们自身，但“商品拜物教”却对我们创造和重塑历史的力量构成了威胁。

意大利政治经济学家加利亚尼（Ferdinando Galiani）认为“价值即是人与人之间的关系”（转引自 Marx, 1990: 167），马克思则更进一步地指出“这种关系被物质的外壳所掩藏”（1990: 167）。尽管时尚商品的本质常常为品牌、市场、距离和习惯的拜物效应所掩盖，但这些外壳偶尔也会崩解。

2013 年 4 月 24 日，位于孟加拉国达卡市（Dhaka）莱纳广场（Rana Plaza）的服装工厂坍塌了。它为包括普利马克在内的一系列时尚连锁

图 2.1　2013 年 3 月，莱纳广场服装工厂坍塌的照片，伊斯迈尔 · 斐杜（Ismail Ferdous）摄影

店供应服装。这次事故造成了 1 100 人死亡，几千人受伤，也使整个世界得以瞥见时尚行业中的 CMT（即裁剪、制作、装饰）大军——快时尚背后的 4 000 万工人（Siegle, 2013）。因此，本质上来说，这是时尚行业血汗劳动的资本主义条件下，阶级剥削和公司之间竞争的一次合流。这在马克思的时代便有，至今仍然如此。一个世纪之前，贝西·加布里洛维奇（Bessie Gabrilowich）于 1911 年纽约三角衬衫工厂（Triangle Shirtwaist）的火灾中逃离。她的许多工友“从楼上的窗户跳了下去”。147 人在半小时内丧生（Anon, 2000）。101 年后的 2012 年 12 月 24 日，达卡市附近为沃尔玛和 C&A 供货的塔兹林时尚工厂（Tazreen Fashion Factory）遭遇大火，工厂有 1 000 名时装工人，其中一名工人莎缇（Shati Akter Shuchona）被逼从四楼窗户中一跃而下，她的另外 112 名同事全部罹难（Ethirajan, 2013）。

结语：塑造未来潮流的马克思

自从 1849 年遭到政治放逐之后，马克思就选择留在伦敦。1883 年，65 岁的马克思长眠于伦敦的海格特公墓（Highgate Cemetery）。尽管当时的英国报纸并没有对马克思的葬礼进行报道，但是他对 20 世纪乃至我们今日生活的影响不容置疑。马克思的著作鼓舞着工人们的斗争和革命。1917 年，在苏联布尔什维克党的领导下，工人革命第一次获得了成功，终结了野蛮的沙皇暴政和第一次世界大战无意义的杀戮。

如今，马克思的著作再一次为那些想要在这充满剥削的、不公正的国际秩序和经济危机中寻求另一种可能的人们提供了重要的思想资源。他的著作启发了那些想要理解 2008 年经济危机，乃至全球的“占领运动”和“阿拉伯之春”革命的经济学家们。作为一位影响深远的思想家，马克思认为民主社会将我们的劳动视为一种“类存在”而加以控制，不仅是我们从阶级社会中解放出来的关键，也是我们坚持他所谓的自然“新陈代谢”，以实现可持续未来的关键（1990：283）。人之所以为人，是因为我们拥有设计和创造超越基本需求的美的能力，正是这种对基本需求的超越驱使着我们不断重读马克思，而这也正是时尚工业最美好的一面。这一理论资源对时尚研究者来说是合适且必要的，因为时尚乃是“资本主义之子”。重新从马克思的角度思考时尚可以令我们更深刻地了解它。

致谢

非常感谢我在伦敦时尚学院（LCF）文化与历史研究院的同事詹尼斯·米勒（Janice Miller），她为本章的写作提供了有效的建议，并协助我修改此前的文稿。

参考文献

Anon (2000) *City life at the Turn of the 20th Century. EyeWitness to History*, retrieved from eyewitnesstohistory on 20 November 2013.

Barthes, R. (1998 [1983]) *The Fashion System*, M. Ward and R. Howard (trans),London: University of California Press.

Baudrillard, J. (1981) *For A Critique of the Political Economy of The Sign*, St. Louis, MO: Telos.

—— (1988) *Selected Writings*, London: Polity.

Bourdieu, P. (1984) *Distinction: A Social Critique of the Judgment of Taste,*Cambridge, MA: Harvard University Press.

Breward, C. (1999) *The Hidden Consumer: Masculinities, Fashion and City Life 1860-1914,*Manchester: Manchester University Press.

Callinicos, A. (1983) *The Revolutionary Ideas of Karl Marx,* London: Bookmarks.

—— (1991) *The Revenge of History: Marxism and the Eastern European Revolutions,* Cambridge: Polity.

Church-Gibson, P. (2012) *Fashion and Celebrity Culture,* London: Berg.

Cliff, T. (1988) *State Capitalism in Russia,* London: Bookmarks.

Craik, J. (2009) *Fashion: Key Concepts*, Oxford: Berg.

Edwards, T. (2011) *Fashion in Focus: Concepts, Practices and Politics*, London: Routledge.

Elias, N. (1978) *The Civilizing Process: The History of Manners*, Oxford: Blackwell.

Engels, F. (2009 [1845]) *The Condition of the Working Class in England*, London: Penguin.

Entwistle, J. (2000) *The Fashioned Body: Fashion, Dress and Modern Social Theory,* Cambridge: Polity.

—— (2011) *The Aesthetic Economy: Markets and Values in Clothing and Modelling,* Oxford: Berg.

Fine, B. and Leopold, E. (1993) *The World of Consumption*, London: Routledge.

Finkelstein, J. (1991) *The Fashioned Self*, Cambridge: Polity Press.

Gonzalez, M. (2006) *A Rebel's Guide to Marx*, London: Bookmarks.

Hegel, G.W.F. (1975) *Logic, Being Part One of the Encylopedia of the Philosophical Sciences,* Oxford: Oxford University Press.

Hughes, R. (1991) *The Shock of the New: The Hundred Years of Modern Art, Its Rise, Its Dazzling Achievement, Its Fall,* 2nd edn, New York: McGraw-Hill.

Jarnow, J. and Dickerson, K.G. (1997) *Inside the Fashion Business,* 6th edn, Upper Saddle River, NJ: Prentice-Hall.

Lemire, B. (1997) *Dress, Culture and Commerce: The English Clothing Trade before the Factory,* Basingstoke: Macmillan.

Leopold, E. (1992) 'The Manufacture of the Fashion System' in J. Ash, and E. Wilson (eds), *Chic Thrills: A Fashion Reader,* London: Pandora Press.

Marx, K. (1844) *Economic and Philosophical Manuscripts,* retrieved from https://www. marxists. org/archive/marx/works/1844/manuscripts/labour.htm on 25 November 2013.

—— (1963) *Early Writings,* New York: McGraw-Hill.

—— (1974) 'Theses on Feuerbach' in *Early Writings,* Harmondsworth: Penguin.

—— (1976 [1859]) *Preface to a Contribution to the Critique of Political Economy,* Peking: Foreign Languages Press.

—— (1990 [1867]) *Capital Volume One,* London: Penguin.

—— (1993 [1857]) *Grundrisse,* London: Penguin.

Marx, K. and Engels, F. (1973) *Selected Works,* Moscow: Foreign Languages Publishing House.

—— (1975 [1845]) *The German Ideology,* London: Lawrence and Wishart.

—— (1998 [1848]) *The Communist Manifesto,* London: Verso.

Miller, J. (2011) *Fashion and Music,* London: Berg.

Molyneux, J. (2012) *The Point Is to Change It! An Introduction to Marxist Philosophy,* London: Bookmarks.

Phizacklea, A. (1990) *Unpacking the Fashion Industry: Gender, Racism, and Class in Production,* London: Routledge.

Rouse, E. (1989) *Understanding Fashion,* London: BSP Professional Books.

Sahlins, M. (1976) *Culture and Practical Reason,* Chicago: University of Chicago Press.

Siegle, L. (2013) 'Fashion Still Doesn't Give a Damn about the Deaths of Garment Workers' in the *Observer,* Sunday 5 May.

Simmel, G. (1971 [1904]) 'Fashion' in *International Quarterly,* 10: 130-55.

Slater, D. (1997) *Consumer Culture and Modernity,* Cambridge: Polity.

Stallybrass, P. (1998) 'Marx's Coat' in P. Spyer (ed.), *Border Fetishisms: Material Objects in Unstable Spaces*, New York: Routledge.

Tarrant, N. (1994) *The Development of Costume*, London: Routledge.

Veblen, T. (1899) *The Theory of the Leisure Class: An Economic Study of Institutions*, New York: Macmillan.

Wilson, E. (2003 [1985]) *Adorned in Dreams: Fashion and Modernity*, London: I.B. Tauris.

3

SIGMUND FREUD

More than a Fetish: Fashion and Psychoanalysis

西格蒙德·弗洛伊德

恋物之外：时尚和精神分析

詹尼斯·米勒
Janice Miller

引言

至少是在西方，鲜有人对西格蒙德·弗洛伊德一无所知，即便大家对他的理解还停留在最粗浅、最耸人听闻，甚至是曲解的层面上。1856 年，弗洛伊德生于弗莱堡镇（Pribor）的一个犹太家庭。此地当时在奥匈帝国的统治之下，现在属于捷克共和国。当反犹的纳粹德国掌控了奥地利之后，弗洛伊德离开了他生活了大半辈子的维也纳，并在 83 岁时病逝于伦敦。尽管弗洛伊德一贯称自己为“不信主的犹太人”（Simmons, 2006: 111; 也可参见 Gay, 1987），但他的犹太背景令他早在纳粹上台之前就遭遇了“这个激烈反犹的世界”（Simmons, 2006: 111）。1886 年，弗洛伊德在维也纳获取了行医资质，并开办了私人诊所。正是在这里，弗洛伊德使用了他所谓的“谈话疗法”来治疗精神疾病。19 世纪 90 年代末，他将这种疗法称为精神分析。

本章将探究运用弗洛伊德的思想进行时尚研究的多种路径。尽管目前已经有一些成功的案例，但是精神分析作为一种时尚研究的框架仍然备受低估。本章认为，从前的时尚研究理论框架常常偏重社会学路径，而精神分析却能够揭示时尚在文化生活中的位置，成为一种更新和完善的时尚研究理论框架的手段。

弗洛伊德和性：过去与现在

弗洛伊德非常高产，他写了大量的书籍、文章和信件，其中一些文稿直到他逝世后才得以出版。他的著作关注人类成长和行为的方方面面。其中，关于性和性成长的话题一直吸引着大众的想象，也是他著作的重点。在他从事研究和创作的年代，性是一个有着多重禁忌的话题——尤其是对于女性来说。弗洛伊德将这种文化束缚视为许多女性病人神经性症状的根源。尽管 20 世纪 60 年代的性解放在很大程度上拓宽了两性在性方面的表达，但人们在这一领域的诉求并没有减弱。相反，性在今天仍然受到了极大的关注，无论人们的态度积极与否。事实上，相比弗洛伊德的病人们，性解放在许多文化语境中并没有减轻个人所面临的压力，反而迫使人们在某些方面狂热地表达性爱，却在另一些领域里同样激烈地反对性爱。因此当一个思想体系不仅关注性爱在建构人类生存境遇方面的基本作用，还强调某个文化和个人通过性爱的威权管理来形塑自身，那么它一定具有持久的意义。反过来说，弗洛伊德对性的关注也意味着它和时尚之间相互协同（synergy）的可能，因为正如戴维斯（Davis）所言，服饰强调一种“获取性爱的能力以及色情意味”（1994: 81）。

大众对弗洛伊德著作的长期追捧，也令他本人在流行文化中被视为治疗师的原型。当大家在遇到任何因个人性爱、文化或者母子关系而导致的不那么正常的说法或者行为之时，诸如“呼叫弗洛伊德”（paging Doctor Freud）一类的说法已经成为大家耳熟能详的笑话。而弗洛伊德本人的思想，例如一些弗洛伊德式的口误，即错误的词语被插入固定的短语，从而反映出一个人内心隐藏的想法和感受；又或者一些可以被用来描述类似阴茎之物的阳具符号，都已经成为流行话语的一部分。这些说法揭露了弗洛伊德思想中那些最重要的原则，因为它们常常是对文化所理解信仰、态度和欲望的健康与否的回应。更重要的是，弗洛伊德的思想承认，我们有时会说出或者泄露那些我们自己希望隐藏起来的，甚至是没有意识到的想法。这些例子表明，个人发现自己被内部精神冲突所形塑的情形是多么普遍。而这也是精神分析及其遗产的核心。

潜意识

弗洛伊德精神分析的理论核心在于，形塑人类的内部精神冲突常常与性有关。在弗洛伊德看来，内部的精神冲突决定了神经行为。因此我们常常处在一种紧张状态：一方面是我们自我对事物有意识的期待，另一方面是事物本身或者我们的文化对我们自身的潜意识规约。在弗洛伊德的著作中，潜意识（unconsciousness）是其中最根本的概念。正如里夫（Rieff）所说：

> 潜意识不仅包括那些我们不曾意识到的事物或者时刻，也包括了……那些为我们所遗忘的本源。只是遗忘并不意味着抹消，相反，遗忘某件事情或者某个动机反而保存甚至放大了它的重要性（1959: 37）。

因此弗洛伊德认为，潜意识是对那些令人难以接受的感情、思想和渴求的存储，因为这些东西是如此令人不安，以至于必须被隐藏或者“压抑”。他将许多令人不安的信息归结于孩童的早期成长阶段，认定这些“神经”病人的精神冲突来源于其“力比多成长”（libidinal development）过程中的干扰或迟滞。纵观弗洛伊德一生的研究，他运用了许多术语来定义不同的精神层面，使人们可以从中发现自己的精神冲突。举例来说，弗洛伊德晚年渐渐开始抛弃意识 / 潜意识的说法，转而将精神分为三个不同的层面，即自我（ego）、超我（superego）和本我（id）。不管使用什么样的术语，弗洛伊德认为神经症状的症结在于自我的某些层面被另外层面的需要和欲望击败，或者外部世界的某些事物令不同的精神层面陷入无法调和的冲突。因此要理解弗洛伊德的理论，关键在于理解个人不同层面意识和潜意识之间的挣扎。

弗洛伊德论时尚

彼得·盖伊（Peter Gay）说："不论是不是理解弗洛伊德，我们每个人都在提他。"（1995: xiii）由于精神分析的原则已经成为我们提及人类心理时老生常谈的术语，因此本章的核心问题在于：弗洛伊德是否曾经论及时尚？诚然，弗洛伊德曾认为服饰是病人某些经历的象征。他记录下了关于一位广场恐惧症（agoraphobic）女患者的梦的解析。在这份解析中，弗洛伊德将女病人梦中那顶边缘一高一低的帽子理解为男性的外阴。这位病人一开始拒绝接受这种阐释，但她随后提出的疑问却恰恰验证了这一阐释的合理性："为什么丈夫的其中一个睾丸比另一个低？是不是所有男性都这样？"（Freud, 1913: 250）。在弗洛伊德看来，同样的帽子在某些梦的语境中也可以被视为女性的外阴。当然这并不是唯一具有象征意义的服饰，弗洛伊德也认为"在男性的梦中，carvat（一种繁复的宽领带）常常是阴茎的象征"（Freud, 1913: 247）。

这些例子只是证明了弗洛伊德有时会帮助我们解析服饰，但服饰并不等于时尚。根据伊丽莎白·威尔逊（Elizabeth Wilson）对时尚的定义，时尚应当是"以剧烈而持续的变化为主要特征的"服饰（Wilson, 2005: 3）。尽管弗洛伊德根据服饰与人体之间的紧密联系明确意识到了服饰的象征性，但他没有像后来的时尚研究者那样将服饰视为一种关于社会身份的流动性能指（具体可参见 Entwistle, 2000; Wilson, 2005; Kaiser, 2012）。前文提及的关于 carvat 这类服饰的讨论源自于弗洛伊德时代的美学风尚，它曾经流行一时，但现在却销声匿迹了。

这类讨论无法揭示时尚传统如何塑造这些意象，又如何为这些意象所改变。不仅如此，一个悬而未决的问题随之产生，认识到时尚与身份之间的关系是否有助于进一步揭示弗洛伊德病人的心理（无论是个人化的，还是集体性的）？

关于这个问题，约翰·卡尔·弗吕吉（John Carl Flügel）在其 1930 年出版的著作《服饰心理学》（*The Psychology of Clothes*）中进行了一些细致的探究。弗洛伊德似乎和维多利亚时代的许多男性一样，认为时尚和自己毫无关系，但却意识到时尚拥有区分个人身份的力量。因此他常常“身着高品质的修身正装，配以黑色领带”，按照维多利亚风格的男性衣着保守地装扮自身（Costigan, 1967: 101）。

因此在服饰方面，弗洛伊德的着装恰恰体现了弗吕吉所谓的“伟大的男性气概之放弃”（Great Masculine Renunciation），即男性在 19 世纪时放弃了原先充满装饰的华丽服装，转向了冷静节制的服饰风格。在这个服饰转变的过程中，维多利亚时期的男性拒绝将自己的身体作为构建与表达自我身份或者装饰的场所，以此确立起男性身体的特权。这种统一的男性服饰规避了身体，转而强调心智，并将其视为健康和“正常”男性气质的核心。类似地，弗洛伊德的精神分析也强调心智凌驾于身体之上。正如乔伊斯·麦克道格（Joyce McDougall）所说：“弗洛伊德的精神分析从一开始便强调语言在心理建构和精神治疗方面的优先性。但是并非所有的交流都需要通过语言实现。”（1989: 11）。语言和人类经验之间的关系是精神分析和时尚研究共通的要点，但是这二者本身却从未被任何形式的分析统一起来。弗吕吉是运用弗洛伊德理论分析时尚的先锋，因此他对本章来说至关重要。在弗吕吉看来，人类穿衣这一行为背后有三重驱力：身体保护（bodily protection）、庄重（modesty）和装饰（decoration）。

具体来说，弗吕吉的精神分析思想体现为一组冲突，即装饰身体的欲望和文化上庄重的需要。他认为前者为婴孩时期的自恋所驱使，渴望展现身体；后者则为文化所约束，常常挫败前者的欲望。而二者不可调和的矛盾创造了时尚，因为这组矛盾要求依照不同时期对礼仪和庄重的规约不断重塑身体——有时需要露出一部分身体，有时又需要将其他部分遮掩起来。后来的学者也指出了这种说法的不足，认为弗吕吉低估了社会经济因素对个人的影响。对此，弗雷德·戴维斯（Fred Davis）写道：

> 这并不是说弗吕吉没有意识到服饰的社会文化语境，只是他的理论重点在于将时尚的暧昧变化归因于精神和心理的不稳定性，而非文化或者身份差异的符号化协商（1994：84）。

因此对弗吕吉来说，服饰是内在精神矛盾的物质表现，而这种精神矛盾恰恰是一切精神分析的对象。

阉割理论

弗洛伊德认为心理冲突形塑了主体，而这其中最广为认可的理论就是所谓的“阉割理论”（castration theory）或者“阉割焦虑”（castration anxiety）。这一理论在时尚研究中得到了有效应用。弗洛伊德认为，阉割焦虑与所谓的“俄狄浦斯情结”（Oedipal complex）密切相关。他援引了俄狄浦斯王在不知情的情况下弑父娶母的古希腊神话故事，并以此来说明年轻男孩和父亲之间的身份确认是由对母亲的欲望和对父亲的嫉妒所驱使的，在这些男孩眼中，父亲是与他们争夺母亲之爱的对手。这种孩童时期便存在的嫉妒一定会被压抑并成为潜意识。不仅如此，年轻的男孩担心自己的父亲会发现他的仇恨并以阉割的方式对其加以报复。而对这种报复方式的想象则源自母亲阴茎的缺失，男孩会相信母亲一定也曾经遭受了同样的命运。弗洛伊德的这一观点强调男性菲勒斯（Phallus）在建构全人类主体性的核心地位，因此受到了女权主义者的批评（可参见 Irigaray, 1985a, 1985b; Silverman, 1988; Braidotti, 1994; Brennan, 2002）。他们认为弗洛伊德的著作忽视了女性的欲望和主体性。俄狄浦斯情结也无法解释传统西方核心家庭以外的情形。然而，安东尼·斯托尔（Anthony Storr）却写道：

> 所有男孩都在其父亲的统治下害怕被阉割，这样的说法从字面上看显然是无稽之谈。但是，如果我们换个角度说，男孩们为构建自己的男性身份而感到焦虑，将自己的父亲视为对手，并且常常因为自身的弱小、无能和未经世故而感到羞辱和威胁。大多数人应该会表示认同（2001:34）。

年轻的男孩将这些信息加以升华（sublimate）的机制事实上在时尚研究中非常实用。弗洛伊德在 1927 年讨论恋物癖（fetishism）的一篇文章中将一些物品的作用视为阴茎的替代物，而男孩则会将其视为母亲身上被移除的阴茎。在他看来，恋物癖是阉割焦虑的一种无意识的、符号化的解决，它成为“反对阉割焦虑的一种胜利和保护的象征”（Freud, 1961: 154）。因此，恋物者所恋之物是一种试图再现或制造母亲那丢失的 / 幻想的阴茎的方式，是如下所述的一种机制：

> 弗洛伊德认为，成为恋物者的小男孩会因为对“阉割”的极度恐惧，而令其母亲重新拥有菲勒斯。这些小男孩不承认母亲已经被阉割，并且用恋物来固定下这种令人惊恐的启示降临之前的时刻（Taylor, 2003: 81）。

时尚和服饰在以下两个方面上被纳入关于恋物癖的讨论。其一，因为服饰都各有其材质，“许多男性只能通过具体的材质才能达成其性欲的满足，例如毛皮或者天鹅绒”（Mirzoeff, 1999: 157）这类的观点就能为我们思考服饰带来启发。其二，在弗洛伊德看来，服饰和恋物癖之间具有天然的协同作用，“许多恋物的对象本就是鞋子、靴子、脚、天鹅绒或者毛皮，因为小男孩常常通过窥视（女性的）短裙得以发现阉割的启示”（Taylor, 2003: 81）。

时尚和恋物癖

瓦莱里·斯蒂勒（Valerie Steele）在其 1996 年出版的著作《恋物：时尚、性和权力》（*Fetish: Fashion, Sex and Power*）中探究了恋物癖和时尚之间的关系。她的著作拓展了弗洛伊德关于服饰和恋物癖之间的讨论，不仅关注时尚和性爱之间的关系，也重视主流时尚越来越强的恋物特征。在她的分析中，对服饰的物恋不仅仅是一种有距离的注视，更是人体得以栖身其中的穿戴。她提出了所谓“菲勒斯女性”（phallic woman）的概念，认为这些女性可以被时尚领域中最具有恋物特征的物品和符号所形塑，包括“恨天高”（一种高跟鞋）和毛皮与皮革之类的材质。在芭芭拉·克利德（Barbara Creed）看来，“菲勒斯女性”指的是那些“拥有菲勒斯或者受菲勒斯影响的，又或者是本身就保有男性菲勒斯”的女性（1993: 153）。斯蒂勒的菲勒斯女性通过时尚的方式将一种挑战传统男性气质的力量转变为时尚对男性气质的指称，并在与女性身体的关系中得以呈现。斯蒂勒给出了一些例子，女性成了与这种建制化力量相统一的注脚，并被视为为物恋的对象。她提醒我们注意到一些弗洛伊德早已揭示的事实，人们身体的某个部分，或者是身体本身，甚至是某个人都可以成为物恋的对象。关于时尚和流行文化的著述痴迷于恋物癖这类的说法，因此需要注意的是，一位真正的、临床意义上的恋物癖患者唯有从对象物上才能获得纯粹的快乐，他们“或许宁愿待在家里擦拭自己的鞋子，也不愿去电影院看黛德丽（Dietrich）穿着黑色蕾丝高跟鞋的奇观”（Weiss, 1994: 5）。这也提醒我们，有关时尚的恋物癖分析使用了许多惊艳的象征手法，但这与弗洛伊德著作中那些日常的例子相去甚远。因此斯蒂勒著作的另一个重要之处在于，她指出了精神分析对恋物癖的原始定义是如何被用于更加暧昧而流动的文化分析中去的。她不仅强调个人（尤其是女性）如何将恋物癖视为一种权力之源，并探究时尚在这一过程中的基础作用，也关注物品自身是如何变成恋物之对象的。不过需要说明的是，弗洛伊德的著作不只是为我们理解时尚中的恋物对象提供了丰富的理论框架；也对我们理解视觉实践产生了重大影响，而视觉实践则是我们理解身体时尚图像的核心。

凝视

弗洛伊德清楚地指出，恋物癖形成于观看，而视觉行为在精神分析诸多方面的基础性地位也解释了精神分析本身为何从一个办公室的医学疗法变成了一种文化分析的论述。正如艾略特（Elliot）和特纳（Turner）所说，弗洛伊德的著作全部都强调人类心灵和想象的创造性，但“讽刺的是，尽管弗洛伊德一生都在探究无意识想象的创造性路径……可却反对将同样的探究运用到社会层面上”（2012: 117）。这也正是雅克·拉康（Jacques Lacan）在 20 世纪提出的重返弗洛伊德，他呼吁将弗洛伊德的精神分析从一个“为医疗实践而生的理论改造为一种为文化分析服务的理论”（Mirzoeff, 2009: 169）。跟弗洛伊德一样，拉康（2001）也强调观看，并将其视为自我感知或者“主体性”形成的关键——拉康的镜像阶段（mirror stage）理论认为，人类主体会在约六个月大的时候，从镜子中认出自己并认同这个与自己疏离的完美化身。在拉康看来，这个镜中的形象就是理想化的孩童。

电影的研究者尤其偏爱弗洛伊德和拉康有关观看的理论，并试图以此来探究观众和银幕放映之间的关系。劳拉·穆尔维（Laura Mulvey）就在 1975 年运用拉康有关“凝视”（gaze）的概念来论证观影活动的两个功能。其一，当银幕上的人物成为欲望的对象（或者说被对象化了），便能吸引观众沉浸于观看的快感。其二，观影活动是形成认同的关键，这也呼应了拉康的镜像阶段理论。因此穆尔维的电影理论揭示了如下观点：

> 在拉康对弗洛伊德分析的二次理论化过程中，观看变成了凝视……它不是简单的看见或者瞥见，而是凝视者通过分辨他/她自身与所凝视之物，来构建自我身份的手段。与此同时，凝视也使我们意识到自己同样可能是被观看者，这种意识也构成了我们自我认同的一部分。（Mirzoeff, 2009: 171）

早在 1972 年，约翰·贝格尔（John Berger）就试图将精神分析中的凝视理论与女性身份的文化分析结合起来，强调图像与更大的文化环境中的女性地位之间的关系。贝格尔指出，无论是历史上的欧洲绘画，还是他那个年代的广告图像，都有一个同样的再现传统：被物化的女性成了一个个被观看的对象。在这些图像中，女性既不是活生生的或者有思想的个体，也不是复杂而多样的群体，取而代之的是一个个刻板印象。正如上文所述，凝视是一种建构认同的手段，而贝格尔的核心论点在于，这种刻板印象式的女性再现，造成了女性在历史上代表权/再现权（representative power）的缺乏。因此，女性无法左右自己被呈现的方式，而这种呈现却规定着她们对自我价值的理解。贝格尔认为，这些女性图像不论形式如何，也不论发现于何处，都形塑着对女性的期待。这种期待不光在社会群体层面上对女性加以规约，甚至也成为女性的自我要求。因为图像内在的凝视者从来都是男性，而社会上的男男女女都被置于这样一个观看的立场。

凝视的概念被运用于时尚批评的诸多方面，包括图像中的身体和各种媒介问题。莱斯利·拉宾（Leslie Rabine）就控诉时尚图像对女性的限制和压迫：

> 与电影中占据主导地位的摄影机之眼相似，主导时尚的凝视也是一种照片取景装置，为沐浴在女性观者目光之下的图像注入欲望和性能量。不论女性主义照片或电影的凝视具体来自何种社会性别，英美时尚杂志的照片都强调男性的凝视，并将其对象建构为异性恋的女性。没有这种观看，时尚也将不复存在。(1994: 65)

安妮克·斯莫里克（Anneke Smelik, 2009）关注银幕上那些具有时尚感的、难以实现的理想身体是如何与观众自己的身体发生对抗的。她的著作提示我们，身体本身与覆盖身体的衣服一样，都受到时尚变化的支配。斯莫里克认为，当代的凝视更为中立地作用于不同的社会性别，但依旧无所不在："窥视癖凝视的目光已经内化在身体的规则之中了，它不合情理地要求人们的身体既瘦削又强壮、健美。"（Smelik, 2009: 183）。

社会性别化的凝视理论已经被扩展为一种同质化的（参见 Fuss, 1992）或女性的（参见 Gamman and Marshment, 1989）理论。尽管时尚图像时常对性别传统提出质疑，但与时尚相关的女性形象常常（虽然不总是如此）仍然是用一种较为传统的方式加以呈现的。实际上，男性时而也开始以一种类似的方式被物化——大卫·贝克汉姆（David

Beckham）在 2009 年给阿玛尼（Armani）拍的广告就是一个例子。不论这些理论在社会性别上的侧重如何，精神分析都被证明价值无穷。它能帮助我们理解我们的自我意识和身体是如何在观看和身份建构的过程中被不断时尚化和再时尚化的。

社会性别和装扮

伊丽莎白 · 威尔逊说："时尚沉迷于社会性别。"她认为这是社会性别界限得以维持和"再定义"的基本途径（2005: 117）。无论是弗洛伊德还是拉康，各种精神分析理论都关注性别身份。威尔逊的观点反映了现如今的普遍观点，即性别并不是一成不变的天然本质，而是一种后天的建构。弗洛伊德多少意识到了这一点，因为他将男 / 女固定社会性别的偏移视为一种心理障碍。之后的学者，如巴特勒（1990; 也可参见本书第 17 章），已经打破了性别 / 社会性别内部的男女二分，试图形成对历史趋势的抵抗。正是这种历史趋势将任何与有限的文化所规定的"恰当"行为不符的性别倾向或者社会性别身份归为疾病。但是早在 1929 年，精神分析学家琼 · 里维埃（Joan Riviere, 2011）就反对弗洛伊德将男性气质和女性气质行为当作男女天性的主张，认为女性气质是一种"反应结构"（reaction formation）（详见 McPherson, 2003）。在弗洛伊德的精神分析理论中，所谓的反应结构是个人用来解决心理冲突的防御机制，以此来维系一个完整的自我意识，并减轻心理冲突带来的焦虑。在这一理论下，有些人被认为比其他人更健康。当面对困难时，我们会选择否认和逃避；当我们令某人失望时，我们会“投射”自己的情感并且转而将自己视为受害者。甚至压抑本身也是一种反应结构。而反应结构的过度令我们很容易识别它。里维埃认为，她其中一位女病人把女性气质作为一种咄咄逼人时安抚男同事的手段。在这样的语境下，女性气质实际上是一种装扮(masquerade)、一种女性用来掩盖自己男性气质的伪装，以达成文化对女性的气质要求。这使得女性可以抵消，或者更准确地说是过度抵消因自身男性气质而造成的对男同事的符号性“阉割”。因此，里维埃运用精神分析的理论框架，认为女性气质恰恰被女性用来抵消这一气质的“匮乏”以及由此产生的焦虑。她同时也指出，女性气质可能根本不是女性的天性。因此里维埃的著作吸引了时尚和原型研究的注意（详见 Biddle-Perry and Miller, 2009; Garber, 2012; Miller, 2013; Tseëlon, 1995），被用来揭示时尚何以成为女性生活的一部分，又何以常常因其对女性的压迫而遭到指责。

精神分析和时尚

时尚压迫女性的可能性已经有了很多方面的讨论，不论是担忧紧身胸衣等服饰可能带来的身体健康问题（详见 Summers, 2001），还是我上文所说的那些运用凝视理论分析时尚图像，并揭示图像是如何限制它们再现的群体的。现如今的论者更关心时尚是否可以为女性提供一个表达的空间。艾莉森・班克罗夫特（Alison Bancroft, 2012）运用拉康的精神分析理论，乐观地将时尚解读为女性的抵抗之所。她相信时尚是一个独特的文化产物，永远处在女性主义的场域之内。班克罗夫特还以时尚摄影师尼克·奈特（Nick Knight）的作品为例，认为前人过于简单地将时尚摄影对女性的再现视为保守的，甚至是有害的。因此她转而发现了奈特摄影作品与超现实主义艺术之间的协同效应：

> 超现实主义拷问对象物；超现实主义摄影处于语言和无意识的边界；更重要的是，超现实主义要求艺术家将自我的经验呈现为视觉表达。这一切最终使时尚摄影变成了对主体化过程的再现。（2012: 43）

她认为拉康式的精神分析理论让我们认识到时尚摄影越轨的可能性。拉康认为人类心灵有三重界域，分别是：实在界、想象界和符号界（参见 Bowie, 1993）。班克罗夫特时尚图像分析的核心来自拉康的符号秩序，因为符号使得主体成为文化的一部分——意识形态规则和习俗正是建立在这个基础之上的。班克罗夫特认为奈特的时尚摄影并没有屈从于传统的再现。因此，它们应该被视为一种抵抗和一种更积极的女性再现。

班克罗夫特认为除了时尚摄影，高级女性时装也具备同样的特征。她尤其关注一些设计师——特别是亚历山大·麦昆（Alexander McQueen）——如何表达对女性身份再现的挑战。这些设计不能被解读为压迫，反而是一种对传统社会性别身份的抵抗。在论证的过程中，班克罗夫特援引了拉康的“原乐”（Jouissance）概念。这一概念由拉康和随后的女性主义思想家爱莲·西苏（Hélène Cixous）所定义，指的是一种性爱狂喜的形式，但人们可能在这种狂喜的剩余中遭受困扰。

班克罗夫特正是通过这种方式对高定时装进行解读的，她相信这些时装和摄影一样，可以为女性提供另一种选择。由此可知，班克罗夫特运用精神分析理论批判了对女性和时尚关系的消极解读，认为时尚是一个女性导向型的独特文化空间。因此我们不应该太草率地批评时尚对女性的压迫，并且逃避时尚对女性身份的复杂再现。

精神分析的局限

尽管班克罗夫特的著作用引人入胜的案例分析为时尚理论注入了新的可能，但这些理论是否能被运用到更大的时尚背景下仍然是一个未知数。她对高级时装讨论极富洞见，但时尚的图像和市场事实上非常复杂，精神分析究竟能否帮助我们理解更“日常”的时尚也需要进一步探讨。这方面的探究其实非常具有价值，正如吉莲·罗斯（Gillian Rose, 2001）所说，精神分析本身就包括了一系列可被运用于图像和物品研究的理论：“不同的精神分析概念会对同样的图像（或者文化物品 / 手工艺品）有全然不同的解读。”（2001: 150）精神分析为我们提供了许多思考文化图像和物品意义的可能性，与此同时，这一理论与时尚的关联仍然需要进一步探究。

然而，许多论者（详见 Rose, 2001; Pollock, 2003）都认为精神分析作为一种方法也有明显的局限。这些局限部分地来自于对性（sexuality）的强调，而这正是精神分析的核心原则。许多与人类主体性相关的其他因素——例如种族和阶级——在精神分析的框架下都没有得到重视。这反而刺激了文化分析理论转向卡尔·马克思和米歇尔·福柯（Michel Foucault）（详见第 2 章和第 11 章）。不过，格里赛尔达·波洛克（Griselda Pollock）就令人信服地指出，精神分析的案例可以被更好地应用于艺术研究和艺术史研究。尽管有人批评精神分析理论作为一种文化分析模式，无法解决现实的生活经验和文化产品的生产消费（Rose, 2001），但是波洛克认为，艺术“既非社会的，也非心理的；既非公共的，也非私人的；既非历史的，也非符号的”（2003: xxxvii）。包括时尚在内的任何文化产品都是如此，因此也都需要在这一框架内得到进一步探究。

结语

本章意在呈述相关论者运用精神分析的概念理解时尚和服饰的不同路径，希望能够清晰地说明时尚研究对精神分析理论框架的青睐和规避，这两种倾向同样都是理解时尚的方式。最终，诸如恋物癖一类的概念被时尚研究所接受，但精神分析理论的其他层面则因为太私人化而与主导时尚研究的社会—文化解读不符。近年来，时尚研究更注重消费者的经验，强调生产过程和更“民主”的时尚传播理念。班克罗夫特鼓励我们转向高级时装，并将其视为一个创造实践，而不仅仅是一种经济商品。

班克罗夫特的著作确定无疑地表明精神分析可以丰富时尚理论，并且拥有更新时尚理论框架的可能性。尽管她运用拉康作为时尚分析的理论框架，但是莫瓦赫迪（Movahedi）和霍马约恩普尔（Homayounpour, 2013）重新回到了弗洛伊德，并以此来分析伊朗的女性罩袍。他们超越了弗洛伊德的性存在观念，转而关注弗洛伊德在1922年出版的《超越快乐原则》(*Beyond the Pleasure Principle*)(2003)中的理论，将重复的功能理解为发挥和克服痛苦经历。在此，弗洛伊德注意到他十八月大的孙子恩斯特常常会用符号游戏来控制自己悲伤的情绪。当父母离开他外出的时候，恩斯特便会把一个用绳子拴着的线轴扔出去又收回来。莫瓦赫迪和霍马约恩普尔运用这一理论研究伊朗女性罩袍、穿着罩袍的女性以及整个父权文化之间的关系。这一父权文化将罩袍视为一种受意识形态驱动、但在挣扎于身体的选择。穿或者不穿都被理解为对自我和社会性别的束缚。在他们看来，女性罩袍就相当于第二层皮肤，象征着母亲“丢失的”身体。社会性别通过女性身体的裸露和遮蔽得以建构，穿罩袍的女性被定义为母亲，并得以与男性分离。在弗洛伊德的理论中，恩斯特的投掷和回收通过游戏的方式实现了自我的潜意识愿望。莫瓦赫迪和霍马约恩普尔的著作创造性地运用了弗洛伊德的理论来分析传统服饰，为当代时尚分析带来了重要启示。精神分析当然可以对时尚之物和时尚图像有更多探索，本章只是列举讨论了一些运用精神分析理论的有趣问题。毕竟，如果无意识在游戏中暴露了自身，那么时尚就如同其他人类活动一样，可以被理解为游戏的一种形式(尽管不是“必需的游戏”，详见 Bonelli, 2013: 163)，因此精神分析在时尚研究方面的理论可能性实际上远比我们目前的论著要丰富迷人得多。

参考文献

Bancroft, A. (2012) *Fashion and Psychoanalysis: Styling the Self*, London: I.B. Tauris.

Berger, J. (1972) *Ways of Seeing*, London: Penguin.

Biddle-Perry, G. and Miller, J. (2009) '... And If Looks Could Kill: Making Up the Face of Evil' in C. Balmain and L. Drawmer (eds), *Something Wicked This Way Comes: Essays on Evil and Human Wickedness*, New York: Rodopi.

Bonelli, R.M. (2013) *Fashion, Lifestyle and Psychiatry*, London: Bloomsbury.

Bowie, M. (1993) *Lacan, Cambridge*, MA: Harvard University Press.

Braidotti, R. (1994) *Nomadic Subjects: Embodiment and Sexual Difference in Contemporary Feminist Theory*, New York: Columbia University Press.

Brennan, T. (2002) *Between Feminism and Psychoanalysis*, London: Routledge.

Butler, J. (1990) *Gender Trouble: Feminism and the Subversion of Identity*, London: Taylor and Francis.

Costigan, G. (1967) *Sigmund Freud: A Short Biography*, London: Robert Hale.

Creed, B. (1993) *The Monstrous-Feminine: Film, Feminism, Psychoanalysis*, New York: Routledge.

Davis, F. (1994) *Fashion, Culture and Identity*, Chicago: University of Chicago Press.

Elliot, A. and Turner, B.S. (2012) *On Society*, Cambridge: Polity Press.

Entwistle, J. (2000) *The Fashioned Body: Fashion, Dress and Modern Social Theory*, Cambridge: Polity Press.

Flügel, J.C. (1930) *The Psychology of Clothes*, London: Woolf.

Freud, S. (1913) *The Interpretation of Dreams*, A.A. Brill (trans), New York: MacMillan.

—— (1961) 'Fetishism' in J. Strachey (ed.), *The Standard Edition of the Complete Works of Sigmund Freud*, Vol. 21, London: Hogarth Press.

—— (2003) *Beyond the Pleasure Principle*, London: Routledge.

Fuss, D. (1992) 'Fashion and the Homospectorial Look' in *Critical Inquiry*, 18: 713-737.

Gamman, L. and Marshment, M. (1989) *The Female Gaze: Women as Viewers of Popular Culture*, Seattle: Real Comet Press.

Garber, M. (2012) *Vested Interests: Cross Dressing and Cultural Anxiety*, New York: Routledge.

Gay, P. (1987) *A Godless Jew: Freud, Atheism and the Making of Psychoanalysis*, New

Haven, CT: Yale University Press.

—— (ed.) (1995) *The Freud Reader*, London: Vintage.

Irigaray, L. (1985a) *Speculum of the Other Woman*, New York: Cornell University Press.

—— (1985b) *This Sex Which Is Not One*, New York: Cornell University Press.

Ives, K. (2013) *Cixous, Irigaray, Kristeva: The Jouissance of French Feminism*, Maidstone: Crescent Moon Publishing.

Kaiser, S. (2012) *Fashion and Cultural Studies*, London: Bloomsbury.

Lacan, J. (2001) *Ecrits: A Selection*, London: Routledge.

McDougall, J. (1989) *Theaters of the Body: A Psychoanalytic Approach to Psychosomatic Illness*, New York: Norton.

McPherson, T. (2003) *Reconstructing Dixie: Race, Gender and Nostalgia in the Imagined South*, Durham, NC: Duke University Press.

Miller, J. (2013) 'Heroes and Villains: When Men Wear Makeup' in S. Bruzzi and P. Church Gibson (eds), *Fashion Cultures Revisited: Theories, Explorations and Analysis*, Oxford: Routledge.

Mirzoeff, N. (1999) *An Introduction to Visual Culture*, London: Routledge.

—— (2009) *An Introduction to Visual Culture*, 2nd edn, London: Routledge.

Movahedi, S. and Homayounpour, G. (2013) 'Fort!/Da! Through the Chador: The Paradox of the Woman's Invisibility and Visibility' in W. Muller-Funk, I.
Scholz-Strasser and H.

Westerink (eds), *Psychoanalysis, Monotheism and Morality*, Leuven: Leuven University Press.

Mulvey, L. (1975) 'Visual Pleasure and Narrative Cinema' in *Screen*, 16 (3): 6-18.

Pollock, G. (2003) *Vision and Difference: Feminism, Femininity and the Histories of Art*, Oxford: Routledge.

Rabine, L.W. (1994) 'A Woman's Two Bodies: Fashion Magazines, Consumerism and Feminism' in S. Benstock and S. Ferriss (eds), *On Fashion*, New Brunswick, NJ: Rutgers University Press.

Rieff, P. (1959) *Freud: The Mind of the Moralist*, Chicago: University of Chicago Press.

Riviere, J. (2011) 'Womanliness as Masquerade' in A. Hughes (ed.), *The Inner World and Joan Riviere: Collected Papers, 1929-1958*, London: Karnac.

Rose, G. (2001) *Visual Methodologies: An Introduction to the Interpretation of Visual Materials*, London: Sage.

Silverman, K. (1988) *The Acoustic Mirror: The Female Voice in Psychoanalysis and Cinema,* Bloomington: Indiana University Press.

Simmons, L. (2006) *Freud's Italian Journey,* New York: Rodopi.

Smelik, A. (2009) 'Lara Croft, Kill Bill and Feminist Film Studies' in R. Buikema and I. van der Tuin (eds), *Doing Gender in Media, Art and Culture*, London: Routledge.

Spivak, G. (1998) *In Other Worlds: Essays in Cultural Politics,* Abingdon: Routledge.

Steele, V. (1996) *Fetish: Fashion, Sex and Power*, Oxford: Oxford University Press.

Storr, A. (2001) *Freud: A Very Short Introduction*, Oxford: Oxford University Press.

Summers, L. (2001) *Bound to Please: A History of the Victorian Corset*, Oxford: Berg.

Taylor, C.L. (2003) *Women, Writing and Fetishism, 1890-1950: Female Cross-gendering,* Oxford: Clarendon Press.

Tseëlon, E. (1995) *The Masque of Femininity*, London: Sage.

Weiss, A.S. (1994) *Perverse Desire and the Ambiguous Icon*, Albany, NY: SUNY Press.

Wilson, E. (2005) *Adorned in Dreams: Fashion and Modernity*, London: I.B. Tauris.

4

GEORG SIMMEL

The 'Philosophical Monet'

格奥尔格·西美尔

“哲学的莫奈”

彼得·麦克尼尔
Peter McNeil

印象主义哲学家西美尔曾经言明了这样一个真理：这个世界实际上只有十五个人，可正是这十五个人的活跃让我们相信世界上还有更多的人存在。

——布洛赫（Ernst Bloch）（转引自 Frisby, 1981: 33）

引言

一小群活跃的知情人创造着符合自己审美的存在物——这听起来像不像“时尚”？本章就聚焦于格奥尔格·西美尔（1858—1918），他对时尚的社会性解读产生了极其巨大的影响。

西美尔见证了整个现代文化的兴起。他生于一个中上层阶级的基督教化犹太人家庭（这些人可能没有完全转信基督教，只是接纳了一些非犹太的行为方式和服装风格），并且在柏林度过了人生中的大部分时光。由于受到富豪亲戚的庇佑，西美尔从小就享受着特权。在成长的过程中，柏林这座世纪末欧洲的伟大城市给他留下了不可磨灭的烙印。阿尔伯特·所罗门（Albert Salomon）是 1910 年起就追随西美尔的学生之一，他曾在 1963 年纽约的一次讲座中指出，西美尔是“都市文明之子，被诸多的感官、知识、技术、诗意和艺术的印象所吞没”。现代都市无穷的刺激构成了人类的基本处境。而正是为了理解这一处境，西美尔发展出了一套介于城市生活和现代时尚之间的独特理论，并且深刻影响了包括瓦尔特·本雅明（Walter Benjamin）（详见第 5 章）在内的后世思想家。尽管服饰时尚并不是西美尔探究的主要问题，但是他对社会形式（social forms）的研究开创了一种理解时尚的模式。例如美国 19 世纪 10 年代独特的时尚风格在 50 年代和 80 年代历经两次复兴，并且持续影响着如今国际时尚研究的方方面面（见 Milà, 2005: 14）。西美尔对物品无穷分化和当代社会细节的分析为后来关于日常生活的理论奠定了基础，这其中也包括了罗兰·巴特（Roland Barthes）。不仅如此，他也影响了北美“日常生活社会学”（sociology of everyday life）、“民族方法论”（ethno-methodological）的社会学以及社会心理学。西美尔对时尚的研究与他对现代性的理解密不可分。无论采用什么样的方法论，或者从什么样的学科背景出发，大量的时尚研究者都不可避免地受到西美尔的影响——艺术史家艾琳·里贝罗（Aileen Ribeiro）在她讨论 19 世纪化妆品的专著《直面美丽：浓妆的女性和化妆艺术》（*Facing Beauty:*

Painted Women and Cosmetic Art）中引用了西美尔的观点；文化理论家卡罗琳·伊凡斯（Caroline Evans）也在其著作《机械的微笑》（*The Mechanical Smile*）中运用西美尔的理论探究了现代时尚的"倦怠"（blasé）氛围。这其中，受到西美尔影响最深的当属基勒·利伯维茨基（Gilles Lipovetsky），他在自己对时尚的广泛分析中提出了一个如今看来略有争议的观点，即时尚只是一个西方的、后封建时代的发明（Lipovetsky, 2002[1987]）。

西美尔的观点最初并不为部分人所接受。他的大学时光和整个学术生涯多有曲折。西美尔最初本想研究音乐心理学，但是论文遭到驳回。在他任教期间，一个个挫折仍然接踵而至，学校甚至一度拒绝为他发放薪资。西美尔专注于民族心理学（*Völkerpsychologie*）的新领域研究，试图在更大的语境中探讨个人塑造的问题。这一研究路径受到了尼采哲学的影响。在这样的理论指导下，他将社会视为一种文化产物，而非某种固定不变的对象。西美尔在 1881 年拿到了博士学位，并于 1885 年获特许任教资格（比英国一般所谓的"博士"更高级的学位），而非正式的教职。直到 65 岁那年，西美尔才在斯特拉斯堡（Strasburg）被授予教授头衔，为此他也不得不离开自己心爱的柏林。

西美尔受到了查尔斯·达尔文（Charles Darwin）、赫伯特·斯宾塞（Herbert Spencer）、弗里德里希·尼采（Friedrich Nietszche）、卡尔·马克思（Karl Marx）等人的影响，博采美学和文学象征主义之长，兼收"为艺术而艺术"的运动思潮和亨利·柏格森（Henri Bergson）的哲学思想。他的研究和著作囊括了各种领域，并且形式丰富，包括了各种文章、讲座、报刊甚至是日常生活材料。但西美尔这些成果却从来不按照惯例加以注释，因而引起了许多怀疑，一些人甚至认为西美尔只是一个半吊子门外汉，并且缺乏必要的严谨。西美尔的研究并不符合任何一种固定的学科规则，甚至与他日后背弃的社会科学格格不入，可是他也从来不是一个彻头彻尾的颠覆者。他之所以不在乎学术规范，可能只是由于他有足够的财富，因而不以学术为生。与此同时，西美尔在学术之路上还需要面对体制内部复杂的反犹力量。柯塞尔称其为"德国学术生活中的明胶"(转引自 Davis, 1973: 322)。尤尔根·哈贝马斯（Jürgen Habermas）（1996[1991]）则认为，西美尔的短文风格和他在新闻媒体上的频繁曝光为他的作品增添了"不专业"的色彩。我们可以将西美尔的学术风格类比为绘画和音乐中的"印象主义"或者"象征主义"。事实上，在卢卡奇（Lukács）看来，西美尔就是"哲学的莫奈"。

西美尔的社会学

西美尔的社会学理论有很多种说法，有时被称为"关系社会学"（relational sociology），用他自己的话说就是一种关于社会"相互关系"（wechselwirkung）的理论。娜塔莉亚·坎托·米拉（Natàlia Cantó Milà）在对西美尔的评述中指出，西美尔理论的创新之处在于坚信万物——包括人和所有的事物——全都"处于某种社会语境中"（2005: 31）。西美尔的著作被归入社会学的范畴之中。作为当时的新兴领域，社会学本身也在向传统文学和历史学科发起挑战。一些曾经在文学和历史学视域下探讨的话题被引入了社会学的维度，这一点在时尚服饰研究中尤其明显。在 19 世纪末的文学和历史文化研究中，时尚是一种美学上的自我实现 [后来现代主义者也将其称为“陶冶”（*Bildung*）]，约翰·赫尔德（Johann Herder）和雅各布·布克哈特（Jacob Burckhardt）的著作便是如此（McNeil, 2009: xxvi-xxvii）。

西美尔的著作在 20 世纪初的美国产生了巨大的影响，脱离欧陆传统的社会学在美国兴起，为理解最紧迫的时代议题——例如选举权利、种族关系和移民问题——提供了理论工具。这其中，频繁变更的女性时尚问题也亟待解释。彼时一般的德国社会学家很难在美国顶尖学术期刊上发表论文，但在美国拥有大量拥趸的西美尔却可以算是其中的特例，众多北美学者甚至还专程去柏林听他授课。1927 年的一份研究显示，西美尔是继赫伯特·斯宾塞和加布里埃尔·塔尔德（Gabriel Tarde）之后最常被引用的社会学家（Levine 等，1976）。[1] 西美尔在美国的影响从未消退。19 世纪 50 年代的新学院（New School）和法兰克福学派（Frankfurt School）受到了西美尔的重大影响，他的学说也由此经历了一轮复兴。19 世纪 80 年代，戴维·弗里斯比（David Frisby）等人对西美尔的翻译和研究又使其引起了新一代人的注意。因此西美尔在北美时尚研究界之所以如此重要，其实也与西美尔在美国社会学形成之际的非凡地位有关。在美国，大量第三等级的（tertiary level）时尚和服装学院自 1890 年代的“家庭经济运动”开始兴起，西美尔的理论则常常被学者用来理解时尚的品味、潮流和运作。下文将对这一点进行详述。然而当弗里斯比（1981: viii）撰写《印象主义社会学：

1　美国第一个社会学系于 1892 年在芝加哥大学成立。See Levine et al. (1976): 815-16。

重估格奥尔格・西美尔的社会学理论》(*Sociological Impressionism: A Reassessment of Georg Simmel's Social Theory*)之时，人们才猛然发现，原来这是自 1925 年以来第一部研究西美尔的专著。事实上，美国主流社会学界对西美尔的接受是非常漫长而无序的，人们只记住了这位思想家的只言片语（Levine 等 , 1976: 814）。

如上所述，西美尔的著作并非时尚的专论，而是关注当代社会中美学和社会层面的互动。不过，真正让西美尔在设计史上赢得大名的作品却正是《时尚的哲学》(1901, 英文版重新刊印于 1904)，以及大量有关风格和装饰的文章。[1] 西美尔关注所谓的“社会化”(sociation/Vergesellschaftung，也被译成英语的“socialisation”)，认为社会无法被简化为个体的行动（Milà, 2005: 39)。他试图理解大都市的快节奏生活和人们的观感, 研究后工业城市及其产品。正如哈贝马斯 [1996 (1991)：405] 所说："在西美尔看来，时代精神的薄膜始终敞开着。"因此，人们在城市中的穿着始终吸引着西美尔，时尚也由此成为西美尔探讨美学和社会形式之关系的重要议题。令人难以置信的是，西美尔用短短十八页的文章就对 20 世纪时尚背后的动机和缘由产生了如此深远的影响。

西美尔认为，中产阶级和现代都市早已成为时尚的代名词。与此同时，富人和穷人的生活节奏却也变得迥然不同。在他看来，就算是

1　其中一篇专论时尚的文章有三个不同的版本。这些版本彼此非常相似，分别出版于 1895、1904 和 1911。参见祖卡・格罗诺（Jukka Gronow）(1993)：《品位与时尚：时尚和风格的社会功能》(*Taste and Fashion: The Social Function of Fashion and Style*)，载《社会学学报》(*Acta Sociologica*)，(1)：99；格奥尔格・西美尔：《时尚》(*Fashion*)，载《国际季刊》(*International Quarterly*)，X，October 1904: 130-55，再版于《美国社会学杂志》(*The American Journal of Sociology*)，LXII (6), May 1957: 541-58。

日益便捷的旅行和年度假期的划分都无一例外地标志着现代社会的精神衰弱。当然，这也并非什么新奇的高论。斯特凡·马拉美（Stéphane Mallarmé）在 19 世纪 70 年代的时尚杂志 *La Dernière Mode* 上就提出过类似的观点：火车的发明改变了人们的生活节奏，而这种新的时间感又开创了新的时装风潮。事实上，马拉美和波德莱尔（Charles Baudelaire, 1821—1867）的许多概念都间接地影响着西美尔和本雅明（1892—1940）的社会批判。时至今日，包括乌尔里希·莱曼（Ulrich Lehmann）和芭芭拉·文肯（Barbara Vinken）在内的许多当代时尚理论家仍然受其影响。[1]

西美尔的著作对 20 世纪七八十年代的“新艺术史”一脉产生了极其深远的影响。他们都重视 19 世纪都市生活中形成的独特视觉文化和精神世界，恰如印象主义和后印象主义艺术家所描绘的那样。我们或许可以这样断言，“时尚研究”的雏形与服饰研究的分离正是肇始于 1990 年前后对 19 世纪视觉文化的重新关注。20 世纪七八十年代的女性主义研究、左翼批评和“维多利亚”研究都对“时尚研究”的发展产生了重要影响。而这一进程的核心则是对西美尔的重新发现。[2] 在英语世界中，西美尔的著作成了 20 世纪八九十年代学习艺术史和文化人类学的必读书目。这一学术路径使得时尚研究成了所谓“日常研究”（*la vie quotidienne*，至今仍未被归入“流行文化”）的一部分。这一

1　读者可参阅莱曼（2002: 125-95）论述西美尔的章节。在他看来，西美尔所探究的现代性及其碎片化特征，也正是 20 世纪早期先锋派关注的核心问题。不仅如此，西美尔还特地采用了散文和专栏这类文体，从而将自己的写作实践与 19 世纪 70 年代法国先锋派的时尚评论联系起来。

2　关于这一问题，详见拙著：《时尚：关键和基本要素》（*Fashion: Critical and Primary Sources*）（McNeil, 2009）。

研究范式由法国理论家亨利・列斐伏尔（Henri Lefebvre）、乔治・佩雷克（Georges Perec）、米歇尔・德塞都（Michel de Certeau）和罗兰・巴特（Roland Barthes）等人创发，他们于 20 世纪 30 年代到 60 年代之间创作了大量研究日常生活与社会政治的文章（更多关于罗兰・巴特的内容，详见本书第 8 章）。

西美尔的审美化存在

西美尔一直强调，时尚是人类审美经验的一部分。他的某些思想深受 19 世纪末“为艺术而艺术”的影响。在这一场文艺运动中，奥斯卡・王尔德（Oscar Wilde）、沃尔特・佩特（Walter Pater）和斯特凡・马拉美（Stéphane Mallarmé）等人都强调美的超验性。它既寓于诗篇散文，也栖身于时尚服饰。西美尔“社会形式”的概念与他的生活方式和思维模式密切相关。西美尔于 1890 年成婚，其夫人格特鲁德・基内尔（Gertrud Kinel）是一位肖像画家，夫妻二人过着高度审美化的日常生活。他雅致的公寓中摆放着来自日本和中国的陶瓷与织物。根据西美尔儿子的说法，这些织物和装饰着玫瑰的花瓶只有在少数客人来访的时候才被陈列出来，并且在几个小时后就会被“迅速地收回”（Gronert, 2012: 60-61）。而在德国设计史学家格罗内尔（Gronert）（2012: 61）看来，正是这种戏剧化的表演弥合了“艺术和现实的沟壑”。它既是对 19 世纪晚期生活节奏的体察，也是于斯曼（J-K. Huysman）小说《逆流》（*A Rebours*）（1884）的审美体验。因此西美尔的安身立命之处，无疑是 19 世纪的唯美主义。

默里・S. 戴维斯（Murray S. Davis）（1973: 324）也同意这样的看法，认为西美尔是 19 世纪末 20 世纪初英法学界“为艺术而艺术”一派的门徒。有论者在关于那个年代的回忆中这样说：“西美尔置身于世纪之初的独特文化之中，直至十年后的第一次世界大战。”（Frisby, 1981: 20）因此我们可以这样说，尽管西美尔在 20 世纪具有深远的影响，但他的思想实际上有着上个世纪的独特谱系。

西美尔在柏林期间享有很高的社会声望，并因新闻采访和自己举办的文学沙龙而闻名遐迩。他同当时的许多思想家、作家、艺术家和诗人都保持着密切的交往，这其中就包括赖内・马利亚・里尔克（Rainer Maria Rilke）和雕塑家奥古斯特・罗丹（Auguste Rodin）。他还创作了一系列艺术评论文章，专论伦勃朗・凡・莱茵（Rembrandt van Rijn）和阿诺德・博克林（Arnold Böcklin）这样的艺术家。不仅如此，西美尔也很关注女权问题，撰写了许多关于选举权的文章。但他也曾经抱怨过女性明艳的长裙会令他在上课时走神，因此希望禁止女生来听他的课。这就构成了一组辩证的张力：“我希望我的课堂上能够多一些亮色，但也不要那么扎眼。外貌就像一把双刃剑，我常常被鲜艳的服饰搞得心神不宁。”（转引自 Frisby, 1981: 18）从这个角度看，西美尔跟一些传统的男性作家一样，认为男性对服饰的漠不关心使他们更专注地从事其他活动，并由此彰显自身的独特内涵，在自然质朴和矫揉造作之间达到平衡。启蒙时代的思想大家德尼・狄德罗（Denis Diderot）也有类似的观点，甚至连大名鼎鼎的歌德（Johann

Wolfgang von Goethe）都因此坚持朴素的着装。[1] 西美尔应该已经意识到这些文学和思想先驱在时尚话语漫长的形成过程中所发挥的作用了。

跟 19 世纪末至 20 世纪上半叶大多数关注时尚的思想家一样，西美尔也试图理解自己所处的环境。他在慕尼黑出版的《青年》(*Jugend*) 杂志上发表了三十篇讨论装饰艺术和设计的文章。与托斯丹・凡勃伦（Thorstein Veblen）等同时代的评论家不同，西美尔并没有在这些文章中批判奔放且充满情欲的青年新艺术风格（*Jugendstil* 或 *Art Nouveau*），而是希望能在理论上探究时尚品位转变的时代原因。西美尔的这一尝试集中体现在 1897 年第 24 号《青年》杂志上的《玫瑰：一种社会假说》（*Roses: A Social Hypothesis*）一文中。

“护花使者”西美尔在这篇文章中诙谐地描述了一个乌托邦社会。在那里，种植玫瑰是只属于少数人的特权，其他所有人的种植行为都是违法的。因此，种植玫瑰是社会中成功人士的标志。随后，越来越多的人为此奋斗终身，并获得了种植玫瑰的资格。这时，有一位反叛者写了一本小册子，宣称人人都应享有种玫瑰的权利。终于，在叛乱和革命之后，社会中的所有人都可以种植玫瑰了。随着玫瑰的品种和数量越来越多，人们发现玫瑰不再是成功的标志了，它在生活中变得越来越无关紧要。[2] 在时尚领域里，这便是所谓“涓滴理论”（trickle down theory）的一个经典案例，也构成了西美尔时尚理论的“阿喀

1 关于狄德罗的相关著述，参见：《〈拉莫的侄儿〉及其他作品》(*Rameau's Nephew and Other Works*)（1956: 325-33）。

2 在此感谢艾米莉・布雷肖（Emily Brayshaw）对该文概要的翻译，也是因为她，我才关注了这篇文章。

Nr. 24 · JUGEND · 1897

Rosen

Eine soziale Hypothese

Dies Märchen spielt in Utopien oder in Seldwyla oder vielleicht überall.

Dort also bestand unter den Bürgern eine fürchterliche Ungleichheit. Es hatte zwar jeder sein Stück Acker, das ihm soviel trug, wie er brauchte, wenn er eben nicht mehr brauchte, als es trug. Aber einige konnten es sich noch dazu leisten, auf ihrem Gütchen Rosen zu ziehen. Sei es, daß sie mehr Geld besaßen, als die Anderen, oder mehr Zeit darauf verwendeten, oder Boden und Sonne gerade so hatten, wie die Rosen es lieben, — kurz, bei ihnen gab es Rosen und bei den Andern nicht. Lange wurde das ohne Groll, weil ohne Nachdenken hingenommen, als eine natürliche Nothwendigkeit, die diesen Besitz so ungleich vertheilte, wie den von Schönheit und Häßlichkeit oder von Verstand und Dummheit. Wie nun aber die Besitzer der Rosen sie durch Ableger immer vermehrten und veredelten, entstand schließlich ein dumpfer Groll unter den anderen Bürgern. Ein Agitator überzeugte mit flammenden Worten davon, daß das Recht, Rosen zu besitzen, mit uns geboren sei, und daß man dem blinden Zufall, der sie grade nur einigen wenigen verleihe, endlich in den Arm fallen müsse; ein Anderer schrie in die Massen, die Zeit der dumpfen Bedürfnißlosigkeit sei vorüber und der Schlachtruf im Kampf um die höhere Kultur sei: Begehren sollst Du, sollst begehren; ein Dritter wies logisch und botanisch nach, daß die Rosen durch ihre Tendenz zur Vervielfältigung sich schließlich von selbst so akkumuliren müßten, daß ihre wenigen Besitzer, wie die Gäste Heliogabals, in Rosen ersticken und der ganze Besitz ohne Weiteres der Masse zufallen würde; aber diesen unvermeidlichen Prozeß der Expropriation könne man erleichtern und beschleunigen. Es waren aber keineswegs nur niedere Triebe von Neid, Habgier, Genußsucht, die die Menge aufregten. Sondern wie der Duft der Rose selbst nicht nur dem Sinne schmeichelt (wie armselig der, der sie nur mit der Nase riecht!), sondern uns bis in das Feinste und Fernste unseres Wesens mit süßen Erregungen durchdringt — so wuchsen in diesem Ruf des Volkes mit seinen allzu menschlichen Trieben doch auch die letzten Sehnsüchte einer Seele und die tiefsten Kulturgedanken zusammen. Eine Revolutionspartei entstand, ihr gegenüber die konservative der Rosenbesitzer, die nicht nur ihren Besitz,

390

图 4.1 1897 年 第 24 号《青年》杂志上的《玫瑰：一种社会假说》

琉斯之踵”，一直受到经验主义历史学家们的诟病。正如鲁思·罗宾斯坦（Ruth Rubinstein）（1995: 149）在《服饰密码：在美国文化中的意义和信息》（*Dress Codes: Meanings and Messages in American Culture*）艺术中所说：西美尔承认，“在一个等级森严的社会中，阶层流动变得绝无可能，因此没有时尚”。然而，西美尔理论的最大问题也正在于预设了这样一个阶级固化的前现代社会。事实上，从历史的角度看，尽管过去并没有“普世的自由”，但阶级之间的流动一直存在。

随着西方印刷媒介的兴起，“个人主义”与社会依从性之间的矛盾日益明朗。1979 年，伊丽莎白·爱森斯坦（Elizabeth Eisenstein）就曾指出：“印刷时代的到来，改变了整个欧洲的数据收集、储存和检索体系，以及欧洲文人群体的交流网络。”（1979: xvi）。此外，她还断言：“对多样性的认知其实也是对标准化的玷污……因此，我们可以将个人主义的兴起视为一种全新标准化形式的副产品。”（Eisenstein, 1979: 84）在爱森斯坦的经典分析中，印刷媒介的影响主要在传播、标准、组织、保存等方面，标志着从聆听到阅读的转化。印刷形象的出现无疑改变了时尚的传播力度。这种时尚形象的印刷文化和个人主义的联合呼应了西美尔在 20 世纪第一个十年中提出的观点，即时尚受到了个人主义和从众性的双重形塑 [Simmel, 1950（1905）: 338-44]。现代社会中的个体虽然拥有无穷的选择，但却总是倾向于从众。这一有力的概述常常被用来揭示时尚的悖论：人们通过穿衣打扮来让自己一方面融入某个群体，另一方面彰显自身特质。

因此，或许在某些人看来非常“肤浅”的话题（例如上文提到的“玫瑰种植权之争”），对西美尔来说，却恰恰反映了某些深刻的社会现实。西格弗里德·葛洛内特（Siegfried Gronert）在《西美尔的把柄：历史和理论层面的设计研究》（Simmel's Handle: A Historical and Theoretical Design Study）中用一个例子精妙地概括了西美尔对日常设计理论化的贡献，及其在服饰时尚之外的理论兴趣。事实上，同时代的设计组织“制造联盟”（Werkbund）的成员社会学家维尔纳·桑巴特（Werner Sombart）也撰写了关于奢侈（包括时尚）的启发性专著，但西美尔却并非该设计组织的一员。尽管如此，西美尔的著作还是为这场该运动的一些中坚设计师所熟知，包括亨利·凡·德·威尔德（Henry van de Velde）和彼得·贝伦斯（Peter Behrens）。其中，西美尔在《青年》杂志上的一篇文章谈到了瓷器的手柄，认为瓷罐和茶壶的手柄反映了当代设计师对这些器物结构的反思。他指出：瓷器的手柄“也许是整个类型中最浅显的符号；但正因为其浅显，才能最完整地揭示整个类型”（转引自 Gronert, 2012: 60）。这样的类比似乎也影响了几十年后的罗兰·巴特。他这样写道，女性的“披肩”有三十种基本的类别，但不论是否穿着袜子，女性的腿却并没有什么丰富的符号内涵（Carter, 2003: 162）。

葛洛内特由此认为，西美尔为整个 20 世纪“箴言式”的设计写作留下了遗产——吉迪恩（Giedion）从咖啡勺推演至整个集体主义历史（1948），罗兰·巴特的《神话修辞术》（1957）也是如此。葛洛内特指出，尽管罗兰·巴特从未提及西美尔，但他对嘉宝的脸和雪铁龙 DS19 的读解，无不揭示着一种“生活日常的历史主义”。在这个意义上，西美尔正是开启“日常神话学”之可能性的先驱者。这样的说法似乎并不严谨。象征主义诗人斯特凡·马拉美（Stéphane Mallarmé）在 19 世纪 70 年代就已将日常生活神话化，正如波德莱尔在 19 世纪 60 年代所做的努力。

西美尔和后世社会学

戴维斯在其《格奥尔格·西美尔和社会现实的美学》（*Georg Simmel and the Aesthetics of Social Reality*）（1973: 320）一文中引用了西美尔的学生萨尔兹（Arthur Salz）的一句话，认为西美尔“将社会学视为对社会化形式的研究。然而这些形式倾向于在美学领域中发挥作用。因此，社会归根到底也是一个艺术品”（这里又让我们不禁想起了“为艺术而艺术”的追求和西美尔的成长经历）。在西美尔看来，艺术和社会都是“空间中的非时间性结构”，它们都超越了时间（Davis, 1973: 320）。

> 和弗洛伊德一样，同时代的西美尔也发现了个人与其社会文化创造之间的永恒矛盾。而且，在这样的矛盾中，个人永远无法获得胜利。除了创造的瞬间，人时时刻刻都为自己的造物所困，忍受着自己过去组织起来的社会和文化世界。（Davis, 1973: 321）

西美尔常用空间和几何学进行类比分析，而这一点在译本中往往被忽视。[1] 例如，在讨论“时尚”的时候，西美尔实际上在探讨时尚“圈”

1　例如，“社交圈（circle）的相交（intersection）”被意译为“群体联系网络”（Davis, 1973: 323）。戴维斯认为，这样的翻译旨在用现代社会学术语将西美尔变得更符合当下的认知。

（1957[1904]: 558）。随着社会变得日益复杂，越来越多的社交圈逐渐兴起、重叠并且组合成新的形式，“个体化”也愈发紧张，由此便有了西美尔关于玫瑰的故事。另一方面，塞勒伯格（Sellerberg）也指出，西美尔还用曲线的概念来解释“动量”（*momentum*）。[1]

如塞勒伯格所说，西美尔的时尚研究路径始终是二元的：从众性和差异性；浅表与内涵；个性与模仿；对时尚发号施令的上位者与受制于时尚之力的遵从者（1994: 59）。这些二元的选项并不是泾渭分明的：“它们彼此抵消、彼此激发，创造出一种应激循环和内在驱力（Eigendynamik）。”（Sellerberg, 1994: 60）塞勒伯格曾对婴儿名字、瑞典内饰和美国餐厅菜单中的时尚进行过研究。借助西美尔的理论，她认为“（我们这个时代的）时尚领域似乎正在扩大，诸多的二元对立在这方面起到了推动作用”（Sellerberg, 1994: 72）。塞勒伯格在其早年间研究食物和时尚的文章中指出：“时尚让处在特定时空中的事物或过程引起社会的注意。”（Sellerberg, 1994: 82）这也是利伯维茨基的看法。他在《时尚帝国》（*The Empire of Fashion*）一书中写道，从电影首映到可口可乐，20 世纪生活中各种形式的消费时尚日益扩散（Lipovetsky, 2002[1987]）。

关于时尚，西美尔说了什么？

与凡勃伦不同，西美尔并非支持炫耀性消费说的理论家，他不关

1　也可参见塞勒伯格的《实用！时尚的最新征程》（*The Practical! Fashion's Latest Conquest*）（Sellerberg, 1984）。

心时尚理想化发展的可能性。他的社会学研究人与人之间的关系，而非用数量关系探究物品如何被赋予价值。

从周遭设计文化的历史决定论出发，西美尔在理论上解释了“个人是如何建构其自身所处的环境的。这一环境由风格各异的物品构成，它们在人为构建的过程中获得了一个全新的中心，一个不独属于任何物品的中心”。西美尔在其重要文章《风格的问题》（*The Problem of Style*）（1908）中指出，物品和周遭环境都必须被风格化，从而使“具体的个人成为最重要的事物”（1997: 68）。弗雷德里克·范登贝格（Frédéric Vandenberghe）（1999: 63）将西美尔和马克斯·韦伯（Max Weber）视为社会学的两大奠基人，而在他看来，“西美尔式的精神本质上是一种‘匠人精神’（esprit de finesse），它幽微、精炼、圆滑、周全，而且敏感……因此对西美尔来说，没有什么东西是琐碎无用的”。

西美尔的《装饰》（*Adornment*, 1905）一文也在时尚界具有广泛的影响。在德语原文中，该文的副标题是“Exkurs über den Schmuck”（珠宝之旅），其意义不是译本中的装饰（adornment）和珠宝（jewellery）就可以概括的。西美尔认为，工业化之前的社会不可能有时尚。他断言，时尚必然是“阶级”时尚，它一定具备“双重的功能：一方面团结特定的社会人群，另一方面拒斥这个圈子之外的人群”。在碎片化的现代生活中，“节奏、时序和行为方式都取决于服饰”。在论述所谓现代生活的“神经衰弱”（neurasthenia）时，西美尔写道：

> 时尚的变化反映了对精神刺激的麻木；一个时代越是焦虑，时尚的变化速度就越快，因为时尚的重要基础正是用与众不同的热望

来削弱人们的精力。这也揭示了时尚总是为统治阶级所掌控的内在原因。（Simmel, 1957[1904]: 547）

西美尔在此揭示了资本主义的本性，一如马克思当年的论述（关于马克思的内容，详见第 2 章）。他发展了马克思的理论，分析了资本主义的“精神运动”和“资本主义理性无情的侵蚀力”（Wayland-Smith, 2002: 889）。

在《装饰》一文中，西美尔就女性为何醉心时尚给出了他的解释，这也是一个大家耳熟能详的说法：

时尚同时呈现出平等化和个人化的两种倾向，强调从众模仿，也强调特立独行。这也许解释了为什么女性大多都是时尚的拥趸……从历史的角度出发，女性在社会中长期处于弱势地位，因此她们非常尊重风俗习惯，严格遵守社会普遍认可的生活方式和一切规约……但是在这些坚实的社会习俗之上，女性也挣扎着想要获得相对的个人化，把握一切可以展示个性的机会。（Simmel, 1957[1904]: 550）

接着，西美尔提出了所谓时尚是女性“代言人”（voice 或 agency）的说法，这个概念也被如今女性与时尚的历史研究者广泛使用。他在论述中世纪晚期德国个人主义兴起的时候指出：“女性没有在个人主义发展的过程中占有一席之地：个体行动给和自我发展的自由并没有降临到女性身上。于是，女性试图以最浮夸妖艳的服装来寻求弥补”（Simmel, 1947: 551）。换言之，被禁言的女性也许会用服装来为自己发声。西美尔的这一观点被许多研究时尚和性别的历史学家所引用。然而，这并没有解释中世纪男性服饰的简化倾向，除非有人说服大家，即便是权贵也必须借助服饰来为自己发声。在西美尔的时代，人们对旧制度（ancien-régime）和后革命社会的分析相较于实际情况来说，普遍显得简单粗陋，因此也深刻影响了我们对服饰的诠释。而服饰则可以被视为风俗，或者说是时尚。

涓滴

西美尔从未使用过“涓滴”这样的说法，但却与这个概念密切相关。乔治·斯普罗尔斯（George Sproles，1981: 119）在关于市场学的论文中指出，所谓的“涓滴”理论几乎完全来自西美尔。后者在 1904 年版的《时尚》（*Fashion*）一文中写道：“底层本能地想要跻身上流社会，而在那些与时尚巧思相关的领域中，他们所受的阻力最小”（Simmel, 1997: 190）。斯普罗尔斯认为，上层社会理论与凡勃伦的《有闲阶级论》（*Theory of the Leisure Class*）（1912[1899]）密切相关。西美尔曾经研究了时尚的悖论，即人们一方面渴望归属感，另一方面追求个性表达。他提出，“时尚的刺激性和吸引力就在于其包罗万象的广泛性和迅速彻底的短暂性之间的张力”（Simmel, 1997: 205）。

在《时尚》（1904）一文中，西美尔将阶级时尚和波德莱尔诗歌与批评中的怀旧情思联系了起来，认为时尚激发了某种特别的东西：

> 上层社会的时尚和底层绝不相同。事实上，只有被上层社会抛弃的时尚才会逐渐在底层形成风潮。因此时尚反映的不过是众多生活方式中的一种。借助时尚，我们试图在统一的活动范围内将社会平等的趋势和个体分立的愿望整合起来。（Simmel，1957：543）

西美尔随后讨论了时尚和“死亡”之间的类比。这一理论也被时尚研究者们反复引用：

> 随着时尚的传播，它本身也将面临终结……时尚总是站在过去与未来的分界线上，至少在其鼎盛时传递出远强于其他现象的当下感。（Simmel，1957：547）

因此，虽然越来越多的评论者指责时尚不过是女性的无脑消费和城市男青年的浪费行为，但时尚自身的特质意味着它具备特殊的探讨价值。

在之后的论述中，西美尔将时尚、个人主义和从众性糅合到了一组独特的对立中，写下了自己的著名格言：“时尚的特殊之处在于，它在使社会服从成为可能的同时，成就了一种个体分化的方式。”（1957：548-549）

西美尔还在这篇文章中详细讨论了19世纪中后期欧洲的“风流社会”（demi-monde）概念（这是一个很难翻译的概念，字面上可以直译为“半世界 / 半社会”，指的是上流性工作者或妓女，也包括女演员）。此处，西美尔或许回想起了几十年前波德莱尔和马拉美的描述，人们在一个现代城市中迷恋着服饰时尚和社会等级的细微差异：

> "风流社会"的生活方式源自上流社会，因此他们是时尚领域的弄潮儿。社会视"风流社会"为贱民弃儿，这些谴责也由此引发了他们对律法与建制的公开仇恨。这种仇恨在追求全新外在形式的过程中找到了相对最天真、最美丽的表象。不懈地追求前所未有的时尚，也是在为毁灭和解构寻找一个美学表达。只要他们仍未被完全奴役，这便是他们成为弃儿的理由。（Simmel, 1957: 552）

这似乎部分违背了西美尔关于阶级时尚的论述，因为许多高级妓女虽然并非上流社会的一员，但其引领的潮流却反过来为社会中的时尚女性所接受。正是在这个基础上，伊丽莎白·威尔逊（Elizabeth Wilson, 1985: 138）在其名著《以梦为装》（*Adorned in Dreams*）中指出，西美尔的说法表明，在现代文化中，"离经叛道者、异见者和边缘人"创造了"对时尚的崇拜、愤怒和蔑视"。这也许不是西美尔的原意，但却是对西美尔理论的一种创造性解读，也表明了西美尔本人与时尚研究之间的关联。

在之后的篇幅里，西美尔讨论了时尚自革命时代之后日益广泛的传播。它写道（1957: 556）：

> 时尚的快速变迁反映了个人的巨大服从。在这个层面上，它是社会和政治自由日益增长的重要补充之一……渴望处于变迁中的阶级和个人唯有在快速的发展和运动中才能获得优越感，于是他们在

时尚中发现了自我灵魂运动的节奏。

最后，西美尔指出，许多人常常将非理性与一些肤浅和女性化的事物挂钩，但时尚不是非理性的："由此，时尚是一种客观的特性，它是两种对立生活倾向在社会中的暂时调和。"（1957: 558）这一论断对时尚研究来说极其恰切，也为时尚研究提供了一些参考术语。

结语：西美尔的身后事

西美尔的思想对 20 世纪 50 年代到 60 年代的时尚研究者产生了巨大的影响。这其中也不乏批评者。赫伯特·布鲁默（Herbert Blumer）在《社会学季刊》（*The Sociological Quarterly*）上发表《时尚：从阶级分化到集体选择》（*Fashion: From Class Differentiation to Collective Selection*）一文，评价了包括西美尔（1904）、萨丕尔（Sapir, 1931）和兰斯（Langs, 1961）在内的诸多社会学家对时尚领域的贡献，认为他们都没能"观察和分析更广泛的时尚运作"（Blumer, 1969: 275）。[1] 他也批评了西美尔关于阶级时尚的部分观点。布鲁默（1969: 280）认为，不是精英阶层的社会权力创造了时尚，而是"设计本身的适宜性和时尚潜能让精英阶层的特权依附于此"，并由此提出了"集体品位生成"的说法（Gronow, 1993: 95）。

1908 年，西美尔觉得自己已经建立起了社会学，于是转而研究其

1　萨丕尔也关注"时尚可以让人更有魅力"这样的观点。

他“文化哲学”问题（Frisby, 1981: 36）。这之后，他开始受到表现主义的影响，变得更加沉郁内省。1918 年，西美尔因癌症而逝世，那时的他并不算年迈。

西美尔为时尚研究留下了意义深远的遗产。对这个领域的初学者来说，西美尔的著作是他们的必读书目。“涓滴”这样的概念已经变成了媒体和交流中的日常语言。西美尔关于时尚和风格互相联系的观点深刻幽微且引人入胜。它源于 19 世纪末的唯美主义氛围，也形成于社会学的草创阶段。布鲁默运用了与西美尔截然不同的方法，论证了时尚的积极意义：“显然，时尚如今已经成为现代文明的一个鲜明标志。其领域日渐扩大，经久不衰……时尚为涌动着无序暗流的当下注入了秩序。”（Blumer, 1969: 288-89）最后，布鲁默敏锐地总结道：“西美尔最大的（但不是唯一的）贡献在于，他指出了时尚的运作未有尽时”（1969: 290）。西美尔成功地透过时尚来检视另一个更大的社会进程，这一路径也为当时许多的历史和社会研究所采纳，例如桑巴特对“奢侈”的研究（1967[1913]）。西美尔没有将时尚当作肤浅之物，并且展开了严肃的分析，揭示了现代社会中的现代主体化问题，进而为草创阶段的时尚研究创造了空间。

参考文献

Blumer, H. (1969) ‘Fashion: From Class Differentiation to Collective Selection’ in *The Sociological Quarterly*, 10 (3): 275-291.

Carter, M. (2003) *Fashion Classics from Carlyle to Barthes*, Oxford and New York: Berg.

Coser, L. (1958) *Georg Simmel*, Englewood Cliffs, NJ: Prentice Hall.

Davis, M.S. (1973) 'Georg Simmel and the Aesthetics of Social Reality' in *Social Forces*, 51 (3): 320-329.

Diderot, D. (1956) *Rameau's Nephew and Other Works,* J. Barzun and R.H. Bowen (trans), New York: Doubleday.

Eisenstein, E.L. (1979) *The Printing Press as an Agent of Change: Communications and Cultural Transformations in Early-modern Europe. Volumes I and II Complete in one Volume,* Cambridge: Cambridge University Press.

Evans, C. (2013) *The Mechanical Smile: Modernism and the First Fashion Shows in France and America 1900-1929*, New Haven, CT: Yale University Press.

Frisby, D. (1981) *Sociological Impressionism: A Reassessment of Georg Simmel's Social Theory,* London: Heinemann.

Gronert, S. (2012) 'Simmel's Handle: A Historical and Theoretical Design Study' in *Design and Culture*, 4 (1): 55-72.

Gronow, J. (1993) 'Taste and Fashion: The Social Function of Fashion and Style' in *Acta Sociologica*, 36 (2): 89-100.

Habermas, J. (1996 [1991]) 'Georg Simmel on Philosophy and Culture: Postscript to a Collection of Essays', M. Deflem (trans) in *Critical Inquiry,* 22 (3): 403-414.

Lehmann, U. (2002) *Tigersprung*, Cambridge, MA and London: MIT Press.

Levine, D.N., Carter, E.B. and Gorman, E.M. (1976) 'Simmel's Influence on American Sociology. I' in *American Journal of Sociology*, 81 (4): 813-845.

Lipovetsky, G. (2002 [1987]) *The Empire of Fashion: Dressing Modern Democracy*, C. Porter (trans), Princeton, NJ: Princeton University Press.

McNeil, P. (2009) *Fashion: Critical and Primary Sources Volume 1: Late Medieval to Renaissance*, Oxford and New York: Berg.

Meinhold, R. (2013) *Fashion Myths: A Cultural Critique*, J. Irons (trans), Bielefeld: Transcript Verlag.

Milà, N.C. (2005) *A Sociological Theory of Value: Georg Simmel's Sociological Relationism*, Bielefeld: Transcript Verlag (distributed by Transaction Publishers).

Ribeiro, A. (2011) *Facing Beauty: Painted Women and Cosmetic Art*, New Haven, CT: Yale University Press.

Roche, D. (1994 [1989]) *The Culture of Clothing: Dress and Fashion in the Ancient Regime*, J. Birrell (trans), Cambridge: Cambridge University Press.

Rubinstein, R.P. (1995) *Dress Codes: Meanings and Messages in American Culture*,

Boulder, CO, San Francisco, CA and Oxford: Westview Press.

Salomon, A. and Kaworski, G.D. (1995) 'Georg Simmel Reconsidered' in *International Journal of Politics, Culture and Society*, 8 (3): 361-378.

Sellerberg, A. (1984) 'The Practical! Fashion's Latest Conquest' in *Free Inquiry in Creative Sociology*, 12 (1): 80-82.

—— (1994) *A Blend of Contradictions: Georg Simmel in Theory and Practice*, New Brunswick, NJ and London: Transaction Publishers.

Simmel, G. (1950 [1905]) 'The Philosophy of Fashion and Adornment', K.H. Wolff (trans) in *The Sociology of Georg Simmel,* New York: The Free Press.

—— (1957 [1904]) 'Fashion' *in The American Journal of Sociology,* LXII (6): 541-558.

—— (1991 [1908]) 'The Problem of Style', M. Ritter (trans) in *Theory, Culture and Society: Explorations in Critical Social Science*, 8 (3): 63-71.

—— (1997) D. Frisby and M. Fetherstone (eds), *Simmel on Culture: Selected Writings*, London: Sage Publications.

Sombart, W. (1967 [1913]) *Luxury and Capitalism*, W.R. Dittmar (trans), Ann Arbor: University of Michigan Press.

Sproles, G.B. (1981) 'Analysing Fashion Life Cycles: Principles and Perspectives' in *Journal of Marketing*, 45 (4): 116-124.

Vandenberghe, F. (1999) 'Simmel and Weber as Idealtypical Founders of Sociology' in *Philosophy & Social Criticism,* 25 (57): 57-80.

Veblen, T. (1912 [1899]) *Theory of the Leisure Class,* New York: B.W. Huebsch.

Vinken, B. (2005) *Fashion Zeitgeist: Trends and Cycles in the Fashion System*, Oxford and New York: Berg.

Wayland-Smith, E. (2002) 'Passing Fashion: Mallarmé and the Future of Poetry in the Age of Mechanical Reproduction' in *MLN,* 117 (4), French Issue: 887-907.

Wilson, E. (1985) *Adorned in Dreams: Fashion and Modernity,* London: Virago.

5

WALTER BENJAMIN

Fashion, Modernity and the City Street

瓦尔特·本雅明

时尚、现代性和城市街道

亚当·格奇 和 维基·卡拉米纳斯
Adam Geczy and Vicki Karaminas

引言

“现代”（modern）以“模式”（mode）一词开头并非巧合。两个单词都源于拉丁文 modo，意为“刚才”(just now)。在瓦尔特·本雅明看来，“现代性”是一个不断更新的过程，它早已被预定，并且铭刻在既有之物中，因为“现在”本身就是过去与未来的过渡。时尚问题也由此进入了本雅明的视野。然而在对 19 世纪法国诗人波德莱尔（Baudelaire）的一篇评论中，本雅明却轻描淡写地否定了这一点，认为“这个领域里没有任何深刻的东西”（Benjamin, 1969: 89）。可不容否认的是，变化无常的表象实际上一直是本雅明思想的核心问题。

本雅明生于 1892 年的柏林。他一生都称自己为“文人”（man of letters）而非哲学家。在他那个时代，文人的地位总是高于哲学家的。他以撰写文学批评和翻译为生，为多家报纸和杂志供稿。1933 年纳粹上台之后，身为左翼犹太知识分子的本雅明离开德国，前往巴黎，并在那里结交了许多境况类似的知识分子，其中就包括汉娜 · 阿伦特（Hannah Arendt）、葛森 · 肖勒姆（Gershon Scholem）和西奥多 · 阿多诺（Theodore Adorno）。正是在这段岁月中，本雅明创作了他最具影响力的文章，以及那部雄心勃勃却未能完成的《拱廊计划》（*Das Passagen-Werk*）（*The Arcades Project*, 1938）。该书立足于 19 世纪的资本主义语境，讨论了时尚的社会、文化和心理意义。在这部巨著中，波德莱尔对本雅明的影响显而易见。本雅明不仅在分析中引用了大量波德莱尔的诗句，也做了关于波德莱尔的专门研究。借助格奥尔格·西美尔（Georg Simmel）（详见第 4 章）、马塞尔·普鲁斯特（Marcel Proust）和波德莱尔的思想理论，本雅明得以从卫生、社会阶级、性别、政治经济权力、生物学等方面对时尚展开批评。

时尚与现代性同时诞生。这也就意味着时尚不仅仅是现代性的后果或者补充，而且是资本主义变化意志（will-to-change）的明证。我们注意到，虽然本雅明厌恶时尚与商品的共谋，但也意识到了时尚是理解现代性与时间之联系的关键。此外，本雅明在时尚与再现的互动方面也多有洞见。如今，数字时尚的发展改变了时尚的传播和感知方式，这一问题由此变得更加尖锐。在这个意义上，本雅明的《机械复制时代的艺术作品》（*The Work of Art in the Age of its Technological Reproducibility*）一文虽然并没有直接论及时尚问题，但却给时尚研究带来诸多启发（Evans, 2003; Lehmann, 2000）。后文将详论时尚的再现问题。不过在此之前，还是让我们首先考察一下本雅明论及其关于时尚的文章、波德莱尔和普鲁斯特的影响，以及时尚、历史与时间之间的关联。

波德莱尔对本雅明创作的影响

本雅明的时尚理论离不开波德莱尔的诗作。从《柏林童年》（*Berlin Childhood*）到《巴黎，十九世纪的首都》（*Paris, the Capital of the Nineteenth Century*），本雅明的这些作品都受到了波德莱尔的深刻影响。波德莱尔是他那个时代最重要也最悲情的人物。他不仅是冠绝时代的诗人，也是严厉的艺术批评家。他的艺术批评文章《现代生活的画家》（*Painter of Modern Life*）被后人反复引用，其中的一些观点为本雅明所继承，并由此发展出了我们如今所谓的文化研究。在这篇文章里，波德莱尔阐发了“漫游者”（flâneur）的概念，即城市中的闲逛窥伺者，他们观察着现代城市中的生活：橱窗、公园、货摊、海报、人们的衣着以及穿戴方式。波德莱尔可以从日常生活的异常和反差中提取诗意的洞见，这一技巧为本雅明所继承。在这个意义上，时尚对本雅明来说至关重要，因为它反映了过去、现在和未来的联结。时尚颠覆了过往，呈述着现在，预示并始终处于自我克服的状态中。

作为一位马克思主义思想家和历史唯物主义者，本雅明关于辩证想象（dialectical imagination）的概念源自马克思的著作，尤其是《资本论》（*Capital*, 1867）。马克思花了大力气论述过去的被害（victimization），以及这些被害记忆在政治经济语境中的重要性。正是基于资本主义的被害记忆和进步铁律的解放许诺，本雅明得以展开对历史问题的修正。他并没有将研究的重点放在历史的发展进程上，反而关注过去的事物在当下形成的全新结构。本雅明反对线性的进步时间观。在他看来，过去与未来的关系不是工具性的。他的这一观点暗含了弥赛亚主义（messianic）和卡巴拉主义（Kabbalistic）的时间观。换言之，过去的时间潜藏着当下，它同时既内在于历史，又独立于历史之外。这一观点对应着时尚研究中“重叠”（twofold）的概念，即服饰用某种形式包含着过去，它要么体现在技巧层面上（例如鱼骨衣、紧身衣）；要么在美学上从过去的款式中寻找灵感。于是，时尚周期和风格的快速变化构成了时尚的核心本质。因此当下的时尚实际上内含着与过去的辩证关系。正如迈克尔·谢林汉姆（Michael Sheringham）所说：“瞬时性是时尚不断变迁的关键，但矛盾的是，这也恰是时尚永恒的特征。现在这一时刻既存在于过去，也与预示着未来。”（2006: 182）

本雅明有关时尚的论述有两个关键词：其一可见于本雅明对波德莱尔的评论文章，尤其是《拱廊计划》的“卷宗 B”（Konvolut B）。本雅明从马克思那里继承了对时尚的深刻怀疑，并将其视为资本主义“虚假意识”（false consciousness）最顽固的代言人。其二，在马克思和恩格斯看来，资本主义制度欺瞒和背叛了大众，创设了一个虚假的现实，从而扼杀了有效的阶级斗争。时尚是“新”这一概念的外部面貌。它像一间充满镜子的房间，历史在这里变成了一场窥伺的游戏。因此，本雅明在论述时也使用了“幻象”（phantasmagoria）一词（Markus, 2001）。有了时尚的游戏，资产阶级便可以发挥其虚假意识，在新奇中寻求安慰，以掩盖真理的运作。换言之，对本雅明来说，从衣着到时尚的转变是一种对审美的暴力，它通过对美、吸引、魅惑和灵晕（aura）的贬低，成全了专横的虚荣。这些品质会被进一步剥削，时尚的美必须消亡，才能为后来之物让路。

所以时尚承载并见证了资本主义对进步的糟糕信念。而在这一信念的驱使下，进步只是为了逐利。时尚和资本主义的共谋方式不同于艺术，因为时尚与艺术在呈现和感知方式上大相径庭。相对而言，时尚品和艺术品的差异较小，二者都是主观的审美产物，但它们各自的社会、经济、语言交换场域却并不相同。本雅明不仅揭示了时尚为何是现代性自我呈现的主要方式，还分析了现代性的永恒变迁，即其“时代精神”（zeitgeist）。在这个意义上，时尚正是审美、消费、阶级、工业和个人认同的结晶。

时尚业带来的变化全然来自商品拜物（commodity fetish）——这是马克思的术语，指人们对商品的无尽渴望，以及因购买别的商品而放弃原有的渴望。由此可见，时尚的符号并不真诚。它的符号价值取决于它被渴望和消费的能力。在这个层面上，时尚的意义是无效而冗余的。一方面，时尚的这种无效性因其对商品价值的屈从而大大增强。换言之，时尚不过是对资产阶级社会自恋、自满和迟滞的一种确证。另一方面，千篇一律的男装却又用一袭黑衣遮掩住了时尚的本来面目。

本雅明将时尚理解为参加葬礼：对女性来说，这意味着在稍纵即逝的快乐中丧失意义和方向；对男性来说，则意味着退化为一个奇异而无关紧要的人，虚假的平等集中体现为统一的制服，或波德莱尔所谓诱骗死人的“号衣”（livery）（Baudelaire, 1954b: 676）。

要理解本雅明关于时尚的论述，比较明智的做法是先搞清楚波德莱尔关于时尚和花花公子（dandy）的思想。在波德莱尔的影响下，本雅明将时尚视为反映当下状况的中枢，它能为模糊了主客观界限的经验所理解。而花花公子则是时尚困境的主要体现。用波德莱尔的话来说，这些人是“现代之物，并坚持完全现代之事业”（Baudelaire, 1954b: 676）。波德莱尔所谓的花花公子也许是最反时尚的一个概念，因为他们所追求的并不只是特定的服饰和外貌。在这个意义上，“反时尚”并非反对时尚，而是反对时装。这是一个由时尚业和设计师共同创造的总结性术语，用来描述与当前风尚相反的服装风格。朋克（Punk）和薇薇安·韦斯特伍特（Vivienne Westwood）的设计就被打上了“反时尚”的标签，因为它们都在特定的历史时刻反对既有的传统。

由此可见，丹蒂主义（dandyism）是反时尚的，因为它试图游离于此时的风尚之外。而这些花花公子们则以唯我、自指和自治标榜自我。博·布鲁梅尔（Beau Brummell）便是这一风格在英国的开创者，他们具备高度自觉的时尚风格，并在几个关键环节上影响了现代服饰的产生。事实上，波德莱尔本人就是一个丹蒂主义者，但是他只穿黑色的衣物，甚至连被褥都是黑色的。毕竟对他来说，丹蒂主义并不意味着对服饰的挑剔，而是一种贵族精神的象征，具有额外的政治意义。波德莱尔对资本主义的生活方式和精英主义嗤之以鼻，认为这不过是“反对颓废的英雄主义之余晖”对“资产阶级和庸俗文化之蚕食”的回应，而“这种蚕食通过重申大胆、优雅和沉着的传统美德来实现”（Williams, 1982: 111）。由此可见，以大规模生产和消费为特征的 19 世纪短暂而混乱、弥漫着反常的冷漠和自我陶醉的政治气氛。如果非要说花花公子的服装有什么特征的话，那一定是对黑色的情有独钟。借此，他们也得以融入人群，成为一个漫游者或者都市闲人。不同于同时代的评论家，本雅明揭示了波德莱尔为什么“对他所处的时代没什么好感……可漫游者、流氓、花花公子和拾荒者对他来说却又那么重要”（Benjamin, 2006: 125）。但是接下来本雅明从时尚的角度写下了更为精辟的观点：“现代英雄不是英雄，而是英雄的扮演者。”（2006: 125）在这场现代性的狂欢中，我们每个人都扮演着特定的角色。与资产阶级不同，花花公子在自己的颓废主张中意识到了现代性的衰败。但无论是资产阶级还是花花公子，时尚的魅力对他们来说不过是深层病症的一种温和表征。这样离经叛道的说法未免有些耸人听闻，但我们仍然可以就此断言，时尚和优雅是资产阶级乐于维护的制度外壳，而花花公子们则是这一制度中的自我放逐者。

历史、记忆、时间

本雅明认为，服饰并不只关乎阶级认同和渴望，更是对瞬时性（temporality）的表述。这种表述普遍而持久。而瞬时性本身则是现代性得以维持其变化表象的深层尺度。它包括了经济和叙事两个层面，因为现代性既是对历史的颠覆，也是对历史的发展。是故时尚应当被视为一个历史参照物，它一方面被承认，另一方面也在“新”的名义下被压抑。这些都是本雅明在《拱廊计划》中提出的观点，该书名取自 19 世纪中叶巴黎繁盛而充满魅力的商业画廊，或称拱廊。在这部未完成的巨著中，本雅明对巴黎的历史格外关注，这是一段现代性的前史。他认为 19 世纪是现代性的缘起，它影响了当代的历史观念和对社会的唯物主义阐释。许多篇章片段、理论思考、格言和笔记构成了本雅明关于拱廊的研究。在他看来，拱廊是“现代形象的母体”，是“映照出这个世纪洋洋得意的过往之镜”(转引自 Steiner, 2010: 147)。他写道：

> 这些拱廊是工业靡费的全新产物，它们以镜面为顶，大理石镶板的走廊贯穿了整座建筑物，建筑的主人们也由此联系在了一起。光线从拱廊的屋顶倾泻下来，最优雅的商店分布两旁，这小小的走廊就是一座城市，也是一个世界的缩影。(Benjamin, 1999: 31)

屋顶将街道变成了一个内部空间，它们赋予了巴黎街道一种不确定性。而这种“空间的模糊”制造了诱惑。整个街道变成了一个“集体性的寓所”，拱廊变成了沙龙（Steiner, 2010: 148)。本雅明将这种建筑构造视为自己研究的结构性隐喻，因为它们是这个复杂历史时期的具体艺术创造，也是 19 世纪商品资本主义的重要视觉特征。拱廊本身便是一个现代都市人诸多感官相互碰撞的场所和装置。都市漫游者漫步其间；西洋景和幻灯片也令人眼花缭乱；巴黎的现代展演和广告给都市体验带来了全新的语境，以上种种每时每刻都形塑着我们对这个世界的再现。

在本雅明看来，时尚不仅是一个审美的视觉符号，更是一种政治经济力量。这也是本雅明研究的一个重要话题。本雅明对时尚哲学的探索是出于他个人的兴趣，意在搞清楚“这个历史过程中自然却非理性的行为究竟意味着什么”（转引自 Steiner, 2010: 147）。本雅明认为，一定的历史时刻和历史形式唯有在后来的时刻到来之时才能被合法化。现代性的概念源于过去的一个世纪，这个世纪作为当下这一时刻的前史，却并没有向我们这个时代靠近，反而退回了一个无限遥远的史前时代。时尚的快速变迁也正呼应了这一独特时间感受。每一代人都经历过时尚的消逝，但时尚并不只是昙花一现的浮华。它是一个持续延绵却又变化无常的奇观，向人们诉说着历史的辩证法。毕竟，一切最新的时尚潮流必将“从最古老、最久远、最根深蒂固之处兴起”（Benjamin, 1999: 64）。本雅明进一步阐释说，这种体验是“将自身与一切过时的旧物拉开距离的努力，而所谓的过时，其实也就是刚刚过去的那一瞬”（Benjamin, 1999: 64）。就这样，当下的时刻重新指向了过去。

从“卷宗 B”专论时尚的部分中，我们看到时尚是一个现代生活中的流动实体。在本雅明看来，时尚一面建构着历史参照物，一面又对其加以消灭：“这种奇观用前一时刻最新的媒介进行着独特的自我建构，上演了真正的时尚辩证之戏剧”（Benjamin, 1999: 64）。我们不妨沿着这一路径审视当下的时尚。自 1983 年以来，香奈儿的首席设计师和创意总监卡尔·拉格斐（Karl Lagerfeld）一直在挖掘加布里埃·“可可”·香奈儿（Gabrielle ‘Coco’ Chanel）曾经的设计，以保持品牌的初心。他的设计结合了香奈儿设计的细节、颜色、材质、金链和字母“CC”的标志。随后，拉格斐“解构”了香奈儿设计形象的要素，将香奈儿标志性的平纹针织物运用到男款短袖和内裤上。无独有偶，在1953年香奈儿设计的复出系列中，她更新了自己的经典造型，改变了粗花呢布料的设计，制作了香奈儿套装。修身短裙、无领夹克和金色纽扣变成了新一代女性的身份象征。因此，时尚并不只是商品的狂欢，更是过去与不远未来的复杂“褶皱”（fold）。如果艺术的诉说可以穿越时间，那么时尚则与之截然不同，它不可避免地处于自我克服的状态之中。

普鲁斯特式的记忆与褶皱

本雅明关于“褶皱”的隐喻揭示了栖身于现在这一时刻的过去之幽灵是如何通过旧有风格的回归作用于时尚内部的。这一观点受到了法国作家普鲁斯特的系列小说《追忆似水年华》（*Remembrance of Things Past*，1913—1927）的启发。在这部小说中，普鲁斯特运用了特殊的文学手法，将一些过往置入当下这一时刻。他花了大量笔墨来描写服饰及其面料，并以此唤起记忆和物品形而上的价值。由此，“对过去和现在的感知因时尚和优雅而获得了意义”（Lehmann, 2000: 209）。在普鲁斯特看来，记忆、联想和想象性创造构成了一个深层网络，而时尚的诱惑仅仅只是这个网络的一部分。在这个网络中，无论有意还是无意，此刻的欲望都与个人经验和文化历史的多层结构相互勾连。

本雅明认为，过去当下的褶皱与预期未来的褶皱构成了一个辩证的过程，考验着当下行动的真实性。物质与时间的交叠引爆了孕育在过去之中的事物，它最终摧毁了历史的平滑性和连续性，更清晰地揭示了时间、事物和自我之间的关系。而时尚，则是这一过程的象征。正如乌尔里奇·莱曼（Ulrich Lehmann）所说，这个爆炸性的事物就是时尚："显而易见，时尚是记忆与新的政治历史概念（即唯物主义）不可或缺的催化剂。"（Lehmann, 2000: 210）历史的辩证过程就像一个会自动折叠的衬衫袖口，带有记忆的褶皱都会令其精确地前移或后退、折叠和展开（关于德勒兹对这个问题的看法，详见第 10 章）。本雅明用老虎跳跃的形象解释了时尚为何可以毫不费力地从一个时间点跃变到另一个时间点。他写道："时尚拥有在时间之灌木中搅弄风云的能力，就像老虎跃入过往。"（Benjamin, 1968: 263）正是这一历史接力，或者说是"空旷历史中的虎跃"，使时尚成为一个在当下和过去之间转换的辩证过程，挑战着历史的线性，成为现代性变革潜能的一个象征（Benjamin, Vol. 1.2: 701）。

本雅明关于巴黎拱廊街和现代性的哲学探讨离不开普鲁斯特的《追忆似水年华》。本雅明认为，小说对记忆的呈述反映了记忆和经验的历史特征，而这也深深印刻在《拱廊计划》的理论碎片之中："有几页的内容应该是这样的，孩子（也许成年男性的记忆已经模糊不清了）究竟在织物的褶皱中发现了什么？当他抓着母亲裙角的时候，将自己置入了怎样的境地中？"（转引自 Lehmann, 2000: 207）。事实上，本雅明关于 19 世纪巴黎的研究本身就是一场"追忆"。

本雅明在认识论结构和文本形态方面借鉴了普鲁斯特的文学模式，进而发展出一套新的历史哲学理论。在普鲁斯特的小说中，过去的时刻不断复现于当下，非自主的记忆带来了强有力的启示。由此，本雅明提出了辩证形象（dialectical image）的概念。在他看来，辩证形象就是所谓的“文学蒙太奇”，其概念类似于电影蒙太奇。以早期电影人谢尔盖·爱森斯坦（Sergei Eisenstein）为例，蒙太奇简单来说就是剪接，即一系列短镜头被剪接成一整个动态组合，以拓展空间、时间和信息的感知流。这一过程的组织性更甚于象征性，加深了人们对于时间连续性的理解。正是在这种任意却又目的明确的时序安排中，过去与现在的碰撞产生了第三种意义。对本雅明而言，这并非真理，而是一种原型（archetype），一种评判历史现实之意义的标准。他认为一代人有一代人创造之形象，它包含了这些世代的欲望。这种相关性可以穿越时间。因此，过去之物的重要性不在于它本身，而在于其再现的对象。我们必须在特定的时间和记忆运动中才能理解过去的形象，而过去的意义也得以在当下实现。过去时刻的第一次现身总是扭曲的，本雅明将其比作梦境。因此对形象的认识必须穿越表象的空间，直达真理之境，这是一个从梦中醒来的过程。本雅明在《历史哲学论纲》（*Theses on the Philosophy of History*）中提及了辩证形象对理解历史的作用。他写道：“我们捕捉到的过去只是一个转瞬即逝的形象，它骤然闪现，却又一去不返。”（Benjamin, 1968: 263）换言之，辩证形象就是一种能够将前人欲望引入此刻的形象（Karaminas, 2012）。

资本的幻影机器

本雅明格外关注艺术品被商品幻影机器（phantasmagoric machine）吞噬的过程。在当时，戏院的一种表演形式是用幻灯片、烛光和凹面镜的效应，在墙上映射出恶魔、骷髅和鬼怪的形象。这种幻觉表演常令本雅明沉醉。事实上，幻觉表演是 19 世纪非常流行的娱乐方式，彼时的人们痴迷于科学的发展。与此同时，工业革命提高了生产效率，创造了大量新的产品，也降低了既有商品的价格。科技让过去只存在于想象中的事物有了实现的可能。随着电影和电力的出现，大规模的城市照明取代了煤油灯具，点亮了巴黎和伦敦的街道。科技奇迹飞速地改变着人们的日常生活，本雅明对此深感不安。他将幻觉表演、商品文化，及智识和物质产品的体验联系在一起。

本雅明拓展了马克思关于商品幻觉力量的理论，并用以解释过去和现在的形象是如何在当下相互碰撞的。这一历史和时间的辩证过程在本雅明的著作中反复出现，尤其是《拱廊计划》一书。它揭示了时尚与当下的关系是如何在现代性和日常生活中发挥重要作用的。事实上，时尚是现代性最可见的承诺，因为它既体现了过去，也呈现着未来，尽管它是以一种任性专横而瞬息万变的方式出现的。正如本雅明所说，现代性不仅仅是以工业化和理性化为基础的、面向未来的进程，更是一个梦的集合——一个栖身于对象之物质和建筑之结构的历史之梦。它内在于幻影展演式的营销，沙龙、世博会、展览和拱廊街都是其展演的场所。值得注意的是，这种现代奇观拥有着多重诱惑。用本雅明的话说就是:“在某种程度上，每一种时尚都是对爱情的苦涩讽刺。”（Benjamin, 1999: 64, 79）“讽刺”一词意味着时尚的交换物多少都是虚饰的。因此时尚的短暂性有别于更深层次的短暂，后者不那么悖谬，也更加超然。那是“真实”的历史，而不是在时尚中零零散散且异想天开的历史展演。

本雅明认为，时尚的时间本质在于过去与现在的不可分割，而时尚的快节奏根本就是色情的。在他看来，时尚不仅是历史时间更迭的再现，也与自然世界背道而驰："每一种时尚都将生命体与无机世界绑定在一起。对生命而言，时尚捍卫了肉体的权利。但屈从于无机世界的拜物教才是其精神核心。"（Benjamin, 1999: 79）这个卓越的洞见也解释了时尚和衣着的根本差异。人们穿衣是为了防护和温暖。诚然，它的确发挥了一定的道德礼仪作用，遮掩住了人们赤裸的身体，但是在时尚领域中，这种礼仪被提升到了恋物的层面，故意遮掩着的身体也由此被性感化了。在这个意义上，本雅明指出，时尚其实是对死亡的"挑逗"，毕竟恋物是依靠死亡而实现的一种内部更新状态。时尚有这样的自觉，它从一切恋物之物中汲取灵感，给布料和塑料这样的无机物带去生命，从而实现了对死亡的"嘲弄"。如本雅明所说，时尚是因商品而复生的已死之物，"它规定了商品拜物教的仪式"（1999: 8）。本雅明的这些术语都与肉体相关。时尚之物往往是乏味而荒唐的，它们只是为了暂时填补空白而存在。对此，本雅明写道：

> （时尚）实践的最佳对象不是身体（body），而是肉体（corpse）。时尚维护了肉体存续的权利，但却将这份生机交给了无机之物。于是，头发、指甲这类在有机和无机之间的事物，成为最受时尚活动青睐的部分。屈从于有机性感外表的拜物教成为时尚的要害，并为商品拜物所利用。因此时尚效忠于无机世界。但在另一方面，我们又必须承认，唯有时尚才能克服死亡。它将孤绝之物融进了此刻，与每一种过往同在。（转引自 Lehmann, 2000: 271）

或许对本雅明来说，短暂性永远不会隐于晦暗。事实上，真正令人不安的是，现代消费者，或者说资产阶级，都乐于参与欺瞒和死亡的游戏。如今的时尚早已预定了自身的覆灭。或者用本雅明的话来说：“时尚是一种集体性的药物，可以治愈遗忘的痛苦。一段时间越是短暂，就越容易被时尚左右。”（1999: 80）

生产、再生产与再现

过去与现在的交汇点构成了对辩证形象的隐喻。这也是本雅明理解文化历史的方法。本雅明一直关注着摄影的再现方式，它更新了我们和时间，乃至历史之间的关系。我们对历史的理解也由此变得更深入且更具挑战性。在这里，所有证据和材料、一切谎言和诱惑彼此交织。摄影术让我们领略了历史的丰富可能，也在提醒我们逝者如斯。那么，这对时尚来说究竟意味着什么呢？本雅明认为，现在这一时刻是历史性的——数字时尚媒介和摄影印刷媒介为消费者提供了一种商品诱惑下的生活方式，让人们沉浸在时装、艺术品和炫耀性消费构筑的梦境中。而这个梦里拥有时尚再现和应允的一切。

本雅明在其名篇《机械复制时代的艺术作品》中对摄影术进行了一番哲学探讨。该文成稿于 20 世纪 30 年代末，直至第二次世界大战后才由阿多诺以本雅明遗稿的名义发表。需要指出的是，这篇文章并不能穷尽本雅明对摄影的复杂哲思。举例来说，摄影能够将过去的时刻以图像的方式保留至今，其特性引起了本雅明的兴趣。值得注意的是，摄影术可以用图像捕捉过去的时刻，而这一图像却又是属于那个时刻本身的。因此，被抓取的图像超越了艺术的领域，变成了一种历史的宣言。本雅明关注摄影术对历史和历史性的拓展。在他看来，照片可以开启历史的可能，让我们见证过往。

本雅明的许多观点都在《机械复制时代的艺术作品》一文中得到了更深入的阐释。其中最有名的说法就是摄影的复制消解了艺术品的“灵晕”。但是我们不妨将关注点集中到这篇文章的后半部分。在这里，本雅明对文章标题作出了回应。他指出，物品正是通过再生产才实现了对灵晕的再投资；大规模的再生产确保了这一循环的必要性，并由此赋予物品价值。在他看来，灵晕就好比是一道目光，它投向了不可再现之物的再现，“我们感知着物体的灵晕，也赋予了它回望我们的能力”（转引自 Buci-Glucksmann, 1994: 111）。

尽管本雅明讨论的是摄影和电影，而非时尚。但他对艺术品由传统时代到大众时代的分析也适用于服饰和当代时尚体系的转变。在 19 世纪下半叶巴黎建立时装业之前，时尚受到严格的奢侈品法律和工会的管制。其中，这些由裁缝和匠人组成的工会把持着缝纫、制图和插画等核心工艺。彼时的时尚是贵族精英们的领地，他们决定着潮流风尚，能够负担参加沙龙和购买定制服装的费用。设计师查尔斯·弗雷德里克·沃斯（Charles Frederick Worth, 1825—1895）以女装设计为突破口，凭借自身无与伦比的才华和创造力，使时尚业得以脱离工会的掌控。这便是时尚的“起源”。在沃斯看来，服装制作者应当被视为艺术家，这也是为数百年来工会中的匠人们正名。他声称自己的“创作”和艺术之间仅仅只有技术性的差异。可是，本雅明所谓的“灵晕”究竟是什么？时尚是否拥有“灵晕”？

在本雅明看来，如果一件艺术品不是因为与观者的距离，而是因其自身的品质和价值独立于世，那么它可以被认为是有灵晕的。需要指出的是，这里所谓的“距离”并不只是观者和物体在空间上的间隔，而是基于艺术品在传统和经典中的地位而产生的一种心理上的不可接近性和权威性。本雅明写道：“在传统的语境中，艺术作品的内涵是宗教的表达。最早的艺术作品是为仪式服务的。换言之，艺术作品‘真’的独特价值也正源于其仪式性。”（Benjamin, 2008: 24）

本雅明用传播而非创造的过程来描述拜物教，让人想起伊丽莎白·威尔逊（Elizabeth Wilson）的开创性文章《魔法时尚》（*Magic Fashion*, 2004）。她通过服饰的魔力揭示了艺术和时尚之间的联系，并运用本雅明和马克思关于商品拜物教的理论，指出服饰在世俗社会中并不只是地位的象征，也具有想象的符号内涵，“我们生活的世界被资本和消费所主宰，因此我们渴望用物质产品来表达远离物质本身的价值观，包括迷信、魔法和超自然的信念。而用来表达这些观念的物品（例如服饰）就变成了世俗的神物”（Wilson, 2004: 378）。如果艺术作品仍然是一种神物，一种具有非理性力量的远距离之物，那么它就占据了一种神圣的文化地位，并为少数特权阶层所掌控。在这个层面上，一旦量体裁制的衣物变成了所谓的“高定时装”，原本独特而真实的物品就成为价值和地位的象征，获得了宗教崇拜的特质。与本雅明讨论的艺术品一样，时尚从一开始就在工业化和技术带来的可能性中解放了自我，并在大规模复制的时代丧失了自身的独特性。由此，时尚走上了大众之路。

结语

《机械复制时代的艺术作品》对艺术史和媒介研究产生了深远的影响，但却还没有如此深入地渗透时尚研究的领域。不过唯一可以确定的是，所有的媒介理论家和时尚理论家都抱有类似的疑问：如果本雅明还活着，他会怎样看待如今这个超真实（hyper-real）的世界？考虑到近几十年来艺术、时尚和大众文化的颓势，这个问题也与时尚研究息息相关。本雅明未完成的巨著《拱廊计划》强调了时尚作为一个现代性进程的重要性。它的本质是短暂和偶然，与瞬息万变的当下不可分割。这也是《拱廊计划》卷宗 B 的主要话题。进一步研读这份手稿，我们发现，本雅明将时尚视为一种哲学传统和对都市生活经验的表达。近二十多年来，我们一直面临着一个矛盾，即流行形象具有“批判”的能力，有些时尚也会像艺术作品一样表情达意。这无疑是一种新关系的征兆。我们一直处于一个模糊难辨又无法想象的时刻里，并将其称为“当代”。然而就在这个永恒的当下中，无数个历史又以辩证形象的方式浮现。因此，当代时尚最具艺术性的地方在于用风格和灵感创造形象的栖身之所。这些形象是面向未来的，却也是历史关系的呈现。

后记

就在巴塞罗那市北部，沿着加泰罗尼亚海岸，坐落着可以俯瞰地中海的布港公墓（Cemetery of Port Bou）。白墙之间是本雅明的长眠之地。当阿伦特来找寻本雅明的墓地之时，她来到了“一生中见过最奇妙、最美丽的地方”（转引自 Taussig, 2006: 3）。这是阿伦特写给肖勒姆信件中的原话，后者是本雅明的好友，并在战后和阿多诺一起整理出版了本雅明的作品。1939 年，当纳粹逼近巴黎时，本雅明同许多知识分子和艺术家一样被迫离开巴黎，到美国寻求政治庇护。丽萨·菲特克（Lisa Fittko）夫妇帮助本雅明沿着西班牙边境的走私通道，经由蜿蜒的山路逃离。美国当局也在那里安排了船只接应本雅明。本雅明带着沉重的黑色公文包穿越比利牛斯山，但却拒绝轻装前行，因为包里装着他最重要的研究成果。本雅明对菲特克说：“我不能丢掉它，这里边是一份必须保存的手稿。”（Taussig, 2006: 9）然而，本雅明最终没能登上那艘船。当他得知需要签证才能离开法国的时候，由于害怕被德国盖世太保（German Gestapo）逮捕，本雅明吞下了一小瓶吗啡，自杀身亡了。他的死亡证明于 1940 年 9 月 27 日签发，上边的逝世年龄是 48 岁。法官记录下了他的个人物品：一只带链子的怀表、一本有西班牙签证的护照、若干美元、六张照片、一张巴黎身份证、一根琥珀烟斗、一副镍制的阅读眼镜，还有几份报纸和私人信件。没有手稿，没有公文包，也没有尸身。永远没有了。许多学者猜测，那份遗失的手稿可能是本雅明《拱廊计划》的完整版。也许吧，我们再也无法知道答案了。

参考文献

Baudelaire, C. (1954a) 'De L'Héroisme de la Vie Moderne' in Y.G. Dantec (ed), *Salon de 1846, CEuvres Complètes*, Paris: Pléiade.

—— (1954b) 'Le Beau, la Mode et le Bonheur' in Y.G. Dantec (ed), *Le Peintre de la Vie Moderne, CEuvres Complètes*, Paris: Pléiade.

—— (1954c) 'Le Public Moderne et la Photographie' in Y.G. Dantec (ed), *Salon de 1859, CEuvres Complètes*, Paris: Pléiade.

Benjamin, W. (1968) *Illuminations*, H. Zohn (trans), London: Fontana/Collins.

—— (1969) 'Das Paris des Second Empire bei Baudelaire' in *Charles Baudelaire: Ein Lyriker im Zeitalter des Hochkapitalismus*, Frankfurt am Main: Suhrkamp.

—— (1999 [1938]) *The Arcades Project*, H. Eiland and K. McLaughlin (trans), Cambridge, MA: Belknap of Harvard University Press.

—— (2006) 'Das Paris des Second Empire bei Baudelaire' in M. Jennings (ed), *Walter Benjamin, The Writer of Modern Life: Essays on Charles Baudelaire*, H. Eiland et al. (trans), Cambridge, MA: Belknap of Harvard University Press.

—— (2008) 'The Work of Art in the Age of its Technological Reproducibility' in M.W. Jennings, B. Doherty and Y.L. Thomas (eds), *The Work of Art in the Age of Its Technical Reproducibility and Other Writings on Media*, Cambridge, MA: Belknap of Harvard University Press.

—— (s.a.) 'Über den Begriff der Geschichte' in *Gesammelte Schriften*, Frankfurt: Suhrkamp.

Benjamin, W., Eiland, H., and Jennings, M.W. (eds) (2006) *Selected Writings, Volume 3: 1935-1938*, Boston, MA: Harvard University Press.

Buci-Glucksmann, C. (1994) *Baroque Reason: The Aesthetics of Modernity*, London: Sage.

Evans, C. (2003) *Fashion at the Edge: Spectacle, Modernity and Deathliness*, New Haven, CT and London: Yale University Press.

Karaminas, V. (2012) 'Image: Fashionscapes-Notes Toward an Understanding of Media Technologies and their Impact on Contemporary Fashion Imagery' in A. Geczy and V.

Karaminas (eds), *Fashion and Art*, London and New York: Bloomsbury.

Lehmann, U. (2000) *Tigersprung, Fashion in Modernity*, Cambridge, MA: MIT Press.

Markus, G. (2001) 'Walter Benjamin or: The Commodity as Phantasmagoria' in *New German Critique*, (83), Special Issue on Walter Benjamin.

Sheringham, M. (2006) *Everyday Life: Theories and Practices from Surrealism to the Present*, Oxford: Oxford University Press.

Steiner, U. (2010) *Walter Benjamin: An Introduction to his Work and Thought*, Michael Winkler (trans), Chicago: University of Chicago Press.

Taussig, M. (2006) *Walter Benjamin's Grave*, Chicago: University of Chicago Press.

Williams, R.H. (1982) *Dream Worlds: Mass Consumption in Late Nineteenth-Century France*, Berkeley: University of California Press.

Wilson, E. (2004) 'Magic Fashion' in *Fashion Theory: The Journal of Dress, Body and Culture*, 8 (4): 375-385.

6

MIKHAIL BAKHTIN

Fashioning the Grotesque Body

米哈伊尔・巴赫金

塑造怪诞身体

弗朗西斯卡・格拉纳塔
Francesca Granata

引言

苏联文学家、文学史家和理论家米哈伊尔・巴赫金（1895—1975）在 20 世纪 30 年代到 40 年代对 16 世纪法国作家弗朗索瓦・拉伯雷（François Rabelais）进行了研究，并在其著作《拉伯雷和他的世界》（*Rabelais and His World*）中把开放的集体身体狂欢描述为卓越超群的怪诞身体（grotesque body），以此反抗“官方文化的古典身体”——“一个彻底终结的、整全且有严格限制的身体。它在外部的注视下呈现出某种个体性”（Bakhtin, 1984[1965]: 320）[1]。巴赫金将“怪诞”（grotesque）理论化为一种逆转的现象和边界的破裂，后者尤指身体的边界。换言之，不断侵略、合并和超越边界构成巴赫金所谓“怪诞”的核心特征[2]：

> 怪诞的身体……是一个生成中的身体。它永远不会结束，也从未完成；它被不断地建立、创造，同时也参与创制了另一个身体……因此，怪诞形象的艺术逻辑摒弃了身体闭合、光滑且不可渗透的表面，仅仅留下身体的赘余（芽苞、花蕾）和腔孔，以超越身体的空间限制，或进入身体的深处。（Bakhtin, 1984[1965]: 317-318）

巴赫金单独讨论了晚期文艺复兴时代，即拉伯雷撰写《巨人传》（*Gargantua and Pantagruel*）的时期。在他看来，古典的身体模式正是在此时开始取代怪诞的身体（Bakhtin, 1984[1965]: 320）。“怪诞”一词的词源及其在视觉艺术中的应用证实了巴赫金的洞见。这个词来自意大利语 grotto（意为“洞穴”）。文艺复兴时期，罗马和意大利其他地区发掘出了一系列古代装饰画作，grotto 一词也开始得到应用。由于这些图像奇异荒诞，与古典雕像风格迥异，因而被谴责为

1　由于政治的原因，直至 1965 年《拉伯雷和他的世界》并没有在俄国出版。

2　许多学者都指出了边界对巴赫金怪诞理论的重要性。例如，Connelly（2003）以及 Stallybrass and White（1986）。

“亵渎比例、对称性和生动世界之忠实还原”的“怪异图案”（Kayser, 1963: 20）。事实上，这场古典身体和怪诞身体的“斗争”并不局限于视觉艺术的领域，人们在其他领域也可以看到端倪。其中就包括了所谓的“行为准则”。在巴赫金看来，“行为准则”其实是一种“封闭限制身体范围，并抹平身体突起”的努力。舞蹈的历史也证明了这一观点。当然，还有时尚。它为巴赫金提供了丰富的研究案例。在一个尾注中，巴赫金写道：“在时尚领域中追溯古典与怪诞的斗争是一件有趣的事。”（Bakhtin, 1984[1965]: 322-323）巴赫金著作正是在这个层面上深刻地影响了时尚研究。

时尚与身体的历史密切相关，并由此涉及行为、礼节以及健康和卫生的历史——这些特殊领域的身体规范都是历史协商的产物。时尚理论和历史学家卡罗琳·伊凡斯（Caroline Evans）也曾引用诺伯特·艾利亚斯（Norbert Elias）的观点，指出时尚是“‘文明化进程’的一部分”（Evans, 2003: 4）。众所周知，19 世纪的社会改革者们为了控制社会身体而特别强调穿衣打扮。时尚也由此成为他们牵制“教育”下等阶层、增强其自律和自控的工具（Purdy, 2004）。然而，时尚一直以来都在欧洲历史中饱受争议。人们曾经指责它模糊了阶级的界限（14 世纪开始的禁奢法由此而来）；如今则批评它不利于个人（尤其是女性）的健康，这在有关紧身胸衣的争论中尤其明显（Kunzle, 1982 ; Steele, 2001）。时至今日，时尚仍然是一个极为含混且变动不居的文化产物，并由此成为一个饱受争议的领域，循规蹈矩和离经叛道在此相互协商。

本章立足于巴赫金的理论，试图探究 20 世纪与 21 世纪之交的古典身体和怪诞身体在时尚领域的诸多实验。本章将首先介绍巴赫金著作在时尚领域的应用，并加以深入讨论。在具体案例分析的基础上，本章拟从历史和地理两个维度，将巴赫金的著作放入一个更大的理论和时尚研究脉络中，由此更好地理解其对于“怪诞”进行过度庆祝性解读（over-celebratory reading）的意义。

定位巴赫金

巴赫金的理论影响了诸多学科和研究领域，其中一些领域连巴赫金本人在有生之年都未曾涉足。尽管《拉伯雷和他的世界》一书主要关注文化史和文学批评，但也涉及艺术史、美学理论、性别研究、表演研究、电影研究、残障研究，以及许多其他内容。正如电影学者罗伯特·斯塔姆（Robert Stam）所说，巴赫金的广博源自他本人对边界、阈限和中间性的关注：

> 我们无法将巴赫金局限于某个他曾经涉足的领域。在我看来，巴赫金电影理论的“正确性”不仅是因为电影和媒介的特性，更源于巴赫金理论本身的跨学科迁移性。巴赫金自诩“边缘”（liminal）思想家，游走于各种传统学科建制的边界和交点之间。在巴赫金看来，最富有生机的跨学科关系产生于多元学科的彼此交叠，而非闭关自守。（Stam, 1989: 16-17）

巴赫金的理论也预示了后世思潮的动向。他的部分作品走在了后结构主义的前面，尤其是《陀斯妥耶夫斯基的诗学问题》（*The*

Problems of Dostoevsky's Poetics）和《对话的想象》（*The Dialogical Imagination*）中提出的对话理论（dialogism）。它是互文性概念之滥觞。在某种程度上，后者是文学理论家和精神分析学家茱莉亚·克里斯蒂娃 (Julia Kristeva）为了回应巴赫金的作品而提出的概念（Stam, 1989: 2）。与所谓的"互文性"类似，对话理论关注语言表达的对话本质，尤其强调文学文本（特别是小说）的开放性及其与其他文本在互动中呈现出来的多变的意义（Bakhtin, 1981[1975], 1984[1963]）。由此可见，对话理论实际上暗含了一个开放式的、不断发展的主体模式，但是巴赫金在生前并没有完善这一点。茱莉亚则捕捉到了这一要害，并发展出她所谓的"过程主体"（subject in process），即一个异质的、永远处在生成和质疑中的主体（Kristeva, 1984, 1987, 1991）。事实上，"过程主体"融合了拉康的主体理论和巴赫金对古典身体与怪诞身体的论述，克服了主体与客体的二元对立（Stallybrass and White, 1986: 175）。这一主体模式允许对自我的重新评估，以及对自我与他人关系的重绘，"是认同和差异的重构，但意指的过程却未因此崩溃"（Oliver, 1993: 12）。它与拉康在镜像阶段疏离的主体位置不同。后者在自我与他人之间造成了一种无法弥补的距离，这种距离被错误的认知所困扰（Stam, 1989: 6）。在这个意义上，克里斯蒂娃的"过程主体"更像是巴赫金的"怪诞身体"，即"一种永远处于生成中的身体"。在克里斯娃看来，"过程主体"也是一个开放的主体，它的边界无法被封闭，因此给母性身体（maternal body）留出了关键的位置。因此正如本章后文所述，克里斯蒂娃的主体性理论和巴赫金的著作一起，成为理解时尚、

恐女症（gynophobia）和母性身体的关键[1]。

《拉伯雷和他的世界》一书对欧洲狂欢传统的叙述，及其对“倒置”（inversions）的强调，激发了后世文化人类学理念，尤其是符号人类学的发展（Stam, 1989: 2）。该书在大众文化的挽救中预言了现代性对启蒙传统和西方科学理性的质疑，印证了巴赫金论及狂欢和怪诞时，“边缘的、非中心的、偶然的、非官方的”话语（Gardiner and Bell, 1998: 2）[2]。然而，巴赫金的很多论述都要早于各个学科的建立，这也意味着他的理论需要适当的限定。这一点在人们对狂欢节和狂欢文化表现形式的革命潜力进行“过度庆祝性讨论”时显得尤为明显。在某种程度上，巴赫金思想的陷阱不仅是因为其著作写定的特殊历史时刻，也应当归因于他所处的特殊政治环境：20 世纪 30—40 年代，斯大林时期的苏联。

除此以外，巴赫金的著作，尤其是《拉伯雷和他的世界》，还倾向于不加批判地将女性身体和怪诞联系在一起，存在着将二者联系自然化的风险（Russo, 1995: 63）。就身体、女性和装饰的关系而言，时尚研究本身就是应用巴赫金理论的首选领域。不仅如此，通过这些理论与性别研究以及视觉和物质文化的紧密联系，我们也可以对巴赫金的作品本身展开一定的反思。

1　我在此使用了“gynophobia”（恐女症）一词，而非更常用的“misogyny”（厌女症），因为前者更精确地表达了对母性的恐惧，其前缀“gyno”来自希腊文“gyne”，意为“女性”，常与英语中有关女性的词联系在一起。不仅如此，“gynophobia”的使用更灵活。它在理论层面被理解为允许妇女发挥更大的作用，并暗含对女性和母亲的恐惧。这种恐惧可以被任意性别和性取向的人体验到。关于这一术语的讨论，详见 Apter（1998: 102-122）。

2　众多学者指出了巴赫金思想的前瞻性，他的许多讨论甚至与后现代息息相关。详见 White（1987 -1988: 217-221）; Hutcheon（1989: 87-103）以及Fiske（1991: 92-93）。

巴赫金和时尚研究

尽管巴赫金的理论在时装研究中有着丰富的应用前景，但目前只有少数几篇文章在时尚研究中提到了巴赫金式的怪诞，而且这些文章往往关注时尚与影视研究。时尚理论家帕特里夏·克雷费托（Patrizia Calefato）在她的文章《时尚与怪诞的风格之间》（*Style and Styles between Fashion and the Grotesque*）中运用了巴赫金的怪诞理论来解读一系列亚文化风格（以电影为主要的媒介）。她结合了巴赫金和罗兰·巴特（Roland Barthes）（见第 8 章）的洞见，探究怪诞是如何“消解话语并揭示其符号地位”的（Calefato, 2004: 30）。德克·金特（Dirk Gindt）也运用了巴赫金的理论，分析了亚历山大·麦昆（Alexander McQueen）和尼克·奈特（Nick Knight）等人的设计合作（Gindt, 2011）。此外，洛林·加曼（Lorraine Gamman）也在其《视觉诱惑与反常顺从：论食物幻想、大胃口与“怪诞”身体》（*Visual Seduction and Perverse Compliance: Reviewing Food Fantasies, Large Appetites and 'Grotesque' Bodies*）一文中提到了巴赫金怪诞理论的时尚解读。该文被收录于《时尚文化》（*Fashion Cultures*）一书，并且结合了女性主义文学研究者玛丽·鲁索（Mary Russo）关于怪诞的论述。在此基础上，该文精妙地指出，“时尚怪诞”[在文章中主要指凡妮莎·菲兹（Vanessa Feltz）超重的电视形象] 反映了“女性气质的压抑”，并且被用来“维持一个理想的女性气质规范”（Gamman, 2000: 75）。

正如加曼的文章所述，巴赫金的“怪诞”与女性主义之间的关系是存在争议的。事实上，巴赫金所谓的“怪诞身体”已经被女性主义理论据为己用，它既是鲁索所谓的“加诸女性的文化政治”，也是鲁索和加曼指出的，对限制身体（尤其是女性的身体）之陈规习俗的背叛（Russo, 1995: 54）。由此，巴赫金对“怪诞”和“狂欢”的理解与女性主义之间产生了某种紧张的关系，部分的原因在于拉伯雷的《巨人传》本身就是一个充满争议的文本[1]。“怪诞”的性别差异已经在鲁索的《女性的怪诞》（*The Female Grotesque*）中得到了详论。如其标题所示，该书的主题是女性主义解读，它揭示并澄清了怪诞的许多方面，而这些方面在巴赫金看来理所当然。鲁索认为，巴赫金在长期探讨怪诞与女性身体之关系的过程中，一直在思考这种联系的恐女症谱系。然而，巴赫金在强调怪诞积极意义的同时，却并没有揭示其恐女症内涵，而是止步于将这些联系自然化：

> 巴赫金跟许多19世纪和20世纪的社会理论学家一样，没有意识到其身体政治的符号模式中存在着某种性别社会关系，因此所谓的“女性的怪诞”在巴赫金本人的理论中并没有发展起来。（Russo, 1995: 63）

尽管我承认，对女性或者少数族裔来说，“怪诞身体”带有某种风险，因为他们的身体都已经被打上了“怪诞”的标签，但我仍然认为，将

1　关于反女权主义者对拉伯雷作品，乃至巴赫金的批判，详见韦恩·布斯（Wayne Booth）的《阐释的自由：巴赫金和女性主义批评的挑战》（*Freedom of Interpretation: Bakhtin and the Challenge of Feminist Criticism*）（1982: 45-76）；理查德·博隆（Richard M. Berrong）的《拉伯雷著作中的反女权主义，兼论韦恩·布斯对伦理批评的呼唤》（*Finding Anti-Feminism in Rabelais or, A Response to Wayne Booth's Call for an Ethical Criticism*）（1985: 687-697）。

巴赫金的理论应用于时尚研究，正好可以开启并重估“怪诞”的可能性。在这个领域中，巴赫金的“怪诞”对理解循规蹈矩和离经叛道的协商来说尤为重要。

巴赫金、时尚和无拘无束的身体

巴赫金的理论在分析那些质疑身体规范、探索身体边界的时尚从业者时，具有很强的解释力。我在别的文章中也提到，时尚对身体边界和“无拘束的身体”（bodies-out-of-bound）之探索其实是在女性主义和艾滋病流行的背景下产生的，它勃兴于 20 世纪 80 年代（Granata, 2010: 149-150）。彼时对身体边界的高度重视和监管，正好为巴赫金的怪诞理论在时尚中的应用和研究提供了土壤。

在 20 世纪 80—90 年代的时尚行业里，出现了一批先驱者，他们用自己的作品探索 20 世纪女性身体的新形象和新理念。例如，旅居巴黎的日本设计师川久保玲（Rei Kawakubo）创办了设计品牌 Comme des Garçons（意为“像男孩一样”）。英国设计师乔治娜·戈德里（Georgina Godley）和艺术家雷夫·波维瑞（Leigh Bowery）也在此列。川久保玲、戈德里和波维瑞在 20 世纪 80 年代的设计风潮影响下，使用了大量衬垫和超大尺码的设计；但另一方面也创造了一种新的形象以颠覆 20 世纪 80 年代的主流风潮。事实上，他们三人都成功探索了母性身体的轮廓，而这一身体一直被 20 世纪的时尚设计所压抑。

早在 20 世纪 80 年代中期，乔治娜·戈德里就在服饰的臀部、大腿和腹部增加了衬垫，激进地改变了女性的身体轮廓。正如艺术批评家马吕希亚·卡萨迪奥（Mariuccia Casadio）所说："（戈德里的）服饰用独特的衬垫设计，改变并突出了女性腹部、臀部的外形和体积。"其 1986/1987 秋冬系列"肿块"（Bump and Lump）的设计灵感来自：

> 医学、科学、骨科和妇科领域，应用了一系列材料来支撑身体的特殊部位。这种"临床医学"的美学成为她设计新轮廓的起点，为服饰设计带来了前所未有的变异。（Casadio, 2004: 344）

戈德里自己也承认，这一系列设计直接反抗了理想的时尚身体，尤其是 20 世纪 80 年代健美、阳刚、节制的身材理想。在戈德里看来，这种理想是通过一系列自我控制（例节食、健身、整形手术）和时尚潮流，尤其是西服套装（powersuit）的合谋才得以实现的[1]。

川久保玲在其 1997 春夏系列"身体遇见服饰"（Body Meets Dress）中，用臀部、背部和腹部的凸起深刻地改变了女性的身体轮廓，呈现了类似怀孕的身体。该系列由许多无袖的长裙、衬衫和裙子组成，采用了可拉伸的光滑尼龙布料，并将衬垫精心缝入其中。川久保玲的设计质疑了有关女性美的假设，探索了西方语境下性感和怪诞的真实含义。然而这种努力还是很难被主流时尚界接收和消化。尽管一些媒体（尤其是艺术杂志和新闻记者）大力称颂川久保玲的作品，但时尚界还是对此有所保留。*Vogue* 和 *Elle* 杂志都向川久保玲隐晦地提出过

1　关于西服套装，详见 Entwistle（1997: 311-323）。

批评。他们在照片中去掉了 Comme des Garçons 的衬垫设计，并由此打消了部分顾客大胆尝试的念头[1]。人们的抵制进一步证明了一个事实：即便在巴黎时装秀这样的场合里，呈现一个怀孕的身体也仍然是犯忌的。女权主义哲学家凯利·奥利弗（Kelly Oliver）写到，怀孕的身体直到新世纪才在当代视觉文化中变得迷人，尽管这种认可的实现有赖于好莱坞的明星文化，而非高端时尚（Oliver, 2012: 22）。其中，1991 年《名利场》（*Vanity Fair*）的杂志封面便是一个著名的先例。那是一张黛米·摩尔（Demi Moore）怀孕后的裸照。这张照片在今天的眼光看来已经不足为奇了，但在当时引起了巨大的争议。

此外，波维瑞也一直在探索身体的边界。他常常用衬垫突出腹部，使其变得异常扎眼。这一尝试反抗了人们对于腹部的普遍压抑。从更大的层面上说，他超大尺寸的身体设计与 20 世纪 80 年代城市同性恋文化所强调的健美身体（toned body）背道而驰。波维瑞在 20 世纪 80 年代后期的一些经典作品不仅是对母性身体的建构，也受到了变形金刚有关书籍的影响。而他对人类身体变形的兴趣也印证了这一点。波维瑞对怀孕身体的一系列设计尝试在 1993 年的假发嘉年华（Wigstock）中达到了巅峰。这是纽约汤普金斯广场（Tompkins Square）的年度盛会，彼时的波维瑞与 Minty 乐队联手进行了一场乐队演出。在这场表演中，身穿女装的波维瑞将他的妻子藏在孕肚装里，并在台上把她“生”了下来。波维瑞的临盆表演将母性身体的图像和威胁外化了，并在视觉层面展示了西方对母性身体的争议性认识。评

1　有关这一系列设计的接受情况，详见 Evans（2002-2003: 82-83）和 Yaeger（1997）。

论家希尔顿·艾尔斯（Hilton Als）在《纽约客》（*New Yorker*）上发表了精妙的评论，他认为波维瑞的表演并没有呈现出反串文化（drag culture）对妇女性（womanhood）的超越企图，（Als, 1998: 8-84）。事实上，临盆的过程也是一个体液交换的过程，因此波维瑞的表演将孕妇和同性恋一道置于怪诞和具有免疫争议的身体之中，这与他所处的时代背景密切相关。1994 年，波维瑞本人也因为感染艾滋病而与世长辞。

只有透过巴赫金怪诞理论的棱镜，我们才能充分体会到这些设计师究竟在多大程度上质疑了身体边界的划分和主体的完整性。他们的设计是对身体规范的背离，呈现了怀孕的身体和临盆的过程。戈德里、波维瑞和川久保玲重新审视了怪诞、女性气质和母性之间的关系，创造了一系列挑战封闭身体的作品，颠覆了 20 世纪的主流时尚。后者实际上是巴赫金意义上的古典身体模式，反映了主导西方思想和再现传统的恐女症。

根据巴赫金的理论，怪诞身体是一个生成中的身体，它永远处在变化之中。20 世纪的时尚身体则恰恰是巴赫金所谓官方文化的“古典身体”：

> （古典身体是）一个完结的产物，它自绝于其他身体。所有未完成的特性，乃至身体成长和繁衍的可能都被抹消了；凸起的枝叶被剪除，粗糙的表面被抹平……张开的腔孔被封闭。身体变化的天性永远藏于晦暗。受精、怀孕、临盆、垂死都不复存在。身体所反映的年龄总是远离坟墓和子宫……身体的整全性和自足的个体性变

成了一切的重点。

由此，巴赫金断言："很明显，从这些经典（此处指古典）的角度看，怪诞现实主义的身体是隐晦且无形的。它不符合文艺复兴所建构的'美的审美'框架。"（Bakhtin, 1984[1965]: 9）

在这个意义上，巴赫金对"怪诞"的理解和克里斯蒂娃主体论述中的"母性"联系了起来。克里斯蒂娃认为，母性是过程主体的一种模式，它是一个边界开放的主体，因为母性主体本身就孕育着另一个主体。因此，它反映了"一种话语模式"，并且与精神分析和诗学语言一道"接受，甚至欢迎自身内部的异己之物"。它允许"社会界限的重新划分"，也接纳自我和社会内部的变化（Oliver, 1993: 11-12）。[1]

克里斯蒂娃将母性主体理解为过程主体的一种模式，这一观点与后来的一些科学论述彼此印证。人类学家艾米莉·马丁（Emily Martin）认为怀孕是一种跨越边界的行为，它超越了当前个体化的免疫学模型。在自己的体内孕育另一个人的行为造成了免疫学上的困扰，因为怀孕者兼具"自我"和免疫学上的"他者"（Martin, 1998: 126）。这一现象质疑了免疫的战争隐喻，即身体对外来侵犯者和自身肿瘤的抹杀："从免疫学的角度看，胎儿与'肿瘤'类似，妇女的身体本应对其展开全方位的攻击"（Martin, 1998: 131）。根据马丁的说法，这一现象也被视为出生过程的病理学。有趣的是，川久保玲的凸起的

1　克里斯蒂娃在《圣母悼歌》（*Stabat Mater*）中，将母性作为过程主体的一个例子加以讨论。该文原版付梓于 1977 年。正是在这篇文章中，克里斯蒂娃根据对母性的新理解，发展出了一套新的伦理理论，即"herethic"。《我们自己的陌生人》（*Strangers to Ourselves*）一书也阐释了这一观点，认为自我接受其实是一个"瓦解"（disintegrated）的过程（这里再一次提到了"过程主体"的概念），也正是这一过程让我们能接受彼此（Kristeva, 1991）。

服饰设计也常常被人贬损为“肿瘤”。

因此，巴赫金的理论经由女性主义理论和科学研究的改造，被纳入了一种主体性的理论之中，母性身体的重新书写也由此展开。从时尚历史的角度看，身体和主体从此背离了古典美的标准和原子化的主体认识。

时尚、狂欢和倒置

巴赫金的理论也激发了人们对幽默和时尚之间关系的探索，这种关系到目前为止还没有得到充分的研究。在《拉伯雷和他的世界》中，巴赫金提出了“狂欢化”（carnivalesque）的概念和所谓“笑”的核心，开启了上述研究领域的可能性。反过来说，时尚也可以帮助我们审视巴赫金的著作，反思将巴赫金关于狂欢和狂欢化实践的论述倒果为因地解释为政治进步的过度庆祝性解读[1]。时尚研究将巴赫金的狂欢理论置入了视觉和物质文化的语境。它将巴赫金的观点锚定在明确的时空、对象和表演之中，与巴赫金常用的非语境化术语截然相反。

巴赫金关于“倒置”的论述为20世纪80年代和90年代的时尚“解构”（deconstruction）留下了解读的余地。在这个标签下，时尚得以使用狂欢和怪诞元素，并能被解读为幽默。设计师马丁·马吉拉（Martin Margiela）便是其中的佼佼者，“倒置”一词简直是为他量身

1 相关论述详见 Eagleton（1981）和 Eco（1984）。

图 6.1 马丁·马吉拉，加长系列（Enlarged Collection），2000/2001 秋冬，马丁·马吉拉时装屋供图

定制的（Cunningham, 1989: 246）。[1] 这位比利时设计师运用怪诞和狂欢的策略，改变服饰的尺寸、功能、时序，实现服饰的倒置。他的设计不在意对称，也无视比例。例如一系列超大尺码的时装（2000 春夏系列、2000/2001 秋冬系列、2001 春夏系列），还有加长版的芭比娃娃服（1999 春夏系列、1994/1995 秋冬系列、1995 春夏系列）。所有的设计都运用了夸张的比例，与西方的经典美学和身体风尚背道而驰。不仅如此，马吉拉创造性的服饰结构技术使得身体某一部分的

1 关于“解构”一词在时尚领域中的使用（包括大众刊物和学术文章）及其具体探讨，详见 Granata (2013: 182-198)。

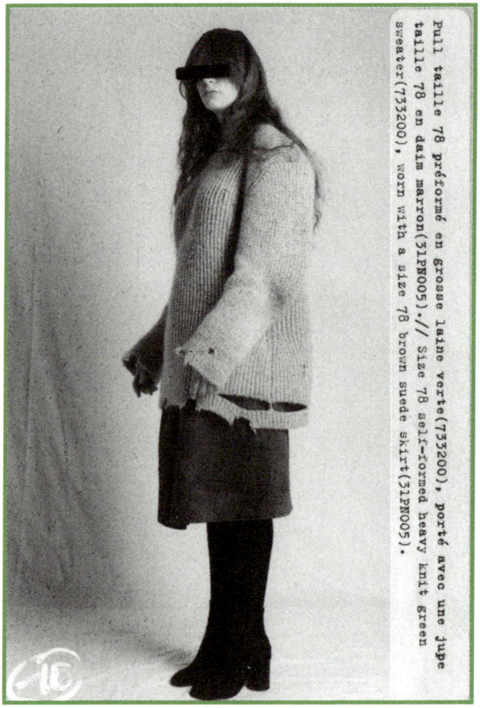
Pull taille 78 préformé en grosse laine verte(733200), porté avec une jupe
taille 78 en daim marron(31PN005).// Size 78 self-formed heavy knit green
sweater(733200), worn with a size 78 brown suede skirt(31PN005).

图 6.2 马丁·马吉拉，玩偶服放大系列（Magnified, Doll Clothes Collection），1999 春夏，马丁·马吉拉时装屋供图

服饰可以被用来遮掩身体的另一部分，又或者被用来揭露服饰的内部结构，呈现了倒置、嘲弄和夸张等狂欢化技巧，抓住了狂欢的幽默与狂欢参与者服装的核心本质：

> 这就是为什么狂欢化的图像中有那么多转身，那么多对立的面庞和那么多刻意的夸张。以上种种都可以从狂欢参与者的服装上发现端倪。男士穿得像女士，反之亦然；服饰的内部被翻过来穿在外边；外套也变成了内衣。连 14 世纪早期的一次狂欢会都这样描述参与者："他们把所有衣服反过来穿。" [Bakhtin, 1984(1965): 410-11]

这些幽默的倒置源于求新求变的精神和等级制度的骤然断裂，它在“中世纪和文艺复兴时期丰富的大众节日”中不断上演，并被巴赫金概括为狂欢（Bakhtin, 1984[1965]: 218）。在将这个颠倒的世界理论化的过程中，巴赫金的著作呼应了一部分文化人类学者，尤其是“符号人类学”这一脉对文化否定（cultural negations）和符号倒置（symbolic inversions）的关注。此外，正如斯坦利布拉斯（Stallybrass）和怀特（White）所说，文化人类学在实际的历史狂欢之外，赋予了巴赫金理论以更广泛的艺术和文化内涵（Stallybrass and White, 1986: 18）。文化人类学家芭芭拉·巴布科克（Barbara Babcock）在《可逆的世界：艺术和社会的符号学倒置》（*The Reversible World: Symbolic Inversion on Art and Society*）中指出，“‘符号倒置’也许可以被视为一种广泛的表达行为，它颠倒、反驳、废除，或以某种方式替代原有的普遍文化准则、价值观和规范，包括语言、文学、艺术、宗教、社会和政治”（Babcock, 1978: 14）。符号倒置的这一定义也反映在日常的说法之中，指的是“一种上下颠倒”或“一种有关位置、次序或关系的倒转”（*Oxford English Dictionary,* 1991）。

因此，正如巴赫金所说，颠倒是诸多幽默表达的核心，是一种文化否定的实践（Bakhtin, 1984 [1965]: 410）。在其对体制秩序的否定、嘲弄，以及对古典体系范畴的破坏中，它变成了对封闭符号系统和僵化范畴的一种批判：“这种由笑产生的‘混乱’（topsyturvydom）本质上是一场攻击。它攻击一切约束，反对封闭的系统，颠覆‘有序现象和完美自足之个性的不可颠覆性'"（Babcock, 1978: 17）[1]。文化人类学回应了巴赫金的理论，强调倒置技巧的解放功能——用巴赫金的话来说就是"狂欢化"实践——以及由此产生的"笑"。在巴赫金看来，"节庆的笑"（Festive Laughter）带来了对世界的辩证认识，揭示了普遍真理和正统之下的另一个世界。正是透过幽默之棱镜，对这个世界的不同认识才成为可能（尽管只是暂时的）。在这个镜头里，现存的等级秩序变得不再绝对，对另一种社会秩序的静思成为可能。从这个角度看，马吉拉的时尚实验可以被理解成一个用幽默进行颠覆的时刻（尽管这个时刻本身也是有限的）。

当然，这种探索不必局限于马吉拉的作品。这些理论同样可以被应用到别的时装设计师、摄影师和其他时尚从业者身上，他们在作品中探索幽默和倒置。巴赫金的著作本身就可以被用来恰切地解读许多时尚从业者的作品，诸如比利时设计师华特·范·贝伦东克（Walter van Beirendonck），在巴黎的德国设计师本哈德·威荷姆（Bernhard Willhelm），还有前文提到的雷夫·波维瑞，后者用倒置、降格和堕落的策略探索身体的幽默（Granata, 2008, 2009）。此外，维果罗夫（Viktor & Rolf）的设计也强调倒置和喜剧元素（Evans and Frankel, 2008），他们2006年的"颠倒"（Upside-Down）春夏系列设计在呈现和结构上都做了狂欢化倒置的尝试。这一主题在他们米兰的第一家品牌店中得到了进一步探索。店内所有的家具和人体模型都被安置在天花板上，构成了一次彻底的倒置。流行音乐表演者 Lady Gaga 接受

1 巴布科克在这里引用了亨利·柏格森（Henri Bergson）的名篇《笑》（*Laughter*）（Bergson, 1966）。

了许多时尚设计师在这一路径的探索成果。在与造型师尼古拉·弗米切蒂（Nicola Formichetti）的合作中，她总是用自己的演出服装进行怪诞的经典探索，其中最著名的例子便是她多次穿着的“肉裙”（meat dress）。

结语：进一步的建议

本章讨论了巴赫金的理论在时尚领域中的应用——尤其是当代和不久之前的时尚实验——以及时尚研究对巴赫金思想的延伸和澄清。本章无法穷尽巴赫金的理论在历史和跨文化层面上的诸多应用。他的著作对研究时尚史上的各种行为和服饰都具有重要意义。巴赫金本人尤其关注文艺复兴时期的时尚。在他看来，那是一个急剧变化的时代。无论是身体规范，还是行为准则都经历着重大革新。除此以外，巴赫金理论的又一恰切应用就是对混合文化形式和身份的研究，这可以在时尚和表演的重叠中观察到。例如，当我在讲授巴赫金和时尚的相关课程时，加勒比和巴西这类混合文化空间中的狂欢服饰和狂欢表演迅速引起了学生们的注意[1]。在我的研究生研讨课上，另一个常见的话题是巴赫金的思想如何为时尚界对肥胖身体的重新书写开辟了空间，进而指出了时尚研究和肥胖研究（fat studies）之间的重要联系[2]。

---

1 关于南美和加勒比的狂欢节与巴赫金理论之间的关系，已经在其他的文化实践中有过一些讨论。例如罗伯特·斯塔姆的《食人族与狂欢节》（*Of Cannibals and Carnivals*, 1989）就将巴西电影置于这一关系中进行考察。

2 关于肥胖研究的介绍，详见 Rothblum and Solovay (2009)。在研讨课上，我的学生劳伦·彼得斯·唐宁（Lauren Peters Downing）运用巴赫金的理论，探讨了时尚研究和肥胖研究的关联，其论文发表在《时尚理论》（*Fashion Theory*）上。

在对身体边界的研究中，巴赫金也指出了医学史和时尚史之间的交叠，以及这两种强有力的话语是如何建构身体，并将其视觉化的。正如我在文章开篇所说，巴赫金的思想也可以被应用于医学、时尚和身体边界的探索。这是对身体、医学器械和服饰之间变化边界的历史性解读，也是关于时尚、生物医学和免疫学的跨学科研究。

总而言之，巴赫金的著作，尤其是在《拉伯雷和他的世界》中对怪诞和古典规范的论述，为我们审视时尚在维护习俗中的独特地位提供了工具；同时也悖谬地成为我们超越、颠覆和背叛规约的载体，用巴赫金的话来说就是理想习俗的狂欢化。正如巴赫金自己所承认的那样，由于时尚与身体行为准则有着千丝万缕的联系，所以时尚研究也是他理论应用的核心领域。根据上文所述，时尚研究在视觉和物质文化的语境中，将巴赫金的著作置于跨学科的视野下，并使之进入众多关于身体和主体的研究脉络（例如性别研究、酷儿理论、残障研究、肥胖研究）。在这个意义上，时尚研究能够使我们更好地澄清和发展巴赫金的理论。

参考文献

Als, H. (30 March 1998) ‘Life as a Look’ in *The New Yorker*, 74 (6): 82-86.

Apter, E. (1998) ‘Reflections on Gynophobia’ in M. Merk et al.(ed), *Coming Out of Feminism*, Oxford: Blackwell Publishing.

Babcock, B.A. (ed) (1978) *The Reversible World: Symbolic Inversion in Art and Society*, Ithaca, NY: Cornell University Press.

Bakhtin, M. (1981 [1975]) *The Dialogical Imagination*, C. Emerson and M. Holquist (trans), Austin: University of Texas Press.

—— (1984 [1963]) *The Problems of Dostoyevsky's Poetics*, C. Emerson (trans), Minneapolis: University of Minnesota Press.

—— (1984 [1965]) *Rabelais and His World*, H. Iswolsky (trans), Bloomington: Indiana University Press.

Bergson, H. (1966) 'Laughter' in W. Sypher (ed), *Comedy*, New York: Doubleday Anchor Books.

Berrong, R.M. (1985) 'Finding Anti-Feminism in Rabelais: or, A Response to Wayne Booth's Call for an Ethical Criticism' in *Critical Inquiry*, 11 (4): 687-696.

Booth, W. (1982) 'Freedom of Interpretation: Bakhtin and the Challenge of Feminist Criticism' in *Critical Inquiry*, 9 (1): 45-76.

Calefato, P. (2004) 'Style and Styles between Fashion and the Grotesque' in *The Clothed Body*, Oxford: Berg.

Casadio, M. (2004) 'Georgina Godley' in M.L. Frisa and S. Tonchi (eds), *Excess: Fashion and the Underground in the 80s*, Milan: Charta.

Connelly, F. (ed)(2003) *Modern Art and the Grotesque*, Cambridge: Cambridge University Press.

Cunningham, B. (September 1989) 'The Collections' in *Details*.

Eagleton, T. (1981) *Criticism and Ideology: A Study in Marxist Literary Theory*, London: New Left Books.

Eco, U. (1984) 'Frames of Comic Freedom' in U. Eco, V.V. Ivanov and M. Rector, *Carnival!*, New York: Mouton Publishers.

Elias, N. (1994 [1939]) *The Civilizing Process*, Oxford: Blackwell.

Entwistle, J. (1997) '" Power Dressing" and the Construction of the Career Woman' in M. Nava et al.(ed), *Buy this Book: Studies in Advertising and Consumption*, London: Routledge.

Evans, C. (2002-2003) '"Dress becomes Body becomes Dress": Are you an Object or a Subject?' in *032c Magazine*, 4: 82-83.

—— (2003) *Fashion at the Edge: Spectacle, Modernity, and Deathliness*, New Haven, CT: Yale University Press.

—— and Frankel, A. (2008) *The House of Viktor & Rolf*, London: Merrell and the Barbican Gallery.

Fiske, J. (1991) 'Offensive Bodies and Carnival Pleasures' in *Understanding Popular Culture*, London: Routledge.

Gamman, L. (2000) 'Visual Seduction and Perverse Compliance: Reviewing Food

Fantasies, Large Appetites and "Grotesque" Bodies' in S. Bruzzi and P. Church Gibson (eds), *Fashion Cultures: Theories, Explorations and Analysis*, London: Routledge.

Gardiner, M. and Mayerfeld Bell, M. (eds) (1998) *Bakhtin and the Human Sciences*, London: Sage.

Gindt, D. (2011) 'Björk' Creative Collaborations with the World of Fashion' in *Fashion Theory*, 15 (4): 425-450.

Granata, F. (2008) 'Fashion of Inversions: The Grotesque and the Carnivalesque in Contemporary Belgian Fashion' in *Modus Operandi: State of Affairs in Current Research on Belgian Fashion*, Antwerp: ModeMuseum.

—— (2009) 'Fashioning the Grotesque' in F. Granata, H. Ingeborg and S. van der Zijpp, *Bernhard Willhelm and Jutta Kraus*, Amsterdam: NAI Publishers.

—— (2010) *The Bakhtinian Grotesque in Fashion at the Turn of the Twenty-First Century* [PhD Thesis], London: University of the Arts.

—— (2013) 'Deconstruction Fashion: Carnival and the Grotesque' in *The Journal of Design History*, 26 (2): 182-198.

Hutcheon, L. (1989) 'Modern Parody and Bakhtin' in G.S. Morson and C. Emerson (eds), *Rethinking Bakhtin: Extensions and Challenges*, Evanston, IL: Northwestern University Press.

Kayser, W. (1963) *The Grotesque in Art and Literature*, Bloomington: Indiana University Press.

Kristeva, J. (1984) *Revolution in Poetic Language*, M. Waller (trans), New York: Columbia University Press.

—— (1987) *Tales of Love*, L.S. Roudiez (trans), New York: Columbia University Press.

—— (1991) *Strangers to Ourselves*, L.S. Roudiez (trans), New York: Columbia University Press.

Kunzle, D. (1982) *Fashion and Fetishism: A Social History of the Corset, Tight-Lacing, and other Forms of Body Sculpture in the West*, Totowo, NJ: Rowman and Littlefield Publishers.

Martin, E. (1998) 'The Fetus as Intruder: Mother's Bodies and Medical Metaphors' in R. Davis-Floyd and J. Dumit (eds), *Cyborg Babies: From Techno-sex to Techno-tots*, New York: Routledge.

Oliver, K. (1993) *Reading Kristeva: Unravelling the Double-Bind*, Bloomington: Indiana University Press.

—— (2012) *Knock Me Up, Knock Me Down: Images of Pregnancy in Hollywood Films*, New York: Columbia University Press.

Purdy, D.L. (ed) (2004) *The Rise of Fashion*, Minneapolis: University of Minnesota Press.

Rothblum, E. and Solovay, S. (ed) (2009) *The Fat Studies Reader*, New York: New York University Press.

Russo, M. (1995) *The Female Grotesque: Risk, Excess, and Modernity*, New York: Routledge.

Stallybrass, P. and White, A. (1986) *The Politics and Poetics of Transgression*, Ithaca, NY: Cornell University Press.

Stam, R. (1989) *Subversive Pleasures: Bakhtin, Cultural Criticism, and Film*, Baltimore, MD: Johns Hopkins University Press.

Steele, V. (2001) *The Corset: A Cultural History*, New Haven, CT: Yale University Press.

White, A. (1987-1988) 'The Struggle Over Bakhtin: Fraternal Reply to Robert Young' in *Cultural Critique*, (8): 217-241.

Yaeger, L. (1 April 1997) 'Material World: Padded Sell' in *The Village Voice*.

7

MAURICE MERLEAU-PONTY

The Corporeal Experience of Fashion

莫里斯·梅洛-庞蒂

时尚的身体经验

卢埃琳·内格林
Llewellyn Negrin

引言

时尚是为了穿着而设计的，因此与身体有着千丝万缕的联系。然而直到现在，很多时尚研究仍然只将其视为一种“文本”，并进行符号学解读；又或者从美学形式的层面分析其形象。这些路径都忽略了时尚是一种触觉或具身（embodied）形式的事实。换言之，时尚一直被当作一种纯粹的视觉现象，并且无视身体与服饰的天然互动。因此，时尚不仅是具体“外观”的创造，更是身体在空间中的行为举止。服装的意义不只在于符号和美感的传达，更是某种身体行为模式的生产。

本章聚焦于莫里斯·梅洛－庞蒂（1908—1961）的现象学。这一理论强调我们对世界经验的具身本质，并且可以被运用于时尚领域。梅洛－庞蒂现象学的核心是对身体的认识。在他看来，身体并非外在刺激的被动接受者，而是我们体验世界的媒介。我们的身体并不是独立于头脑之外且没有行动力的客观存在，而是我们认识世界和表达自我的手段。因此本章认为，梅洛－庞蒂的现象学为我们提供了时尚研究的理论工具，揭示了时尚不仅是一种美学或符号现象，更是一种体感经验。

梅洛-庞蒂的具身存在理论

法国哲学家梅洛－庞蒂在 20 世纪 40—50 年代的一系列主要著作中提出并完善了具身存在（embodied existence）理论。这些著作包括《知觉现象学》（*The Phenomenology of Perception*）、《知觉的首要地位》（*The Primacy of Perception*）、《世界的散文》（*The Prose of the World*）和《可见者与不可见者》（*The Visible and the Invisible*）。在埃德蒙德·胡塞尔（Edmund Husserl）和马丁·海德格尔（Martin Heidegger）的现象学，以及让－保罗·萨特（Jean-Paul Sartre）的存在主义的基础上，梅洛－庞蒂认为身体是我们认识世界的主要场所，它将我们对世界的经验锚定在我们对世界的参与之中。由此，梅洛－

庞蒂试图对抗西方哲学传统的支柱：身心二元论。

在梅洛 - 庞蒂看来，把身体设想成一个外在于我们自身的东西，并且像评价别的事物一样评价身体，从根本上来说就是错误的。毕竟身体跟别的事物不同，我们与它无法分离。事实上，身体是我们认识和体验这个世界的媒介，它们是我们在世存在（being-in-the-world）不可分割的一部分。我们之所以会认为自己能够从某种外部视角审视自己的身体，完全是基于一个错误的前提，即心灵可以和身体分离。但是，心灵不从遵循笛卡尔式的二元论而独立存在，它常常、并且已经被具身化了。我们从来都栖居于身体之中。正如梅洛 - 庞蒂所说：

> 知觉的心灵是一个肉身化（incarnated）的心灵。我试图……重建心灵在身体和世界中的根基，反对将感知简单地理解为身体对外部活动的反应，也反对意识的自主性。（Merleau-Ponty，1964: 3-4）

梅洛 - 庞蒂认为，我们与世界的接触并不基于笛卡尔“我思”（cogito）式的纯粹精神建构，也不仰赖于康德式理想主义的先验框架，而是通过实践知识的隐微形式得以实现的。这种实践知识总是寓于惯常的身体图式（habitual bodily schemas）。换言之，正是这些植根于我们肉身存在中的实用知识形式，指引着我们与世界的互动。心灵存在于我们的身体之中，身体图式左右着我们对世界的认识。因此，身体并非“世界上的一个客观物体”而是“我们对这个世界的认识”（Merleau-Ponty, 1964: 5）。外部刺激并非以因果的形式机械地作用于身体，而是积极地与行为习惯相周旋。尽管我们有时会在某种程度上意识到这些，但是这一过程通常是无意识且理所当然的，它奠定了我们主动面对这个世界的基础。

诚然，我们在照镜子的时候会用一种更为自觉的方式评价自我，但即便是镜子中的自我形象也从未完全与我们的体感经验相分离。事实上，我们的视觉和触觉从来都是相互纠缠的。为此，梅洛－庞蒂写道：

> 镜子里的自我形象令我想起了原初的身体，它不在事物之间，而在我自己之内，是我所见之物……阻止它成为外物的原因正是外物的存在……身体并非外物，而是我们与外物交流的手段。它潜藏于我们所有经验和它自身的存在之中，并且位于我们的每一次思索之前。（Merleau-Ponty, 1962: 91-92）

因此，我们永远不可能脱离自己的身体，并将其视为外物。我们对自己身体的认识不仅取决于自我的视觉形象，更取决于身体的动感（kinaesthetic sense），后者来自我们与世界的身体纠缠。这就解释了所谓的“幻肢”（phantom limb）现象。截肢者尽管在视觉上失去了肢体，却仍然能感觉到肢体的存在。截肢者的身体记忆与视觉图像之间产生了矛盾（Merleau-Ponty, 1962: 80-82）。换言之，这种“前反思”（pre-reflective）的身体经验比有意识的、把身体当作外物的凝视更根本，后者是基于前者而产生的推断。

梅洛－庞蒂进一步指出，身体是我们体验世界的中介，因此身体不能脱离于世界而被体验。身体始终存在于其所处的空间中，二者紧密关联，而非全然分立。梅洛－庞蒂认为，身体总是被安置在充斥着外物和其他具身主体的世界中。个人占据的空间并不外在于他本身，反而受到其具体行为的限定。因此，人们唯有在与世界的实际接触中，才能发展对自我身体的意识。正如梅洛－庞蒂所说：

> 对我来说，我的身体就是我对某些现存或可能之物的态度。身体的空间性（spatiality）和外物的“空间感”（spatial sensations）不同，它并非一种空间位置（spatiality of position），而是一种空间境况（spatiality of situation）。“这里”（here）一词对身体来说，并不是一个相对于其他外物的特定位置，而是一个设定好了的原始坐标，在外物中锚定了一个活动的身体，指身体面对相应活动时的处境。（Merleau-Ponty，1962：100）

在与世界的互动中，我们所遇之物并不是“静默”的。相反，这些外物对我们的实践活动来说非常重要。因此，我们与它们无法分割，不理解我们与这些外物的纠缠，也就无法理解这些外物本身。

这不仅适用于我们和自然环境的互动，也适用于人与人之间的交往。在梅洛－庞蒂看来，身体本质上是社会性的，我们的自我认识也是在与他人的互动中形成的。身体并不处于社会世界之外，社会生活也并未从外部冲击过身体。相反，身体常常已经与它积极参与的世界难分彼此了。梅洛－庞蒂写道：

> 无论是自然世界还是社会世界，都不是作为某个外物或外物的

总和而存在的。它是一个永恒的场域，或者说是存在的维度：我似乎可以远离它，但却永远需要以它为参照。我们与社会的关系就如同我们与世界的关系，它比任何感知或判断的表达都更加深刻。我们无法将自己在社会中的位置与某物在其他事物中的位置等量齐观。同样地，我们也无法将社会作为一个思考对象全然纳入自身。更何况，社会从来都不是一个客观的存在物。因此，我们必须回到自己置身其间的、与每个人紧密联系的那个社会中去。我们与这样一个社会难分彼此，直到它被对象化。（Merleau-Ponty, 1962: 362）

由此，人与其栖居的社会世界不可分割，二者构成了一种互相成就的关系。个人也不能被简单地视为外部文化符码的被动接受者，又或者是自主塑造世界的自由行动者。相反，个体正处于一个塑造着他的世界中，但他本身又与这一世界难分彼此。

因此，我们的身体图式并非完全内在于我们自身，也不是简单地从外界强加给我们的。换言之，这是一个相互作用的过程，我们对自身的体感既形塑了我们的境遇，也为我们的境遇所影响。正如梅洛－庞蒂所说："身体一方面涌入了世界之中，而这个世界的图式就是它本身；另一方面也遥远地占有着这个世界，而非被这个世界占有。"（1973: 78）我们的身体图式本质上具备主体间性（inter-subjective），它常常因我们与他人互动的结果而改变自身——这也是盖尔·韦斯（Gail Weiss）在讨论梅洛－庞蒂的现象学时所强调的观点。在她看来，梅洛－庞蒂所谓"身体图式"的核心在于其"身体间性"（intercorporeal）。换言之，身体的形象是"通过一系列特定身体内外的交换建构起来的"

（Weiss, 1999: 2）。一个人对身体的认知不仅受到物理环境所引起的生理变化的影响，还会因其在环境中与他人的遭遇而改变。

综上所述，在梅洛 - 庞蒂的现象学里，身体并不是一个与世界对峙的客观存在物，而是一个永恒变化、不断被制造和再造的过程。个人并不是被动地内化由外部强加而来的文化和意义系统。恰恰相反，内外二者之间存在着一个积极的协商过程，双方都因此而调整了自身。通过我们的身体图式，我们卷入了社会 / 文化世界，同时也为这个世界所建构。

梅洛-庞蒂和新唯物主义

梅洛 - 庞蒂的现象学在当代身体理论中呈现出了新的发展。其中最重要的就是对身体物质性和“肉体”本质的强调。然而社会理论家们一直以来都更关注身体的文化建构，把身体简单地视为社会意指系统的产物，却忽略了身体的肉身本性。由文化符码构建的身体只是文本和话语，不再具有物质性。新唯物主义（new materialism）看到了这一理论缺陷，指出身体虽然受到了文化意指系统的影响，但却不能被简化为文本和话语。

为了说明我们和文化意指系统之间的互动必须以肉身为基础，许多理论家（参见 Crossley, 1995; Csordas, 1999）都吸收了梅洛 - 庞蒂的现象学。例如，尼克 · 克罗斯利（Nick Crossley）努力发展所谓的“肉体社会学”（carnal sociology），试图将研究的重点从文化建构身体的诸多技术，转变为身体在社会生活中的积极地位。这一路径以梅洛－庞蒂的论断为基础，强调“我们的身体是我们在世存在的方式，是我们感受和融入这个世界的方式”（Crossley, 1995: 48）。在他看来，梅洛－庞蒂指出的“存在不可避免的具身化本质”意味着身体不再是文化的被动接受者，而是一个主动的调和者：

> （对梅洛－庞蒂而言）知觉据于行为。而所谓的行为，指的是在视、听、触等方面，后天习得的、文化的、习惯性的行动模式。因此，知觉的身体根据其习得的感知图式建构自身。它不是被动地从世界中接收信息，而是主动用其习得的文化图式审问世界。（Crossley, 1995: 47）

尽管身体并不优先于或独立于自身的文化印记，但也绝不只是文化的产物。此二者的关系是辩证的，它们互为前提，且不可化约。正如克罗斯利所说，梅洛－庞蒂的现象学克服了身体在话语和肉身层面的二元论。身体由此成为这个世界的主动参与者，而这种参与又以身体所习得的众多文化技巧和技艺为基础，“他让我们明白，身体是人的能动主体（agent-subjects），是具有感知能力、感性、乐于沟通、实用且聪慧的存在”（Crossley, 1995: 60）。

这种新唯物主义的身体观将研究的重点从身体的文化再现（例如身体的图像），转移到了身体的肉身经验上（例如身体的感觉）。可是，在如今这个以图像为主导的媒体时代，身体的视觉建构仍然受到追捧，忽略了身体的物质存在——事实上，我们唯有在空间穿行中才能感受到自己的身体。正如麦克·费瑟斯通（Mike Featherstone）所说，“身体图像”（body image）的概念只是纯粹的精神建构，人们由此而进行的自我形塑问题重重，它将个体降格成非具身化的意识，将身体视为独立于人的实体。这一过程将身体作为外物进行认知和评价，它与我们习惯的身体经验相去甚远，毕竟身体是我们不可分割的肉身实体（Featherstone, 2010）：

> 反思性的身体（reflexive body）是我们的观景台，并且也同时被他人观看和评价。这种说法忽略了身体在日常中的栖居和生存方式，事实上，我们的身体并不总是处于消费文化的凝视之下的……大多数人都生活在一个非认知（non-cognitive）的世界中，身体并没有被降格为身体图像，也并非个体单位，抑或是一个符号社会的表面。（Featherstone, 2010: 207-208）

因此，费瑟斯通认为，比起身体的视觉再现，我们更应该关注身体在空间中的运动方式。身体的举止行为以强有力的方式进行交流，这种交流方式高于身体的表象。从这个角度看，梅洛 - 庞蒂的“身体图式”有效地代替了“身体图像”的概念。后者只是一系列纯粹的精神建构，而前者关涉感官运动能力的具身表现。

具身化实践与时尚理论

近年来，时尚理论的唯物主义转向尤为明显。梅洛 - 庞蒂关于存在具身化本质的观点为一大批理论家所接受，其中包括艾瑞斯·马里翁·杨（Iris Marion Young）、乔安妮·恩特威斯特（Joanne Entwistle）和保罗·斯威特曼（Paul Sweetman）。这些理论家将梅洛－庞蒂的洞见应用到各自的研究中，从身体的层面对服装进行分析。在他们看来，身体的装饰不仅是一个视觉现象，更是一种体感经验。特定服装形式的使用不仅创造了某种"外观"，更是一种在世存在的方式。它超越了视觉。在这个意义上，服饰变成了身体的延伸。它融入了我们的身体图式，调和着我们与世界的实践互动。

其中，艾瑞斯·马里翁·杨运用梅洛－庞蒂的现象学理论，分析了女性的服饰生活经验，试图发现我们身体经验中的性别天性——这也是梅洛－庞蒂本人在分析中忽略的一点。因此，她在《重新穿上衣服的女性》（*Women Recovering our Clothes*）一文中指出，服饰能够给女性带来感官上的愉悦，这种快乐并不是来自男性的凝视，而是来自服饰本身的触感。然而大多数人都只关注女性时尚的外观，以及她们在别人面前的形象，鲜有人注意到服饰本身的体感以及穿着者的感受方式。论者常常认为女性对服装的愉悦是次生于男性的凝视的。换言之，女性唯有将男性的客观凝视内化，将自己视为他人所见之物，才能体验到快乐（Young, 1994）。

然而，杨认为，除了大众媒体上无处不在的理想化女性形象，女性本身穿衣打扮的快乐并不是来自男性的凝视。它是一种接触的快乐，是穿衣者的直接感受，因此不需要任何男性观者作为中介。观看是一种远距离的感受，主体和客体在这个过程中是分离的。但是接触则不然，主体和客体彼此相邻，因而不可分离：

> 接触使得主体沉浸在客体流动的延续之中，它不关注事物关系的判别、比较和测定。接触双方彼此触碰，模糊了自我和他者的界线。(Young, 1994: 204)

接触不仅包括了皮肤对布料的感知，也是“所有感官的指南”（同上）。服饰之所以吸引人，通常不仅仅因为它的外观，更因为其布料和剪裁，例如一件羊毛夹克的保暖性能和舒适度，又或者是裙子在人们行走时是否贴合体态。

沿着这一路径，杨在其《胸部的体验》（*Breasted Experience*）中指出，理想化的媒体图像对女性胸部的物化和评价并不足以解释女性对自己胸部的体验。归根到底，尽管胸部在我们的文化中被普遍拜物化了，但女性却无法将其视为自己身体以外的客观存在物，因为胸部始终是她们所体验到的身体存在的一部分（Young, 1990）。

此外，杨的《重新穿上衣服的女性》还通过触觉而非视觉，分析了这种具身化的经验。因为“从女性主体的角度看，对她们的胸部而言，最重要的是服饰的体感，而非外观”（Young, 1990: 194）。所以在她看来，胸衣这种服饰为接触设置了屏障，其本质是按照男权的理想来形塑胸部圆润坚实的外观。尽管这样的胸部看起来更加“美观”，但不受胸衣限制的胸部显然具备更敏锐的触感，更具流动性和可塑性，并且会随着身体的位置和运动而变化。也唯其如此，胸部才能被视作女性身体不可分割的一部分，而非男权文化规则中顽固且难以驯服的客观存在物。

事实上，整形手术也以物化胸部为前提，其目的在于塑造胸型，以达成为人所渴慕的“外观”。杨指出，在男权文化中，“胸部的外观和尺寸重要非凡，它是否符合规范，是否足够圆、足够大、足够高耸？这些物化的建构在胸部外科手术中体现得一清二楚”（Young, 1990: 201）。

正如杨所说，对胸部外形的重视是男权文化的要求，因此忽略了胸部触觉对女性的重要性——这与胸部的大小和外观毫无关系。事实上，整形手术本身就是以胸部触觉的丧失为代价的，胸部由此不再具有运动性和可塑性，彻底变成了体外的“异物”。换言之，“更性感”的外观意味着女性丧失对自己胸部的知觉经验。

与杨的看法类似，恩特威斯特对女性服饰的研究也重视女性自身的身体经验，而非理想身体的视觉再现；她指出女性的穿着是一种“合身的实践”（situated bodily practice），分析服饰是如何被栖居、体验和具身化的（Entwistle, 2000a: 28-35）。

以恩特威斯特对女性工作服的分析为例，她认为男女对工作空间的不同体验影响了女性的穿着实践。如她所说，职业女性在进入一个曾经为男性所主导的领域时，面临着一组互相矛盾的约束：一方面，出于对同事的尊重，女性必须尽可能地减少性感的着装；但是另一方面，她们也需要展现出自己的女性气质，并减少自身的男性气质（Entwistle, 2000b）。

第一重约束对女性来说格外具有挑战性，因为女性从来都是凭借身体特征区别于男性的。换言之，男性已然占据了更高阶的智性领域，而女性则还是被束缚于肉体之中。因此，尽管女性的工作服已经削弱了身体情欲的部分，但当女性穿上这些服装（例如量身定制的夹克和短裙）的时候，她们仍然比自己的男同事们性感得多。于是，女性在工作环境中往往比男性更关注自己的衣着，以确保在外表方面没有任何性挑逗的可能。例如在参加重要商务会议的时候，女性可能会加穿一件夹克来遮掩自己的胸部。与此同时，第二重约束又要求女性不能显示出太多的男性气质，否则会被视为公然挑战男性权威。所以在选择女性工作服的时候，精心裁剪的短裙比裤子更受青睐，而且常常需要搭配一些其他的"女性"元素，包括柔软的丝绸、围巾、精致的珠宝和高跟鞋。

如上所述，穿衣者身体的性别差异会导致其所穿服饰的差异。身体并不是一个可以被任意打上符号标记的中立表面。它有其自身的物质性，并且会影响服饰的穿着者及其周围人的体验方式。这也清楚地表明了我们的服饰实践是如何被其所处的时空环境塑造的。

与恩特威斯特关注服饰的身体经验不同，斯威特曼转而关注文身的实践。他批判了青年亚文化研究中对身体装饰符号性的过分强调，指出文身内脏经验（visceral experience）的重要意义。在他看来，文身者最关心的是他们获得文身的身体过程，而非文身所传达的意义（Sweetman, 2001a, 2001b）。因为如果文身者在乎的只是特定信息的传达，那么文身贴会比真正的文身更高效。这显然不在文身信息功能研究的范畴之内。

在研究文身者的过程中，斯威特曼发现，对文身者来说，获得文身的身体过程至少和文身的意义一样重要。他们中的很多人认为，文身的获得是一种净化的经验（cathartic experience）。它创造了一种使文身者相互联结的身体间的感觉（Sweetman, 2001a: 189）。根据米歇尔·马费索利（Michel Maffesoli）对当代社会"新部落"（neo-tribes）的分析，斯威特曼指出，个体联系的维持越来越取决于情感，但在过去的时代中，个体的联系靠的是共同认知的目标（Sweetman, 2001b: 70-71）。这一现象在青年亚文化中尤为突出，他们常常共享某种身体行动，譬如跳舞和骑摩托车。因此对他们来说，文身也构成了一种身体仪式，共享这类经验的人们也会产生一种亲密感。这一实践并非对个体关联的简单表达，而是对个体关联本身的建构。

杨、恩特威斯特和斯威特曼的研究表明，服饰实践的身体层面才是我们时尚经验的核心。自我再现的方式不能被简单理解为符号或美学上的交流，而应该被视为我们身体在世存在的一个整全的方面。

许多当代的时尚和珠宝设计师也用作品呼应了这一观点，例如三宅一生（Issey Miyake）、川久保玲（Rei Kawakubo）和娜奥米·菲尔默（Naomi Filmer）。他们不仅重视新"外观"的创造，更关注身体在空间中的不同举止。他们不断探索着服饰和栖居其中的身体的关系。这些探索与梅洛－庞蒂的具身化存在理论惊人地一致。

当今时尚设计中的现象学路径

三宅一生和川久保玲对服饰动感经验的重视源于一种日式的感知。它对服饰和身体关系的构想与西方传统截然不同。在理查德·马丁（Richard Martin）看来，西方传统的服饰外形通常是在精心裁制中形成的，而日本传统的服饰外形则取决于织物对身体的缠绕。三宅一生和川久保玲的设计显然受到了这一传统的影响（Martin, 1995: 215）。在后一传统中，服饰和身体之间的关系变得更加流动和有机，服饰形式的不断变化回应着身体的各种行动。因此，三宅一生和川久保玲并没有采用西式的设计，将身体限定在合身的衣物中，而是赋予了身体更大的活动空间。他们的设计并不是基于隐藏和显露的美感，而是呼唤一种身体运动中的动感，并由此超越西方关于视觉艺术的时尚理念。其设计形式并非静态的视觉再现，而是动态的三维雕塑，能够随身体变化而不断经历重塑。马丁曾这样描述两种设计路径的差异：

> 精致剪裁的服装被层叠的、具有隐蔽倾向的服饰所取代，一种全新的身体和服饰表达由此产生。它挑战，甚至颠覆了简单色情的服饰观和机械可见的身体观。随意的剪裁，以及对不规则、不拘束的偏爱，使得服饰变成了身体上的一次戏仿。它狡黠地嘲笑着精修细剪的服饰传统。（Martin, 1995: 215）

三宅一生本人的评价也呼应了这一观点。在他看来，他所有的设计都在被人穿上的那一刻才完成（Calloway, 1988: 51）。用日本人的概念来说就是“不足主义”（fusoku-shugi），即言外才有无穷之意。三宅一生服饰的不完整性吸引着人们主动参与，穿衣者根据自己的身体，用自己的方式重塑这些服饰。正如三宅一生所说：“我设计的衣服可以变成某人身体的一部分。我也许只是为他们提供了工具。人们从我这里买走衣服，它们成了激发穿衣者自身创造力的工具。”（转引自 Calloway, 1988: 16）梅洛 - 庞蒂认为，客体离开了与主体的实践互动，就无法被理解。因此，三宅一生的服装也同样需要身体的激发。这些服饰常常是无接缝的，并且采用中空的形式，穿上之前看起来就像不成形的麻袋。可是一旦穿衣者的身体栖居其间，不同的“个性”由此产生。三宅一生的服饰大多采用轻柔且具有弹性的涤纶平织面料和腈纶面料（Holborn, 1995: 30, 36）并多有褶皱的面料，这赋予了它形变的能力，也使它足以根据身体运动而进行伸缩（Holborn, 1995: 81-82）。

同理，我们从川久保玲的作品中也可以看到服饰和身体的互动关系。服饰被穿衣者的身体所激活，同时也影响了穿衣者的身体行为。这在其 1997 年的设计“身体遇见服饰—服饰遇见身体”（Body Meets Dress–Dress Meets Body）中表现得尤为明显。这组设计包括了一系列由弹性布料制成的外衣，一些部位还有古怪的衬垫。身体和服饰的界线变得模糊，服饰不再与身体分离，转而成为了身体的延伸。填满鹅绒的柔软衬垫具有很强的可塑性，可以随着身体的运动而改变形状，服饰和身体因而变得难分彼此。在她的设计中，服饰并非存在于身体之外的一个客体，而是与身体彼此纠缠的。任意一方都无法脱离另一方，服饰本身也悄无声息地和穿衣者的身体融合在一起。

三宅一生和川久保玲最关心的是服饰和身体的互动方式，以及穿衣的身体经验。在如今这个时代，随着医学技术的进步，越来越多的假肢装置融入了我们的身体图式，川久保玲设计的外衣模糊了有生之物和无生之物的界线，探索了具身化的全新可能。正如卡罗琳·伊凡斯（Caroline Evans）所说，川久保玲的衬垫“勾勒出了主体性的全新可能。它强调身体通过新网络和新交流而实现的外部延伸，与身体的

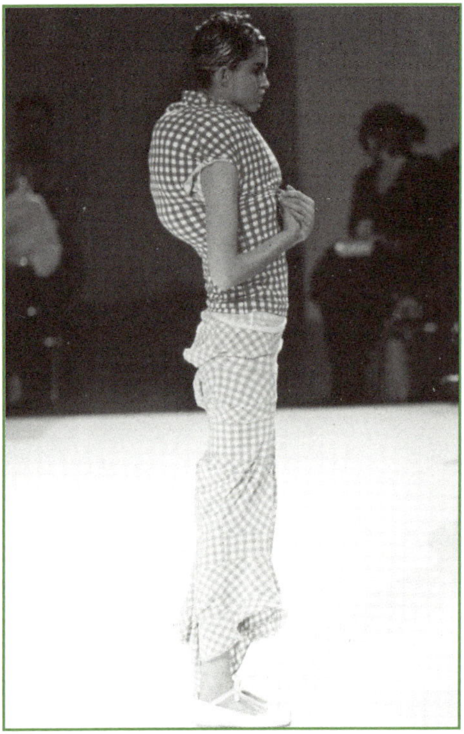

图 7.1 川久保玲设计的“身体遇见服饰—服饰遇见身体”系列，1997 年

内部容量无关”（Evans, 2003: 269）。

当代英国珠宝设计师娜奥米·菲尔默也注重探索身体和装饰形式之间的交界面，完全根据身体的轮廓来设计首饰。她的作品无法独立存在，而是佩戴者身体的延伸，挑战着自我与他者的截然分立。

图 7.2 是她 2008 年设计的“呼吸的体积”（Breathing Volume）系列首饰。整个系列共由四个作品构成，分别聚焦于身体部位中的嘴、下巴和脖子。每一件作品都以这些身体部位为起点，演化出一个有机的椭圆形，暗示了呼吸经由身体而产生的体积和路径。正如菲尔默本

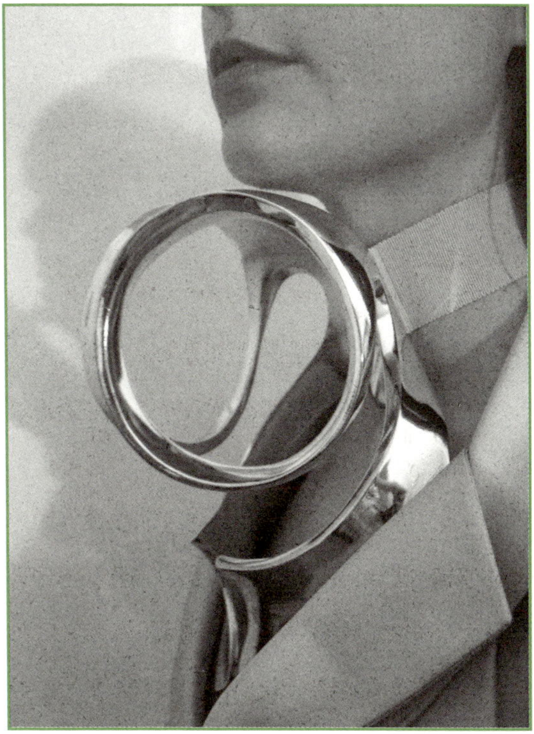

图 7.2 菲尔默于 2008 年为安妮·瓦莱丽·哈什 (Anne Valerie Hash) 设计的“兰花之颈”(Orchid Neck Piece)

人所说，这些物品勾勒出的线性形式探索了“内部与外部、积极空间与消极空间、身体的在场与缺席之间的平衡”（转引自 Brüderlin and Lütgens, 2011: 100）。即便没有被穿戴，这些物品的形式本身就暗示了一个缺席的身体，为身体的某个部位限定了一个消极的空间。此外，它们还描述了空间体积与身体之间的联系。正如建筑重视建筑环境和身体的空间互动，菲尔默的这一系列设计也意在探索身体与其所处的空间之关系，回应了梅洛－庞蒂的观点，即身体常常已经卷入这个世界之中了。菲尔默的设计在女性通常不会佩戴首饰的部位（下巴、背部）

圈定了一个不可见的空间。这些首饰探索了全新的具身化经验，像川久保玲的设计那样延展了身体的边界。

结语

综上所述，时尚设计师和时尚理论家逐渐不把服饰仅仅当作一种视觉现象，并且开始强调其身体经验。在这个层面上，梅洛 - 庞蒂的现象学重视具身化本质以及我们与世界的纠缠，为服饰的体感研究提供了理论工具。它有效抵挡了当代文化对身体的物化，身体也因此不再被化约为外在的表象。

尽管梅洛 - 庞蒂本人并没有在他的作品中具体论述时尚现象，也没有处理我们的具身化经验与性别的关系，但他对世界的实践性认识为我们分析服饰和身体经验提供了坚实的基础。在如今这个图像意识（image-conscious）的文化中，我们格外重视观看方式，可梅洛 - 庞蒂的现象学却提醒我们，身体并非被注视着的客体，而是一个活生生的肉体，它包含着我们的动感。从这个角度看，要理解服饰就不能脱离穿着的身体经验。因此服饰并非符号，而是我们无法割舍的第二层皮肤。当我们在这个世界行动的时候，活动的并不只是我们的身体，而是这个穿着衣服的身体。服饰由此成为我们身体图式的内在组成部分，影响着我们在空间中的举止。

参考文献

Brüderlin, M. and Lütgens, A. (eds) (2011) *Art & Fashion: Between Skin and Clothing*, Bielefeld: Kerber.

Calloway, N. (ed) (1988) *Issey Miyake: Photographs by Irving Penn*, New York: New York Graphic Society.

Crossley, N. (1995) 'Merleau-Ponty, the Elusive Body and Carnal Sociology' in *Body & Society*, 1 (1): 43-63.

Csordas, T.J. (1999) 'Embodiment and Cultural Phenomenology' in G. Weiss and H.F. Haber (eds), *Perspectives on Embodiment: The Intersections of Nature and Culture*, New York and London: Routledge.

Entwistle, J. (2000a) *The Fashioned Body: Theorizing Fashion and Dress in Modern Society*, Cambridge: Polity.

—— (2000b) 'Fashioning the Career Woman: Power Dressing as a Strategy of Consumption' in M. Talbot and M. Andrews (eds), *All the World and Her Husband: Women and Consumption in the Twentieth Century*, London: Cassell.

Evans, C. (2003) *Fashion at the Edge*, New Haven, CT and London: Yale University Press.

Featherstone, M. (2010) 'Body, Image and Affect in Consumer Culture' in *Body & Society*, 16 (1): 193-221.

Holborn, M. (1995) *Issey Miyake*, Cologne: Benedikt Taschen.

Martin, R. (1995) 'Our Kimono Mind: Reflections on "Japanese Design: A Survey since 1950"' in *Journal of Design History*, 8 (3): 215-223.

Merleau-Ponty, M. (1962 [1945]) *The Phenomenology of Perception*, London: Routledge and Kegan Paul.

—— (1964) *The Primacy of Perception*, Evanston, IL: Northwestern University Press.

—— (1964 [1968]) *The Visible and the Invisible*, A. Lingis (trans), Evanston, IL: Northwestern University Press.

—— (1973 [1969]) *The Prose of the World*, Evanston, IL: Northwestern University Press.

Sweetman, P. (2001a) 'Stop Making Sense?: The Problem of the Body in Youth/Sub/

Counter-Culture' in S. Cunningham-Burley (ed), *Exploring the Body*, Basingstoke: Palgrave.

—— (2001b) 'Shop-Window Dummies?' in J. Entwistle and E. Wilson (eds), *Body Dressing*, Oxford and New York: Berg.

Weiss, G. (1999) *Body Images: Embodiment as Intercorporeality*, London and New York: Routledge.

Young, I.M. (1990) 'Breasted Experience' in I.M. Young (ed), *Throwing Like a Girl and other Essays in Feminist Philosophy and Social Theory*, Bloomington: Indiana University Press.

—— (1994) 'Women Recovering our Clothes' in S. Benstock and S. Ferriss (eds), *On Fashion*, New Brunswick, NJ: Rutgers University Press.

8

ROLAND BARTHES

Semiology and the Rhetorical Codes of Fashion

罗兰·巴特

符号学和时尚的修辞符码

保罗·乔布林
Paul Jobling

当我们注视意象服装（image-clothing）的时候，我们就是在阅读一件被修饰过的衣服。

——罗兰·巴特（Roland Barthes, 1967）

引言

1957—1969 年，罗兰·巴特（Roland Barthes, 1915—1980）立足于“物质、摄影和语言”（Barthes, 2006: 99）的关系，撰写了大量关于时尚符码的论著。这些文章散见于各类学术杂志和大众刊物，包括 *Annales*、《法国社会学评论》（*Revue Française de*

Sociologie）和法国版 *Marie Claire*[1]。沿着贝尔托·布莱希特（Berthold Brecht）将马克思主义分析和“罕见的符号效应（effects of the sign）”相结合的路径，巴特开创了他自己的符号学理论（Barthes, 1971: 95）。由此看来，巴特的时尚研究似乎围绕着这样一个核心观点：我们每天所穿的真实服装（real clothing）次生于言语表达的时尚修辞和时尚传播：“如果没有话语，时尚便会失去精髓，不再完整”（Barthes, 1990: xi）。

巴特的符号学意在探明服饰是如何被转译为语言的，而《流行体系》（*The Fashion System*，法文版书名为 *Système de la Mode*, 1967）一书则集中呈现了他的相关思考。巴特提出了阅读和解码时尚杂志的方法，并将其作为评定时尚的标准。因为在他看来，“杂志是制造时尚的机器”（Barthes, 1990: 51）。换言之，巴特的研究试图揭示“毛绒织物是今年的时尚”这类看似琐碎的语句是如何获取权威性和神话色彩的。

诚然，巴特的另外一些时尚论文并没有采用明显的符号学方法。可是这些文章却仍然在服饰及其社会文化影响方面有着深刻的洞见，呼应了《流行体系》的两个核心问题：其一是服饰最细枝末节处的变革潜力，其二是过去与当下风格的张力[2]。例如，在《丹蒂主义与时尚》

1 例如：《服饰的历史与社会学》（*History and Sociology of Clothing*），载 *Annales* 3 (July-September, 1957), 430-441；《“蓝色是今年的时尚”：时装中的符号单位研究笔记》（*“Blue is in Fashion This Year”: A Note on Research into Signifying Units in Fashion Clothing*），载《法国社会学评论》（*Revue Française de Sociologie*），1.2 (1960): 147-162；《香奈儿和库雷热的竞赛：从哲学的角度评判》（*The Contest between Chanel and Courrèges: Refereed by a Philosopher*），载《嘉人》（*Marie Claire*, 1967): 42-44。

2 参见罗兰·巴特的相关警句：“‘无’可以指代‘万物’……一个细节就足以让外延变为内涵，让非时尚变为时尚”，还有“事实上，时尚创设了一个不存在的时代。在这里，过去是可耻的，而当下也被时尚的预言不断‘吞没’”（Barthes, 1990: 243, 289）。

（*Dandyism and Fashion*, 1962）一文中，巴特从技艺的角度对男装进行了研究，强调男装领带上的结或背心上的纽扣这类细节的重要性。在他看来，这些细节正是个人主义花花公子的典型能指，毕竟他们“会像现代艺术家对待艺术作品一样，在自己的外衣上费尽心思”（Barthes, 2006: 68）。鉴于成品时装的出现和流行时尚的广泛传播，巴特断言这种独特风格不可能长存。但悖谬的是，时尚的兴起是一种普遍的大众现象，却仍在为少数花花公子们的激进立场买单（Barthes, 2006: 69）。此外，在《香奈儿和库雷热的竞赛》（*The Contest between Chanel and Courrèges*, 1967）一文中，巴特对比了香奈儿和库雷热这两位设计师。在他看来，香奈儿明明只对自己的设计进行了细微的调整，却年年声称“挑战时尚本身”；库雷热则总是颠覆自身的“时髦”感，来适应每一季度的“全新潮流”（Barthes, 2006: 106）。类似著作还有《今日神话》（*Myth Today*）（1957, in Barthes 1973a），《摄影的信息》（*The Photographic Message*）（1961, in Barthes 1978），《物的语义学》（*The Semantics of the Object*）（1964, in Barthes 1994），《广告的信息》（*The Advertising Message*）（1964, in Barthes 1994）和《文之悦》（*The Pleasure of the Text*）（1990a[1973]）。事实上，巴特的思考从不囿于时尚。对他而言，时尚不过是用来阐明时尚杂志和广告中“符号效应”的有力工具。因此本文既是对《流行体系》中符号学研究的必要说明和补充，也意在纠正其方法论上的缺点和疏漏。在这一过程中，我将重点分析罗兰·巴特提出的一对辩证概念——“书写服装”（written clothing，法文为 le vêtement écrit）和“意象服装”（image clothing，法文为 le vêtement-image）。我认为，任何一个重视图文互动的人都必须了解巴特关于时尚符码的论述和时尚文本的重复表演性（repetitive performativity）。

《流行体系》和符号学

《流行体系》一书是在 1957—1963 年，由法国国家科研中心（Centre National de la Recherche Scientifique）资助巴特完成的一项学术计划。其内容主要来自巴特对两本法国女性杂志的探索，即 1958 年 6 月到 1959 年 6 月的法国版 *Elle* 和《时装之苑》（*Le Jardin des Modes*）[1]。该书最终于 1967 年出版（首个英文译本直到 1983 年才问世）。尽管已有《蓝色是今年的时尚》（*Blue is in Fashion This Year*）一文做铺垫，但这部著作还是饱受误解和诽谤。里克・瑞兰斯（Rick Rylance）评价它是“罗兰・巴特写过最索然无味的书”（Rylance, 1994: 42）。乔纳森・卡勒（Jonathan Culler）也指出，巴特对时尚杂志的阅读是共时性的，缺乏历时性的比较，因此在区分时尚和非时尚的方法上出现了问题（Culler, 1975: 35）。但是，巴特并不认同这种批评。在他看来，仅选取一年有价值的材料就足以揭示时尚自我更新的方式。毕竟这种自我更新是通过“今年流行蓝色”这种原型短语的表演性重复得以实现的（Barthes, 1990: 77）。他总结道：“时尚的所指只包含一种变化，那就是非时尚。因此时尚的含混并不源于它自身的状态，而应归咎于我们记忆的局限。时尚的特征多如繁星，但并

1　巴特选择杂志的依据是不同杂志读者群的社会经济地位。为此，他也查阅了 *Vogue*、《时尚回声》（*L'Echo de la Mode*）和一些日报上的时尚专栏。

不无穷。”（Barthes, 1990: 269, 299）

巴特认为，定义时尚的主要途径有三：其一，衣物的或真实的符码，即服饰本身；其二，“术语符码”（terminological code），或者说是口头语言；其三，“修辞符码”（rhetorical code），强调时尚是如何被转译成杂志中的文字和图像，并进行传播的。这里的文字和图像也就是巴特所谓的“书写服装”和“意象服装”。在他看来，衣物的符码属于社会学的范畴；一旦服饰变成了言说的行动，就落入了术语符码的窠臼，需要从语言学的层面加以理解；而所谓的修辞符码则根植于符号学：“如果在符号学意义上描述一件衣物，那么它从头到尾都只不过是一种想象，甚至是一场智力游戏。它带给我们的不是实践，而是意象”（Barthes, 1990: 9-10）[1]。因此，巴特在《流行体系》开篇就明确表示，自己的关注点是文本和符号意义上的服装。

巴特对符号学的兴趣是特定时代的产物。那时候，精英文化和大众文化之间的界限日益模糊，漫画和波普艺术（Pop Art）的拼贴又重构了美国媒体中的流行图像，例如理查德·汉密尔顿（Richard Hamilton）的《究竟是什么使今日家庭如此不同、如此吸引人呢？》（*Just What Is it that Makes Today's Homes so Different, So Appealing*?）（1956）。当然，这个时代除了汉密尔顿以外，还有许多法国哲学家的名字熠熠生辉：雅克·德里达（Jacques Derrida）（见第15章）、米歇尔·福柯（见第11章）、皮埃尔·布尔迪厄（Pierre Bourdieu）（见第14章）

1　如今，“semiology”和“semiotics”这两个术语已经可以通用了。可事实上，“semiology”一词源于语言学，仅指使用语言学的方式解码视觉和语言符号，后将对象扩大到所有再现形式的解读上。然而“semiotics”的概念则相对宽泛，并且在英语文本中更为常用，指的是语言或视觉符号系统，它不一定需要借助语言学理论来进行解读。

和茱莉亚·克里斯蒂娃（Julia Kristeva）。他们都思考着同样的议题：无论高雅还是粗俗，文化指的到底是什么？因此巴特在《符号学原理》（*The Elements of Semiology*, 1964）中写道：“我们如今迫切地求索于符号学。这不仅是几个学者引领的一时风潮，更是现代世界的历史需要。”（Barthes, 1973: 9）为此，他继承并改造了费尔迪南·德·索绪尔（Ferdinand de Saussure, 1857—1913）的观点。后者在其遗著《普通语言学教程》（*The Course in General Linguistics*, 1916）中强调：“符号学揭示的法则也适用于语言学，而语言学也将由此在人类知识中占据一个明确的位置。”（Saussure, 1996: 16）[1] 可以这样说，正是索绪尔对口语符码的分析，为整个符号学分析铺平了道路。巴特在《符号学原理》中承认自己受到了索绪尔和其他理论家的影响，例如查尔斯·桑德斯·皮尔士（Charles Sanders Peirce, 1834—1914）和路易·叶尔姆斯列夫（Louis Hjelmslev, 1899—1965）[2]。但巴特也更进一步地指出：“符号学适用于所有符号系统，并且无视其本质和局限。图像、动作、音乐、物体，甚至是这些事物构成的复杂仪式、习俗和公共娱乐都属于这个范畴。”（Barthes, 1973: 9）

符号学的辩证法强调，所有符号都是由两种基本元素构成的：一个是所谓的“能指”（signifier），即一个感官或物质的实体形式，包

1 《普通语言学教程》是由索绪尔的学生查尔斯·巴利（Charles Bally）和阿尔伯特·瑟希海耶（Albert Sechehaye）根据其生前在日内瓦大学（University of Geneva）讲学的课程笔记整理而成的。

2 和索绪尔一样，皮尔士也在其《论文集》（*Collected Papers*）第八卷（1931—1958）中使用了“能指”（signifier）和“所指”（signified）来建构一个“符号过程”（semiosis）。叶尔姆斯列夫则在《语言学论文集》（*Essais Linguistiques*, 1959）中指出了语言和非语言的关联，并使用了表达平面（plane of expression）（即能指）和内容平面（plane of content）（即所指）的说法。

括声音、织物、纸或帆布上的绘画、书写或印刷在纸上的文字等；另一个则是“所指”（signified），指的是由物质能指所标记或联结的习俗与文化内涵。二者在符号内部无法分割，一旦能指发生改变，其所指一定随之变化，符号的意义也由此更改。因此以服饰为例，我们都会认为白色的棉 T 恤是一个象征着清凉和酷（它既是温度，也是气度）的文化符号。然而这种直白的含义会随着物质的变化而变化，比如将 T 恤由白色换成蓝色，其内涵将截然不同。而当凯瑟琳·哈姆内特（Katherine Hamnett）将“58% 的人不想被抹杀”（58% DON'T WANT PERSHING）和“策略性投票”（VOTE TACTICALLY）一类的标语印在 T 恤上时，象征清凉和酷的服装也就变成了政治斗争的意识形态符号。又或者，当詹姆斯·迪恩（James Dean）和马龙·白兰度（Marlon Brando）穿上这些 T 恤时，原本清凉的服装也就成了青年反对性压抑的符号。

因此，符号学提出了一个非常雄辩的观点：一切事物都是文本，并且都可以在符号层面上进行解读。不仅如此，其所指之物并非单个的字词，而是完整的语句（Barthes, 1994: 186-187）。但问题也随之而来，我们究竟是在什么层面上对这些符号和语句进行讨论的呢？因此，我们需要搞清楚符号学的另一组辩证概念：外延（denotation）和内涵（connotation）。前者是指描述某物的行动；后者则是一种开放多义的阐释，它需要读者的积极参与，没有“确定性”，只有“可能性”（Barthes, 1990: 233）。以上文提及的白 T 恤为例，这个符号在外延的层面上仅仅指“一件白色的棉 T 恤”。换言之，我们对服饰的描述和穿衣的方式都是一种历史和文化的建构。毕竟，T 恤本身就是皇家海

图 8.1 撒切尔夫人（Mrs Thatcher）和凯瑟琳在英国时装周的一次会面，后者身穿一件印有反核标语的 T 恤；1984 年 3 月摄于唐宁街

军和美国海军为了进行体力劳动而逐步改良的产物，其款式大约成型于 1913 年，并在第二次世界大战后最终变成了大众的休闲服饰（Sims, 2011: 104）。但是在内涵的层面上，我们将白色棉 T 恤与“清凉”或者“酷”联系在一起；又或者像凯瑟琳那样，把它变成了一种政治抗议的行动。

此外，还有一个问题需要澄清。它关乎物质对象（或者现实世界中的指示物），而非这些物质对象的再现[1]。因为棉 T 恤不只是一个关

1　所谓的“指示物”（referent）指的是被任何图像或者文本再现的那个真实的事物或人物。以照片为例，其现实性（actuality）对巴特而言至关重要，因此他在《明室》（*Camera Lucida*）中写道：“我所谓的‘摄影指示物’并非图像和符号所指的任意实物，而必须是那个被置于镜头前的实物。没有它，也就没有这张照片。”（Barthes, 1982: 76）

于“清凉”或“酷”的文化符号（在任何层面上都是如此），它也具备让身体降温的功能性。巴特在《符号学原理》中称其为“符号－功能”（sign-function）的二元性（Barthes, 1973: 189），其《流行体系》也提及了同样的概念（Barthes, 1990: 264-265）。这有助于调和服饰中衣物符码（社会学层面）和修辞符码（符号学层面）的二分[1]。换言之，所谓的“符号－功能”概念实际上反映了一个难题和悖论，它“意味着我们总是需要同物品中的某些纯良的部分作斗争”（Barthes, 1994: 158）。物品主要是为了实现某个特定的功能而存在的，但也正如巴特在《物的语义学》中所说：“某种含义溢出了物品的使用范畴……物品的功能也总是存有某种含义……，符号从物品的功能中诞生，但也被改造成一个功能的奇观。”（Barthes, 1994: 182, 189, 190）譬如，雨衣是为了让人们不受雨淋，但是这个功能常常和人们下雨天的心情联系在一起——因此雨衣对有些人来说就成了一个忧郁的符号，因为糟糕的天气会造成一些事情的取消或延期。但同样是雨衣，对另外一些人来说却也有可能变成愉悦的象征，比如喜欢踩水嬉戏的孩子。

不仅如此，巴特还认为，能够被建构成符号的物体，一定“处在两个坐标、两种定义的交点上”（Barthes, 1973: 183）。他将其中一个坐标／定义称为分类（taxonomic），并据此将个人物品按照其生产和消费进行分类。以服饰为例，所谓的生产，包含了布料的构成和纽扣的使用等细节；而消费则囊括了服饰在博物馆中展出的衣物谱系，以及收藏过程中对服饰类型的取舍等。当然，消费也发生在我们日常

1　关于“符号－功能”的概念，也可参见让·鲍德里亚（Jean Baudrillard, 1996）、让－马里·弗洛克（Jean-Marie Floch, 2001）和乔布林（2011）。

对衣物的组织、使用和穿着等方面。巴特将这些方面引入索绪尔有关“语言”（langue/language）和“言语”（parole/speech）的概念中加以考察。所谓的“语言”，指的是约束我们使用语言的句法和规范；而“言语”则是个人对这些规则的具体实践和改造。令人不解的是，巴特最初将这种区别表述为“衣服”（dress）和“衣着”（dressing）（Barthes, 2006: 8-10），后来则表述为“服装”（clothing）和“衣服”（dress）（Barthes, 1990: 18）。无论如何，二者都包含了服装应当如何穿、何时穿的传统规则——例如，马裤是猎狐时该穿的衣服 / 服装（dress/clothing）。不仅如此，这一规则也会被个人的衣着 / 衣服（dressing/dress）所解构。例如博·布鲁梅尔（Beau Brummell）就将同样的马裤改造成了日常穿著。类似地，薇薇安·韦斯特伍德（Vivienne Westwood）也将打猎时穿的夹克改造成了 Anglomania Lee（韦斯特伍德的副线 Anglomania 与牛仔品牌 Lee 合作的系列）的 2012/2013 秋冬时装。

另一个要点则是符号的定位（symbolic coordinate），这也是罗兰·巴特在时尚修辞方面的核心关切。在他看来，书写服装要优先于意象服装。尽管巴特认为：“时尚杂志充分利用了两种结构向人们传递信息——服饰摄影和文字描述”，可语言信息才是构建神话的关键，它是对时尚文本更纯粹的解读：

> 由此，每一个写定的文字都取代了注视，获得了一种权威性。图像中凝结的无数可能性都被文字约束为独一的确定性……语言为图像带来了知识。（Barthes, 1990: 13, 14, 17）

因此，书写服装以文字说明的形式传递出图像再现中模糊不清的信息，例如衣物的材质、颜色、设计师、价格，又或者是穿这些衣服的原因和场合。这当然也能用来解释英国版的 *Vogue* 杂志为什么给安东尼·阿姆斯特朗 – 琼斯（Anthony Armstrong-Jones）的摄影作品配上“Va-va-voom!”这样的字眼（November 1959)。同样地，我们无法仅凭黑白图片就知道这件女装是 Atrima 做的，更无法断定它就是黑色的。衣服的丝绸底料和蕾丝边也在图片中渺不可辨。我们不可能知道它售价 19 几尼（guineas)（相当于 2010 年的 362 欧元）[1]，更不清楚它是为宴会和舞会量身定做的。

由此可知，“书写服装”的“书写”（l’écriture）并不只是对语言自身含义的传达，也是一种对文图整体意义的补充和支持（Barthes, 2006: 47)。以上文的“Va-va-voom!”为例，它乍看起来毫无意义，但是却被 *Vogue* 杂志赋予了“让我们继续前进！”(Let’s keep going!)的含义[2]。根据巴特的论断，书写服装受到三重修辞实践的规约。首先是服装诗学（the poetics of clothing)。它建立起了服装、感知和心情的等量关系，将时尚和历史、文学或艺术联系起来，内含(connotes)了“服装时而表达爱，时而接受爱”的观点（Barthes, 1990: 241)。其次就是现世的所指（worldly signified)，时尚由此成为现实世界的作品和消遣。它也会牵动一些时事，尽管不过是一些以时尚为名的游

1　此处的换算工具是“Measuring Worth”。

2　从 1998 年起，该词的含义在雷诺（Renault）汽车的广告中被建构起来。2005 年版的《牛津英语词典》（*Oxford English Dictionary*）将其定义为“令人激动、有活力或性吸引力的特性”（Jobling, 2011: 248)。

戏和表演。最后，由于时尚本身的原因（或者说是权利），书写服装不是通过服饰的细节描绘来实现自我重复，就是通过“蓝色是今年的时尚”这样的短语来强化自身的排他性。因此，时尚之所以为时尚，正有赖于其表演性。在这个意义上，书写服装就变成了一种言说行为，“一个排外的权威”（编辑和记者们）周而复始地重复着这些话，以建构和规范时尚的准则（Barthes, 1990: 215）。拙著《时尚传播》（*Fashion Spreads*）（Jobling, 1999）以“情人”（Amoureuse）为例（*Elle*, 16 June 1958），阐释了上述观点。但我也通过这个例子，质疑了巴特论述中的“逻各斯中心主义”（logocentrism），指出书写服装和意象服装中的两个事实与巴特所处的年代，甚至是我们当下都息息相关：其一，图像往往比文字更重要；其二，时尚的意义应当是文字与图像的互文性（intertextuality）[1]。不仅如此，我还探究了服装诗学、现世所指和时尚成因在互文性、超真实和历时性方面的内涵，并将其置于更大的表意链或元语言（metalanguage）中加以分析，呼应了巴特在1956年《新文学》（*Les Nouvelles Lettres*）杂志上发表的《今日神话》一文。在此基础上，我想说明1998年伊夫·圣罗兰的左岸系列（Yves Saint Laurent Rive Gauche）在其泛欧洲的广告中所呈现的服装诗学一方面强调了意象服装的重要性，另一方面也证实了他的论断，即广告是一种神话言语，它“由精心挑筛选过的材料构成，目的在于更好地传播”（Barthes, 1973a: 119）。

1 也可参见 Jobling (2002)。

时尚、广告和神话

上文提到的 YSL 广告由法国广告公司沃尔科夫与阿诺丹（Wolkoff et Arnodin）策划，凯蒂·格兰德（Katie Grand）设计，马里奥·索兰提（Mario Sorrenti）拍摄。其灵感来自埃杜尔·马奈（Edouard Manet）富有争议的画作《奥林匹亚》（*Olympia*, 1863），并在此基础上对画作进行了深刻的改编。马奈原作中的女模特维多利亚·梅伦德（Victorine Meurend）穿着日本拖鞋，戴着手镯、耳环和项圈，赤裸地躺在卧榻上，微垂的左手遮掩着私处。然而在广告中，曾经代言过 Guess 牛仔裤的男模斯科特·巴恩希尔（Scott Barnhill）代替了画作中的女模，他身穿艾迪·斯理曼（Hedi Slimane）设计的衬衫和裤子，光脚躺在卧榻上。另一方面，马奈原作中衣衫整齐的黑人女仆却在广告中赤身裸体，原作中她手持的混合花束也被换成一束百合。不仅如此，画作里床底的黑猫也没有在广告中出现。由此可见，YSL 的广告印证了让·鲍德里亚所谓的“后现代的超真实”。一个图像指向了另一个图像或符号系统，因此我们再也无法辨别再现和现实（Baudrillard, 1994: 2，也可参见本书第 13 章）。即便如此，我们仍然需要审视原始画作和广告之间是否还存在有意义的互动？换言之，YSL 的广告真的只是一场无意义的后现代侵袭吗？

巴特曾经说过：“所有的广告表面上是在形容商品，实际上却向人们诉说着别的东西。”（Barthes, 1994: 178）因此，时尚不只传递了一个双重的信息，将使用价值（“买我”）转化成了符号价值（“为此而买我”）；还常常将这个过程诉诸神话或元语言。据巴特所言，如果神话“是被窃用和修整的言语”（Barthes, 1973: 136），那么神话言语就更是变动不居的，它偏爱模棱两可的含义，因此复杂得难以把捉，“阅读者将神话当作一个充满真理却并不真实的故事，并以此生活”（Barthes, 1973: 39）。因此，从这个角度审视 YSL 的广告，我们最终既赞成也反对这样一个事实：它为了商业利益而扭曲了一幅名画，建构了一个神话，即法国时尚是 20 世纪末的一种艺术形式。在此基础上，结合马奈《奥林匹亚》的创作和接受争议，我们可以更好地欣赏广告的摄影风格和男模特背后模糊难测的性别处境。

事实上，《奥林匹亚》本身就是马奈“旧瓶装新酒”的一次创作实践，改变了绘画中的女性裸体传统，这其中就包括提香（Titian）的《乌尔比诺的维纳斯》（*Venus of Urbino*）（1538）和戈雅（Goya）的《裸体的玛哈》（*Maja Unclothed*, 1800—1805）。此外，在杰拉德·李约瑟（Gerald Needham）看来，马奈笔下的奥林匹亚姿势放松，目光桀骜。这样的形象并非来自高雅艺术的传统，而是对 19 世纪色情照片的粗俗模仿（Needham, 1972: 81-89）。画面中的黑猫 [根据坎普弗雷 (Champfleury) 于 1869 年提出的说法，这也是不负责任之爱的象征] 同黑人妇女送花的母题一起，暗示了一个男顾客的缺席，波斯特维尔（Postwer）称其为“亚瑟先生”（Monsieur Arthur）（Clark, 1985: 87）。因此这幅作品在一些批评家看来“含义不明”，也同时遭到了道德方面的非议[1]。然而，正如蒂姆·克拉克（Tim Clark）所说：“性这一话题的确出现在了批评家的论述中，但常常被其他形式的讨论

1 这些批评家也包括了克莱门（Clément）和吉尔（Gille），详见 Clark (1985 [49]: 287)。

所取代：他们提到了暴力……不洁之物……还有死亡和腐朽的整体气氛”（Clark, 1985: 96）。以保罗·德·圣－维克托（Paul de Saint-Victor）为例，他在 1865 年 5 月 28 日的《新闻报》（*La Presse*）上评论说：“艺术竟如此堕落，我甚至不屑批判。”埃内斯特·切斯诺（Ernest Chesneau）在 1865 年 5 月 16 日的《立宪主义者报》（*Le Constitutionnel*）上批评道，马奈“成功激起了群嘲”（Hamilton, 1969: 71-72）。此外，人们还对《奥林匹亚》原始的印象派技法非常不满。1865 年，这幅画在沙龙中引起了轩然大波，托雷（Thoré）也批判了马奈笨拙的笔触。可是，约翰·A. 史密斯（John A. Smith）和克里斯·简克斯（Chris Jenks）也敏锐地指出：“《奥林匹亚》是一副混杂的图像”，它的意义复杂交叠，因此“将《奥林匹亚》视为第一幅现代主义作品也并不意味着排斥其他可能”[1]。

在这个解释学挑战的基础上，我们不难发现这幅作品是如何引发一系列复杂的回应和诠释的，而这些解读又潜藏在 YSL 广告的形式和内容之中。首先，《奥林匹亚》拒斥高光的技法。尽管这常常被视为一种完全的现代绘画形式，但马奈也承认自己实际上深谙 17 世纪西班牙艺术中的明暗风格（Tinterow, 2003）。类似地，YSL 的广告技术性地建构了一个比较老派的形象，柔和的色调让整张照片看起来像是一幅画，在技法上则非常接近 20 世纪初以阿尔弗雷德·斯蒂格利茨（Alfred Stieglitz）为代表的摄影分离主义者（Photo-Secessionists）（Homer

1　关于马奈绘画的多义性及其模糊的性别内涵，还有另外一个例子。那便是乔治·查克拉瓦蒂（George Chakravarthi）的表演短片《奥林匹亚》（*Olympia*, 2003）。在这部短片中，艺术家用画作中的姿势赤裸地躺在卧榻上，微垂的左手遮掩着私处，但是献花的仆人却变成了白人男子。

and Johnson, 2002)。尽管 YSL 的品牌名出现在了本应该由艺术家落款的位置上，但是摄影师的姓名还是以小字的形式留在了左上方。摄影师索兰提承认，在这件作品的风格方面，"我做了很多实验，并且尝试了彩色摄影……拍摄这些照片从一开始就困难重重，因为它们虽然色调灰暗，但却如绘画般缤纷"（Cotton, 2000: 115)。其次，诚如克拉克所言，由于《奥林匹亚》画作中的女子赤身裸体，不知羞耻且表情轻蔑地直视观者，我们似乎可以将其视为对 19 世纪 60 年代巴黎底层妓女的直白描摹（克拉克在分析中并没有使用更为中性的"神女"[courtesan] 一词）；又或者是乔治·巴塔耶（Georges Bataille）所谓的，艺术家和模特瞬间的目光交错（Hanson, 1977: 52)。这也呼应了史密斯和简克斯的观点："这幅画的主题及意义都被取消了，它不过是绘画博弈的借口。"(Smith and Jenks, 2006: 163)有关《奥林匹亚》的双重感受正是巴特所谓意义模糊性的精髓，也恰恰是 YSL 广告的要害，它揭示了广告制作人们为什么会在物化 20 世纪 90 年代末的酷儿男性身份时，第一时间选择这幅充满争议的画作。与技术层面的复古不同，YSL 广告形象中的拉丁风格男模呈现着更为现代的主题，反映了千禧年的时尚转折——花花公子和他深爱的黑人女伴；后者拿着一束敬献给观者的百合花（这个观看者可以是女性，也可以是男性）[1]。

我之所以对比 1863 年的绘画与 1998 年的广告，并不是想要给二者画上等号。首先，马奈的画作只有一个作者，而广告则需要多方

1　写到这里，我不禁想起足球运动员大卫·贝克汉姆（David Beckham）也曾在时尚大片中摆出过引诱同性的姿势——其一是尼克·奈特（Nick Knight）摄制的 *Arena Homme Plus*（Summer 2000），另一个则是大卫·拉夏贝尔（David Lachapelle）拍摄的《梦幻队长》(*Captain Fantastic*)，载英国版 *GQ*（June 2002)。不仅如此，贝克汉姆本人还表示自己乐意成为一个同性恋偶像。

协同创作，包括有幸在画面上落款的索兰提和 YSL，也包括了没有留名的沃尔科夫和阿诺丹。这意味着法国先锋派的重镇已经从马奈和印象派时代的格兰德大道（Grands Boulevards）转移到了巴黎的左岸，即 YSL 工作室的所在地。但最重要的是，无论马奈的原作是不是将奥林匹亚物化为妓女，或是将女性的身体物化为商品，YSL 广告的重点则是明确的商品化——如果被物化的不是男性的身体，那也一定是男性的服饰。因此，它的内涵不仅是商品的质量，更是它与生活方式和身份等生存因素的联结。一言以蔽之，这个广告建构了品牌与艺术之间神话般的诗意联系，并以此反映品牌的卓越性和独特性。与 YSL 类似，多美（Dormeuil）用“给男人的服饰”（Cloth for Men）运动（1979—1995）向 19 世纪末的艺术和文学致敬，李维斯（Levi’s）的“溪谷定居者”（Settlers Creek）（1994）戏仿了安塞尔·亚当斯（Ansel Adams）的超现实主义风景摄影（Jobling, 2014）。因此，在这个层面上，男装广告关注的是“图像的伟大解放”——正如诗歌和叙事的解放。这是巴特在《广告的信息》中提出的观点，他认为这些广告“将幻梦重新引入人性……并由此将简单的用途转化成心灵的体验”（Barthes, 1994: 176，178）。

时尚是一种原乐的文本

当然，这一理论的开放性和符号任意性的本质一直以来也收到了不少批判。譬如，詹姆斯·埃尔金斯（James Elkins）曾指出：“符号过度简化了图片”（Elkins, 1995: 824），史蒂芬·希斯（Stephen

Heath）甚至直言“符号学只会为自己招致混乱”（Heath, 1974: 65）。事实上，巴特也意识到了这一点，因此将符号学称为“当代知识中的未知数”（Barthes, 1982: 474）。他也从来不认为符号学是一种放诸四海皆准的分析方法，可以让我们对任何事都侃侃而谈，“符号学的界限一旦划清，便不再是一个形而上的陷阱。它是一门科学，一门必要而不充分的科学”（Barthes, 1973a: 121）。因此，所有的符号都有其历史语境，符号学也并没有抹杀别的理论模式和研究，反而可以作为其他路径的补充，并与之共存。所以，我认为我们可以从“阅读之情欲”（erotics of reading）的角度进一步发展《流行体系》的观点。在理查德·霍华德（Richard Howard）看来，“阅读之情欲”是巴特《文之悦》（1990）的核心，因而也是令服饰的符号和符号 – 功能成为凝聚体验之形式的关键。

值得注意的是，巴特在《流行体系》中指出 :“时尚的愉悦禁止一切美学和道德上的不快……它是一种母亲的语言，‘保护’着女儿免受一切邪祟的侵害。”（Barthes, 1990: 261）然而，这一论调在艾尔莎 · 夏帕瑞丽（Elsa Schiaparelli）或亚历山大 · 麦昆（Alexander McQueen）这类注重性感的设计师面前显得苍白无力（Evans, 1999, 2003）。此外，这一观点还否认了时尚传播中所有离经叛道的信息，包括毒品、情欲和痛苦（Arnold, 1999）。

然而，巴特在《文之悦》中也强调了性快感和“重新分配语言”而产生的碰撞或断裂。这就落入了所谓“原乐”（jouissance）的范畴。需要指出的是，在巴特看来，这场断裂其中一方是语言的习俗和预期用法，而另一方则具有意外性和破坏性，它“可以显现出任意的轮廓”（Barthes, 1990a: 6）。可对巴特而言，碰撞的双方没有主次之分，文本的愉悦和情欲恰恰潜藏在二者的缝隙之中，凸显了“一种全新的消费美学”（Barthes, 1990a: 58）。正是这种边缘性和颠覆性让时尚得以理直气壮地传播。例如，泰利·理查森（Terry Richardson）的《谁说时装无关紧要？》（*Who says couture is irrelevant？*）（*Frank*, October 1997）将镜头对准了一位身穿亚历山大·麦昆红色晚礼服的瘾君子；而马里奥·特斯蒂诺（Mario Testino）则在《傲慢与快乐》（Pride and Joy）（*The Face*, April 1997）中拍摄了一位独自在家的少年，他试穿了母亲的内衣，并在被子里自慰。由此可见，所谓的“原乐”（bliss）即是“粗糙的、噼啪作响的；是爱抚厮磨；也是切割脱离”（Barthes, 1990a: 67）。此外，原乐的文本没有偏向，也从不发出批判，所以它一直考验着我们。事实上，它让我们变成了一个个无言的窥伺者，“愉悦（pleasure）可以用语言表达，原乐则不然”（Barthes, 1990a: 17, 21）。因此，所谓的“缝隙”其实是读者的领地，而原乐的文本则会将其变成一个在现象学意义上具备肉身和个性的主体：

> 文本的愉悦来自于我身体对其自身理念的追寻——因为我的身体无须与我的意志保持一致……一旦我试图“分析”一个令我愉悦的文本，那么我所获得的就并非某种“主体性”（subjectivity），而是我的“个体性”（individuality）。它让我的身体拥有其自身的苦痛和愉悦，并区别于他人。（Barthes, 1990a：17, 62）

如今的时尚充斥着性感，全球的杂志和广告满是性和愉悦的错误呈现，原乐文本的颠覆性应当引起我们的重视，一如巴特在 20 世纪 60 到 70 年代所做的那样。

结语

当然，本文并不认为巴特的分析是完美无缺的，而是希望由此介绍巴特著作的影响（包括时尚修辞和日常物品的意义），揭示他的观点是如何启发后世学者，并为他们所用的。例如，让·鲍德里亚（1996）和让－马里·弗洛克（Jean-Marie Floch, 2001）进一步阐释了“符号—功能”中物品实用性和符号性的张力。另一方面，安格内·罗卡莫拉（Agnès Rocamora）（2009: 65-156）将书写服装的概念从时尚传播中的图片说明文扩展为更大的话语分析，其内容涵盖了报道、采访和专题文章。此外，巴特在《今日神话》（*Myth today*）中指出了符号系统的意识形态和神话目的，而迪克·赫伯迪格（Dick Hebdige）则用其分析亚文化和风格（1979），朱迪斯·威廉森（Judith Williamson）对广告意义的开创性研究也是这一路径的产物（1978），帕特里夏·克雷费托（Patrizia Calefato）对风格、服饰、时尚身体和时尚媒体的社会语言学分析同样源出于此（2004）。

也许巴特著作最有趣的地方在于，一旦他已经举了明确的图像或物品为例，就很少进一步描述自己的分析对象，因此他的文章总是充满洞见、意义丰富且不拘于注释。这也是最为乔纳森·卡勒（1975, 1983）诟病的一点。我在考察巴特《流行体系》中有关书写服装的观点时，也有这样的感受。巴特在书中引用了“一件运动开衫，把领子合上就变成了一件正装”一句，但是我根据他的注释，在 *Maire claire* 和《时装之苑》上都没找到这句话。所以这应该并不是原文，而是巴特对类似句子的转述（Jobling, 1999: 86-88）。然而更重要的是，本文中分析的 YSL 广告和 T 恤都是非语言的符号。正如巴特曾经指出的那样，任何符号分析“早晚都必须找到一种语言（一般意义上的语言）。符号分析不仅是一种模型，更是一个构件、一个中介、一个所指”（Barthes, 1973: 11）。这可能是巴特的符号学研究留给我们的最深刻的遗产。它证明了在这个大众媒体和大规模生产的时代，我们都是串通一气的符号学家，尽管不必局限于巴特的理论框架，“现代人，或者说都市人都在阅读上花费时间。意指（signification）变成了现代世界的思考模式，取代了之前构成实证主义科学反思的‘事实’（fact）”（Barthes, 1994: 157, 159）。在这个意义上，我们前所未有地接近自发的符号学（spontaneous semiotics）。巴特本人也在《神话修辞术》（*Mythologies*, 1973）的许多文章中指出了这一点，例如《肥皂粉与清洁剂》（*Soap-powders and detergents*）、《塑料》（*Plastic*）和《嘉宝的脸》（*The Face of Garbo*），另一些关于服饰和时尚的文章则收录于其选集《时尚的语言》（*The Language of Fashion*, 2006）。

参考文献

Arnold, R. (1999) ‘Heroin Chic’ in *Fashion Theory*, 3 (3): 279-295.

Barthes, R. (1971) ‘Réponses’ [interview] in *Tel Quel*, 47 (autumn): 89-107.

—— (1973) *The Elements of Semiology*, A. Lavers and C. Smith (trans), New York: Hill and Wang.

—— (1973a) *Mythologies*, A. Lavers (trans), London: Paladin.
—— (1978) *Image, Music, Text*, S. Heath (trans), Glasgow: Fontana Collins.
—— (1982) *Camera Lucida*, R. Howard (trans), London: Flamingo.
—— (1990) [1967]) *The Fashion System*, M. Ward and R. Howard (trans), Berkeley and Los Angeles: University of California Press.
—— (1990a [1973]) *The Pleasure of the Text*, R. Miller (trans), Oxford: Basil Blackwell.
—— (1994) *The Semiotic Challenge*, R. Howard (trans), Berkeley and Los Angeles: University of California Press.
—— (2006) *The Language of Fashion*, A. Stafford (trans), Sydney, Aus: Power Publications. Baudrillard, J. (1994) *Simulacra and Simulations*, S.F. Glaser (trans), Ann Arbor, MI: University of Michigan Press.
—— (1996 [1968]) *The System of Objects*, J. Benedict (trans), London and New York: Verso.
Calefato, P. (2004) *The Clothed Body*, Oxford and New York: Berg.
Champfleury (1869) *Les Chats*, Paris: J. Rothschild.
Clark, T.J. (1985) *The Painting of Modern Life: Paris in the Art of Manet and his Followers*, London: Thames and Hudson.
Cotton, C. (2000) *Imperfect Beauty: The Making of Contemporary Fashion Photographs*, London: Victoria and Albert Museum.
Culler, J. (1975) *Structuralist Poetics: Structuralism, Linguistics and the Study of Literature*, London: Routledge, Kegan and Paul.
—— (1983) *Barthes*, London: Fontana.
Elkins, J. (1995) 'Marks, Traces etc.: Nonsemiotic Elements in Pictures' in *Critical Inquiry* (summer): 822-860.
Evans, C. (1999) 'Masks, Mirrors and Mannequins: Elsa Schiaparelli and the Decentered Subject' in *Fashion Theory*, 3 (1): 3-31.
—— (2003) *Fashion at the Edge*, New Haven, CT and London: Yale University Press.
Floch, J.M. (2001) *Semiotics, Marketing and Communication: Beneath the Signs, the Strategies*, London: Palgrave.
Hamilton, G.H. (1969) *Manet and his Critics*, New York: Norton.
Hanson, A.C. (1977) *Manet and Modern Tradition*, New Haven, CT and London: Yale University Press.
Heath, S. (1974) *Vertige du Déplacement*, Paris: Fayard.

Hebdige, D. (1979) Subculture: *The Meaning of Style*, London: Methuen.

Homer, W.I. and Johnson, C. (2002) *Stieglitz and the Photo-Secession 1902*, New York: Viking Press.

Jobling, P. (1999) *Fashion Spreads: Word and Image in Fashion Photography since 1980*, Oxford and New York: Berg.

—— (2002) 'On the Turn—Millennial Bodies and the Meaning of Time in Andrea Giacobbe's Fashion Photography' in *Fashion Theory*, 6 (1): 3-24.

—— (2011) '"Twice the va va voom?": Transitivity, Stereotyping and Differentiation in British Advertising for Renault Clio III' in *Visual Studies*, 26 (3): 244-259.

—— (2014) *Advertising Menswear: Masculinity and Fashion in the British Mass Media since 1945*, London and New York: Bloomsbury.

Needham, G. (1972) 'Manet, Olympia, and Pornographic Photography' in T.B. Hess and N. Nochlin (eds), *Woman as Sex Object*, New York: Newsweek.

Rocamora, A. (2009) *Fashioning the City: Paris, Fashion and the Media*, London: I.B.Tauris.

Rylance, R. (1994) *Roland Barthes*, London: Harvester Wheatsheaf.

Saussure, F. de (1996 [1916]) *The Course in General Linguistics*, R. Harris (trans), Chicago and La Salle, IL: Open Court.

Sims, J. (2011) *Icons of Men's Style*, London: Laurence King.

Smith, J.A. and Jenks, C. (2006) 'Manet's Olympia' in *Visual Studies*, 21 (2): 157-166.

Tinterow, G. (2003) *Manet/Velazquez: The French Taste for Spanish Painting*, New York: Metropolitan Museum of Art.

Williamson, J. (1978) *Decoding Advertisements: Ideology and Meaning in Advertising*, London: Marion Boyars.

9

ERVING GOFFMAN

Social Science as an Art of Cultural Observation

欧文·戈夫曼

作为一种文化观察艺术的社会科学

伊夫兰特·特斯隆
Efrat Tseëlon

引言

欧文·戈夫曼（1922—1982）是一位加拿大籍犹太学者，也是 20 世纪最重要的社会学家之一。他提出的很多概念，业已成为社会学研究的关键词。作为一个富有争议性的人物，有人辱骂他，也有人崇敬他。戈夫曼旗帜鲜明地反对和抵抗社交礼仪的规则，这既体现在他个人行为方面，又反映在其学说之中。他愤世嫉俗、质疑批判、尖酸讽刺的观点，不断引发和激化各种批评的声音。他被认为是一个特立独行的社会学家，一个“邪派的理论家”，一个“彰显了最佳社会学想象力的教授”（Fine and Manning, 2003: 481）。与此同时，他也是一位兢兢业业的学者。他通过精益求精的阅读、思考、写作和辩论，不断积累和夯实自己的才华。由于他既不关注社会的深层结构，也不关注个体的能动性，所以我们很难将他归类。然而确定的是，他致力于探索日常生活中互动的微观结构，并认为它比经济、政治、教育或宗教等传统的社会学宏观结构更重要。

1953 年，戈夫曼在芝加哥大学获得博士学位，其论文研究的是苏格兰设得兰岛（Shetland Island）乡村社区的社会互动。当时，设得兰岛的本地人并不知道他前来的真正目的，这有助于他观察当地居民的客观真实行为。他在论文中详细论证了（为使他人相信自己的道德地位而采取的）个人“门面”（fronts）模式。此后，他在学术界迅速崛起，并成为宾夕法尼亚大学人类学和心理学的著名教授。1968 年，他被选为美国文理学院院士。在 20 世纪的最后十年，他在公众领域广受欢迎，甚至登上了《时代》杂志。他的专著《日常生活中的自我呈现》（*The Presentation of Self in Everyday Life*）在全球销量超过 50 万册，并于 1995 年被《泰晤士报》文学副刊评为“二战”以来最具影响力的 100 本著作之一。他的另外两本专著《精神病院》（*Asylums*, 1961）和《污名》（*Stigma*, 1963）也伴随这一热度而得以迅速普及，彰显了他在学科领域之外的公众影响力。戈夫曼成绩斐然的学术生涯，为英美大学的社会学学科发展及教育留下了大量的遗产，这充分体现在教学大纲、教科书、论文、字典和百科全书之中。

从方法论的角度来说，戈夫曼将微观调研数据与宏观概念阐释结合起来，并开创了一门新学科——面对面的日常互动研究。在戈夫曼标志性的田野调查中，他将统计数据、轶事证据以及（小说、传记或回忆录等）文学文本熔于一炉，创造了个人和集体的原初话语。他的研究包含了很多日常经验中生动而鲜活的细节，因此对普通大众来说也富有吸引力。具体来说，他通过系统研究小范围的相互作用，来分析大范围的社会力量。他的分析、划类和论述，启发了相关领域的其他研究，以至于后继者们提出了一整套理论框架，来分析那些可被观察、无标记性的日常行为，尤其是那些在城市环境中不常见的行为。

在这一章中，我将综述戈夫曼在人类行为研究中所生发的重要概念，并试图将这些概念应用于服装和时尚研究之中。我认为戈夫曼的方法是独特的：它既不单单专注社会结构，又不仅仅考察个人行为。他对社会生活的分析，是以文化观察为基础的。也就是说，通过观察个人行为，他也思考了文化生产并探究了行为规律。而我则延伸他的概念和路径，提出一种所谓“衣橱方法”（wardrobe approach），来研究个人独特性的日常服装，思考它们如何成为个人性的经验、互动和词汇的一部分。这样一种研究方法，与被我称为“刻板印象法”（stereotype opproach）的路径构成了对比。“刻板印象法”主要聚焦于社会结构，其研究对象为标志性服装、仪式化服装和过度编码的服装，例如博物馆的展品、设计师的服装、各个行业的制服、特定群体或生活方式（如哥特风格、舞会礼服等）的服装等（Tseëlon, 1989, 2001）。我认为，在时尚研究方面，遵循和扩展戈夫曼的方法，能够帮助我们挖掘服装历史和物质性之间的罅隙，也能令我们沟通消费者行为和参与者观察之间的鸿沟。

戈夫曼的互动秩序

戈夫曼对大多数社会科学领域都有着深远的影响，这从他的作品的极高被引率便可看出。然而事实上，对其理论的详细研究并不多。几乎所有社会科学家都能对他某些概念发表看法，但很少有人能以自己的方式来研究他的思想。社会科学家们倾向于将其著作中同自身利益相关的部分拿来，并加以适当处理（Fine and Manning, 2003）。但正如彼得·曼宁（Peter Manning）所说："戈夫曼的思想总是被引用来说明这个或那个理论，但它其实聪明、独特和巧妙地提出并论证了现代生活中的一个核心困境——我们彼此都相互亏欠。"（Manning, 2008: 677-678）。

戈夫曼提出了一个基本的社会学问题："什么令社会秩序成为可能？"为了回答这一问题，戈夫曼勾勒出一个由（支配我们行为的）隐含规则所构成的"互动秩序"（interactional order）系统。在《公共场合的关系》（*Relations in Public*）一书中，他观察到"即便是非常正式的社会规范（例如道路交通规则），也会留下许多默认的痕迹"（1971: 126）。举个例子：即便我们在家里的私密空间中，也会部分根据社会规范和期望来选择穿什么。尤其当我们无意中穿多或穿少的时候，这些隐含规则或潜规则就会发生作用。这些隐含规则建立在一个道德系统的基础之上，这个道德系统旨在挽回社会互动中所有参与者的面子。这一道德系统反映了自我被承认和支持的需要，并以对自我和他人相互约束的义务准则为基础。这些隐含规则和道德系统令我们建立起对社会世界的自信和信任，令其具有可预测性、稳定性和秩序性。戈夫曼在 1982 年（也就是他去世前不久）于美国社会学协会的首席演讲中，提到他致力于一个科研项目，内容是将互动秩序的语法规则正式化："多年来，我一直积极促进人们对（作为一种可行性分析的）'面对面'领域的接受。这样一个领域暂时没有更好的名称，也可能会被重新命名；它所首选的研究方法是微观分析。"（1983: 2）。

戈夫曼所强调的互动秩序法则，在时尚领域其实表现得相当明显。在《着装、法律与赤裸裸的真相》（*Dress, Law and Naked Truth*, 2013）一书中，盖瑞·瓦特（Gary Watt）将法律与时尚进行了类比。他指出，身体外观的秩序规定了我们的行为，令其更符合自我保护和投射的目的。他举了一个例子：苏格兰的一个赤身裸体的流浪汉，在公共道路上不穿衣服行走——他只是做了自己认为正确的事情，然而却很快被监禁了。"裸体"这一行为，被这个流浪汉定义为"做自己"的方式；然而当他继续裸体出席听证会时，这一行为便成为藐视法庭、"公开猥亵"和"破坏和平"的罪证。瓦特认为，这一案件暴露了一种基本态度：赤身裸体是不雅观的，而着装（或着装的人）是有权监督道德界限的。因此，服饰与社会秩序密不可分。在西方社会的日常生活中，我们理所当然地认为人们都期望穿着衣服，并不假思索地参与这一规范的实施与巩固。对这一规范的挑战，确认了它的存在与力量，正如赤裸的流浪者的行为导致了自己的不幸。这个例子虽然听起来很简单，却强调了服装基本法则的作用。我想说，戈夫曼的互动秩序法则与之类似：通过违反这些法则来对其质疑，从而确定它们的边界。

表演的拟剧模式

时尚研究（服装和外表研究）对戈夫曼的引用，主要集中于他著名的《日常生活中的自我呈现》(1959) 一书中的“表演”(performance) 概念。戈夫曼提出“自我呈现”的概念和“拟剧”(dramaturgical) 的隐喻，将戏剧作为分析人类行动意义的框架。他认为，当一个人出现在他人面前时，他或她试图将自己呈现在一种更有利的“光照”(light) 之下，以影响别人对当下情形的认知以及他人对自己的“印象”(impression)。个体的“演员”(actor) 有两种呈现自我的渠道：有意提供的信息和无意提供的信息。这也是戈夫曼分析的重点。

社会化的“演员”，不断声称自己是一种特殊的人。为了使这一声称具有有效性，“个人被期望拥有某些属性、能力和信息，这些属性、能力和信息结合在一起，形成了一个既连贯统一又适合当下情形的自我”(Goffman, 1959: 268)。这样一种表演诉求，通过演员自身环境中的视觉和物质元素（如道具、衣服、化妆和肢体语言等）得以强化。这种“表演”，是通过对身体表达的规范性期望来维持的，包括哪些身体部位可以暴露出来、哪些身体部位需要遮盖、哪些姿势是不可接受的、哪些私人空间是可以被容忍的、哪些服装是在正式场合才能穿的等。这种“情境礼仪”(situational proprieties) 的默示规则 (tacit rules)，定义了可被接受的“身体习语”(bodily idiom)。戈夫曼认为，个人的外表和衣着，区分了所谓的规范性行为和偏差性行为。偏差性行为，常见于无视社会秩序的流浪汉或不懂社会秩序的精神病人，等等。例如，精神病患者可能会在椅子上懒洋洋地坐着，将衣服弄乱或弄皱；

其中的女性在穿裙子时可能不会按照西方规范来并拢双腿。这些偏差性行为令精神病患者被标记为“局外人”（outsiders），并显现出秩序规则之外的细节。精神病人并没有尊重或遵守一种（以控制身体和外表为基础的）规范性期望——这些期望并非是身外之物，而是一种“持续性的自我监控”（sustained self-monitoring），在赋予“演员”能动性的同时满足社会文化的期望。

所有的“演员”和“观众”，都被锁定在一个旨在挽回面子的游戏中。戈夫曼指出，我们试图管理“印象”的首要原因，是希望（自己在和他人的会面中）确保参与者之间的合作，以避免廉耻、羞辱、丢脸和尴尬的发生（Scheff, 2014）。这些激励因素促使人们融入社会，避免产生冲突或异常的关注。“尴尬”（embarrasment）会令别人怀疑自己所对外宣称的人格可信度，并可能会使自己失去冷静。如果失去了这种平衡，那么很可能导致情绪的爆发，表现为对自身外表的忽略以及不自觉的抽搐，等等。当然，它也可能被隐藏在外表的“表演”之下。一时失礼而丢面子，实质上类似于一种蒙羞式的“受损身份”（spoiled identity）。戈夫曼所说的“受损身份”，指的是个体或群体在身体或精神方面具有社会所不期望或不名誉的某些特征，从而降低了其社会地位。

“尴尬”作为一种重要性的激励因素，是以观众为前提的。一个公共的自我，需要被特定的观众激活，而观众不一定得在场。研究表明，在影响人们的自我呈现方面，想象中的观众同样有效。戈夫曼（1963a）根据不同类型的参与者和观众，区分了三种不同的会面类型：“邂逅”（encounters）、“社交场合”（social occasions）和“社交聚会”（social gathering)。他认为，人们在面对不同类型的观众时，社会期望会达到不同的目的。一个人在熟人中会保持亲密，而在陌生人中会获得信任。

虽然戈夫曼并没有单将时尚和外表作为一个独立分支的主题进行研究，但他将服装视为构成演员“个人门面”（personal front）的要素之一，这些要素包括职位或级别、种族特征、尺寸和外貌、肢体语言等（1959: 23-24）。戈夫曼把社会生活比作戏剧，把舞台分为“后台”（back stage）和“前台”（front stage）；前台是表演的空间，而后台则是为演出做准备的地方。这样的区别，很容易让人以为前台是一个公众面具，而后台则是真实自我的展示地；然而，对戈夫曼来说，后台并不比前台更真实；二者只是不同类型的舞台，拥有不同的期望，演给不同的观众看。

戈夫曼也是第一个将身体训练过程描绘为自我“外观”（façade）模式的人（另可参见本书第 11 章中福柯的“规训”概念）。戈夫曼认为，人们为获得某种身份而在日常生活中呈现身体。他也展示了这样一种表演或行为的基本规则，并由此将身体和外表置于舞台中央。利兹·弗罗斯特（Liz Frost）观察到，在戈夫曼开创学说后的几十年里，受其影响，很多研究都致力于发掘外表和形象的意义。这些研究将外观视为身份的一个必要性内容，而非一个额外性选项（Frost, 2005）。

重要的是，戈夫曼对于戏剧的隐喻化应用，质疑了“固定身份”（fixed identity）的概念。他以一种表演性的视角，强调了身份的动态定义，认为身份并非一种“存在状态”（state of being）而是一种“行为表演”（acts of doing）（另可参见本书第 17 章中巴特勒关于“操演”的概念）。身份，是在社会互动过程中由于不断重复行为剧本而形成并延续的一种社会产品。因此，它并不“存在”于个人之中：“它是一种戏剧性的效果，从呈现的场景中弥漫开来”（Goffmam, 1959: 252–253）。因此，身份被定位在“社会控制的模式”之中，而这种模式“是一个人在同自己及他人关联的过程中施加的”（Goffman, 1961b: 168）。

因此，戈夫曼所定义的演员，并不具有表演“背后”的本质；换言之，演员即表演。

衣橱方法

对于时尚研究来说，戈夫曼的方法提供了一种将服装视为“生活体验”（lived experience）的视角。我对戈夫曼的一些主要思想进行了实证和概念研究，尤其体现在《女性气质的面具：女性在日常生活中的表现》（*The Masques of Femininity: The Presentation of Woman in Everyday Life*, 1995）一书中。这本专著表达了我本人对戈夫曼的一种敬意，并希望能够延续和扩展他对于日常生活细节的关注。我通过对于个人和集体进行细致访谈，并糅合了实验室实验、现实生活实验以及涵盖服装行为的详尽问卷调查，创建出一种所谓的“衣橱方法”。这种方法优先考虑“普通服装”而非“历史服装”或“设计师服装”，从穿衣者的角度研究了衣服的含义以及人们选择衣服的理由。与此同时，我借鉴了“符号互动论”（Symbolic Interactionism）的方法，将“意义”视为人们通过互动所进行的社会建构和协商。作为一种微观社会学理论，“符号互动论”认为人们是根据事物其意义来对待事物的，而这些意义来自所谓的“社会互动”（social interaction）。

我的研究方法，为时尚研究开启了一个基于过程分析的研究分支。我针对流行的“刻板印象法”（即“向外看”，强调艺术和服装史学家、策展人、设计师和社会学家等时尚专家的角色），提出了一种“向内看”的方法（更注重服装使用者的角色）。“刻板印象法”在本质上是基于对象的（尤其基于某些群体性特征），惯性地将意义归因于衣服，而忽略了服装的使用、个体语境和人际意义。

戈夫曼针对不同种类观众和不同种类情境规则的区分，为我个人在研究中分析和解释数据提供了有力的工具。在这些研究中，参与者们就如何选衣服、穿某件衣服的原因以及衣服对他们的意义等问题发表了详细的意见，也提供了具体的做法。用戈夫曼的概念来说：在“邂逅”的场合中，衣着要么是次要的，要么是重要的（例如工作面试或约会）；在“社交场合”中，行为是通过着装规范等确定性礼仪来监控的；而“社交聚会”作为随意性的聚会，其中“普遍性他人”（generalised others）的衣着和礼物只要在可接受范围内，便没有什么大问题。相较而言，前两种情况（邂逅和社交场合）比社交聚会更强调一种外表意识。

举例说明：不同的氛围（安全信任的氛围 vs 被批评和暴露的氛围）会令女性付出不同程度的努力和关注来打理自身外表。虽然她们其实也挺在意自己独处时的穿着；但一般来说，相对于家人和朋友，她更关注自己在陌生人面前的外表。通常情况下，“情境焦虑”（situational anxiety）发挥了礼节规范的功能，形塑了女性和（作为衣服展示对象的）他者的关系。而在女性独处时，“上演 / 休演”（on-show/off-show）的维度则变得更加重要：“上演”指的是一种被观察、被审视和被评判的感觉,而"休演"则是一种不上妆、安全和不被看见的感觉。阿尔玛·埃尔利赫(Alma Erlich)在关于个人护理产品所进行的民族志研究(1987)中,也应用了这一区分。因此,相对于放松的环境(例如社交规范较少、周围都是自己的朋友或不在意的陌生人等),女性在处于压力状态或陌生人环境中会产生更多的服装意识。当她们觉得自己有可能会被别人评价或判断时,就往往用衣服来增强自信。这种情况,一般发生在与不熟悉的陌生人、"普遍性的他人"或重要的贵人等交往或接触的场合。而在熟悉的观众群中,女性往往感到放松和被接纳,于是并不在意自己的外表,甚至愿意尝试一些大胆的穿着和行为。另外一些人际关系因素也会影响到女性的穿着打扮,例如她们会调整自己的服装以不冒犯年长的亲戚,或避免因为穿得太隆重而令客人难堪,等等。

苏菲·伍德沃德(Sophie Woodward, 2007)将民族志的维度增加在对女性穿衣选择的研究中,从而对"衣橱方法"进行了补充。她深入考察了女性从衣柜中选择衣服的过程,尤其关注她们在公开呈现的幕后所做的决定。她的研究表明,如果不看选择的过程,就根本无法完全理解人们穿什么。尤其,在"后台"被拒绝的衣服,同被选择的衣服一样具有意义。最近,丹尼尔·米勒(Daniel Miller)和苏菲·伍德沃德对蓝色牛仔裤的研究(2012)支持了我的结论,即"可见性"(visibility)在全世界范围内都是着装决定的关键性维度;也呼应了我所提出的"符号学疲劳"(semiotics fatigue)概念,即时尚研究者和大众文化观察家都认为,衣着比穿衣者本身更具意义(Tseëlon, 1989, 2012)。两位学者在对全球范围内牛仔裤的研究中,发现蓝色牛仔裤的"平凡性"(ordinariness)代表了一个符号学意义上的自由避难所,即一个避免了归类、解释、判断或瞩目的空间，一个能提供安全性和舒适性的默认位置——正如戈夫曼所说的“后台”一样。

真实还是欺骗?

戈夫曼认为，自我呈现的本质是“成为一种特定的人，不仅要具备所需的属性，而且要维持社会群体的外表与行为标准”（1959: 81）。这一定义，适用于口头和非口头两种形式的自我呈现。从职业的角度来说，这种期望会令持有某一类资格证书（职业能力证明）的专业人士穿上特定的职业装（例如配上一套漂亮的西装或设计师服装），并且会避免某些穿衣风格（例如蓬乱、邋遢）。

戈夫曼的理论，被认为描绘了一种人性的“操控论”（manipulative view）。这样一种“操控论”，被“印象管理”（impression-management）研究的学者们（Bolino, 2008; Durr and Harvey Wingfield, 2011; Kumra and Vinnicombe, 2010）所生发和扩展。“操控论”的主要观点，很大程度上源于对戈夫曼“控制情境定义”（controlling the definition of the situation）这一概念的发展。如果人们想用最好的方式展现自己，那这样的行为在本质上是一种欺骗还是仅仅是为了防止被伤害？按照“印象管理”的观点，“自我呈现”和“错误呈现”这两个概念是一致的，可以相互交换使用（Tseëlon, 1992a, 1992b）。

或许一些原因能够解释“错误呈现”，例如戈夫曼早期曾对骗子（conman）进行研究（1952）并阐明了人如何识别纯粹呈现的机制。根据他的观点，“错误呈现”塑造了不完美的骗子角色，可被概括为“作为骗子的人类肖像”（a portrait of the human as conman）。这一案例也揭示了戈夫曼的理论建构过程：他会审查和研究极端情况，以发掘这些情况所依赖的世俗假设。

此外，戈夫曼的“拟剧”理论令我们思考一个问题：每个人都可能连贯性地自我演出一系列连续剧。习俗、传统和习惯，再加上语境和观众，为这一出连续剧塑造了一种适当的表演模式。人们在不同阶段的不同表演，是为了持续性地满足自我和他人面子的需要。辛迪·凯恩（Cindy Cain, 2012）将戈夫曼“前台 / 后台”的区分应用于分析临终关怀医院的健康护理工作，发现护工们在“前台”面对患者时表演出一种“同情”（compassion），而在“后台”则表现出一种“冷漠”（detachment）。

戈夫曼在其关于“角色距离”（role distance）的文章中澄清，他不赞成对行为的真实性进行意识形态的判断：

> 社会思想和意识形态具有一种倾向：将个人行为划分为世俗和神圣两个部分。世俗的部分被认为是社会角色的义务世界，是正式、僵硬和死亡的，也是由社会所要求的；而神圣的部分则与“个人”的事情和“个人”的关系有关，指的是当一个人放松并摘下外在面具时“真实”的状态。（Goffman, 1961a: 152）

戈夫曼认为，被管理的行为并不一定具有欺骗性；舞台之外的行为也并不等同于“缺乏舞台”（lack of stage），而是进入了“一个不同的舞台”。也就是说，所有的行为都是在舞台上上演的，所面对的要么是现实中的观众，要么是想象中的观众。

在这方面，无论是戈夫曼抑或“印象管理”研究的学者们，都不怎么涉及服装本身，或者只认为服装是面对面交流的辅助性手段。对戈夫曼来说，“对个人外表或‘个人阵线’（服装、化妆、发型和其他装饰等）的严格管理”是一种发射各种自我信号的机制（Goffman, 1959: 25）。

我个人将戈夫曼的理论作为一个整体性的独创理论加以应用，并结合服装研究数据来审视其概念和观点的有效性。我所提出的问题是本体论层面的：从服装的角度来看，戈夫曼式的演员是一个试图不丢面子的诚实人，还是一个故意耍手段的欺骗者？我的研究旨在将戈夫曼的原始模型同“印象管理”学派相比较，将行为的自我呈现转化为服装的自我呈现，尤其思考“真诚”（sincerity）和“努力”（effort）的功能。具体来说，我研究了以下假设：

1）在一个熟悉的观众面前呈现的“努力”，是不“真诚”的。

2）“努力”向不太熟悉的观众展示一个更好的形象，是一种口是心非的“欺骗”。

3）有意识地注重外表，其实是想要呈现或隐藏一个“虚假”的形象。

根据第一个假设，比起独处或与家人在一起，女性同陌生人在一起时更注重外表。但对结果的更深入研究表明，心理上和生理上的舒适度与暴露之间存在着居间变量（详见表 9.1）。对外表的关注，不仅仅存在于陌生人面前；在亲密的互动中，对外表的注重也可被视为一种货币。事实上，当被调查者和熟人在一起时，她们可能会更加注重外表，因为在这种情况下她们会感到安全和自信。

表 9.1

在群体中，你外表的重要性	对于你自己来说	对于你所遇到的陌生人来说	对于你熟悉的家人和朋友来说
Tseëlon,1989, 1992a (N=160)	3.5	7.7	4.5
Phillips, 2014 (N=74)	3.7	7.7	4.7

注：结果显示为 1~10 内的数字。

根据第二个假设，女性并不想以一种与其“本来面目”相去甚远的方式着装；或者按照我的说法，她们会觉得“我不想假装变成一个完全不是自己的人”（Tseëlon, 1992a: 510）。他们希望向陌生人投射一个“总体形象”（summary image）而不是一个“虚假形象”（false image）。

根据第三个假设，一个人有意识地注意外表，是不安全感的表现。在可见度高的情况下，女人们用穿衣来增强自信，无论是穿着正装还是昂贵的衣服。

可以说，戈夫曼以一种“非道德”（amoral）的方式提供了自我呈现的修辞，而“印象管理”研究则以一种“不道德”（immoral）的方式诠释了自我呈现的词汇。对戈夫曼来说,“公众”（public）是一种“可见性”（visibility）的条件；而对于“印象管理”学者来说，“公众”则是一种潜在的“欺骗”（duplicity）信号。对戈夫曼来说，“拟剧”框架并不意味着真诚的行为需要具有“自发性”（spontaneous），舞台的管理与计划也可以是很真诚的。戈夫曼认为：“虽然人们通常都是他们看起来的样子，但这样的外表仍然可以被管理。”（Goffman, 1959:

77）戈夫曼所关注的，是创造外表的机制，而非外表与现实之间的关系。他强调，虽然所有不诚实的行为都是“舞台化”的，但并非所有“舞台化”的行为都是不诚实的。换言之，戈夫曼的理论并非一种“欺骗心理学”（psychology of deception），而是一种“戏剧符号学”（semiotics of drama）。

最新一些以戈夫曼理论来分析自我呈现的研究发现，人们在脸书（Facebook）等社交媒介上不光表现出一种“改进的自我”；尤其在数码自拍（selfies）文化中，人们并不能完全控制自己在网上显示和传播的图像（例如在脸书上被别人的照片所标记）。马修·伯恩鲍姆（Matthew Birnbaum）等学者称，人们使用脸书的主要动力，是寻求社会支持（Birnbaum, 2008; Wong, 2012）。事实上，高曝光往往同时伴随着高度个人化、敏感化和潜在污名化信息的暴露（Nosko, 2010）。

恐惑的方法

为了揭示维持“社会互动”的动力并检验“社会互动”的功能，戈夫曼将民族志方法和细致观察相结合，同时借用了隐喻、幽默、讽刺和极端例子等文学技巧。这些文学技巧，被戈夫曼用来作为一种批判性的视角，来解构常识性范畴或固化的坚定信念，帮助他重新建构潜在的秩序。

我把戈夫曼的方法称为一种（对制度进行）解构的“恐惑方法”（the uncanny method）。“恐惑”（uncanny）这一概念来自弗洛伊德的论述，它描述了一个现象，即熟悉的事物有时会变得陌生（1955[1919]）。从策略上来说，这种“恐惑方法”可以用来接近平庸的日常生活，以一种好奇心来对待生活中罕见的异域情调和戏剧性。这样的思维方式，能令研究者从先入为主的概念框架中解放出来，以新的眼光看待事物。正如弗洛伊德用精神病理学来理解健康心灵的运作（参见第 3 章），戈夫曼也以类似的方式考察了那些偏离规范的行为、语言以及非故意性的交流（信息“释放”而不是信息“发出”），并如考古学家一样，试图重建人类互动的零碎画面。

克利福德·吉尔兹（Clifford Geertz, 1980）认为戈夫曼的研究强调了“游戏类比”（game analogy）在社会科学中的重要性——戈夫曼严格遵守社交互动的游戏模式，这令他并不强调“意义”。他通过关注（所观察的、所谈话的、所写出来的、所拍摄到的）行为细节（而非行为原因），来令行为的假设暴露出来。戈夫曼的调查方法，对于我们认为理所当然的规则提出了质疑。吉尔兹指出，被认为是常识的东西，是由文化所构成的，也会因文化而异。戈夫曼在理所当然的普遍性假设和它们不协调的隐喻或主张之间制造了冲突。在这一过程中，他制定了反思社会科学的蓝图，并挑战了构成日常现实的制度体系。戈夫曼在他早期的一份声明中说：

> 至少在我们的英美社会中，似乎没有任何一种社会相遇，能够不令其中的一个或多个参与者感到难堪，从而导致被称为“事故”或“欠妥”的事情。通过倾听这种不和谐的声音，社会学家可以概括出互动中可能出错的方式，并得出正确互动的必要条件。

（Goffman, 1967: 99）

此外，他也认为："导致尴尬的事件以及避免尴尬的方法，能够提供一个社会学分析的跨文化框架。"（Goffman, 1959: 266）。

戈夫曼这种创新方法论的一个例子，是他对"受损身份"的动态定义：他将其视为一种可见性的"残疾"或潜在性的"受损"。在《污名》（1963b）一书中，戈夫曼阐述了这样一种观点：我们都被潜在地"污名"化了，所以"我们都学会了管理自己的污名化信息"（1963b: 9）。一些学者将"污名"作为一个实质性领域（例如在偏差社会学或医学社会学的背景下）进行研究，例如萨曼莎·霍兰德（Samantha Holland, 2004）和因西·安科克（Inci Ozum Ucok, 2002）将戈夫曼的"受损身份"概念应用于研究女性因健康原因脱发的经历。另外一些学者则把注意力放在"污名"的"丢脸"（discreditable）层面，例如用戈夫曼的"污名"管理理解"伪装"（disguise）自我的行为（Davies, 2001），认为这样一种"伪装"的目的是避免尴尬，而且这种"伪装"的技巧或策略是可以转移的。这解释了在戏剧、娱乐业和间谍活动中私生子和男同性恋者高度集中的现象。此外，也有学者（Beloff, 2001）将"丢脸"的"受损身份"应用于女同性恋性别立场的历史分析中，认为这一身份能够在异性恋"刻板印象"（stereotypes）的内部和外部进行协商。这样一种协商，是通过一套微妙的符码（伪装、低调、朴素、优雅等）来管理的，以颠覆男性化的外观并创造另一种审美。此外，正如上文中所提到的，米勒和伍德沃德在其关于牛仔裤的著作（2012）中，以民族志的方法分析了伦敦北部蓝色牛仔裤的穿着情况。

他们细致地以戈夫曼的"污名"概念考察了牛仔裤如何成为一种手段，令那些不想被标记为"不同"的人能够变得"普通"。尤其，穿着朴素的蓝色牛仔裤，是移民设法避免"受损身份"的一种手段。

所有这些例子，都将"丢脸"的"污名"身份视为一种潜在的负面因素。而我自己在研究中试图将这一"污名"的可耻性进行拓展，并赋予其积极的属性。我认为，无论以何种方式衡量，女性的吸引力都可以被看作一种"污名"。这一方面源自女性在文化中持续不断的"可见性"，另一方面则由于"女性对于自身美丽的不确定以及对于丑陋的长期担忧，被不断建构为一种彰显社会和自我价值的行为，直到这种行为受到规范的严格管束"（Tseëlon, 1992c: 301）。因此，"女性被美的期望所污名"（Tseëlon, 1995: 88）。也就是说，吸引力必须公开表现出来，但只能是一种暂时的状态（而且是一个充满不安全感的状态）。所以对于女性来说，将美丽视为"污名象征"（stigma symbol）比"名望象征"（prestige symbol）更合适。

结语

戈夫曼对行为和文化产品的细致观察，加上他对于（挑战日常秩序的）偏执性行为的关注，使他成为意识形态批判的先驱。他致力于发掘日常世俗行为中（作用于社会互动）的隐含假设和明确技巧。他将面对面的互动确立为研究的领域——这样一个领域尽管平庸，却不琐碎，而且重要。

戈夫曼的方法，为微观分析（衣橱方法）和宏观分析（刻板印象方法）

的结合提供了路径与概念工具。戈夫曼的方法融合了各种来源的资料，包括行为（观察、访谈或问卷调查）、文化实践（研究书面规则和协议、挑战规则、分析仪式化行为）和文化产品（媒体、小说、大众文化）等，令我们更为重视时尚作为个人和集体过程的社会意义。

参考文献

Beloff, H. (2001) 'Re-telling Lesbian Identities: Beauty and Other Negotiations' in E. Tseëlon (ed), *Masquerade and Identities*, London: Routledge.

Birnbaum, M.G. (2008) *Taking Goffman on a Tour of Facebook: College Students and the Presentation of Self in a Mediated Digital Environment* [PhD thesis], Tucson: University of Arizona.

Bolino, M.C., Kacmar, K.M., Turnley, W.H. and Gilstrap, J.B. (2008) 'A Multi-level Review of Impression Management Motives and Behaviors' in *Journal of Management*, 34 (6): 1080-1109.

Cain, L.C. (2012) 'Integrating Dark Humor and Compassion: Identities and Presentations of Self in the Front and Back Regions of Hospice' in *Journal of Contemporary Ethnography*, 41 (6): 668-669.

Davies, C. (2001) 'Stigma, Uncertain Identity and Skill in Disguise' in E. Tseëlon (ed), *Masquerade and Identities*, London: Routledge.

Durr, M. and Harvey Wingfi eld, A.M. (2011) 'Keep Your "n" in Check: African American Women and the Interactive Effects of Etiquette and Emotional Labor' in *Critical Sociology*, 37 (5): 557-571.

Erlich, A. (1987) 'Time Allocation: Focus Personal Care'. Household Research Project, TIS No G87002, London: Unilever Research.

Fine, G.A. and Manning, P. (2003) 'Erving Goffman' in *The Blackwell Companion to Major Social Theorists*, Oxford: Blackwell.

Freud, S. (1955 [1919]) 'The "Uncanny"' in J. Strachey (ed), *The Standard Edition of the Complete Works of Sigmund Freud, Vol. 17 (1917-1919): The Infantile*

Neurosis and Other Works, J. Strachey (trans), London: The Hogarth Press and the Institute of Psychoanalysis.
Frost, L. (2005) 'Theorising the Young Woman in the Body' in *Body & Society*, 11 (1): 63-85.
Geertz, C. (1980) 'Blurred Genres: The Refi guration of Social Thought' in *American Scholar*, 49 (2): 165-179.
Goffman, E. (1952) 'On Cooling the Mark Out: Some Aspects of Adaptation to Failure' in *Psychiatry*, 15: 451-463.
—— (1953) *Communication Conduct in an Island Community* [PhD thesis], Chicago: University of Chicago.
—— (1959) *The Presentation of Self in Everyday Life*, London: Penguin.
—— (1961a) 'Role Distance' in *Encounters: Two Studies in the Sociology of Interaction*, Indianapolis, IN: Bobbs-Merrill.
—— (1961b) *Asylums: Essays on the Social Situation of Mental Patients and Other Inmates*, Toronto: Anchor Books.
—— (1963a) *Behavior in Public Places: Notes on the Social Organization of Gatherings*, New York: Free Press.
—— (1963b) *Stigma: Notes on the Management of Spoiled Identity*, New York: Touchstone.
—— (1967) 'Embarrassment and Social Organization' in *Interaction Ritual: Essays in Face to Face Behavior*, Chicago: Aldine.
—— (1971) *Relations in Public*, New York: Doubleday.
—— (1983) 'The Interaction Order' in *American Sociological Review*, 48: 1-17.
Holland, S. (2004) *Alternative Femininities: Body, Age and Identity*, Oxford: Berg.
Kumra, S., and Vinnicombe, S. (2010) 'Impressing for Success: A Gendered Analysis of a Key Social Capital Accumulation Strategy' in *Gender, Work and Organization*, 17 (5): 521-546.
Manning, P. (2008) 'Goffman on Organizations' in *Organization Studies*, 29 (5): 677-699.
Miller, D. and Woodward, S. (2012) *Blue Jeans: The Art of the Ordinary*, Oakland: University of California Press.
Nosko, A., Wood, E., and Molema, S. (2010) 'All About Me: Disclosure in Online Social Networking Profiles: The Case of FACEBOOK' in *Computers in Human Behavior*, 26: 406-418.

Phillips, H. (2014) *Do People Dress for Themselves*? [BA Hons dissertation], Leeds: University of Leeds.

Scheff, T. (2014) 'The Ubiquity of Hidden Shame in Modernity' in *Cultural Sociology*, 1-13, doi: 10.1177/1749975513507244.

Schlenker, B.R. (2003) 'Self-presentation' in M.R. Leary and J.P. Tangney (eds), *Handbook of Self and Identity*, New York: Guilford Press.

Tseëlon, E. (1989) *Communicating via Clothing* [PhD thesis], Oxford: University of Oxford.

—— (1992a) 'Self-presentation through Appearance: A Manipulative vs. a Dramaturgical Approach' in *Symbolic Interaction*, 15 (4), 501-514.

—— (1992b) 'Is the Presented Self Sincere? Goffman, Impression-management and the Postmodern Self' in *Theory, Culture & Society*, 9: 115-128.

—— (1992c) 'What is Beautiful is Bad: Physical Attractiveness as Stigma' in *Journal for the Theory of Social Behaviour*, 22: 295-309.

—— (1995) *The Masque of Femininity: The Presentation of Woman in Everyday Life*, London: Sage.

—— (2001) 'Ontological, Epistemological and Methodological Clarifications in Fashion Research: From Critique to Empirical Suggestions' in A. Guy, E. Green and M. Banim (eds), *Through the Wardrobe: Women's Relationships with their Clothes*, Oxford: Berg.

—— (2012). 'How Successful is Communication via Clothing? Thoughts and Evidence for an Unexamined Paradigm' in Ana Marta Gonzalez and Laura Bovone (eds), *Identities Through Fashion: A Multidisciplinary Approach*. Oxford: Berg.

Ucok, I.O. (2002) *Transformations of Self in Surviving Cancer: An Ethnographic Account of Bodily Appearance and Selfhood* [PHD thesis], Austin: The University of Texas at Austin.

Watt, G. (2013) *Dress, Law and Naked Truth: A Cultural History of Fashion and Form*, London: Bloomsbury.

Wong, W.K.W. (2012) 'Faces on Facebook: A Study of Self-presentation and Social Support on Facebook' in *Discovery-SS Student E-Journal*, 1: 184-214.

Woodward, S. (2007) *Why Women Wear What They Wear*, Oxford: Berg.

10

GILLES DELEUZE

Bodies-without-Organs in the Folds of Fashion

吉尔·德勒兹

时尚褶皱中的无器官身体

安妮克·斯莫里克
Anneke Smelik

自我只是一个起点，一扇门，一个介于多样性之间的生成。
——德勒兹和加塔利（Deleuze and Guattari, 1987: 249）

引言

有一个哲学家，热衷于书写织品的经纱和纬纱，描绘纤维在毛毡上的缠绕，研究刺绣的变量和常量，讨论拼接在织物上的过渡……这个哲学家便是吉尔·德勒兹（1925—1995）。对于织物的兴趣和思考，汇集于他同菲利克斯·加塔利（Félix Guattari）的专著《千高原》（*A*

Thousand Plateaus, 1987）中《平滑和条纹》（*The Smooth and the Striated*）一文。

织品经纱和纬纱的例子，既展示了德勒兹思想的丰富性，又彰显了其独特性。在《千高原》中，不仅是织物，还包括音乐或数学，都被他拿来进行看似毫无相关的思考，却共同指向一点：空间的组织。德勒兹和加塔利将编织布料的经线和纬线视为“描绘性”（delineated）的“条纹空间”（striated），而将毛毡纤维的滚动或填充视为“情感性”（affective）的“平滑”（smooth）空间（1987: 475-477）。针织、钩结、刺绣和补丁，都是“条纹”和“平滑”两者之间的交错。从布料和织品中，德勒兹和加塔利经由资本主义和艺术运动发出了一个革命性变动的号召。在这样一本“高原”式（而非线性结构）的书中，在一个没有明确开始、中间或结尾的章节中，他自由联想，思维跳跃，不断抛出各种概念。不只是书的结构，他的语言也是狂热而恣意的，是“流动式、螺旋式、曲折式、蛇行式”（499）的，或者（用德勒兹和加塔利最喜欢的一个词）“根茎式”（rhizomatic）的——通过连接和网络（而非层级结构）来运作。因此，毋庸置疑，他们的作品往往对学生的阅读和理解构成相当大的挑战。

德勒兹的作品令人兴奋，因为其哲学思想的目标是提出新的概念，以重新思考和振兴生活（Colebrook，2002b: xliii）。从这个意义上说，他是一个相当激进的后结构主义思想者，不断挑战人们的既定思维方式。他的创新性和创造力，为人们带来新的原始概念。这些概念或许最初令人困惑，也可能令理解德勒兹成为一件刺激而又艰巨的工作。许多概念，以相互交织的方式缠绕在一起。因此，要想理解他

“根茎式”概念网络并不容易，而最好的选择可能是导读类或字典类书籍（Colebrook, 2002a, 2002b, 2006; Parr, 2005; Stivale, 2005; Sutton & Martin Jones, 2008）。尽管德勒兹的诸多概念还没有被应用到时尚界，但对我来说，它们对时尚研究是非常有启发性的。在这一章中，我希望展示和说明他的一些重要概念如何能够帮助我们更好地理解时尚，这些概念包括“生成”（becoming）、“无器官身体”（Body-without-Organs）和“褶皱”（fold）。

恰如本书中的其他哲学家一样，德勒兹的作品丰富而繁多，同时也密集而难读。他的思想，可以被定位于“后结构主义”的范畴。“后结构主义”是哲学家们（主要是来自法国的一些哲学家）试图重铸西方形而上学的路径，即远离统一的身份和超验的真理主张。与德里达（详见第15章）这样的思想家相反，他放弃了语言学的参照框架，批判了“再现”（representation）的概念。德勒兹的著作很多，但从主题上来说可被归纳为相互交织的三大类[1]：1）哲学史方面，他通过重释边缘性哲学家（例如斯宾诺莎、休谟、莱布尼兹、尼采和柏格森等），来提出古典哲学的反谱系；2）精神分析相关，他持续性地批判精神分析和符号学，尤其体现在同加塔利合作的几本书中——特别是1983年出版的《反俄狄浦斯》（*Anti-Oedipus*）和1987年出版的《千高原》，两本书的副标题都显示了对“资本主义和精神分裂”的批判；3）文学（普鲁斯特和卡夫卡）、艺术（弗朗西斯·培根）和电影相关。

对于德勒兹来说，理论“必须是有用的”：它必须有一个功能。就

1　这一概括来自我和罗西·布拉多蒂（Rosi Braidotti）于2006至2012年间在荷兰文学研究学所开设的一个讨论课。

像他在与历史学家米歇尔·福柯的对谈中所说，如果理论没有作用，那它便是“无用的，或者时机不对”（1980: 208）。正因如此，我在此提倡一种务实的方法来理解和应用德勒兹；更何况我自己的兴趣点主要在于时尚研究而非哲学理论。一个学习时尚的学生，或许并不需要完全掌握德勒兹的哲学概念，但可以（至少在一开始）遵循他的号召，“像一盒工具”一样使用理论（1980: 208）。当然，第一步是从德勒兹创造性思想中获得灵感。本章以德勒兹的理论为工具箱，从他的著述（有些与加塔利合著）中选择了三个与时尚最相关的概念：“生成”“无器官身体”和“褶皱”。当然，其他一些概念或许也能够被应用于时尚研究且同样发人深省，但在这一综述性的有限章节中，我选择这三个概念来说明德勒兹的思想如何助益于理解时尚。

生成

德勒兹的思想是开成性（affirmative）的：他是一个极富创造性和积极性的思想家，尤其对“转型”（transformation）和“变形”（metamorphosis）感兴趣（Bradiotti, 2002）。他的理论，不仅表达了对世界上错误观点的负面批评，而且包含了一种思考世界并促成其改变的积极思想。贯穿德勒兹哲学最重要的一个概念，便是“生成”（Colebrook, 2002a; Braidotti, 2006）。“生成”作为一个强调动态性的概念，针对或反对的是西方学界普遍使用的静态概念“存在”（being），例如哈姆雷特的名言“生存还是死亡”（to be or not to be）。根据德勒兹重要著作的标题，“生成”是一种强调改变和“有差异的重复”

（repetitions with a difference）的实践 [Deleuze, 1994（1968）]。每一次的重复（例如一个手势、一个想法、一个愿望、一种着装方式等）都具有一些细微的改变，因此不同于以前。德勒兹和加塔利（1987）所说的“生成他者”（becoming-other），就是一种不断进行创造性转变的持续过程。“生成”彰显了一种反思人类身份的新方式：并非着眼于褶裥中的僵化和固定，而是聚焦于生活中的流动和弹性。人类身份能够不断朝新的方向去变形，并持续地参与运动——跨越一个门槛，划出一条飞线，或跳到下一方高原。

“生成”不仅指涉人类（或其他生物）的生生不息，而且同艺术、时尚和流行文化息息相关（O’Sullivan, 2006）。德勒兹关注的是“生成”的过程，因此相对于生命的目的和意义，他对生命的情感、力量和强度更感兴趣。例如，他认为艺术的核心问题并非它的意义，而是它的作用方式：它如何对你我产生影响？艺术作品与你我之间会发生怎样的际遇？它打开了什么可能性？（Colebrook, 2002b: xliv；O’Sullivan, 2006: 43）就时尚的话题来说，他所要询问的并非“时尚是指什么”而是“时尚如何作用”（例如“着装是否能让你或我发展出新的认同”或者“时尚是否令你或我固定在一个角色中”等）。此外，他也帮助我们质疑时尚对消费社会、环境或工人的影响。

今天的时尚包含了众多创造性的表演，尤其在时装表演、时尚摄影等方面。时尚往往涉及情感体验和弹性关系，且拒绝任何固定意涵或确凿身份。但与此同时，在特定的阶级或性别角色方面，时尚系统也会固化身份。因此，这里存在一个悖论：一方面，时尚是（或者假装是）永远在变化和创新的，它往往冲击社会的既定观念，例如将内衣设计为高级时装（haute couture）[（Chanel）的针织衫、（Westwood）的紧身胸衣等]，为女性设计裤子（YSL的吸烟装），为男性设计裙子（Gaultier），里衬外翻、撕破大洞、补丁毛衣（Comme des Garçons），衣服颠倒穿（Viktor & Rolf），或者设计夸张以至于只有几个流行偶像才能日常穿出来等；另一方面，时尚只随边际差异（marginal differentiation）而变化（Lipovetsky, 2002），来确定本季穿什么（或不穿什么）的规则。正如格奥尔格·西美尔（Georg Simmel）在上世纪初所说，时尚是一种社会和文化体系，它告诉个人和群体如何着装和行为，从而将人们塑造为固定的身份（详见第4章）。虽然很多人相信他们的穿着方式表达了独特个性，但其实，他们高度符合了资本主义时尚体系的销售需求及品牌定位（Smelik, 2011）。

作为一个“转型”和“变形”的过程，德勒兹和加塔利的“生成”强调“辖域化”（territorialization）、“解域化”（de-territorialization）以及“再辖域化”（re-territorialization）的过程。一个特定的领域（例如时尚领域）并非静态的概念，而是一种“移动和更迭中心”（a mobile and shifting centre）的集合（Parr, 2005: 275）。这样的疆域可以被“逃逸线”（a line of flight）所解域——德勒兹和加塔利用“逃逸线”这一概念描述一种逃脱和逸出的“生成”过程（1987: 88）。对于任何领域（或疆域），“逃逸”和“解域”都意味着对于新稳定结构的追寻，因此它也面临“再辖域化”的状况。从这个角度来说，时装设计、时装秀和时尚摄影有时会“解域”穿衣方式（也就是它们逃脱了服装的代表性意义，逸出了人体熟悉的轮廓，从而超越了固定的身份形式）；然而与此同时，“成衣”（ready-to-wear）和整个时尚体系又是一种“辖域化”的工具。从生产到消费，时尚体系其实遵守和符合了模具化穿着和固定化身份的指导方针（Brassett, 2005）；而媒体在这一过程中也扮演了重要角色，例如想想那些教你如何“更成功地”化妆、穿衣和造型的电视节目。

对于时尚的分析，一方面会涉及“辖域化”的过程（即时装设计、时装秀或时尚摄影如何产生意义、组织身体、细分群体、分层生产和消费），另一方面也令我们去寻找那些“解域化”的时刻（即时装设计、时装秀或时尚摄影跳脱了“意义”层面，从而解放了身体，逃避了细分，创造了“逃逸线”，产生了根茎、装配和平滑的空间）。在这一章中，我主要沿着后一条路线进行综述。对德勒兹来说，这样一种分析从来都不是一个“要么这样 / 要么那样”的游戏，因为情感、力量和强度的流动性根植于多个网络中的不同节点之间。在任何高原和疆域中，都有一些（时间的）瞬间或（空间的）点，在这样的时空中不断发生着辖域化、解域化和再辖域化的过程。因此，“生成”的过程，意味着不断的移动、转型和变形。

多重生成

德勒兹和加塔利说：“生成是一个动词。”（1987: 239）但是一个人“生成”为谁或“生成”为什么呢？我们可以用尼采的话来回答：“你成为了自己。”[1] 然而，在德勒兹和加塔利看来，“你”是一个以自我（ego）

1 “你成为了自己”是弗里德里希·尼采（Friedrich Nietzsche）的哲学小说《查拉图斯特拉如是说》（1883-1885）中的一个著名观点。

为中心，“组织化、象征性、主体化”的实体（1987: 161）。这样一种固定化、封锁性的自我，是应当通过不断尝试和寻找新的“生成”而被抛弃的。我在这一章的题记中，用到了德勒兹和加塔利最飘逸的句子之一:“自我只是一个起点，一扇门，一个介于多样性之间的生成。”（1987: 249）。自我是多重关系网络中的一个节点，为了让自己的欲望流动，人必须与他者（动物、植物、机器、分子）建立联系。这些“他者”想让“你”扩展你的界限，于是“生成女人”“生成动物”“生成机器”“生成分子”甚至“生成不可感知之物”（become-imperceptible）。[1]

这听起来似乎很抽象，但如果我们用神话或艺术来举例，它便很容易理解了：从奥维德的《变形记》到卡夫卡的《变形记》，人们早已变形成为动物、植物或昆虫。恐怖片或幻想片热衷于这种变形，于是我们拍摄了关于鼠人、蝇人、吸血鬼、狼人等各种故事。科幻小说也有很多子类型：外星人、机器人、赛博格等。具体到时尚领域，我们发现它也常在纯粹幻想和物质对象之间游移；尽管艺术和流行文化可以被视为纯粹的幻想，但时尚生产的物质对象毕竟被我们穿在身上。以“生成动物”为例：时尚产业不仅热衷于使用皮毛（fur），而且也仿造了飞行和爬行的昆虫，例如 Lanvin2013 系列；或者在时装设计中使用色彩艳丽的羽毛或翎毛，比如亚历山大·麦昆（Alexander McQueen）壮观的“沃斯”（Voss 2001）系列、让 – 保罗·高缇耶（Jean-Paul Gaultier）的华丽 2011 系列等。事实上，这在麦昆和高

1　德勒兹和加塔利在《千高原》中声称，每一系列的“生成”都始于“成为女人”（becoming-women）——正如经典的女权主义学者西蒙娜·德·波伏娃所说，在父权制中，女人总是男人的“他者”。“成为女人”一直遭到德勒兹式女权主义学者的批评（Braidotti, 2002, 2006; Buchanan and Colebrook, 2000; Thanem and Wallenberg, 2010）。考虑到男女对“身体美”的要求，对“成为女人”持有一种性别上的敏感姿态，在时尚研究中非常受欢迎。

缇耶的其他时装系列中也常见。[1] 麦昆的 2010“柏拉图的亚特兰蒂斯”（Plato's Atlantis）系列同样引人注目，爬行动物图案的数码印花时装搭配奇形怪状的鞋子、化妆品、发型和配饰，令模特们看起来像是某种怪兽。当然,“生成”的过程并非简单的字面意思（即一个人穿上“动物性”的衣服就变成昆虫、鸟或机器人）；它更强调人应当与生命的不同情感、力量和强度构成联盟。这些模特，在与同毛皮、羽毛、骨骼和身体的组合中，“生成了他者”。

“生成机器”（becoming-machine）这一主题在前卫时尚设计中也很突出，我将这一主题称为“网络时装”（cybercouture）（Smelik, 2016）。众所周知，技术是影响自我以及改变身体关系的重要因素。1960 年创造“赛博格”（cyborg）一词的科学家曼弗雷德・克莱恩斯（Manfred Glynes）说：“智人（Homo sapiens）戴上眼镜，便已经发生了变化。”（Gray, 1995: 49）普通眼镜已然如此，那我们可以进一步试想“谷歌眼镜”（Google glasses）对于人体和身份的改变，以及黛安・冯・芙丝汀宝（Diane von Furstenberg）2012 年带来的“极客风”（geek chic）时尚的威力（Quinn, 2002: 97）。

侯赛因・卡拉扬（Hussein Chalayan）是跨时尚、艺术和技术等多产业之间的设计师之一。在他著名的“飞机装”（Aeroplane Dress）系列“回声形态”（Echo Form, 1999）以及“遥控装”（Remote Control Dress）系列“以前 - 负现在”（Before-Minus Now, 2000）中，设计师都使用了飞机制造业才使用的高科技材料，不仅将衣服设计为

1　安特卫普时装博物馆 2014 年举办了一个展览和研讨会，主题是“天堂鸟”（Birds of Paradise），探讨羽毛在时尚中的应用。

符合空气动力学原理的外形，而且配备了一个计算机系统，以控制连衣裙的不同玻璃纤维面板而露出模特的皮肤。在卡拉扬与马库斯·汤姆林森（Marcus Tomlinson）1999年拍摄的一部微电影中，一位穿着“飞机装”的女模特在基座上旋转，而衣服的面板以不断加快的速度打开，然后下移直至再次静止（Evans, 2003: 271）。衣服上面板的运动（开合），暴露出其下的脆弱躯体。电影里加入了螺旋桨声效的画外音，表示这个模特（或这件衣服）恰如一架起飞和降落的飞机。这件衣服并不强调可穿性（因为坚硬的面板令女模特根本无法坐下来），但却反映出“硬技术”和“软身体”之间的亲密关系（Evans, 2003: 274）。卡拉扬的设计，探究且弥合身体和技术之间的界限，寻找新的“体感”形式和身体经验。“生成机器”强调了我们对于周边技术的热情，反之亦然。

“生成机器”的概念，尤其体现在“可穿戴技术”（wearable technology）（Quinn, 2002）或“时尚技术”（fashionable technology）（Seymour, 2009）领域。由微处理器、电机、传感器、太阳能电池板、LED或交互接口组成的复杂系统，被连接到衣料、纺织品或服装中，使之成为拥有能动性（agency）的智能服装。在这方面，近期的一些例子包括歌手伊莫金·希普（Imogen Heap）于2010年格莱美颁奖典礼上所穿的可通信的“推特装”（Twitdress）、艾纽克·维普雷希特（Anouk Wiprecht）设计的人工智能衣服“机器蜘蛛杉”（2012）（Robotic Spider Dress）以及波琳·范·东恩（Pauline van Dongen）设计的可穿戴太阳能电池板“太阳能裙”（2013）（Solar Dress）等。这些设计都将科技融于我们的衣服（正如我们早就在运动服中实践着各种新科技)，将对我们如何体验身体和自我产生影响。通过将科技穿在身上，我们与这些物质材料和技术亲密接触；时尚科技也在这个过程中不断探索穿衣者的身体和感官边界，并通过衣服来塑造和表达认同。无疑，这些设计展现了时尚作为一种“具身”（embodied）表现的可能性和功能性。在这里，时尚科技将身份（认同）理解为一次又一次的身体实践（即作为一种“有差异的重复”），并提供了改变身份的替代品和新方法。

以上所举的“生成动物”和“生成机器”例子，都是通过时装设计来实现“生成”的转化过程。无论是高级时装的夸张设计还是高科技的可穿戴衣衫，都是人体“解域化”的表现，也都要求利用或思考新的体现（embodiment）或身份形式。通过重塑人体的有限轮廓，这些设计提供了一种与“他者”相遇的机会，向昆虫、鸟类、赛博格或后人类的异域世界敞开大门。正如斯蒂芬·西利(Stephen Seely)所言，这种相遇表明“所有的身体都具有内在的转变能力”(2013: 251)。因此，时装设计能引发一种“多重生成”（multiple becomings）的动态过程。

“无器官身体”怎么穿？

德勒兹和加塔利认为，“生成”是一个抛弃（undoing）“组织性、象征性、主体性”身体的过程。因此，“生成”与另外一个重要的概念密切相关：无器官身体（Body-without-Organs），通常缩写为“BwO”(1987: 161)。“无器官身体”的目的是抛弃作为固定身份形式的具身

"自我"，这并不意味着身体应该摆脱它的器官（那就是自杀了），而是要重新组织为身体赋予意义的方式。德勒兹和加塔利声称"敌人就是有机体"，他们只能是器官的组织方式（1987: 158）。正如西利所说，"在所有的艺术形式中，时尚也许是最符合人体规范形象的一种"（Seely, 2013: 258）。对于那种理想化的完美女性身体来说，这句话当然是正确的；然而"无器官身体"的概念，有助于反驳这些关于"身体应该是什么样子"的标准化图像。在（暂时性）抛弃身体中心组织时，身份能够变得更具流动性和灵活性。因为时尚经常会探索身体能做什么或生成什么的极限，所以"无器官身体"能帮助我们理解这些时尚设计如何令身体运动，并有可能将其从物质的"辖域化"理解中解放出来。

对于"无器官身体"，非常好的一个例子是荷兰时装设计师艾里斯·范·荷本（Iris van Herpen）的解域化设计。在她的《生物剽窃》（*Briopiracy*, 2014）作品中，模特们穿着一些类似于蜘蛛网的东西，这些衣服如同她的其他很多作品一样，用 3D 打印构成烟雾、水滴、扭曲的树叶环、根茎状的骨褶等形状。这些华服似乎是一个个无穷无尽的循环，或者折叠、波浪、弯曲、裹卷、皱纹和圆圈，又或者既开放又闭合的巴洛克线条。作品在形态方面起伏不定，摇曳生姿，并富有波浪感、摇摆感和涟漪感。范·荷本的作品传达了一种敏锐的视觉语言，它并非通过传统的丝绸、缎子、薄纱或欧根纱等面料来实现，而是借由皮革、金属、塑料、合成聚酯和高科技面料等硬质材料来完成。她非常善于捕捉无形无状的"水波"，包括"结晶"（Crystallization, 2011）系列中"生成水"（becoming-water）或者"提炼烟"（Refinery Smoke, 2008）系列中"生成烟"（becoming-smoke）。在她的设计

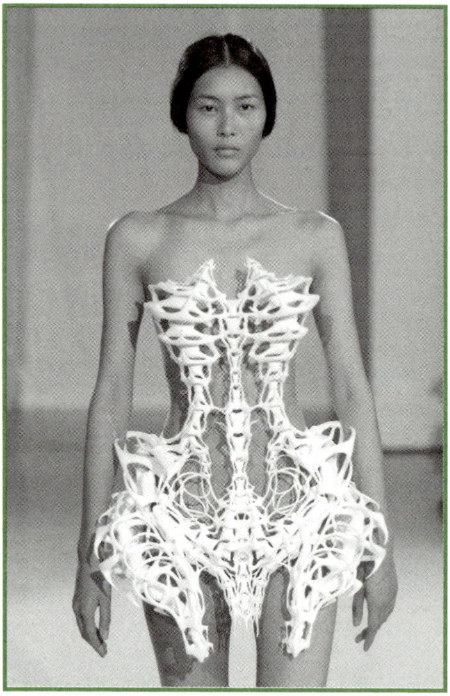

图10.1 艾里斯·范·荷本（Iris van Herpen）“随想曲”，2011秋冬，彼得·斯汀格特（Peter Stigter）摄影

中，模特们跨越了人类身体样貌的界限：在“脆弱未来性”（Fragile Futurity, 2008）中变成半人半兽，在“木乃伊城”（Mummification, 2009）中变成半木乃伊半玩具，在“随想曲”（Capriole, 2011）中变成半骷髅半肉体，在“化学乌鸦”（Chemical Crow, 2008）中变成半人类半赛博格，在“逃避主义”（Escapism, 2011）中变成半虚拟半物质，在“混合整体主义”（Hybrid Holism, 2012）和“荒野体感”（Wilderness Embodied, 2013）中变成半有机半人工，等等。“多重生成”通过“无器官身体”而实现，不断挑战着自我和身份的分层。

正如德勒兹和加塔利所说，“我们不断被分层”（1987: 159）；这句话尤其适合用于描述成衣（ready-to-wear）领域。然而，范·荷本的未来主义设计为我们指明了人体去组织化、去分层化和解域化的方法。在对形状和物质的实验中，她呼唤一种关于身体（主要是女性身体）的新关系：这些未来派的设计不仅改变了女性的身体轮廓，而且邀请穿衣者自由参与身体新形态的创造过程。从这个意义上说，她制造了"无器官身体"。从任何一个创新性的设计作品中，我们都能看到"无器官身体"是具有动态性和生成性的，能够朝向多个缺口、线条、缝隙、裂纹、褶皱敞开。同主流"辖域化"的时尚体系相比，范·荷本的"无器官身体"极富革命性和政治性。当然，在时尚界，"无器官身体"还有一些更加暗黑的例子，比如 20 世纪 90 年代时尚摄影中模特的"厌食症身体"（anorexic body）或"海洛因美学"（heroinchic aesthetic）等，都表现了一种"朝着极限点（包括精神分裂、服药过量、无意识、死亡等）快速移动"的身体。（Malins, 2010: 175）

不只是时尚摄影，还有很多高级时装设计，对普通人来说也有些恐怖。然而，它们探索了身体可能的界限，挑战了身体应该如何的主流化和规范化观念。在这方面，荷兰艺术家巴特·赫斯（Bart Hess）的设计令人着迷：他将牙膏、剃须泡沫、草、别针、泥土、塑料碎片、黏液等材料穿（涂）在男性裸体上，产生了很多"无器官身体"。巴特·赫斯改变了人体或人脸的外观，使之生成为难以辨认的迷人形态。这里的图片（图 10.2 和 10.3）展示了巴特·赫斯与艺术家露西·麦克雷（Lucy McRae）的共同品牌露西与巴特（Lucy and Bart）的"萌芽"（Germination）项目，其中一个男性身体上穿了一件加垫外套（一个锯末填充的紧身衣）。这些图片令人想起川久保玲 1997 年的"隆与肿"

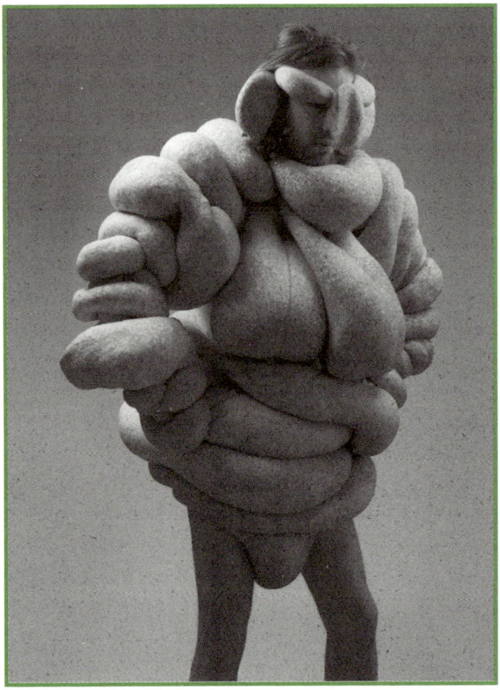

图 10.2 露西与巴特的“萌芽第一天（Germination Day One）”，2008

（Lumps and Bumps）系列以及由轮胎制成的米其林标志。然而这里的衣服有所不同：其外表被草籽所覆盖，并曾在水池里泡了一周，于是就长出了真的草。在这样的作品中，我们可以找到德勒兹式“无器官身体”的绝佳案例。

当然，这是“无器官身体”的极端案例：一个去组织化、解域化的身体，没有预设的意义和功能。通过身体上缓慢地长草，露西与巴特真正完成了“生成”的过程，也用事实论证了“生成”是需要时间的。在“萌芽”中，设计师通过长草的过程，创造了一个“无器官身体”。因此，恰如其他艺术形式，高级时尚可以将身体的物质性解放为“具

图 10.3 露西与巴特的“萌芽第八天(Germination Day Eight)”, 2008

有强度的流动性，液体、纤维、连续性和情感的混合”（Deleuze and Guattari, 1987: 162）。或许这么说很奇怪, 但在青草覆盖的“隆与肿”上，露西与巴特从根本上消弭了任何完美化、分层化的身体概念。随着青草的茁壮与漫溯，人体连续不断地生成与流淌。

时尚的褶皱

另一种接近"生成"过程的方法，是德勒兹提出的"褶皱"概念。[1]这一概念，源于他谈论哲学家莱布尼兹（Gottfried Leibniz）和巴洛克的著作(Deleuze, 1993)。德勒兹认为，巴洛克是一个"一切都可以褶皱、展开、重新褶皱"的世界（Conley, 2005: 170)。虽然德勒兹（相当抽象地）认为褶皱是一种动态化和创造性的力量（相当于"生成"的过程），然而他对于"褶皱"的探讨还是仅限于巴洛克时期的典型风格方面。"褶皱"不仅在绘画或雕塑方面有所表达，也体现在巴洛克风格的服饰上：

> 褶皱首先能够体现在服装所包含的织品模型中：布料或衣服必须解放自身褶皱（通常的）从属状态，作用于其所覆盖的主体身上。一件典型的巴洛克华服是宽大的，拥有蜿蜒的波浪，汹涌翻滚，恣意怒放，用其独立的褶皱环绕着身体，不断繁衍，永不背叛。这是一个如"朗葛拉布正典"（rhingrave-cannons）（即宽大的马裤上系着丝带）一样的系统，但也包含背心、紧身上衣、飘逸的斗篷、巨大的垂坠、宽松的衬衫等，这一系统构成了17世纪巴洛克风格服装的伟大风格。（Deleuze, 1993:121）

然而，我们不必回到巴洛克时期也能找到褶皱、折痕、窗帘、皱纹、蝴蝶结和丝带，因为现代时尚也经常用到这些元素。"褶皱"可以从字

1　本章的这一节是基于一篇文章，其中我更为广泛和深入地探讨了德勒兹"褶皱"概念在时尚中的运用（Smelik, 2014)。

面上理解为一种服装的内容（或形式），但也可以隐喻作为一个概念来理解“生成”的过程。无论是本义还是隐喻义，褶皱都起到了内部和外部、深度和表面、存在（being）和出现（appearing）之间的“界面”（surface）的作用，因此消除了二元对立。

德勒兹认为，衣服围绕身体打转，然而褶皱则是自主的，并不围绕和覆盖人体（1993: 122）。很多现代设计都延展了巴洛克式服装的奢华，例如约翰·加利亚诺（John Galliano）或麦昆的作品、日本设计师的解构主义时尚[1]，甚至是成衣的褶裥和蝴蝶结——可以说，褶皱不再绑在身体上，而是开始了自己的生命。这样一种差别，令穿衣之人开始体验一种“生成”的过程。

最关键的是，德勒兹的“褶皱”概念颠覆了内和外、外观和本质之间的二元对立：“褶皱认为，内侧只不过是外侧的褶皱。”（O'Sullivan, 2005: 103）可以说，身份是由各种各样的褶皱组成的：从物质性身体及其衣物，到记忆和欲望的精神性时间，等等。“褶皱”的概念，批判了将时尚视为一种“肤浅”（superficial）游戏的观点——这种观点认为，时尚是一种表面化的游戏，无法彰显隐藏在灵魂内部的“深层”自我。这样一种强调二元对立的观点，显然是站不住脚的。从德勒兹的角度来看，“自我”是一套褶皱（褶出和褶入），与我们日常生活中衣服的褶皱类似。既然时尚经常会探索意义的极限或者身体的能力，那么“褶皱”的概念有助于了解时尚设计如何令身体发生运动，将它从（主导性的）快时尚的消费主义身份模式中解放出来。而在下一节

1　非西方风格服装和时尚中的布料折叠、包装和蝴蝶结等实现了相似的“生成”模式，对这方面的详细探讨，参见我个人的文章（Smelik, 2014）。

图 10.4 Viktor & Rolf“花炸弹”（Flowerbomb），2005 年春夏时装季，彼得·斯汀格特（Peter Stigter）摄影

中，我将通过另一个荷兰品牌 Viktor & Rolf，来进一步探讨作为一种“生成”实践的“褶皱”过程（Deleuze, 1993: 37，另见 O'Sullivan, 2005: 102-104）。

维果罗夫：螺旋上升的丝带和蝴蝶结

Viktor & Rolf 的高级时装，以夸张的轮廓和炫目的走秀而闻名，且充满浓郁的“挑衅”（provocation）和巴洛克色彩 (Chang, 2010: 710)。我们以 1998—1999 年充满“解域化”功能的“原子弹”（Atomic

Bomb）为例。Viktor & Rolf 用大气球或填充物来装饰衣服，形成类似于核弹的蘑菇云形状。模特们进行了两次走秀，一次挂着气球和填充物，另一次则没有。在被戏称为“无填充设计”的第二次走秀上，他们为了表达“反气候”的概念，将松散的大褶皱挂在模特身体上，并用花环装饰。这些设计融合了节日和战争的元素，表明人们在接近千年的时间里“成为大规模杀伤性武器的同谋者或受害者”（Spindler and Siersema, 2000: 26）。

可以说，该系列是对服装“解域化”潜在功能的探索，目的是令人们抛弃日常熟悉的身体（尤其是在当代消费文化中流通的理想身体）形态。变形身体（deforming body）是 Viktor & Rolf 设计中经常出现的主题，这一主题有助于我们理解“‘生成’的过程如何能够从某种主流化的分层模式中解域身体”（Seely，2013: 263）。这种时尚探索了身体能够“生成”什么的界限。“解域化”是“生成”过程的逻辑前提，它动摇了时尚界的既定疆域。而“褶皱”则可以被理解为一种“解域化”运动，人们能通过这种运动来远离理想化的身体形状、统一的整体或条纹的结构。

Viktor & Rolf 2005 年推出的“花炸弹”（Flowerbomb）系列也具有同样的颠覆性意义。在这一夸张的时尚秀中，模特们先是戴上黑色摩托头盔、穿上黑色衣服走一遍 T 台；继而随着 Viktor & Rolf 推出他们的第一款香水“花炸弹”，重回 T 台的模特们穿上了与之前设计相同但色彩变为斑斓的衣服，且画了粉色的妆容。这些衣服是用巨型蝴蝶结和丝带制成的，自此之后蝴蝶结和丝带就成了 Viktor & Rolf 的标志性设计——后来在 2014 年推出新香水“蝴蝶结糖果”（Bonbon）时，

Viktor & Rolf 也将蝴蝶结作为主要的美学形式。蝴蝶结、领结、丝带、褶边、荷叶边和其他装饰物，其实都可以视为“褶皱”在形态上的变化。当模特们在台上走秀时，丝带和蝴蝶结上下跳跃，在身体周围翻滚流动。

衣服的运动，总能带给人们一种“‘生’体”（in-corporeal）感，即身体是充满激情、强度和情感的。朱丽安娜·布鲁诺（Giuliana Bruno）曾指出衣服中运动（motion）带来的情感（emotion）：“充满褶皱和时尚的家具有可逆（而非分离）的连续性，为世界提供了一层可以呼吸的膜——一层皮肤。从感官上来说，衣服在运动中产生情感，或者说‘情生意动’。”（Bruno, 2010: 225）例如，在 Viktor & Rolf 2006—2007 年的“睡前故事”（Bedtime Story）系列中，衣服被被子和靠垫包裹（或生成）：带有英式花纹（broderie anglaise）的缎质枕头变成了巨大的衣领，床单变成了华丽的长袍，羽绒变成了棉衣，皱巴巴的床单变成了瀑布式褶皱的礼服（Evans and Frankel, 2008: 164）。在这一系列中，卧室的主题营造了温暖和亲密的氛围，雕塑性的服装展示了多重的“褶皱”，以不同的方式与周围的世界相连。正如西利（Seely, 2013）所说，这样一种“情感性时尚”揭示了前卫时尚的变革力量：Viktor & Rolf 夸张和过度的设计，质疑和挑战了女性身体的商品化趋势。

“褶皱”的概念，帮助我们更好地将身份理解为一种“生成”过程，一种内部和外部、深度和表面、存在和出现之间的“界面”。在这种情况下，我们就能够明晰，Viktor & Rolf 的先锋性设计作为一种邀请，令穿衣者参与到改变身体或者重塑自我的创造性过程中。在参与一次次折叠、一次次蝴蝶结、一次次丝带的过程中，Viktor & Rolf 的设计创造了“生成”的亲密游戏。

以上所探讨的例子，基本都属于先锋性的时尚设计，其载体为时装走秀或艺术摄影。那么问题来了：这样一种“生成”的创造性过程，是否更多（或更好地）体现在艺术时尚（而非商业时尚）中？我希望在此建议，“生成”的过程其实可以从时装走秀或艺术摄影延展到普通观众或大众消费的领域，令每一个人都能够想象或参与这样的穿着（或设计）。时尚正是在两者之间不断发生作用：潜在的消费者在看前卫设计时，会希望或想象穿着它们的样子；那一刻的渴望与认同，令观众也成为穿着前卫的模特。虽然可能普通消费者并不会真的在现实生活中穿上这些设计（例如背部有肿块、头上有枕头，蝴蝶结在空气中翻滚），但他们同样熟悉身体周围衬褶、褶边和褶裥的感觉，也可以想象“褶皱”和“无器官身体”的无限潜力。他们的火眼金睛，也能够看出这样的服装设计如何将身体从物质性的疆域中解放出来，并将身体的物质性变为一种不断变化、流动和漂移的事物。或者，换句话说，时装设计师创造了实现“多重生成”的条件。

结语

在这一章中，我安排德勒兹不同领域的思想与当代时尚之间彼此“相遇”（encounter），探讨了“生成”“无器官身体”和“褶皱”这几个概念如何诠释时尚，反过来时尚又如何重新激活了这些概念。本章仅仅从德勒兹的丰富论述中提炼出几个能够应用于时尚的概念，尤其专注于服饰的创造性、情感和强度；而研究时尚的学者和学生们可以打开德勒兹的“工具箱”去寻找更多可能性。通过德勒兹的“根茎”“表面”“装配”或“差异”等概念来理解当代时尚，具有很大的潜力。例如，人们可以思考时尚潮流的众多“根茎”（rhizomatics），或者分析作为“规范性完美”（normative perfection）空容器的超模的脸。此外，还有一种很好的研究路径，即沿着德勒兹的问询继续探索：我们是否已经从一个规训性的社会变成了控制性的社会？（Deleuze, 1992）而这样一种问询，对于时尚的影响又是什么？一个可行的做法是对于时尚进行政治性批评，聚焦于资本主义的“精神分裂”方面，例如探讨时尚产业中人和资源是否被粗暴滥用，等等。今天的资本主义也具有一种趋势，即情感的阴险商品化或自我的无情商品化，而时尚是其中重要的共谋性力量。除此之外还有一种研究路径，是沿着“生成世界”（becoming-world）的方向继续发展，探讨可持续性生态观的问题（Deleuze and Guattari, 1994）。

德勒兹思想的重点，是理解当今情感的影响机制；而时尚可能是测量当今世界的最佳温度计之一。下一站，是寻找可能性的抵抗力：时尚如何或在哪里实现对“当今”的抵抗？对德勒兹来说，抵抗能够通过创造力来实现；于是问题就变成：时装设计师或时尚系统如何合作、巩固和控制，以及如何同我们的时代及未来建立重要的联系？对德勒兹来说，思考行为是一次你我都未知的“相遇”，因此它是一种创造性的行为：“它（思考）提出问题，创造直击心灵的振动、旋转、跳跃、引力、回旋或舞蹈。”（Deleuze, 1994: 8）因此，德勒兹的作品是一种“通过时尚来思考”的号召：在时尚的领域，去生发、旋转、跳跃、脱离和跨越。

致谢

我要感谢丹尼艾尔·布鲁格曼（Daniëlle Bruggeman）、鲁斯·李夫朗（Roos Leeflang）、连安娜·图森特（Lianne Toussaint）以及本书的合编者安格内·罗卡莫拉（Agnès Rocamora）对本章初稿的建设性意见。

参考文献

Braidotti, R. (2002) *Metamorphoses: Towards a Materialist Theory of Becoming*, Cambridge: Polity.

—— (2006) *Transpositions: On Nomadic Ethics*, Cambridge: Polity.

Brassett, J. (2005) 'Entropy (Fashion) and Emergence (Fashioning)' in C. Breward and C. Evans (eds), *Fashion and Modernity*, Oxford: Berg.

Bruno, G. (2010) 'Pleats of Matter, Folds of the Soul' in D. Rodowick (ed), *Afterimages of Gilles Deleuze's Film Philosophy*, Minneapolis: University of Minnesota Press.

Buchanan, I. and Colebrook, C. (eds) (2000) *Deleuze and Feminist Theory*, Edinburgh: Edinburgh University Press.

Chang, A. (2010) entry on 'Viktor & Rolf' in V. Steele (ed), *The Berg Companion to Fashion*, Oxford: Berg.

Clynes, M., interview in C. Hables (ed) (1995), *The Cyborg Handbook*, London: Routledge.

Colebrook, C. (2002a) *Gilles Deleuze*, London: Routledge.

—— (2002b) *Understanding Deleuze*, Crows Nest: Allen & Unwin.

—— (2006) *Deleuze: A Guide for the Perplexed*, London: Continuum.

Conley, T. (2005) 'Folds and Folding' in C. Stivale (ed), *Gilles Deleuze: Key Concepts*, London: Acumen.

Deleuze, G. (1980 [1972]) 'Intellectuals and Power: A Conversation between Michel Foucault and Gilles Deleuze' in D.F. Bouchard (ed), *Language, Counter-Memory,*

Practice: Selected Essays and Interviews by Michel Foucault, Ithaca, NY: Cornell University Press.

—— (1992) 'Postscripts on the Societies of Control' in *October*, 59: 3-7.

—— (1993 [1988]) *The Fold: Leibniz and the Baroque*, T. Conley (trans), Minneapolis: University of Minnesota Press.

—— (1994 [1968]) *Difference and Repetition*, P. Patton (trans), New York: Columbia University Press.

Deleuze, G. and Guattari, F. (1983 [1972]) *Anti-Oedipus: Capitalism and Schizophrenia*, R. Hurley, M. Seem and H.R. Lane (trans), Minneapolis: University of Minnesota Press.

—— (1987 [1980]) *A Thousand Plateaus: Capitalism and Schizophrenia*, B. Massumi (trans), Minneapolis: University of Minnesota Press.

—— (1994 [1991]) *What Is Philosophy ?*, H. Tomlinson and G. Burchell (trans), New York: Columbia University Press.

Evans, C. (2003) *Fashion at the Edge: Spectacle, Modernity and Deathliness*, New Haven, CT: Yale University Press.

—— and Frankel, S. (2008) *The House of Viktor & Rolf*, London, New York: Merrell.

Gray, C.H. (ed) (1995) *The Cyborg Handbook*, London: Routledge.

Lipovetsky, G. (2002 [1987]) *The Empire of Fashion: Dressing Modern Democracy*, C. Porter (trans), *Princeton, NJ: Princeton University* Press.

Malins, P. (2010) 'An Ethico-Aesthetics of Heroin Chic' in I. Buchanan and J. Hughes (eds), *Deleuze and the Body*, Edinburgh: Edinburgh University Press.

O'Sullivan, S. (2005) entry on 'Fold' in A. Parr (ed), *The Deleuze Dictionary*, Edinburgh: Edinburgh University Press.

—— (2006), *Art Encounters Deleuze and Guattari: Thought beyond Representation*, Basingstoke: Palgrave/Macmillan.

Parr, A. (ed) (2005) *The Deleuze Dictionary*, Edinburgh: Edinburgh University Press.

Quinn, B. (2002) *Techno Fashion*, Oxford: Berg.

Seely, S.D. (2013) 'How Do You Dress a Body without Organs? Affective Fashion and Nonhuman Becoming' in *Women's Studies Quarterly*, 41: 247-265.

Seymour, S. (2009) *Fashionable Technology*: The Intersection of *Design, Fashion, Science and Technology*, Vienna: Springer.

Simmel, G. (1950 [1905]) 'The Philosophy of Fashion and Adornment', K.H. Wolff (trans), *The Sociology of Georg Simmel*, New York: The Free Press.

Smelik, A. (2011) 'The Performance of Authenticity' in *Address: Journal for Fashion Writing and Criticism*, 1 (1): 76-82.

—— (2014) 'Fashioning the Fold: Multiple Becomings' in R. Braidotti and R. Dolphijn (eds), *The Deleuzian Century: Art, Activism, Society*, Amsterdam: Rodopi.

—— (2016, forthcoming) 'Cybercouture: The Fashionable Technology of Pauline Van Dongen, Iris Van Herpen and Bart Hess', in *From Delft Blue to Denim Blue: Contemporary Dutch Fashion*, London: I.B. Tauris.

Spindler, A. and Siersema, D.J. (2000) *Viktor & Rolf Haute Couture Book*, Groningen: Groninger Museum.

Stivale, C.J. (ed) (2005) *Gilles Deleuze: Key Concepts*, London: Acumen.

Sutton, D. and Martin-Jones, D. (2008) *Deleuze Reframed: Interpreting Key Thinkers for the Arts*, London: I.B. Tauris.

Thanem, T. and Wallenberg, L. (2010) 'Buggering Freud and Deleuze: Toward a Queer Theory of Masochism' in *Journal of Aesthetics & Culture*, 2: 1-10.

11

MICHEL FOUCAULT

Fashioning the Body Politic

米歇尔 · 福柯

形塑身体政治

简 · 泰南
Jane Tynan

引言

法国历史学家、哲学家福柯（Michel Foucault，1926—1984）对人文和社会科学领域产生了深远的影响。福柯的核心观点之一，便是对“权力”（power）的理解：权力最主要的形式并非政治领导，而是存在于日常生活的生产力中。这一点令福柯的思想在当下再度“时尚”起来：在全球性的金融危机之后，“权力”被用来阐释现代机构对我们的控制；与此同时，我们也看到了底层权力的惊人呈现。

我将在本章分析福柯的理论如何（在社会、政治和经济意义层面上）将“时尚”视为一种文化体系、一种话语、一种实践和一种产业。就“权力”而言，相对于“谁是掌权者”的问题，福柯对物质现实的政治意义更感兴趣。他提出了现代生活所特有的各种社会控制手法；这些控制手法的规则和路径，对现代人的自我和他人判断来说至关重要。从日常的医疗程序到教育或司法制度，从住房条件到囚犯待遇，福柯的所有论述，都帮助我们更好地认清了究竟什么才是错的、谁才是正当的掌权者，以及什么样的言论才允许被发表。那么，这些促进“监视”（surveillance）的现代系统或技术，是否离“时尚”的魅力性远了点？也许吧，但毋庸置疑，它们同时尚的大众性息息相关。福柯对社会结构的观点，能够将我们的注意力从时尚的“奇观”（spectacle）色彩中转移开来，去思考时尚是如何被建构和表达的、它对谁更有利、谁在关注它等一系列问题。换句话说，福柯会问：时尚作为一种社会、文化和经济实践，究竟是由什么构成的？一个确定的事实是：多数关于时尚的研究都赞同福柯的观点，时尚、身份和身体领域的学者也都认可福柯的影响，因此无论如何也应当提到他（Craik, 1993: 125; Benstock and Ferriss, 1994: 8; Svendsen, 2006: 143; Finkelstein, 2007: 211; Kaiser, 2012: 20）。

如果没有福柯，时尚研究领域或许不会如此丰富而精彩。无论有意还是无意，福柯论证了身体是被各种制度、习俗和实践所“形塑”（fashioned）的。他令身体变得政治化，而后来的理论家们在时尚、美容、风格和服装等各种研究中不断回应这一点。如果服装形塑了身体的姿态和动作，它也会同时限制人类的经验。然而，我要强调的是，不同的学者在福柯的作品中都能找到一个用以分析服装和时尚系统的关键性框架。或许这种作法可以被认为是借由时尚研究来“核实福柯”或“证明福柯”，然而它也在某种程度上延续了福柯的理论。在这些学者中，乔安妮·恩特威斯特（Joanne Entwistle）是较有影响的，她的问题意识是：在一系列社会和制度背景下，随意性的着装如何令身体变得有意义（Entwistle, 1997, 2000, 2001, 2009）。她也证明，时尚研究很适合“福柯式”分析。诚然，穿什么对于我们如何体验世界很重要；然而福柯对时装研究最重要的贡献，是提供了一种新的视角，来看待和呈现服装的社会意义。他告诉我们，应当把衣服当作一个可穿戴的客体，而不是一个被观察的图像。

福柯的概念框架

时尚无处不在，这是一个基本事实。时尚的典型代表可能是有钱人，但大多数普通人的日常着装都包含了某种形式的时尚。正如乔安·芬克斯坦（Joanne Finkelstein）所观察到的，时尚是一种“集体性、系统化、规定式”的规训力量（disciplinary power），它形塑和改变着我们的身体（Finkelstein, 2007: 211）。这种观点是福柯式的，它引领我们思考时尚对身体的作用和要求。从前卫的 T 台秀到衣橱的配搭选择，时尚包含了很多方面的内容。然而，福柯哲学思想体系中的关键概念，指涉了时装研究中一个被忽视的领域：日常生活中的服装。福柯感兴趣的，是权力如何作用于身体。正因如此，其理论很适用于分析服饰规范在日常生活的表现与作用。衣服除了包含私人化的意义，也具有深刻的社会作用。福柯本人虽然没有专门研究时尚或服装，但他提供了一个十分有用的概念工具包，用以思考服装如何同权力结构相关联。

本章一方面综述米歇尔·福柯的相关理论，另一方面介绍那些运用福柯思想来分析时装的研究成果。对福柯来说，身体对于权力的运作至关重要：它的有形结构，塑造了社会和政治的“话语”。作为福柯最引人注目的概念之一，“话语”（discourse）描述了知识被创造和组织的过程。安格内·罗卡莫拉（Agnès Rocamora）同时借鉴了布尔迪厄（Pierre Bourdieu）（详见第 14 章）和福柯的观点，来发展“时尚话语”（fashion discourse）这一概念。她研究了法国时尚媒体关于“巴黎”的复杂文本、陈述和观点，以说明时尚话语如何形成、在何处扩散，以及被哪些社会和物质实践赋予了生命和意义（Rocamora, 2009）。很明显，话语对于维持时尚体系来说至关重要，时尚话语也构建了关于健康、性别、性、阶级和种族的社会主流叙事。可以说，在任何特定的社会框架之中，时尚话语与主流叙事都相互勾连。

对那些质疑实证主义历史观的后结构主义者来说，“话语”是一个极具影响力的概念。这一概念主要在福柯的著作《知识考古学》（*The Archaeology of Knowledge*）与《性史》（*History of Sexuality*）中被论述和发展。话语决定了（作为个人或社会的）我们知道什么知识以及如何知道这些知识（Foucault, 2004, 1990）。福柯认为，现代知识的分类体系，彰显了它对于古典思想体系的突破。历史的作用对于建构话语的形成至关重要，这被福柯称为“当代史”。也正因如此，他的学说在性别研究、酷儿理论、教育理论、文化研究、体育和犯罪学等领域特别具有影响力。作为一个反本质主义者，福柯认为一切都是历史所建构的；建构的依据便是服务于特定权力利益的知识体系。历史化的知识领域，只有通过将语言变成可能性的话语形式，才会产生主体和客体（Rouse, 1994: 93）。如果物质现实只能通过一个知识领域表达，那么话语就能够展示这些客体成为社会和文化意义载体的过程。福柯致力于将这种社会理论在很多方面具体化，于是为历史和物质文化的学者提供了有益的视角。

正因为福柯发现了不同“话语领域”（discursive fields）之间的相似性，所以他开始通过“再现系统”（systems of representation）来思考社会生活及其（通过制度结构所运行的）再生产过程（Rouse, 1994: 94）。因此，福柯认为“性身份”（sexual identities）是一件危险的事情，并试图颠覆权力化的身份政治。他认为，对人类行为进行分类的冲动，本质上是一种新的社会控制形式，也是现代性的邪恶特征之一。他试图揭示社会分类如何令身体在政治和经济上“有用”。例如，在 19 世纪，讨论“性”的问题成为性监管的一种分散式手段。这些谈论“性”的话语可能是消极和压抑的，然而福柯注意到它们在性问题上“要求真相”的倾向。将性欲望进行分类的做法稳定了这种倾向，同时也促成了我们所评判的“刻板印象”（stereotype）。因此，福柯将人们的归类和物化视为一种反动，因为在归类和物化的过程和系统中，身体被重塑为知识客体和权力目标。

福柯较常受到的批评之一，是他把权力更多归咎于机构而非个人。尤尔根·哈贝马斯（Jurgen Habermas）批评了他笔下“权力”这一概念整体化的局限性，布尔迪厄在不同时期都对其方法论途径提出了异议，查尔斯·泰勒（Charles Taylor）认为福柯“支配和征服”（domination and subjugation）模型存在缺陷，南希·弗雷泽（Nancy Fraser）则质疑福柯的“反人文主义”（anti-humanism）是否令其成为哲学抗拒者或虚无主义者。的确，福柯对现代机构的权力及其用以支配人们的策略确信不疑。他指出，尽管监狱、医院和学校塑造了一种保护、关怀和健康的形象，但它们的目的是改造人民。他将这样一种权力关系称为“生命政治”（biopolitics）。他对文化如何形塑身体的思考，无疑具有重要的哲学贡献；至于身体实践如何具体反映权力运作的问题，则留给后来的思想家们去探索。“话语”和“生命政治”成为福柯在 20 世纪 70 年代发展出的“治理术”（governmentality）理论的重要内容。

“治理术”理论为我们提供了一个概念框架，来探索日常生活中细枝末节的形状和结构，从而发现它们如何被社会控制所套牢。因此，它可以用来质疑时尚消费的政治性。正如约翰·拉齐曼（John Rajchman）所言，福柯所提供的不是事物的历史，而是“术语、类别和方法，来帮助某些事物在某些时候变成讨论和争议的焦点”（Rajchman, 1983-1984: 8）。福柯所关注的，是揭露历史，尤其是传统“发展”和“连续”的历史中的幻觉（Foucault, 1994: 419）。他所感兴趣的话题包括：这些历史如何“构成”（constituted）的？“话语”如何在历史的一个特定主题（例如疯狂、健康、性、阶级或种族）中成为知识的关键观念？这一过程中所牵涉的信仰、神话和意识形态具有怎样的“无意识子结构”（unconscious substructure）？

“生命政治”提供了一个很好的概念框架，来探索特定的身体实践所促成的社会行为。福柯关于身体的研究（尤其是有关监狱的著作），对于时尚的思考和解读来说至关重要。福柯的著作广泛而细致地探讨了身体在现代系统中的关键作用，概述了身体如何在各种系统结构中被再造、改进和转变（Foucault, 2001, 1991）。在《规训与惩罚》（*Discipline and Punish*）一书中，他探讨了制度如何通过直接作用于身体来创造知识（Foucault, 1991）；这对任何社会或空间形态的研究具有指导意义，但它真正的创新之处在于两者的结合。福柯采用了杰里米·边沁（Jeremy Bentham）[1]的“圆形监狱”（Panopticon）来隐喻规训式社会的功能，认为“规训”（discipline）创造了特定类型的个人。而关于犯罪的新“话语”，产生了新的监狱“惩罚”（punishment）形式，例如18世纪以降对囚犯“改造”（reform）所作的各种努力。因此，传统的“体罚”被“监视”（surveillance）所取代。作为一种新的管理策略，“监视”旨在令囚犯对自己的身体具有敏锐的意识，并自发地改变自己的行为。

“圆形监狱”是一个“完美”的监狱，其中的囚犯处于一种永久而完全可见的状态之中。圆形监狱的建筑本身，就是一种“监视”的技术。“圆形监狱”施加普遍性和常规化的凝视，通过监视和诱导而令囚犯进行自我约束。这样一种方法，取代了传统的身体性惩罚力量。可以说，“圆形监狱”通过可见性的“陷阱”（trap）来实现和维持秩序（Foucault, 1997: 361），因此能够被引申和拓展为当代社会的一些监视形式，例如日常生活中的闭路摄像头。从这个角度来说，边沁的

1　杰里米·边沁（1748—1832），英国哲学家、法学家和社会改革家。他筹备了一所学校和一所监狱，并创建了伦敦大学学院。

“圆形监狱”概念更多被福柯拿来作为一个隐喻使用，用以描述建立在“监视”之上的现代社会。对福柯来说，主体性不仅由意识形态所建构，而且是话语留在身体上的印记。在《规训与惩罚》中，福柯概述了“规训权力”（disciplinary power）的一种现代特有形式，以及一套涉及控制和调节技术的关系。他认为规训式社会的技术是“等级化”（hierarchical）的观察和检查，旨在设计出“规范化判断”（normalizing judgments）的程序。那么，这样一种等级化观察的原则以及这样一种区分“正常”和“异常”的方式是否与时尚系统产生了共振？我们相信，福柯式的分析，为探讨时尚中的控制和调节技术提供了有益的视野。例如，亚历山德拉·沃里克（Alexandra Warwick）和达尼·卡瓦拉罗（Dani Cavallaro）对于时尚研究的重点便是“控制”（control）和“服从”（subjection），他们用福柯的观点建构了一个用以讨论衣着身体的“规训”与“越界”（transgression）的框架（Warwick and Cavallaro, 1998）。

运用福柯的方法来研究时尚

福柯认为“规训权力”构成了主体性，也强调这些“规范化判断”往往通过视觉手段来实现。他以“圆形监狱”这一关于凝视的建筑化隐喻来描述权力的循环与作用。其中重要的一个观点：“规训权力”能抓住身体，控制它的运动并形塑它的行为，因此是一种远比“身体强制”更加有效的社会控制工具。“惩罚”不是处罚，而是纠正：它能够训练身体，以某种特定的方式来行动。福柯将监狱视为人们在现代社会中组织形式的隐喻，这显示了他将社会生活视为具身化（embodied）主体的方式。可以说，我们对自己身体的焦虑（尤其是对外表的在意），源于这种现代性的“视界政体”（scopic regime）。

然而，我们并不能将福柯的“监视”概念完全局限于视觉领域。正如克雷西达·海耶斯（Cressida Heyes）所说，福柯将我们的注意力吸引到侵犯身体微观领域的“规范化”技术上，这些技术往往以“解决方案”（solutions）的形式（例如节食、整容等）呈现（Heyes, 2007）。这些“规范化”技术，不仅塑造了完美身体的理想化形象，而且提醒着人们普遍性的审美准则。“规范化”的凝视会更具有传染性和侵入性，它触及我们身体的每一寸表面，不断“痛苦”地提醒我们，自己的身体如何“松懈”而未达到社会建构的理想化标准。我们不断从自己身上寻找异常、过量或错误。可以说，“全景敞视主义”（Panopticism）隐喻了现代生活中普遍存在的焦虑，尤其是对于我们的身体保持批判的焦虑（或冲动）。时尚则是一种“自我呈现”（self-presentation）的实践，它符合福柯对（日常生活管理中的）权力的关注。福柯之所以受到重视，是因为他的方法业已超出政治学的范畴：他认为权力是日常化、社会化、具体化的。

总体来说，福柯并没有专门论述过时尚；然而在《规训与惩罚》一书中，他从制服的颜色和形状来讨论现代士兵的外貌，并将其作为“规训政体”（disciplinary regime）出现的证据（Foucault, 1991: 135-136）。福柯不断地描述人类如何被“社会化”并通过各种认识世界的方式（话语）而成为某一类“主体”。凡是对构成社会现实的表象机制感兴趣的人（尤其是女权主义者们），都会热衷于身份/建构的议题，

图 11.1 Jean-Paul Gaultier 时装秀，2011 年 3 月 5 日法国巴黎时装周，安东·奥帕林（Anton Oparin）摄影

其中很多人对福柯的作品充满热情（Sawicki, 1991; Bartsky, 1998; Bordo, 1998; McLaren, 2002）。当然，其中也包含一些小的争论，因为我们得承认，福柯对权力的分析并没有性别之分。然而他所描述的规训实践，与女权主义话题产生了共鸣，延伸出女性气质的文化建构以及对女性自律的要求等问题。对女权主义者来说，福柯的论著阐明了构成“父权”（patriarchal power）的话语。

桑德拉·李·巴特斯基（Sandra Lee Bartsky）认为，福柯“温顺的身体”（docile bodies）的概念完美地描述了女性的“化身”

(embodiment)——一种对“父权”的服从，并揭示出它在现代社会中所潜藏的形式。而伊夫兰特·特斯隆（Efrat Tseëlon）也观察到，女性的可见性（visibility）令其陷入规训的注视中，成为男性凝视的对象，并不断对自己的身体和外表进行维持（Tseëlon, 1995: 69）。被社会化和具身化（embodied）的“权力”概念，令女性主义学者不断拓展和质疑有关“观看”的争论。然而，受到社会监督的身体不仅限于女性：男性的身体也成为各种“规范化判断”的主体。这样一种令人不断审视自己身体的做法，不仅包括时尚，还有美容、节食、健身和整容手术等。

福柯的“治理术”理论，从微观和宏观两个层面提供了思考时尚的方法。因格里德·杰克尔（Ingrid Jeacle）认为，计算技术遵循一个“规范化”过程，在时尚产品的生产过程中增强控制，将时尚与非时尚区分开来（Jeacle, 2012: 82-98）。因此，在分析“快时尚”（fast fashion）技术时，她指出福柯论著中的一个主要主题：对“问责”（accountability）的关注。就“快时尚”而言，以分钟来计算的手段是“一个监视系统，它塑造了时尚的形式，最终形塑了大众的服装”（Jeacle, 2012: 95）。然而，这种灵活的制造方式，给服装工人的身体制造了压力；全球化的时尚产业，也令工人们的工作环境愈发具有危害性和不稳定性。杰克尔所关注的，是这些新技术如何通过建构远离行业中心的（有关身体和空间的）计算性知识，来强化权力 / 知识。无论我们考察时尚业的零售人员、购物者还是服装工人，都会发现行业的微观环境正在不断产生一种新的恶性权力 / 知识形态。诸如此类的研究，可能会令学者们从时装的新奇性和偶然性（等更具诱惑力的层面）转移到关于权力的思考上。这回应了福柯对于我们的提醒：权力如何在一个复杂的体系中被分散，它对于大量民众的现实生活又产生了怎样的影响。

而从福柯“温顺的身体”概念出发，一些学者也分析了时尚模特的议题。阿什利・米尔斯（Ashley Mears）在她的民族志研究中强调，时装模特的工作是一个规训过程。模特业不断将女性的身体转变为商品，尤其通过严格的“浮动标准”（floating norms）将模特“规范化”。“浮动标准”体现了性别和市场的不确定性；而这些不确定性交织在一起，便形成了时装模特这一行业（Mears, 2008: 429-456）。模特行业令性别表演（gender performance）职业化，而规训和监视则塑造了这一行业的高标准。米尔斯的研究，揭示出模特行业的发展是一种物理性、身体化、费力而痛苦的过程，其本质是一种监视性的惩罚制度。在这一研究中，米尔斯用福柯的方法调研了时装体系形成的过程。这一研究补充了福柯的理论，因为福柯虽然强调视觉性的作用（尤其是图像的作用），却较少关注美学层面。在这一研究中，“全景敞视主义”提供了有用的模型来帮助我们理解一个事实：杂志中和 T 台上理想化的女性形象可能会导致时尚消费者不健康的“自我监视”。

如果全景敞视化的凝视通过健康、饮食、瘦身、锻炼和美容等公共话语发生作用，那么它是否会引发羞耻感，并促使人们潜移默化地接受一种新政体？有学者曾使用圆形监狱的隐喻来追踪“自我监视”的实际步骤，具体做法是追踪一本吸引女性读者的健身杂志（Carlisle Duncan, 1994: 48-65）。20 世纪 70 年代，观影（spectatorship）研究催生了颇具影响力的“男性凝视”（male gaze）理论（Berger,

图 11.2 加拿大蒙特利尔体育协会的男性健美运动员在摄影棚与教练合影，戈登（Gordon）摄影，1905

1972; Mulvey, 1975; Kaplan, 1983; Nochlin, 1994）；这一理论最重要的来源是精神分析，但也运用了一些福柯的观点。福柯所提供的，是对于父权话语在更深层次意义上的反思，令我们不仅思考父权话语在意识形态方面的影响，也质疑它们塑造女性身体的真实方式。话语或知识体系在身体的微观层次上被付诸实践，正如乔安妮·恩特威斯特（Joanne Entwistle）所言，当今女性所受的压迫，并不亚于 19 世纪的女性束身衣（Entwistle, 2000: 20-21）。福柯对时尚研究的影响还有更为极端的例子，比如瓦莱丽·斯蒂尔（Valerie Steele）认为，束身衣是一项训练身体的项目（Steele, 2001: 155-165）。但恩特威斯特提出了一个重要的问题，即身体规训在一系列时尚实践中的作用形式，包括男性追求肌肉发达、女性节食保持苗条、人们整容改善外表等等。过去对女性身体的要求或许并不像现在这样高；但正如恩特威斯特和斯蒂尔所言，服装类型可能会改变，但它们对身体规训的强调并没变。

福柯对话语和身体的思考，也促使学者们针对各种“制服”（从平民制服、军装到亚文化服装）进行研究。许多关注社会外表的思想家都采用了福柯的权力 / 知识模型，将统一的制服视为身体文化对于公民意识的强调，并认为制服集中体现了集体性的规训。人类学家布莱恩 · 麦克维恩（Brian McVeigh）运用福柯的“治理术”理论来研究日本高中校服，探讨它们（作为日本战略化教育的一部分）如何反映国家权力，令学生们不断将“规范化凝视”内在化（McVeigh, 1997: 195）。因此，制服的集体性规训作用（尤其是每天穿制服的习惯），为我们提供了思考和理解“服装对政治的重要性”这一问题的新途径。福柯的概念，阐明了制服在书写身体和建构公民认同等方面的特定作用。

在制服研究方面，还有一些学者关注教育的文化政治问题。他们借由福柯的理论，来思考制服如何作为一种作用于学生身体的权力形式而发挥作用。达芙妮 · 梅多姆（Daphne Meadmore）和科林 · 赛姆斯（Colin Symes）认为，在澳大利亚的学校里，校服不仅是学校纪律（规训）的象征，也是一种重要的管理手段（Meadmore and Symes, 1996: 209-225）。作为一种“划分实践”，校服不断确认某种主体性并排斥其他（学校），以便于分散（划分）主体来实现规训的目的（Foucault, 1982）。校服的样子（外观）具有重要的作用，它不仅能够定位“偏差”和“缺陷”，而且可以促进“正确”的外表。借由福柯的概念，我们可以很好地分析和探讨不同校服的外观、差异化的穿着方式及其激发的反抗行为。研究制服的程序和惯例，对于理解权力如何通过人体来实现社会和政治目标至关重要。伊内丝·杜塞尔（Inés Dussel）认为，在对身体长期发生作用的各种技术中，制服是重要的因素，它结合了“美学、科学、政治和道德等各种话语”（Dussell, 2004: 86）。她用福柯关于身体和权力的观点，思考服装如何成为一种社会管束的有力工具，以此来证明一个观点：“主体化”（subjectification）主要通过身体发生作用。

根据杜塞尔的研究，制服不仅体现了权力，也表达了“抵抗”（resistance）。尽管她认为制服具有单一化的本质，但在实际情况中，制服是具有多样性和矛盾性的。换句话说，虽然制度是用来管理身体的，但这并不意味它们总是成功的。肖娜·波莫兰兹（Shauna Pomerantz）在一项针对北美学校女生“着装规定”（dress code）的研究中发现，一些话语会在女生身体上施加“规范化”的权力和控制，并将一些女生定位为“不负责任”（irresponsible）和“离经叛道”（deviant）的（Pomerantz, 2007: 373-386）。“着装规定”形塑了学生对自我身体的意识，训练了她们在学校和社会中管理自己的能力；然而与此同时，它也存在着挖掘和探索创造性反抗的潜力。上述这些研究，都不愿将校服描述为一个僵化系统，而是希望利用福柯的理论来分析和揭示这些规训项目的多样性和可变性。

福柯的观点，也被用来分析和理解军装的社会作用。丹尼尔·珀迪（Daniel Purdy）在他关于 18 世纪普鲁士军装的研究论文中，对比了两种不同的军装——“打仗的”（tacticle）和“时尚的”（fashionable），思考军装如何服务于权力（Purdy, 2003: 23-45）。珀迪认为，普鲁士军装的简单性反映了权力的视野：“衣服如此之紧地覆盖身体，以至于几乎变成了第二层皮肤，成为身体的自然部分；换种说法，几乎没有穿任何遮盖物……因此，军装既是可见又是不可见的。”（Purdy, 2003: 45）对福柯来说，规训作为一种可持续性策略，将人们训练为有纪律的不同群体成员；现代制服设计美学则反映了他的“划分实践”（dividing practices）概念，即在群体中使人个性化的驱动力。从这个意义上说，现代制服设计的实用美学，同制度控制的战略密切相关。

然而，布莱恩·麦克维恩坚持认为，无论制服的重复作用有多强大，“规范”（norm）往往是被“不完美重现”的（McVeigh, 1997: 208）。控制无论在哪里实施，都存在“过量”（excess）和“抵抗”。我也曾针对军装进行研究，找寻过一些资料，发现一些富有责任心的反对者曾经拒绝穿卡其布军装，结果被残酷地对待——这样一种极端的管制行为，暴露了“一战”期间英国军方对男性气概的规训（Tynan, 2012: 86-102）。军方当局以过度的武力来回应反对者的抗议，这显示出服装在军事战争中所起的战略作用。此外，在对“一战”中英国军服的研究中，我采用了福柯式批评框架，认为一系列士兵的图像和文本构成了一种强有力的话语，用以表现军人的男子气概（Tynan, 2013）。尽管可以被商榷，但围绕军装，不同的判断和争论讲述了一个关于协商、抵抗和“改装”（improvisation）的故事；而这个故事告诉我们，集体化规训和创造性亚文化对战争来说同样重要。因此，福柯视野下规训化社会的美好之处，在于它包含了某种反抗和协商的可能性。

现代制服提供了一种（以分类和规训来）标记和显现身体的系统，也论争了福柯的判断，即现代社会是从“奇观”到“监视”的转变（Shapiro, 2003: 302）。福柯认为知识和权力是不可分割的，它们共同引导我们关注事物的建构方式。古学斌（Ku Hok Bun）提出了一种观点：“科学化的区分和分类，其目的是为了拒绝。”（Hok Bun, 2006: 290）

福柯的影响，还体现在对“面纱”（veiling）的研究方面。这些研究关注话语政体如何构成了文化认同，认为服装既能保持共同身份，又能令认同的冲突性以动态变化的方式显现（Humphreys and Brown, 2002, 927-952）。安娜·西科尔（Anna Secor）运用福柯的思想来研究伊斯坦布尔城市空间中的面纱，揭示身体如何被权力和知识所烙印（Secor, 2002: 5-22）。她借由福柯的理论，发现面纱不仅是一种符号，而且成为一种空间实践，令城市空间既得以流动又受到管束。以上所有这些复杂的研究表明，福柯的概念并非（如很多人所认为的那样）是“过度定型”（over determined）的。福柯自身也不愿意“种族（化）”或“性别（化）”自己的学说，然而他的确提供给我们一个概念的工具包，来研究人文和社会科学中方方面面的领域。对艺术，福柯也具有独特的看法。他关心可见性的模式，并质疑其实际的用途。他提醒我们，应当不断去思考形象（images）在更广泛政治领域内发挥作用的方式。这一观点影响了 20 世纪 80 年代以来的研究潮流：一方面是对于美学的普遍性怀疑；另一方面是（艺术和设计史领域）对文化研究方法的接受。因此，很多研究者借由福柯的框架，聚焦图像和外观如何维持权力的结构。总体来说，福柯将身体视为权力的目标，这为时尚研究者们打开了思路，来分析服装如何“团结”（unite）或者（潜在性地）“区分”（divide）人群。

结语

福柯认为，话语既是权力的场所，也是抵抗的场所。他将自己关于人类社会模型的认识，扩展到对人们如何挑战和颠覆主流秩序的思考。这也是福柯理论在最近全球性非暴力反抗语境下越发被重视的原因。最近的一些活动或团体，例如在街头抗议时使用“连帽衫”（hoodies）逃避摄像头或者新无政府主义组织“黑衫队”（Black Bloc）等，都彰显了日常服装的政治功能，说明人们已经意识到衣服能将他们“标记”（mark）并“重塑”（re-create）为“温顺的身体”。对于日常外观规范的常见抵抗方式，是“宣传回应”（propaganda feedback），这是一种年轻人喜闻乐见的反抗技巧。这些年轻人，知道自己一生都活在监视制度下，也非常清楚其评判的后果。

福柯在时尚研究方面的影响还存在更多的议题，例如异议者如何“改装”（improvise）制服，以观察“全景敞视”是否能检测及中和新的现代社会形态。再如有太多“脱颖而出”的衣服，能够测试社会对那些“超出文化规范”之身体的容忍程度。另外，探究时装在生产和营销中的“规训”和“程序”，也有巨大的研究潜力。从福柯的角度来看，颠覆性的时尚研究还有太多的选题。最近诸如“费曼”（Femen）

或“荡妇游行”（Slutwalk）等一些团体，采取与 20 世纪 70 年代激进女权主义相类似的方式来表达公开抗议，旨在令人们反思社会上女性身体被视为战场的现状。此外在过去几年，都柏林和利物浦一些年轻女性工人公开“穿睡衣”（pyjama wearing）的行为也非常引人注目，她们以实际行动抵制主导性的女性行为规范准则。然而事实结果表明，这样的时尚实践遭到了主流社会的拒绝——她们被禁止进入商场和商店。然而毋庸置疑，她们的行为揭露了社会对女性气质的生产和规训，并以一种勇敢的方式拒绝了对于社会责难的妥协；而这种社会责难所针对的，正是对未完整或无秩序的女性气质的暴露。以上这些颠覆性的时尚实践，不断挑战着那些试图将身体权力“规范化”的势力。再如，这个社会能够容忍“过度肥胖”到什么程度？而又是谁有资格决定这个程度的线画到哪里？总之，福柯为我们提供了一种无处不在的批判眼光；同时他也提醒我们，在日常的权力斗争中，身体是反抗的终极场所。

参考文献

Bartsky, S. (1998) 'Foucault, Femininity and the Modernization of Patriarchal Power' in L. Diamond and L. Quinby (eds), *Feminism and Foucault: Reflections on Resistance*, Boston, MA: Northeastern University Press.

Benstock, S. and Ferriss, S. (eds) (1994) *On Fashion*, New Brunswick, NJ: Rutgers University Press.

Berger, J. (1972) *Ways of Seeing*, London: Penguin.

Bordo, S. (1998) 'Anorexia Nervosa: Psychopathology as the Crystallization of Culture' in L. Diamond and L. Quinby (eds), *Feminism and Foucault: Reflections on

Resistance, Boston, MA: Northeastern University Press.

Callewaert, S. (2006) 'Bourdieu, Critic of Foucault: The Case of Empirical Social Science against Double-Game-Philosophy' in *Theory, Culture & Society*, 23 (6): 73-98.

Carlisle Duncan, M. (1994) 'The Politics of Women's Body Images and Practices: Foucault, the Panopticon and *Shape Magazine*' in *Journal of Sport and Social Issues*, 18 (1): 48-65.

Craik, J. (1993) *The Face of Fashion: Critical Studies in Fashion*, London: Routledge.

Dussell, I. (2004) 'Fashioning the Schooled Self' in B.M. Baker and K.E. Heyning (eds), *Dangerous Coagulations: The Uses of Foucault in the Study of Education*, New York: Peter Lang.

Entwistle, J. (1997) '" Power Dressing" and the Construction of the Career Woman' in M. Nava et al. (eds), *Buy This Book: Studies in Advertising and Consumption*, London: Routledge.

—— (2000) *The Fashioned Body: Fashion, Dress and Modern Social Theory*, Cambridge: Polity.

—— (2001) 'The Dressed Body' in J. Entwistle and E. Wilson (eds), *Body Dressing*, Oxford: Berg.

—— (2009) *The Aesthetic Economy of Fashion: Markets and Values in Clothing and Modelling*, Oxford: Berg.

Finkelstein, J. (2007) *The Art of Self-Invention: Image and Identity in Popular Visual Culture*, London: I.B. Tauris.

Foucault, M. (1982) 'The Subject and Power' in H.L. Dreyfus and P. Rabinow (eds), *Michel Foucault: Beyond Structuralism and Hermeneutics*, New York: Harvester-Whatsheaf.

—— (1990 [1976]) *The History of Sexuality, Vol.* 1, R. Hurley (trans), London: Penguin.

—— (1991 [1977]) *Discipline and Punish: The Birth of the Prison*, A. Sheridan (trans), London: Penguin.

—— (1994) 'Return to History' in J.D. Faubion (ed), *Aesthetics, Method and Epistemology*, London: Allen Lane.

—— (1997) 'Panopticism' in N. Leach (ed), *Rethinking Architecture*, London: Routledge.

—— (2001 [1967]) *Madness and Civilization: A History of Insanity in the Age of*

Reason, R. Howard (trans), London: Routlege.

—— (2004 [1969]) *The Archaeology of Knowledge*, London: Routledge.

Fraser, N. (1985) 'Michel Foucault: A "Young Conservative"?' in *Ethics*, 96 (1): 165-184.

Habermas, J. (1990) *The Philosophical Discourse of Modernity*, Lawrence, MA: The MIT Press.

Heyes, C. (2007) *Self-Transformations: Foucault, Ethics, and Normalized Bodies*, Oxford: Oxford University Press.

Hok Bun, K. (2006) 'Body, Dress and Cultural Exclusion: Experiences of Pakistani Women in "Global" Hong Kong' in *Asian Ethnicity*, 7 (3): 285-302.

Humphreys, M. and Brown, A. (2002) 'Dress and Identity: A Turkish Case Study' in *Journal of Management Studies*, 39 (7): 927-952.

Jeacle, I. (2012) 'Governing and Calculating Everyday Dress' in *Foucault Studies*, (13): 82-98.

Kaiser, S.B. (2012) *Fashion and Cultural Studies*, London: Berg.

Kaplan, A. (1983) *Women and Film: Both Sides of the Camera*, London: Methuen.

McLaren, M.A. (2002) *Feminism, Foucault and Embodied Subjectivity*, New York: SUNY Press.

McVeigh, B. (1997) 'Wearing Ideology: How Uniforms Discipline Minds and Bodies in Japan' in *Fashion Theory*, 1 (2): 189-214.

Meadmore, D. and Symes, C. (1996) 'Of Uniform Appearance: A Symbol of School Discipline and Governmentality' in *Discourse: Studies in the Cultural Politics of Education*, 17 (2): 209-226.

Mears, A. (2008) 'Discipline of the Catwalk: Gender, Power and Uncertainty in Fashion Modeling' in *Ethnography*, 9 (4): 429-456.

Mulvey, L. (1975) 'Visual Pleasure and Narrative Cinema' in *Screen*, 16 (3): 6-18.

Nochlin, L. (1994) *Women, Art and Power and Other Essays*, London: Thames and Hudson.

Pomerantz, S. (2007) 'Cleavage in a Tank Top: Bodily Prohibition and the Discourses of School Dress Codes' in *The Alberta Journal of Educational Research*, 53 (4): 373-386.

Purdy, D. (2003) 'Sculptured Soldiers and the Beauty of Discipline: Herder, Foucault and Masculinity' in M. Henn and H.A. Pausch (eds), *Body Dialectics in the Age of Goethe*, Amsterdamer Beiträge zur neuren Germanistik, Vol. 55, Leiden: Rodopi.

Rajchman, J. (1983-1984) 'The Story of Foucault's History' in *Social Text*, 8: 3-24.

Rocamora, A. (2009) *Fashioning the City: Paris, Fashion and the Media*, London: I.B.Tauris.

Rouse, J. (1994) 'Power/Knowledge' in G. Cutting (ed), *Cambridge Companion to Foucault*, Cambridge: Cambridge University Press.

Sawicki, J. (1991) *Disciplining Foucault: Feminism, Power, and the Body*, Hove: Psychology Press.

Secor, A. (2002) 'The Veil and Urban Space in Istanbul: Women's Dress, Mobility and Islamic Knowledge' in *Gender, Place and Culture*, 9 (1): 5-22.

Shapiro, G. (2003) *Archaeologies of Vision: Foucault and Nietzsche on Seeing and Saying*, London: University of Chicago Press.

Steele, V. (2001) *The Corset: A Cultural History*, New Haven, CT: Yale University Press.

Svendsen, L. (2006) *Fashion: A Philosophy*, London: Reaktion Books.

Taylor, C. (1984) 'Foucault on Freedom and Truth' in *Political Theory*, 12 (2): 164-165.

Tseëlon, E. (1995) *The Masque of Femininity: The Presentation of Woman in Everyday Life*, London: Sage.

Tynan, J. (2012) '"Quakers in Khaki": Conscientious Objectors' Resistance to Uniform Clothing in World War I' in S. Gibson and S. Mollan (eds), *Representations of Peace and Conflict*, Basingstoke: Palgrave Macmillan.

—— (2013) *British Army Uniform and the First World War: Men in Khaki*, Basingstoke: Palgrave MacMillan.

Warwick, A. and Cavallaro, D. (1998) *Fashioning the Frame: Boundaries, Dress and the Body*, Oxford and New York: Berg.

12

NIKLAS LUHMANN

Fashion between the Fashionable and Old-fashioned

尼克拉斯·卢曼

流行与守旧之间的时尚

奥雷·范德佩尔
Aurélie Van de Peer

引言

2013 年 1 月刊的时尚杂志 *Monocle* 推出之前，编辑安德鲁·塔克（Andrew Tuck）在该杂志的互联网博客上表达了一种忧虑：当今的时尚迷们似乎觉得“时尚不再流行”，而且“最好别说你喜欢时尚，因为你会得到一个糟糕的名声”——在当今的时尚界，“追求时髦似乎被认为已经过时”（Tuck, 2013）。这样一种观察，表达了时尚圈内部的一种区分形式，但也可能暗示了一种对时尚的敌意。时尚，似乎因其肤浅和短暂的特征而一次次受到文化批评家们的谴责。这些批评家们，将时尚与更为永恒的文化形态进行比较，认为美术等文化表达了更为深刻而隐含的意义，而时尚则相对来说缺乏深度和理性，因此在文化价值上较低一级。面对这种指责，当代时尚研究的理论家们致力于纠正这些批评的偏颇或错误之处。本章以德国社会学家尼克拉斯・卢曼（1927—1998）的宏大理论框架为基础，探讨时尚的运作是否具有逻辑性，以及卢曼的理论是否有助于时尚学者更好地面对“时尚被低看”这一问题。

万物超理论

德国社会学家尼克拉斯・卢曼在他 30 年的研究生涯中论及了众多人文社科的领域，包括大众传媒、教育、时间、艺术等等。他著有 50 多部专著和 400 多篇文章，其中只有少数被翻译成英语。这些学术著述，对好几个学科都产生了重大影响。这一章将对他的理论框架进行简要介绍。

在上一节中，我将卢曼的理论框架描述为“宏大”（grand）——这一词语，高度概括了卢曼自身的追求。卢曼以一种高度抽象的方式进行推理，也经常因其难以消化的散文式语言而受到批评。本章首先介绍卢曼的一些关键概念，然后试图将这些概念转化为时尚理论方面的有力武器，以说明他的社会万物“超理论”（supertheory）（Luhmann, 1995a: 4）为时尚研究带来了重要的启发。通过卢曼来思考时尚，能够为那些希望进一步将时尚理论化和深度化（以面对各种批评声音）的人提供一条路径。

克里斯汀·波尔奇（Christian Borch）曾高度概括卢曼理论的三阶段：20 世纪 70 年代系统与环境的关系、20 世纪 80 年代的自生转向以及 20 世纪 90 年代的悖论转向。下一节将概述这三个阶段中的重要概念，以此勾勒卢曼对现代社会的基本看法。紧接着，本章在后半部分讨论了卢曼在时尚领域的稀少作品，并综述了现有的卢曼式时尚研究（Esposito, 2004, 2011; Loschek, 2009; Schiermer, 2010）。最后在结语部分，我试图指出卢曼的观点还能为时尚研究带来哪些可能性意义。

语境中的卢曼

1960—1961 年，在美国著名的功能系统理论家塔尔科特·帕森斯（Talcott Parsons）的指导下，尼克拉斯·卢曼在哈佛大学留学期间强化了自身对于社会学的兴趣（Parsons, 1951）。然而，卢曼很快意识到，帕森斯的系统理论，同他自己的系统观是不相容的：在他看来，一个系统是指能够独立于环境运行的统一实体（Luhmann, 1995a）。帕森斯和卢曼对系统的解释不同：帕森斯认为那些占据（由角色期望构成的）重要职位之人的行为是一个系统的组成部分，而卢曼则认为传播（communication）是一个系统的组成部分。

卢曼主要是对社会系统感兴趣，尤其关注社会系统如何令其环境产生意义。在对系统进行分析时，卢曼强调系统与其环境之间的“界限”

(boundaries)。不同类型的系统之所以出现，仅仅是因为它们区分了自身与他者（即系统边界之外的任何事物）之间的界限。

基于对系统的兴趣，卢曼对社会领域持有一个广泛的观点："区分"(distinction) 决定了社会领域。对于"区分"这一概念，卢曼（1993）将他的系统理论与法国关于"差异"(difference) 的后现代思想相结合——后者主要指雅克·德里达（Jacques Derrida）（详见第 15 章）的解构主义理论。无论是德里达还是卢曼，都同意一种观点："自我反观"(self-reflection) 或者（卢曼所谓的）"二阶观察"(observations of the second-order)（即一种观察他人和你如何作为"他者"来观察的方式），是基于"各种差异"来"审视区分，而不希望在更高的层面上获得统一（unity）"（Luhmann, 1993: 766）。因此，系统并不是一种"统一"，而是一种最能够体现各自特征的"差异"。此外，卢曼对于"区分"的理解，同当代社会学家皮埃尔·布尔迪厄（Pierre Bourdieu）（详见第 14 章）并不相同——布尔迪厄所说的"区分"，是指个人和群体通过认同特定社会群体（例如布尔迪厄所强调的阶级）的审美、社会价值和实践而将自己与他人区分开来的行为。

三个阶段

区分

卢曼的"区分"概念，是其作品第一阶段的标志。如前所述，"区分"并不意味着归属感和自我隔离之间的动力；相反，他利用乔治·斯宾塞·布朗（George Spencer Brown）1969 年《形式法则》（*Laws of Form*）哲学逻辑中的“观察”（observation）概念来理解这一术语。简单地说，卢曼把“区分”视为一种“划界”的观念（Luhmann, 1998）。当系统进行“观察”时，它从两种元素中进行区别，并只依赖于“区分”的一面。因此，“观察”的整体性仍然是不可见的。系统在“一阶观察”（first-order observation）中达成对于现实的理解，然而这一观察产生了自己的盲点：区分的两极。继斯宾塞·布朗之后，卢曼将这样一种“观察”标记为一种“差异”（Leitdifferenz）的形式。系统采用这些“区分”的运作来执行它们的主要目标：降低复杂性（the reduction of complexity）。让我来举一个与时尚有关的例子。

想象一下：你需要决定早上穿什么去上班。你打开自己和配偶共用的衣柜，被眼前琳琅满目的衣服弄得不知所措。首先你要“观察”第一个区分，即哪些是“我的衣服”而哪些是“配偶的衣服”；接下来你要区分不同类别的服装，例如裙子和裤子（下身服装）以及外套和衬衫（上身服装）。在这些业已建立的类别中，你只能选择一个选项，因为你在现实中并不能同时穿两条裤子。假设你最终选择了一条红色牛仔裤。这里有两个要素，对于理解卢曼的“区分”概念至关重要：一方面，你的一系列“观察”不一定是有意识或深思熟虑的；另一方面，当你只关注你的衣服时，你其实忘记了前面一步，那就是根据两极化的观察来将复杂的决定简单化。区分“我的衣服 / 配偶的衣服”，成为你第一次“观察”的盲点。

因此，“区分”是构建事物“意义”的最基本运作。“意义”（meaning）是卢曼（1995a: 60）对于胡塞尔（Husserl）“Sinn”（感知）一词的发展——“Sinn”在英文中被翻译为“sense”，也就是“making-sense”

（有意义）中的“sense”，即在范围内进行意义的选择。例如，你穿的红色牛仔裤是有“意义”的，因为你从自己所拥有的大量衣服中选择了一种可能性，而不是因为裤子在“再现”（representation）层面“意味着”（mean）某种东西。而且，你的选择已经排除了所有其他的裙子和裤子。然而，这些选择仍然是开放的，因为你衣柜中的其他可能性只是暂时关闭了；或者说，你可以在其他时间选择来穿这些衣服。此外，你本来也可以选择其他裤子来穿的。因此，选择具有“偶发性”（contingent），正如卢曼所说的那样，“既不必要也不可能”（1998: 45）。

以上关于穿什么去上班的例子，或许给人的印象是：卢曼认为主体是“创造意义”（making-sense）的核心。卢曼将人类称为“心理系统”（psychic systems），因为人类是通过区分（各种可选择的心理行为）来制造意义的。卢曼并未将主体视为观察者而赋予其特权（Luhmann, 1990a: 23），这与现象学的观点相反——现象学认为意义是由个体的“经验”所赋予的（Luhmann, 1990a:23）。卢曼认为，所有类型的系统（也就是社会系统）都是通过观察来理解自己和环境的。卢曼根据其概念框架的非主体性，发现了两种观察者：通过“意识”来观察的“心理系统”（人类）和通过“交流”来观察的“社会系统”。当我们将问题意识转向系统如何创建和维护它们的边界时，我们便进入了卢曼关于“自生”（the autopoietic）思想的新阶段。

功能分化与自生

20 世纪 80 年代，卢曼通过将两个希腊语单词“auto”（自我）和

“poiesis”（生产）进行组合，生成了重要的“自生”（autopoiesis）概念（1995 a）。这一概念的核心是，所有系统都通过意义结构的自我生产来维持边界：人或“心理系统”自我生产“认知”（cognition），而“社会系统”自我产生“交流”（communication）。这些系统虽然并未脱离其环境，但却遵循一个“运作性封闭”（operative closure）原则。系统是通过领会与环境的差异而形成的；然而由于这种差异，该系统与其环境之间仍然相互依赖。卢曼使用了“结构耦合”（structural couplings）这一概念，来描述这样一种相互依赖的关系。因此，系统之间是共同进化的：一个系统的变化构成了其他系统的环境，并推动了另一个系统的变化。

例如，时尚的运作性逻辑可能会影响到其他领域：想想最近人文社会科学中的“语言转向”“表演转向”和“物质转向”，这些转向似乎表达了学者们（在运用“当下”理论视角时）与时尚的时间逻辑打交道的愿望。然而，在科学系统中，时尚的这种干涉（interference）并不是以一种简单的因果模式出现的；系统也并不能直接影响其他系统的运行。当一本新的学术书籍将其叙述框定在一个流行概念中时，学术公众可能会发现，时尚元素是该书吸引力的一部分。然而，学者们并不会仅仅因为这项研究遵循了最新的学术潮流而赞同它；而是会将特权给予那些（以一种最合理的方式）表达和解释问题意识的研究成果。可以说，时尚只会惹怒（irritate）科学——它在科学系统中产生一个扰动，然后科学在它的自我交流中处理这个扰动。

卢曼认为现代社会是由各种功能不同的“子系统”（subsystems）组成的。然而，从这个角度来讲现代社会理论化，并不是什么新鲜事。从卡尔·马克思（Karl Marrx）到格奥尔格·西美尔（Georg Simmel），社会学传统中的各种理论家们都接受了“分化社会”的概念；而卢曼则在这样一个“分化”（differentiation）的基础上加入了他个人的“自生”概念。在现代社会中，我们发现了各种自我生产的子系统，它们为社会提供的东西只有他们才能生产。卢曼将科学（1990a）、经济学（1999）、教育学（2002a）、政治学（2000）和艺术学（2000）作为功能性子系统进行了研究，这些子系统完全是自我生成或自动生成的。事实上，在卢曼的愿景（2002b: 116-117）中，如果系统不能通过特定的交流产生自己的运作，那它们就不能被称为系统。

现代社会在 16 到 18 世纪之间进行了大规模的功能分化，于是产生了一种与早期社会截然不同的形态（Luhmann, 2012）。卢曼认为，古老社会是由“分支式分化”（segmentary differentiation）所界定的，以亲属关系为主要的组织形式；“层级式分化”（stratification differentiation）则是高级文化社会的特征，按社会等级、阶级或种姓来划分。而现代社会是最复杂的社会形态，因为它融合了其他两种社会组织形式。要理解这一点，我们可以想想 Lanvin 和 Worth 等巴黎公司在 20 世纪初的时尚界如何从家族继承业务（分支式），或者今天的多数时尚公司如何依赖最低级别实习生的无薪劳动（层级式）。此外，在我们的现代分化中，社会形态里还存在某些尚未“功能分化”的现象，例如印度的种姓制度至今仍然存在。

一个功能性的子系统是如何形成，又是如何运行的？它靠的是“成果媒介”（success media）：“成果媒介”通过提供（子系统中的交流能够围绕其旋转的）二元符码结构，来触发功能性系统的分化

（Luhmann, 2012: 358-359）。这里所说的“媒介”并不是大众媒体，而是能够增加交流成功概率的事物，例如金钱（Luhmann, 1990b）。在经济系统中，金钱能让你购买到那条红色牛仔裤；然而换一个系统情形就不同了——如果一个科学家用金钱说服一个出版商来传播其作品，那这种行为将被视为贿赂。所以，我们并不指望金钱能够为经济系统外的行动带来成功的结果。这些“成果媒介”所激发出的二元符码，只适用于一个功能性子系统。而且，这些符码是严格“二元”的：经济在支付与不支付之间摇摆，而科学则在真与假之间摇摆；你不能“多多少少”付钱给某人，一个科学断言也不能“有点”正确。这意味着，与其他所有社会系统一样，功能性子系统在运作上是封闭的，它们并不关心其他子系统的工作、运转和交流。因此，每个子系统都生产自己的现实，并按照自我生产的逻辑运作（Luhmann, 1990c: 693）。例如，作为功能性子系统，法律的运作逻辑同艺术并不相同。在卢曼的理论中，二元符码具有一种封闭的属性，因此无法被更改；然而子系统本身是高度灵活和开放的。子系统的二元符码无法决定自身何时被应用以及如何被应用。于是“程式”（programmes）成为应用二元符码的标准或原则。“程式”能够将正确的属性赋予符码。与此同时，“程式”可能会经历相当大的变化，甚至可能被新程式所取代（Luhmann, 1995a: 317）。例如，科学的范式转换激发了对新理论和方法的需求，却并不触及其基本运作准则。卢曼对现代社会“功能分化”的观点，产生了两个重要的结论。一个结论是：由于每个功能性子系统都会产生自己的运作逻辑，所以每个子系统对社会问题的看法和作用都是不同的（Luhmann, 1995b）。这一点既体现在话语方面，又表现在时间方面。从话语方面来说，每个子系统都会使用自己的语言。例如，时尚迷们采用了一种特定的时尚话语——或者用卢曼的概念“语义学”（semantics），这些话语对于很多非时尚圈（或对时尚不感兴趣）的人来说是陌生的。而从时间方面来说，系统在不同的时间范围内运行：法律管辖权的时间框架不同于时尚界，时尚界以时间段而著称。另一个结论是：卢曼认为社会是扁平的（flat），也就是说没有一个子系统有能力干预另一个子系统。卢曼认为马克思主义的学者们高估了经济系统的重要性；他则认为并没有任何一种子系统是有特权的，也没有一个有利的角度是可以审视整个社会的；这就意味着我们所采取的每一种观点，都不可避免地具有一个盲点。由于缺乏一个总体的视角，每一个社会系统都不断产生自己“看不见的方式”（way of not seeing）。这就引出了卢曼在 20 世纪 90 年代发展起来的一个新概念：“悖论”（paradox）。

悖论

每个系统都会产生自己的盲点，最终导致一个“悖论”。当我们回到构成“意义”基本要素（“观察”和“区分”）时，会更好地理解“悖论”这一概念。还记得吗？你最终决定穿那条红色牛仔裤去上班；假设你的朋友问你为什么选择穿这件衣服，你说因为“这条裤子很时髦”——卢曼把这种说法称为“一阶观察”。如果你的朋友用下面的“二阶观察”来回答：“你这么说真有趣。我刚刚读到一篇文章，说现在‘追求时髦’反而被认为是过时的。”你的朋友所引用的，是 *Monocle* 中安德鲁·塔克的话。你的朋友在这里观察到了你的理由，即你通过运用和塔克同样的“区分”，认为牛仔裤是时尚的。于是，在这时，一个“悖论”出现了，它阻碍了进一步的观察，人们也无法回答这样一个问题：到底“追求时髦”到底是否过时？这样一种“悖论”，与传统认识论中的概念不同——传统认识论所说的“悖论”，是概念缺陷的标志。卢曼在后期的论述中提出，我们对“悖论”的认识，实际上可能揭示出那些遥不可及的东西；尽管存在悖论，策略系统在实践中仍能发挥作用（Luhmann, 1995b: 52）。这也就是为什么卢曼后期的著述对“二阶观察”如此重视，因为它能令你观察到自身和其他系统观察的盲点。卢曼认为，现代社会中包含着大量的悖论（Luhmann, 1995b）。而正如我接下来所要论述的，时尚也建立在无数的悖论之上（Esposito, 2004, 2011）。时尚学者们可以采取的一条轨迹是进一步概念化时尚的力量，来证明其核心的悖论。

时尚的悖论

卢曼关于时尚的著作很少。他直接讨论时尚问题的唯一文本，是对于乌多·施瓦兹 1982 年的专著《时尚论》（*Das Modische*）的书评（Luhmann, 1984）。卢曼提出，时尚使系统能够处理大量的偶发性或不确定性，因为它在变化的可靠性中找到了自身的合理性或运作逻辑。最近，艾琳娜·艾斯博西多（Elena Esposito, 2004, 2011）进一步发展了这一思路，认为时尚在本质上就是一种悖论；这种悖论清晰地表现在时间和社会两个层面上。

首先，时尚从其连续性的变化特征中发展出自己的运作逻辑。换句话说，时尚提供了“过渡的稳定性”（the stability of the transitional）（Esposito, 2011:607）。在早期现代性中，时尚一开始并没有得到人们的信任；然而很快的，它就获得了一种真实性或诚恳性。而在此基础上，我想要补充时尚的另外一个特征：规范性（normativity）。尤其，现代人会觉得变化是美好而有趣的，是所谓“好时尚”的特征物。在时尚的着装中，似乎有一种“预定的短暂性”（scheduled transitoriness）（Esposito, 2011: 608），以至于我们总是期望现在的打扮与以前的着装风格有所不同。其次，由于现代性的主体范式令其成为能动性和变革性的终极载体，因此它总是被个性化和独创性所困扰。无论是“涓滴”（trickle-down）还是“冒泡”（bubble-up），处于时尚前沿的个人或群体（尤其是早期时尚从业者或引领者）为其他人树立了榜样；然而人得做其他人也做的事情才能成为“个人”，这是一个悖论（Esposito, 2004）。

此外，时尚的这样一种模仿性面向，在时装和其他文化形态中都具有强大的穿透力，因为它看起来非常无害（Esposito, 2011）。时尚的力量，正是来自它肤浅而短暂的特征。时尚拥有一个短暂性的无害面具，因为它知道怎么中和它的悖论。例如，我们总是期望，最新季的时装在创新和个性方面能令我们惊讶；然而这种时间期待在它所获得的常态性上是矛盾的。可是，通过将这些期待归因于个体的独创性，社会悖论弥补了时间悖论。例如，通过将时装设计师描绘为具有创造力的自主艺术家，或者将时尚偶像名流塑造为新时尚的仲裁者，我们中和了时尚在易变性和连续性上的时间悖论。

时尚是否为现代社会的一个功能性子系统？这一问题的思考，为反驳时尚的"低文化"地位提供了一条卢曼式的途径。我们要强调的是，卢曼并没有将特权赋予任何一个社会子系统。在下一节中，我们将论证，如果时尚是这样的一个功能性子系统，那么我们便能够找到理论的武器来拒绝（将时尚视为较低文化的）文化价值阶梯。

时尚是现代社会的一个功能性子系统吗？

上述问题的答案似乎是肯定而直截了当的。只要快速浏览一下当代的奢侈品、大众时尚和消费领域，我们就能明晰：其他的社会子系统，在决定下个时尚趋势上没有任何发言权。然而，还是有一些时尚学者从卢曼的理论中寻求灵感和指引，而且他们彼此之间也存在争论。朵丽丝·施密特（Doris Schmidt, 2007）和英格里·罗歇克（Ingrid Loschek, 2009）将时尚视为一个功能性子系统，而艾琳娜·艾斯博西多（Elena Esposito, 2004，2011）、比约恩·席尔默（Bjorn Schiermer）（2010）和乌度·史华兹（Udo Schwarz）（1982）对此则表示怀疑。让我们首先来看看前者的理论：他们认为时装是一个功能性子系统，通过自产的交流来运作。

施密特（2007）和罗歇克（2009: 21-28）都将时尚服饰描绘成一个子系统，系统中的交流最终都围绕着"进与出"（in and out）的二元符码来进行。他们都认为，时尚媒介在"进与出"的序列中不断结构化流行物件，这一点清楚地证明了二元符码的存在。然而，罗歇克和施密特持有不同的观点：对施密特（2007: 46）来说，剪裁、织物、图案和纹理等物件或对象（客体），是时尚交流的载体；而罗歇克

（2009: 133-136）则将这些客体视为系统“程式”的一部分——在这些“程式”中，时尚的易变性本质表现得最为明显。罗歇克认为，“进与出”的二元符码决定了流行与守旧的另一对二元符码，因此系统特定的时尚交流是围绕社会有效性进行的。她写道：“哪种服装最为‘时尚’？这个问题是一个完全社会化的、通过交流和协商而产生的定义。”（Loschek,2009: 25）。

然而，这一看法似乎与卢曼自身的观点格格不入。卢曼在其关于艺术系统的著作（2000）中声称，艺术作品以“通过艺术进行交流”的方式而将自己变成“艺术”（Schinkel, 2010）。我认为，我们可以将卢曼的论断延伸到其他文化产品领域，例如物质性的时尚物件不断交流着“我是时尚的”这一内容；这就类似于施密特认为，时尚系统的交流是通过时尚物件（客体）来实现的。这就是说，在决定哪些客体是艺术或时尚时，卢曼所说的艺术或时尚的交流（博物馆、买家、新闻媒体等），指的是艺术和时尚系统的环境。而罗歇克则认为，“除了被公认为是时尚的服装，任何其他服装都只是服装”（Loschek, 2009: 136）。这就引出了一个问题：谁来传达服装的时尚地位，而这样一种地位是如何合法化的。在这一问题上，卢曼（2000）的观点是“一个客体或实践是否为艺术”是先验性的；但布尔迪厄（Bourdieu, 1996）则指出了时尚产业中“文化中介”（cultural intermediaries）的功能：记者、买家、摄影师和造型师等“文化中介”不仅传播最新潮流，而且会就时尚地位的问题进行沟通协商。因此我认为，那些试图将时尚理论化为一个自生系统的学者，应该重视时尚的交流——在现实中，时尚这一系统是通过交流而得以建构、判断和稳定化的。

举个例子：1982 年，川久保玲在巴黎 Comme des Garçons 的时装发布会上展示了一件故意破洞的黑色毛衣，今天它已成为时尚经典。在这一场及其后的发布会中，川久保玲不断推出时髦的设计，却一直反思一个问题：“这是时尚吗？”这样一种探索时尚局限性的方式之所以存在，是因为那些谈论和撰写时尚之人（传统意义上来说是指时尚记者、买家、编辑等）的交流促进了先前的认识：川久保玲的实验性设计，成为时尚系统交流的一部分。通过黑色破洞毛衣，关于时尚的交流，令其局限于时尚系统的内部。因此，通过时尚进行的交流，如果其解释取决于它可以被阅读和解释的程度，那么它就不会获得独立于时尚系统之外的意义。这样一种交流，需要被概念化为子系统的一部分。

这样一种观点（时髦的服饰是现代社会的一个自生子系统），为我们提供了有力的证据，来反驳那些认为时尚位于（同其他文化形态相比较的）等级关系中的观点。回过头来看，卢曼并没有用一种鸟瞰的视角来观察整个系统。换言之，时尚系统，并不像其他社会学视角所说，按照等级秩序来运行。马克思主义者们优先考虑经济制度的作用，而布尔迪厄则认为时尚夹在艺术和经济这两个场域之间（Bourdieu and Delsaut, 1975: 22）。金钱这一因素（特别是高价的时尚产品）被认为贬低了时尚（作为一种被推崇的文化或艺术实践）的高级地位：当时尚试图爬上文化价值的阶梯时，它与市场的联系在一种“反向经济”中被扭曲和误解。反过来，当它与美术更为紧密地结合在一起时，便产生了“艺术化”（artification）（Shapiro, 2007）的问题：似乎时尚“或多或少”变得更具有“艺术特质”（artful）了。这一判断植根于一种看似普遍的假设，即时尚并非一种“纯艺术”，而是一种“应用艺术”

或“装饰艺术”。然而，如果我们将时尚视为一个功能性子系统，那么无论是学者、政治家还是艺术家都无法决定下一季的时尚将是什么。这意味着构成时尚系统的交流必须被视为自身性的，而非基于与其他文化形态（例如美术和文学）的比较。通过卢曼的理论框架来思考时尚，超越了时尚和艺术之间的文化等级观念。时尚交流只限于时尚系统，而艺术交流则只限于艺术系统。

尽管如此，另一些时尚学者认为，时尚吸收了经济、政治和艺术等系统的发展和变化；这表明时尚并不像施密特和罗歇克所声称的那样，是完全自生的，因此也并非一个现代功能性子系统（Blumer, 1969: 283; Schiermer, 2010: 30）。在这方面，艾琳娜·艾斯博西多（2004）和比约恩·席尔默（Bjorn Schiermer）（2010）阐述了两个重要观点。其一，迄今为止，学者们并没有充分理论化现代社会中时尚所履行的独特任务。在卢曼的理论框架中，所有子系统都为社会提供了只有它们才能提供的东西。尽管“社会矛盾理论”（social ambivalence theory）（Kaiser, 1995）对这一问题进行了深入思考，然而学术界并没有充分论及时装是否为现代社会提供了独特的东西。其次，对于时尚子系统内“流行”和“守旧”的二元符码，我们或可持有严重的反对意见。当川久保玲利用这一区分来大做文章时，这种通过物质性设计所进行的交流，只能借由一种不同于川久保玲式（观察时尚同其环境之间的差别）的自主性符码来实现。最终，我们可能会质疑时尚是否具有二元符码，也会质疑时尚是否为现代社会的一个功能性子系统。或许，未来的研究可能会得出这样的结论：我们不能将时装理论化为一种卢曼式的系统，因为这一系统阻碍了我们对时尚文化价值的非等级性解读。然而，时尚的力量仍然无可争议。无论时尚是否为现代社会的功能性子系统，它都具有一种肤浅性和短暂性，且深陷于各种悖论之中。

结语：时尚研究中的卢曼

本章框架性地简要介绍了尼克拉斯·卢曼的社会系统理论，并指出了该理论在时装研究领域所潜在的广泛应用。迄今为止，很少有学者将卢曼的理论应用于时尚研究。本章讨论的核心问题是，我们是否能够将时尚视为现代社会的一个功能性子系统？对此，学者们尚存争议。未来的研究，会更为详细地思考这一问题，即卢曼的理论是否或在多大程度上能够被应用于时尚领域。在这一方面，我提出了一个需要进一步考虑的关键因素：关于时尚的交流，必须被视为时尚系统的一部分。这一论点，为我们理解时尚系统提供了一个垫脚石。如果承认这一观点，我们便能够将其同布尔迪厄的“场域”理论进行“双剑合璧”，共同帮助我们研究时尚。

在我说明卢曼的理论框架对于当下时尚研究论争的意义之前，我想先指出卢曼理论的一些缺点。那些对时尚和服饰的物质性感兴趣的学者们，会发现卢曼的理论框架几乎没有价值。卢曼曾旗帜鲜明地说，艺术的物质性并非系统的一部分（Luhmann, 2000）。因此，卢曼并不会对时尚的物质性基础（例如它的面料、剪裁、轮廓和与身体的联系等）投注精力。这样的观点在应用于时尚时是有问题的，因为时尚既不能脱离其物质根源，也不能割舍其内在本质。很多当代的设计师非常注重时装的材料，而且通过材料来表达其想法。尽管存在这一缺陷，但卢曼的理论框架还是为时尚研究提供了进一步探索的重要途径。

更好地理解时尚的悖论性，将有助于时尚研究界学术论争的进步；因为对“二阶观察”的分析，能够令我们解开之前所看不见的东西——时尚用以消除悖论的各种策略。我自己曾经考察过服装在历史关系中变化与延续之间的悖论性。对于悖论来说（或者在卢曼看来），一个极点离不开另一个极点。然而，在当前的学术争论中，这样一种相互依赖的关系往往被否定或忽视，因为大量对时尚的定义基本上都只强调了“变化”（Kawamura, 2004; Lipovetsky, 2002; Wilson, 2003）。此外，这一概念有时被赋予“跨历史”（tranhistorical）的成分；无论时间阶段的长短，时尚总是与变化有关（Kawamura, 2004: 5）。然而，从卢曼所说的“悖论”概念来看，这样一种本质主义的倾向显然不成立——正如时尚既不都是“模仿”也不全是“个性”，它也既不都是“变化”也不全是“延续”。然而在当前，无论高级时装界的演员还是时尚研究的学者，都倾向于用这种片面的眼光来看待时尚，这一点值得我们注意。这就引出了这样一个问题：我们为什么会理所当然地认为，时尚就是完全沉浸在不断变化之中的？因此，我想为未来的时尚悖论研究提出一个“历史化”表演的层面，希望矫正很多时尚从业者和研究者只关注时尚“区分”中单一方面的缺陷。此外，深入分析时尚的各种悖论，有助于更好地理解时尚的力量。最后，说回这一章开头的引文，我认为评论家们当然可以随心所欲地反对时尚，然而也“不要天真地以为，你巧妙避开了服装符码（或时尚）的变幻莫测”（Tuck, 2013）。

参考文献

Blumer, H. (1969) 'Fashion: From Class Differentiation to Collective Selection' in *Sociological Quaterly*, 10 (3): 275-291.

Borch, C. (2011) *Niklas Luhmann*, London: Routledge.

Bourdieu, P. (1996) *Distinction: A Social Critique of the Judgement of Taste*, London: Routledge.

Bourdieu, P. and Delsaut, Y. (1975) 'Le Couturier et sa Griffe: Contribution à une Théorie de la Magie' in *Actes de la Recherche en Sciences Sociales*, 1 (1): 7-36.

Derrida, J. (1974 [1967]) *Of Grammatology*, G.C. Spivak (trans), *Baltimore*, MD: Johns Hopkins University Press.

—— (1978 [1967]) *Writing and Difference*, A. Bass (trans), Chicago: University of Chicago Press.

Esposito, E. (2004) *Die Verbindlichkeit des Vorübergehenden: Paradoxien der Mode*, Frankfurt am Main: Suhrkamp.

—— (2011) 'Originality through Imitation: The Rationality of Fashion' in *Organization Studies*, 32 (5): 603-613.

Kaiser, S., Nagasawa, H. and Hutton, S. (1995) 'Construction of an SI Theory of Fashion: Part I: Ambivalence and Change' in *Clothing and Textiles Research Journal*, 13 (3): 172-183.

Kawamura, Y. (2004) *The Japanese Revolution in Paris Fashion*, Oxford: Berg.

Lipovetsky, G. (2002) *The Empire of Fashion: Dressing Modern Democracy*, Princeton, NJ: Princeton University Press.

Loschek, I. (2009) *When Clothes become Fashion: Design and Innovation Systems*, Oxford: Berg.

Luhmann, N. (1984) 'Udo H.A. Schwarz, Das Modische' in *Soziologische Revue*, 7: 73-74.

—— (1989) 'Individuum, Individualität, Individualismus' in *Gesellschaftsstruktur und Semantik: Studien zur Wissenssoziologie der modernen Gesellschaft*, Band 3, Frankfurt am Main: Suhrkamp.

—— (1990a) 'Meaning as Sociology's Basic Concept' in *Essays on Self-Reference*, New York: Columbia University Press.

—— (1990b) 'The Improbability of Communication' in *Essays on Self-Reference*, New York: Columbia University Press.

—— (1990c) *Die Wissenschaft der Gesellschaft*, Frankfurt am Main: Suhrkamp.

—— (1993) 'Deconstruction as Second-Order Observing' in *New Literary History*, 24: 763-782.

—— (1995a [1984]) *Social Systems*, J. Bernarz Jr (trans), Stanford, CA: Stanford University Press.

—— (1995b) 'The Paradoxy of Observing Systems' in *Cultural Critique*, 31: 37-55.

—— (1998 [1992]) *Observations on Modernity*, W. Whobrey (trans), Stanford, CA: Stanford University Press.

—— (1999) 'The Concept of Society' in A. Elliott (ed), *Contemporary Social Theory*, Oxford: Blackwell.

—— (2000 [1995]) *Art as a Social System*, E. Knodt (trans), Stanford, CA: Stanford University Press.

—— (2002a) 'What is Communication?' in W. Rasch (ed), *Theories of Distinction: Re-describing the Descriptions of Modernity*, Stanford, CA: Stanford University Press.

—— (2002b) *Einführung in die Systemtheorie*, D. Baecker (ed), Heidelberg: Carl-Auer-Systeme Verlag.

—— (2012 [1997]) *The Theory of Society*, R. Barrett (trans), Stanford, CA: Stanford University Press.

Parsons, T. (1951) *The Social System*, London: The Free Press of Glencoe.

Schiermer, B. (2010) 'Mode, Bewusstsein und Kommunikation' in *Soziale Systeme, Zeitschrift für Soziologische Theorie*, 16 (1): 121-149.

Schinkel, W. (2010) 'The Autopoiesis of the Artworld after the End of Art' in *Cultural Sociology*, 4 (2): 267-290.

Schmidt, D. (2007) *Die Mode der Gesellschaft: Eine systemtheoretische Analyse*, Baltmannsweiler: Schneider Verlag.

Schwarz, U.H.A. (1982) *Das Modische: Zur Struktur sozialen Wandels der Moderne*, Berlin: Duncker & Humblot.

Shapiro. R. (2007) 'Art et Changement Social: l'Artification' in P. Le Quéau (ed), *Vingt Ans de Sociologie de l'art: Bilan et Perspectives*, Paris: L'Harmattan.

Spencer-Brown, G. (1969) *Laws of Form*, London: Allen & Unwin.

Tuck, A. (2013) 'When Fashion is no Longer Fashionable' in *Monocolumn*, retrieved from monocle.com.

Wilson, E. (2003) *Adorned in Dreams: Fashion and Modernity*, London: I.B. Tauris.

13

JEAN BAUDRILLARD

Post-modern Fashion as the End of Meaning

让·鲍德里亚

作为意义终结的后现代时尚

伊夫兰特·特斯隆
Efrat Tseëlon

引言

让·鲍德里亚（1929—2007）是后现代时期最重要的思想家之一。他毕业于巴黎第十大学社会学专业，在 1968 年“五月风暴”后崭露头角，不断挑战传统学术知识体系在学科、方法、理论、风格和话语等方面的正统性。他的作品融合了哲学、社会理论、形而上学以及个人性的批判文化分析。他将媒体爆炸时代的消费视为一种文化和表意过程。

尽管鲍德里亚并未在其著作中专门阐释时尚理论，然而他在《象征交换与死亡》（*Symbolic Exchange and Death*, 1993[1976]）中，曾用专门一章对时尚进行了分析。甚至可以说，时尚作为一种消费对象，从未在其著述中完全缺席。在一本关于消费文化的早期著作中，他曾断言“消费离不开时尚”，并认为两者是可以互换的（1981[1972]: 50）。在本章的内容中，我将更广泛地运用鲍德里亚的消费理论来理解时尚在消费文化中的意义，由此希望证明其关于消费的写作对于“通过时尚来思考”（thinking through fashion）来说是无价的。

从“意指”到“仿真”

在当代社会，消费文化日益突显，商品和消费的形式愈发多样，大众传媒和广告也越来越依赖于图像（images）。在这样的语境下，鲍德里亚借鉴了新马克思主义社会理论，并将其作为一种主导性的批判话语。他驳斥了“消费是基于需求满足或个人快乐体验”的观点，发展出一套独特的消费理论，将我们同物的关系作为一种话语体系来分析。根据他的理论，物（例如衣服）是一个符号系统中的元素，具有符码的简单性和有效性。换句话说，物不仅仅是物质性的商品，还是一种符号；而消费则是由欲望逻辑所驱动的、操纵符号的系统行为。为了发展和补充这样一种方法，鲍德里亚援引了一些精神分析的观点。作为 20 世纪最重要的基础性理论之一（详见第 3 章），精神分析认为，目的是一种特定的动机，可以被各种非特定的客体所满足；而鲍德里亚摒弃了心理动机（motive）的说法，保留了客体（object）和目的（aim）之间的区分。作为休闲时尚理念的先驱，他把买衣服视为一种愉快的消遣，表明快乐（pleasure）与责任（duty）一样是一种义务。因此，在他的作品中，消费具有欲望化的特征：它是“不能被满足的，因为它建立在匮乏（lack）的基础上；这种永不满足的欲望，表现为一连串客体和需求的形式”（Clickman, 1999 [1970]）。欲望并非由（客体能被满足的）需求所驱动，而是源于对自身图像的渴望（Baudrillard, 1993 [1976]）。以时尚为例，这一观点解释了时尚的消费者们为何一直“买买买”而永不满足，或者站在自己装满华服的衣柜前却总是觉得缺少一件最适合的衣服。

鲍德里亚的作品，也受到结构主义语言学家费尔迪南·德·索绪尔（Ferdinand de Saussure）以及符号学（semiology）的影响。除了鲍德里亚，符号学也影响了罗兰·巴特（Roland Barthes）的理论（详见第8章）。在结构主义语言学中，“意指”（signification）的过程是通过符号系统完成的：索绪尔认为，符号是由“能指”（signifier）和“所指”（signified）构成的，能指（图形和声音）同所指（概念）之间具有索引性。能指是所指的容器，二者联合在一起，共同创造一个符号及其意义。一个符号所指示或附着的真实事物叫做“指称”（referent）。因此，在公共厕所中，一个由两个三角形构成的人体轮廓符号（如图13.1）象征女性；这个人体轮廓便是一个能指，而女性的概念（由穿裙子的图像所象征）便是所指。此外，符号不具有内在意义，而是通过与其他符号的关系而获得意义。例如，在公厕中，上宽下窄的实心三角形（在底部分叉）的人体轮廓符号象征男性，男性的意

图 13.1 公共厕所常规标志中男性和女性的意指符号

义是通过与女性的关联或对比而产生的——我们可以看到，男性符号的底部具有更为坚实的底座，而且明显穿的是裤子而非裙子。

鲍德里亚将索绪尔和巴特的结构主义语言学方法论运用到后现代框架下的符号学体系中。他的做法可以说是后符号学的，因为他认为在后现代主义中，符号不再意指。他的观点是，我们业已进入一个非意指的后现代社会，符号仅仅指涉其他符号，符号系统因为没有所指而短路。在前现代和现代阶段，能指仍然具有指称性结构；而在后现代主义的"仿真"（simulation）阶段，深度消失了，一切都成了"自我参照"（self-referential）。因此，时尚更多地成为狂欢（carnival）和技巧（artifice），而非形式和风格。

我曾运用鲍德里亚的方法对服饰意指的历史进行了分析，认为服饰的意义是：从 1）意义存在于自然符号中的符号学，通过 2）意义存在于任意符号中的结构主义符号学，抵达 3）符号超越意义的后结构主义符号学。这样一个过程，是从以调节身体之间的仪式距离（即创造与自然的区别）为功能的“服装”（dress），到创造社会差异的“时尚”（fashion），再到“解构时尚符号形式和意指本身原则”（1993）的“后时尚”（post-fashion）的变化。因此，鲍德里亚的符号结构谱系由三个秩序（order）组成。第一秩序是建立在“模仿”（imitation）基础上的前现代时期，它以表象反映（reflect）现实的二元论为前提。第二秩序以“生产”（production）为基础，表象掩盖（mask）现实。第三秩序则基于“仿真”（simulation），表象创造（invent）现实——真实不再重要，图像被源源不断地通过设计模型复制出来；参考点的缺失模糊了真与假的界限。

正如我在其他论著中所说（Tseëlon, 1994, 1995, 2012a, 2012b），对鲍德里亚符号结构的历史化理论考察，表明它与欧洲服装“再现”（representation）的历史在理论上是一致的——对于这一点，我将在下文具体说明。“模仿”的秩序对应服装的前现代阶段，“生产”的秩序对应时装的现代阶段，而“仿真”的秩序则对应后现代阶段。

服装再现的三个阶段

前现代阶段

纵观整个欧洲历史，服装都按照人们的阶层进行区分。很多学者认为时尚概念或意识源于 14 世纪（例如 Lave, 1985；Wilson, 2013）；纵向来看，从希腊和罗马时期到拜占庭和中世纪时代，服装生产中材料或工艺的昂贵性将“普通”和“优雅”区别开来。服饰史的重要主导性因素是资源的稀缺，而资源的稀缺性又决定了服饰具有不同的等级。自然稀缺性提供了“排他性的确认”（Goffman, 1951）。稀缺性的来源或者是自然资源（例如某些动物的皮毛、黄金或宝石），或者是人造资源（例如 15 世纪以前从东方进口的丝绸）。因此，经济制约有效维持了社会秩序，因为这些昂贵的材料只有贵族才能接触到。仆人和工人更多穿着羊毛，很少能够穿丝绸或染色布，装饰也比他们的主人少（Black and Garland, 1975）。下层阶级使用的是粗糙和普通的皮草，而富人则穿的是精细和较稀有的布料（Ewing, 1981）。“区分”（distinction）的当代例子包括“限量版”商品的销售、过度消费或对特殊购物场所的准入要求（如“仅限邀请”）。

在 14 世纪，贸易的扩张和羊毛纺织工业的繁荣，使城市中产阶级能够负担得起从前昂贵的原材料。这一发展威胁到了封建社会的等级制度——在这种等级制度中，阶级秩序非常僵化且往往由神权决定。只要阶级体系稳定而不受干扰，下层阶级之间的时尚变化就很少。当“城市贵族开始进入历史舞台，并与旧封建贵族具有平等地位”（König, 1973: 111）时，这样一种制度受到了挑战。这一挑战引发了 13 世纪欧洲文艺复兴时期“奢侈法”（sumptuary laws）的设立。“奢侈法”试图沿着“地位线”（status lines）来规范服装行为，并通过精确定义不同阶层穿着面料的类型和质量来做到这一点。

14 世纪之前，服装的形状几乎保持不变。由于法律没有规定“款式”

（style）相关的内容，因此 14 世纪末的时候，服装开始呈现出新的款式。这一趋势引发了一个分化的过程，贵族可以通过采用新风格的速度来区分自己；而那些下层阶级无法企及的新款式，到后来的时候，会被穷人以不太豪华的材料，或是用其主人的旧衣服来实现。这一动态在西美尔（Georg Simmel, 1904）的"涓滴理论"（trickle down theory）中得到了体现：一旦下层阶级复制了一种新的风格，上层阶级就转向了一种新的风格（详见第 4 章）。

现代阶段

18 世纪中叶以来，以工业资本主义为特征的技术发展（如缝纫机和耐洗染料的发明）促进了时尚的民主化。这些技术降低了材料的价格，并将（曾是贵族专属的）彩色织物推向大众市场。公共领域和私人区域在中世纪是未分的，然而工业革命令两者区分开来。技术的进步不仅增强了流动性、加快了生活节奏，而且丰富了社会分工。一个新的秩序得以建立，在新秩序中决定社会地位的并非血统（由先天出身决定的地位）而是工作（由后天成就决定的地位）。制服被引入工作场合，来代表等级的差异。因此反映（或区分）服装的不再是阶级，而是特定时间（日装或晚装）、活动类型（工作或休闲）、场合类型（正式或非正式）、性别甚至个人情绪。

在 19 世纪，时尚与资产阶级日益分化、多元角色的生活保持同步。对传统社会秩序的威胁，促成了另一种划界制度的发展。因此，当服装（由于风格的同质性）不再彰显地位时，一个（微妙的）用以区分贵族和新阶层地位的"专家系统"（expert system）便诞生了（Sennett,

1976)。这一专家系统对外貌细节进行编码，只对新晋的“会员”(initiates) 开放；它不仅强调外貌的象征意义能够反映一个人的性格或社会地位，而且将某些缝纫实践锚定在道德价值观上。例如在19世纪，由士绅贵族（为区分“诚恳”和“虚伪”而）发展起来的“教养”(gentility) 概念，作为一种对淑女或绅士礼仪、外表、姿态和举止的行为规范，就包含了“高尚义务”(noblesse oblige) 的伦理准则。

后现代阶段

20世纪60年代以降，后现代主义与社会主流文化和美学之间产生了根本性断裂。在建筑领域，它表现为浪漫的主体性、形式的多样性、风格的碎片化和边界的扩散性，以不统一性、主观性和模糊性替代了现代主义的统一性、绝对性和确定性。在科学领域，它伴随着“再现的危机”(crisis in representation) 以及科学的权威性和普遍性。这种认识论上的挑战，令“语境化”(contextualized)（特定时间或地点）取代了对于人性的普遍性解释。因此，总括性的“大叙述”(grand narrative) 让位于（反映话语惯例的）多样性“叙述真理”(narrative truth)(Bauman, 1999; Burr, 2003; Drolet, 2004; Jencks, 2011)。后现代的文化转变以多种方式影响了时尚界，包括对传统的摒弃、对规范的放松、对个体多样性的强调以及风格的多样性等，最终消除了风格的普遍性含义。

我曾将鲍德里亚对于意指性质的分析应用于时尚领域，将其转化为服装再现的三个阶段（Tseëlon, 1994, 1995, 2012b)，简化版的表格如下（表13.1）所示。

表 13.1

类像秩序	隐喻	对应的欧洲时尚史阶段	形而上学类比	意指秩序
模仿	仿制品	前现代阶段	深度的形而上学	直接的能指—所指链接
生产	幻觉	现代阶段	深度的形而上学	间接的能指—所指链接
仿真	假货	后现代阶段	表面的形而上学	能指—能指链接

鲍德里亚的“类像”(simulacra)秩序在时尚意指中的应用。

关于意指的三个秩序，我们进一步详解如下。首先，“模仿”秩序关涉的是直接的“能指—所指”链接。这一秩序对应的是前现代阶段，此时衣服明确地表示一种社会地位，指向没有歧义的“事物的秩序”。例如，中世纪的服饰通过将更精致和繁复的衣服分配给精英，重新创造了社会秩序。

其次，“生产”秩序关涉的是间接的“能指—所指”链接。它对应于现代阶段，技术和社会的发展（如机械化和城市化）令服装得以大规模生产，并令所有阶层都能获得。这些发展使服装的意义从其原有的链接中脱离出来，成为一种特殊的能指，并具有为意义斗争的可能性。例如，以前只有精英才能接触到的奢侈材料或染料，在这一阶段成为大众可得的原料；再如，低端的二手服装店，能够被重新打造成高档的复古精品店。城市的发展，鼓励人们在生活中匿名化；尤其大都会中物理外表的意义变得愈发不确定。因此，确定人们是否与其声称的一致，成为重要的事情。为了适应这种新的发展，一种新的（社会地

图 13.2 名为《和平》(Insalaam, Inshalom) 的一件展品，展于 threeASFOUR 品牌 2011—2012 年在特拉维夫城市文化市政中心 (Beit Hair Centre) 举办的展览

位的）区分系统得以发展。在鲍德里亚的词汇中，从产品（products）到客体（objects）的转换是“根据任意的差异代码，将使用价值转换为交换价值的过程”（1981[1972]: 91）。在这个过程中，消费品从“效用”（utility）转向了“象征意义”（symbolism）；也就是说，最初作为一种实际价值（使用价值）而被欣赏和享受的消费品，转化为交换价值（象征意义或情感意义）的载体（1981[1972]）（详见第 2 章）。

最后，“仿真”秩序关涉的“能指—能指”链接，即脱离其再现（所指）的符号（能指）之间的链接。这种链接以一种符号的游戏，颠覆了意指系统。在“模拟”和“生产”的两个秩序中，能指都指向一个内在或构造的潜在意义。相比之下，“仿真”的秩序则是后现代服装的

图 13.3 英国国旗被简化为其符号特征，用于装饰功能性家用物品（如枕套或毛巾）

原则；它与任何传统的社会秩序无关，完全是自我参照的，或者说“为时尚而时尚”。鲍德里亚对后现代主义“仿真”秩序的分析，是基于编码的相似性和差异性，揭示了“再现”概念所存在的问题。因为时尚与外部现实没有指涉，所以它需要去考察一个不同的秩序：对符码的重新审视。

鲍德里亚认为时尚是一种从（编码符号意义的）纯粹“指涉”功能向（标志意义终结的）纯粹“自我参照”功能的转变过程。在他的分析中，仿真代替了意指：时尚成为一种游戏的景观（spectacle）和一种狂欢的表象(appearances)，它清空了符号的传统意义。举例来说，时尚设计能够清空宗教符号（例如十字架）、民族符号（阿拉伯方头巾，如图 13.2）或国家符号（比如国旗，如图 13.3）的原初含义，仅仅迷恋于这些符号的审美特质。对于鲍德里亚来说，消除真实历史的指涉功能，标志着意指本身的终结，剩下的只有空洞的符号。

从交流到诱惑

鲍德里亚在最新著作中，将后现代时尚的特征概括为从现代“生产”秩序到后现代“诱惑”(seduction）秩序的转变。“诱惑”是“符号和仪式的秩序”(1990[1979]; 1990[1983])，其原则是对“生产”秩序的否定。诱惑取代了工具理性、实用性和功能性的价值体系。诱惑是一种肤浅的表象策略，涉及游戏和艺术的魅力，否定现实、意义、道德和真理的严肃性。因此，诱惑从过渡中获得快乐。诱惑是一种奢侈而无用的剩余消费，正如名流们所展示出来的那些特质——原来的生产英雄（如工厂工人、白手起家的人、企业家、开拓者和探险家）已经被消费偶像（如电影明星、体育英雄、皇室成员和名流）所取代。

不同于（由风格、色彩和产品组合规则所决定的）现代时尚，后现代时尚的规则是“为技艺而技艺”(artifice for the sake of artifice)。后现代时尚允许更多杂乱和非系统的组合，将不同时期、亚文化、阶级的服装、风格和外观等糅合成一种折衷的时尚消遣形式。它用一种游戏的景观和狂欢的表现，取代了驱动和欲望的精神分析经济，标志着结构主义（作为意义基础的）符号对立原则的终结。

对鲍德里亚来说，“诱惑”是一种形而上学。它试图寻找一种生产模式之外的方式，勾勒出一个能够破坏和扭转主流逻辑和现实原则的实践领域。鲍德里亚指出：“经济在很大程度上受制于功能性，于是它不得不强硬地施行实用性原则；这一状况导致的后果是，任何溢出实用性原则的东西，都会很快呈现出游戏和徒劳的氛围。”[1990（1979）：94-95] 换言之，这一“诱惑理论”强调了欲望的即时满足，因此它取代了理性和延迟的满足——而后者正是新教伦理的标志。诱惑理论认为，时尚的本质，已经从一种交流方式转变为一种快乐形式。作为取代生产”的一种仿真，时尚用循环顺序代替了线性顺序，并将能指从其（与所指的）链接中解放出来。这反过来又导致视觉符码的颠覆：从一种语言变为一种景观（1993[1976]）。鲍德里亚还认为，语言和时尚都是社会的“话语”（discourses），两者的区别是：语言追求“意义”，而时尚追求的则是“戏剧社会性”（theatrical sociality）。所谓“戏剧社会性”，是指一种“审美快感”中的“自我愉悦”，它能将游戏变成“无信息的意指”[Baudrillard, 1993（1976）：94]。

鲍德里亚和时尚理论

到目前为止，我们已经讨论了鲍德里亚关于“意指的终结”（或“意义的终结”）的激进立场。他对于时尚意指的观点，总体上为我们勾勒出一条从前现代到后现代社会的路径。在前现代社会，符号的“呈现”（presentation）反映了社会秩序。在现代社会，（作为装饰性和再现性的）符号的“过量”（excess）营造了社会秩序的假象。而在后现代社会，符号的“僭越”（transgression）令社会秩序变得无关紧要，“对无用性和技艺性的热情……扮演着暴力和犯罪的角色，时尚被谴责具有（毫无所指的）纯粹符号的力量”（Baudrillard, 1993[1976]: 129）。

因此，根据鲍德里亚的说法，后现代世界是一个关于“缺席”（absences）的拼贴画；在这一拼贴画中，意指曾经存在过，但后来在历史的进程中消失了。这样一种观点，表达了对消费文化的批判：它认为在消费社会中，“图像”（images）最初与“物”（objects）相连，然后取代了物，最终（在图像没有现实指涉的意义世界中）与物彻底脱钩。齐格蒙特·鲍曼（Zygmunt Bauman）说，鲍德里亚的后现代性不仅仅是一种改变，或者一种旧意义秩序的消失，而是“彻底终结所有变化的变化”（Bauman 1992: 149）。这是一个“超真实”（hyperreality）的世界；在这一世界中“现实‘比真实更真实’，它不再将自己与其他与自身不同的（虚假的、幻觉的或想象的）东西对立起来……在‘超真实’世界中，一切都超越了自身”（Bauman, 1992: 151）。在鲍德里亚的后现代性所描绘的世界里，诸如黄金法则或理想等标准并不寻求确定的解释（或者何种解释比另一种解释更真实）。在超真实世界中，真实和虚幻（或想象）根本无法区分，因此我们很难区分真实纪录片与虚构节目，也搞不清拉斯维加斯的假威尼斯与意大利的真威尼斯。而当我们无法区分迪士尼的世界和洛杉矶的现实（正如鲍德里亚在《美国》(*America*) 中所论述的，1989[1986]），“真相并没有被摧毁，而是已经变得无关紧要”（Bauman, 1992: 149-151）。这样一种观点非常激进，它否定了我们所知（或认为理所当然的）一切的确定性和坚定性。这一观点，同欧文·戈夫曼（Erving

Goffman）的“前台”（frontstage）和“后台”（backstage）概念（详见第 9 章）不同：戈夫曼的概念并不区分“真实”和“表演”，而是将不同类型的“表演”分成两种不同的观众，每种观众都有其表现的需求。

同样地，鲍德里亚的观点，也同诸如“身份”（identities）或“交流”（communication）等明确的实体概念完全不同。我曾经论述过，“身份”已经不再是一个有用的批评概念（Tseëlon, 2010）。我还通过经验（Tseëlon, 1989, 1994, 1995, 2012a）来证明，时尚和个人外表的论述并不像简单的时尚传播模式（例如 Barnard, 2002）声称的那样准确。此外，也有证据能够证明“符号厌倦”（semiotic fatigue）：识别时尚意义（特别是时尚“刻板印象方法”意义）的动机来自流行文化和学术理论，而非时尚使用者的观点。

那么，我们是否可以宣称，时尚的意指是一个神话而非现实？这一问题的答案或许可以通过相关的时尚理论来获得：一般认为（Blumer, 1969; Crane, 2000; Simmel, 1957[1904]），后工业生产有助于民主化进程，即从前只有上层阶级才能使用的时尚正在“涓滴”（trickle down）到所有阶层。那么，这是否标志着时尚象征性的侵蚀？鲍德里亚的立场与上述理论是对立的。他认为，民主化理论是一种意识形态，它通过将消费意识形态与消费本身混为一谈，制造了民主化的假象。这种意识形态在社会范围内一路宣扬时尚的普遍意义神话，从而掩盖了休闲民主背后的社会不平等；而这种民主，只有特权阶层（而非全民）才能享有。正如安东尼·吉登斯（Anthony Giddens）在他关于后现代认同的讨论中强调，“生活方式的选择”并不适用于那些经济匮乏或者其他外部条件受限的人。“说到选择的多样性，”他写道，“并不是说所有的选择对于每个人都是开放的，也不是说人们能够在其可行范围内拥有所有选择的权力。”（Giddens, 1991: 82）戴安娜·克兰（Diana Crane, 2000）也在论及 20 世纪时尚问题时说，后现代对于认同的态度只限于某些特定人群。

从时尚理论的角度来看，后现代时尚虽然具有游戏的虚无主义色彩且对风格具有蚕食性，但它仍然暗示了一个意指性的现实。这可以用后现代时尚的两个典型案例来说明："假珠宝”（fake jewels）和“复古服装”（vintage clothes）。在珠宝界，有意识地使用非贵重材料，同珠宝的低俗内涵是无关的；甚至于当前高级时尚的标志之一，就是珍贵和简单材料的混杂糅合。而由设计师所设计的珠宝，即便是由回收材料或普通材料制成，也同样享有盛誉且价格昂贵。

后现代时尚的另一个典型案例是“复古服装”。“复古服装”借由对特定历史时期或风格的混合，创造出一种复古潮流。它甚至在当代成为一种主流趋势，一方面源于它不断丰富的可持续性认证，另一方面源于它对（强调工艺性、真实性和简单性的）旧年代的渴望。尽管看似陈旧古老，但这种怀旧性的时尚不需要以表面价值来衡量。相反它表明，即使时装从市场力量中解放出来，它也不会停止意指。对弗雷德里克·杰姆逊（Fredric Jameson）来说，复古（对过去风格的模仿）为表面能指的世界带来了历史的深度，并显示了“对弥补过去缺失的急切尝试”（1984:19）；对鲍德里亚（1981[1972]）来说，复古品的价值脱离了原先的工艺价值，且将其同工业生产的罪恶相剥离；而安吉拉·麦克罗比（Angela McRobbie, 1989）则认为，“二手时尚”的使用者是那些勇于冒险的人们，他们以一种风格化的方式来“装穷”，这令其既不同于真正的贫穷，又和古老传统的衣饰相区别。当代的“复古”潮流，尽管打着可持续发展的旗号，但还是说明了一个事实：对当前时尚趋势的反叛，其实表达了对同样（时尚）价值观的渴求。

时尚和意指的终结

在本章的最后一节，我将针对这一观点进行阐发：鲍德里亚对于时尚的理解（时尚作为意指的终结）并非没有限制。鲍德里亚关于时尚的讨论，大多数是出自《象征交换与死亡》（*Symbolic Exchange and Death*）（1993[1976]）中的“时尚或迷人的符码奇观”一章。鲍德里亚以同一种笔触表达了两种相互矛盾的时尚观：现代时尚隐藏着一个（令工业资本主义的权力关系再生产的）变革神话，而后现代时尚则标志着符号和意义之间关系的终结。正如我们此前所说，后现代时尚是一个“超越意义”的阶段，其中“时尚在符号的秩序方面纯粹是一个投机阶段——无论是连贯性还是参照性，都不再有限制”（1993[1976]: 125）。

这两种时尚观在时间上代表了两个发展阶段，在结构上也是不相同的。鲍德里亚将现代时尚视为工业资本主义内一个更广泛社会进程的能指；他认为“现代性是一种符码，而时尚是它的标志”（1993[1976]: 122）。然而，他对后现代时尚的描述，陷入了自我参照的陷阱——他将其归因于后现代时尚本身。这一说法无法证明：无论在时尚内部发生什么，都不一定会影响其（作为社会进程标志的）意指功能。此外，这一说法还混淆了符码的碎片化和消失化这两者的差别。戴安娜·克兰（2000）解释说，在从（以生产为导向的）阶级社会向（以消费为导向的）生活方式社会的转变过程中，众多符码被创造出来，认识它们的方式更应该是将其视为一组“方言”（dialects）而非一种语言。她还指出，当代社会的“碎片化”（fragmentation）与“混乱”（chaos）是不同的，“风格和符码充满了多样性和不一致性，它们在内在里并非毫无意义或模棱两可：对于那些具有一致的认同且对局外者排斥的人来说，它们是能够被理解的”（Crane, 2000: 244）。

在讨论后现代时尚时，鲍德里亚的观点建立在很多假设的基础之上，但这些假设并不总是合理的，也不全然与他自己的论点相一致。首先，他对于符码不确定以及“能指—所指”不稳定性的判断，令其从根本上质疑意指功能的可能性。这种困境既非逻辑上的必要，也非基于实际行为的论断。从理论上来看，松散的意指关系可能仅仅意味着社会分裂成（相关参照系的）较小单位、具有较不严格的边界、规则和成员要求；或者暗示了相关参考系作为符码变化得更快（或周期更短），但不一定导致符码被废除。从经验主义的观点来看，有足够的证据表明，时尚中的意指（无论是实验性的还是传闻性的）远比一些后现代思想家所想象和认为的更具弹性。（Tseëlon, 1989, 2012 a）

其次，鲍德里亚关于“自我参照”的假设（时尚是无指涉的，不再现任何事物）本身并不预示着意义的终结。从某种意义上说，时装秀是时尚界最典型的自我参照仪式，顶尖设计师们将他们的新系列展示给精心挑选、人脉广泛并享有特权的时尚编辑、时尚买家和知名客户。这些活动所引发的竞争、威望、攀比和魅力的循环，佐证了它的仪式品质和指涉功能，而这种品质或功能并非仅限于时装界。时装秀的参与者们不断地创造（或编辑）一个真实（或虚构）的传统，来重新创造自己。品牌创造的逻辑所表明，二手（回收）的文化遗产或起源神话可以被用来生产、添加或收编为时尚品牌精神（或文化）。例如，Louis Vuitton 将自己重新定位为旅行者的品牌，追溯其作为旅行箱制造商的起源；拉尔夫·劳伦（Ralph Lauren）回忆自身犹太移民之子的身份，通过塑造自身追寻“新世界”的定位来确认自身的贵族风范。即使是像马莎百货（M&S）这样的百货商场，也推出了“英国最好的”（Best of British）羊毛格子系列，将 Burberry 的传统带回自身的档案馆，并试图重新再造成功的款式。

再次，鲍德里亚本人指出，即便是对时尚的抵制，也仍然处于时尚的秩序当中；然而他并没有承认，时尚作为一个整体，是被锁在一个更广泛的意指系统中的。换言之，在这场时装的游戏狂欢中，其空洞的符号业已被铭刻在意指之中。矛盾的是，“颠覆意指”这一行为本身变成了一个能指。这一行为业已成为很多富人、名人、有足够权力或足够知名度的人、有足够创造力去颠覆传统的人、被边缘化的人、不在乎的人等群体的社会地位标志。从某种意义上说，即便是全球化的后现代时尚，也受制于意义的“元叙事”（meta-narrative）。齐格蒙特·鲍曼在其著作《全球化：人类的后果》（*Globalization: The Human Consequences*, 1998）中指出，市场和信息的全球化不仅重新分配了特权和剥削，而且在全球范围内重新划分了人们的阶层。新精英阶层的标志是“外在性”（exterritoriality），其特点是空间和时间的压缩。在全球化的新风景中，“流动性”（mobility）已成为最令人垂涎的划分依据。流动（移动）的自由，是一种稀缺而分配不均的商品。

鲍曼认为，对于那些处于新等级制度顶端和底部的人来说，“在流动中”（being on the move）有着截然不同的含义：对精英来说，它意味着从空间限制中解放出来；而对底层人来说，它表明了存在的不确定性、焦虑和恐惧。这样一种对流动性的判断，与鲍德里亚早期一本书中对时尚的看法不谋而合：在《对符号的政治经济学批判》（*For a Critique of the Political Economy of the Sign*）（1981[1972]）一书中，他认为消费（包括时尚）是一种功能，它不是对物本身的需要，而是对象征价值的需要。他写道：“由于物扮演着展示社会地位的角色且这种地位具有潜在的流动性，物同时证明了既定状况（惯性）和潜在流动性（物体的快速流通）。”（1981[1972]: 50）

最后，鲍德里亚的“诱惑”范式表明，即便是（通常认为的）“意义的丧失”（loss of meaning）也已然包含在意义的范围内。在这里，鲍德里亚阐述了衣服的记忆功能及防御能力。正如弗洛伊德的“恋物”（fetish）概念，通过展示技艺而实现的（意义缺失的）诱惑，是“不朽（immortality）的唯一现形式”，甚至将死亡变成了“一种辉煌而肤浅的外表”（1990[1979]: 97）。鲍德里亚写道：“这是一种任何事情都无法持续的绝望感，也同时是一种反向的愉悦感——因为知道在这种死亡之外，每一种形式都有第二次降临的机会。”（1993[1976]: 119）因此，与人们所认知的不同，死亡并不等于意义的终结；相反，后现代的时尚至少具有一个层面的意义：对抗死亡。而后，在《邪恶的透明性：论极端现象》（*The Transparency of Evil: Essays on Extreme Phenomena*）中，鲍德里亚指出时尚类似于一种流行病，没有意义的情况下迅速浮现和消失（1993[1990]: 70）。可以说，在微观层面上，时尚已经从无争议的意义转变为有争议的（或没有）意义；然而在宏观层面上，与时尚固有的流动性相结合的能力，在鲍曼和鲍德里亚早期的著作中，仍然是有意义的。物本身可能无法表意，而“快时尚”的变化速度可能也无法自我指涉；然而，参与（瞬息万变的）世界的能力，已成为那些生活在快车道上的人们的社会地位标志。

鲍德里亚提出，时尚的证据，是风格的多样性和多元化；无论再现性的符号还是自我参照的符号都表明，没有其他的现实，只有对符码的质疑。鲍德里亚认为，意指完全无效且会被仿真所取代，历史参考也完全没有意义。不同于他对于任何意指的彻底否定，我认为，即便在一个全盘否定意义、倾向于游戏化地使用符号和历史风格的系统中，依然包含着微观和宏观的方式来维持意义。虽然时尚继续作为一种表达形式而存在，但它（作为一种广泛分享和理解的）大众交流的功能削弱了。

结语

威廉·戈尔丁（William Golding）曾经说过，神话的真相只存在于故事中［参见 BBC 电视台的纪录片《威廉·戈尔丁的梦想》（*The Dreams of William Golding*）中，2012 年 3 月 17 日］。对我来说，这句话点出了鲍德里亚思想的价值。鲍德里亚的著述，其“符号价值”（sign-value）并不在于精确的表述，而在于它们以诗意的形式所表达的神话视角。正如任何一个复杂的思想家，鲍德里亚的理论并非由一条线编织而成，而是由各种各样、有时甚至是不和谐的丝线所织就。

鲍德里亚认为，任何意指都完全消失了。这一核心观点否定了我们所知一切的确定性和坚定性，因此是一个非常激进的看法。对这一极端观点，更好的理解方式，是认为它彰显了一个启发性（而非描述性）的过程。衣服，以某种形式承载着意义，即便这种意义很难被辨认。鲍德里亚对于意指的刻板印象，可能会被（或严肃或反讽地）拿来强调或颠覆。虽然不像字典一样，但衣服还是持续不断地表现出意义。这种意义是语境化的、短暂的，抑或在不同风格的部落之间有所差异。作为研究人员，我们所面临的挑战是：在我所谓的“刻板印象方法”和“衣橱方法”，或者说“衣服到底意味着什么”和“我们想象它们能做什么”之间找到一条路径。

参考文献

Barnard, M. (2002) *Fashion as Communication*, Hove: Psychology Press.

Baudrillard, J. (1981 [1972]) *For a Critique of the Political Economy of the Sign*, C. Levin (trans), *St. Louis, MO:* Telos.

—— (1983) *Simulations*, P. Foss, P. Patton and P. Beitchman (trans), New York: Semiotext(e).

—— (1989 [1986]) *America*, C. Turner (trans), London: Verso.

—— (1990a [1979]) *Seduction*, B. Singer (trans), New York: St. Martin's Press.

—— (1990b [1983]) *Fatal Strategies*, P. Beitchman and W.G.J. Niesluchowski (trans), New York: Semiotext(e).

—— (1993a [1976]) *Symbolic Exchange and Death*, I. Grant (trans), London: Sage.

—— (1993b [1990]) 'Prophylaxis and Virulence' in *The Transparency of Evil: Essays on Extreme Phenomena*, J. Benedict (trans), London: Verso.

Bauman, Z. (1992) *Intimations of Postmodernity*, London: Routledge.

—— (1998) *Globalization: The Human Consequences*, Cambridge: Polity.

—— (1999) *Liquid Modernity*, Cambridge: Polity.

Black, A.J. and Garland, M. (1975), *A History of Fashion*, London: Orbis.

Blumer, H. (1969) 'Fashion: From Class Differentiation to Collective Selection' in *Sociological Quarterly*, 10: 275-291.

Burr, V. (2003) *Social Constructionism*, London: Routledge.

Crane, D. (2000) *Fashion and its Social Agendas: Class, Gender, and Identity in Clothing*, Chicago: Chicago University Press.

Drolet, M. (ed) (2004) *The Postmodernism Reader: Foundational Texts*, London: Routledge.

Ewing, E. (1981) *Fur in Dress*, London: Batsford.

Giddens, A. (1991) *Modernity and Self Identity*, Cambridge: Polity.

Glickman, L.B. (ed) (1999 [1970]) *Consumer Society in American History: A Reader*, Ithaca, NY: Cornell University Press (reprinted from M. Poster (ed) (1988) *Jean Baudrillard: Selected Writings*, Palo Alto, CA: Stanford University Press).

Goffman, E. (1951) 'Symbols of Class Status' in *British Journal of Sociology*, 2: 294-304.

Jameson, F. (1984) 'Postmodernism or the Cultural Logic of Late Capitalism' in *New Left Review*, 146: 53-92.

Jencks, C. (2011) *The Story of Post-modernism: Five Decades of the Ironic, Iconic and Critical in Architecture*, Hoboken, NJ: John Wiley.

König, R. (1973) *The Restless Image: A Sociology of Fashion*, F. Bradley (trans), introduced by T. Wolfe, London: George Allen & Unwin.

Laver, J. (1985 [1969]) *Costume and Fashion: A Concise History*, Oxford: Oxford University Press.

McRobbie, A. (1989) 'Second-Hand Dresses and the Role of the Ragmarket' in A. McRobbie (ed), *Zoot Suits and Second Hand Dresses: An Anthology of Fashion and Music*, London: MacMillan.

Sennett, R. (1976) *The Fall of Public Man*, London: Faber and Faber.

Simmel, G. (1957 [1904]) 'Fashion' in *American Journal of Sociology*, 62: 541-558.

Tseëlon, E. (1989) *Communicating Via Clothes* [PhD Thesis], Oxford: University of Oxford.

—— (1994) 'Fashion and Signification in Baudrillard' in D. Kellner (ed), *Baudrillard: A Critical Reader*, Oxford: Blackwell.

—— (1995) *The Masque of Femininity: The Presentation of Woman in Everyday Life*,

London: Sage.

—— (2010) 'Is Identity a Useful Critical Tool?' in *Critical Studies in Fashion & Beauty*, 1 (2): 151-159.

—— (2012a) 'How Successful is Communication via Clothing? Thoughts and Evidence for an Unexamined Paradigm' in A.M. Gonzalez and L. Bovone (eds), *Identities through Fashion: A Multidisciplinary Approach*, Oxford: Berg.

—— (2012b) 'Fashion and the Orders of Masking' in *Critical Studies in Fashion & Beauty*, 3: 3-9.

Wilson, E. (2013 [1985]) *Adorned in Dreams: Fashion and Modernity*, London: I.B. Tauris.

14

PIERRE BOURDIEU

The Field of Fashion

皮埃尔·布尔迪厄

时尚的场域

安格内·罗卡莫拉
Agnès Rocamora

引言

1975年，皮埃尔·布尔迪厄（1930—2002）和伊维特·德尔索（Yvette Delsaut）发表了一篇关于战后法国时装的文章《时装设计师及其标签》（*Le Couturier et sa Griffe*）。这篇文章，延续了布尔迪厄对于文化消费和生产的兴趣。除了卡比利亚的民族志（Bourdieu, 2000a）之外，这位法国社会学家还开始研究业余摄影（1965: 17）或美术馆参观（1966）等日常文化活动。这种方法在他 1979 年名作《区分》（*Distinction*）中达到了顶峰，他在书中调查了法国人民对食物、时尚、音乐和艺术等商品的品位。他谴责“合法研究对象的等级制度”（Bourdieu, 1965: 17），认为这一制度有助于学术调查：“任何文化资产（从烹饪到西方电影中的十二音系音乐），都可以成为（从简单而实际的感觉到学术欣赏的）思考对象。”因此，通过观察那些不那么“高贵”（noble）或（他所说的）“不值得”（unworthy）的事物（比如时尚和摄影），布尔迪厄将自己与社会学研究中更为“合法”（legitimate）的主题（例如国家和工作）区分开来——这些更为“合法”的主题，是指“在认定研究价值高低的等级制度”（Bourdieu, 1993b: 132）中被放在较高位置上的那些。

在时尚方面，尽管布尔迪厄发表了两篇文章（Bourdieu and Delsaut, 1975; Bourdieu, 1993b）并在《区分》中进行了论述，但他对时尚的关注，相对于其他领域的文本来说还是少得多（Brown and Szeman, 2000; Calhoun., 1995; Pinto, 1998; Swartz, 1997）。此外，他的大部分作品已有英文版，但《时装设计师及其标签》却仍未有英文翻译。布尔迪厄认为高级时装场域能令我们更好地理解普遍范围内文化生产场域的逻辑，这一点也并未受到过多重视。他这样写道：“相比任何其他宇宙，高级时装场域能更直接地令我们明晰所有文化生产场域的基本属性，关于生产者和（作为拜物的）产品的恰当而神奇的生产逻辑。”

本章重点介绍布尔迪厄的时尚写作。我首先概述他的关键词“场域”（field），然后根据他的时尚著作来进一步讨论这一概念，并将其作为布尔迪厄理论框架的切入点。尽管我认为布尔迪厄的理论具有一定的局限性，但在本章最后一节中，我依然用它们来分析和质疑当代时尚媒体场域下时尚博客的兴起。

场域理论

布尔迪厄虽然早在1966年就提出了“场域”的概念，但直到很后期的作品，例如《文化产品的场域》（*The Field of Cultural Production*）（1993a）[1]、《悬而未决的社会学》（*Sociology in Question*）（1993c[1984]）和《艺术的法则》（*The Rules of Art*）（*1992*），他才完全定义了“场域理论”（Bourdieu, 1992: 298-299；Bourdieu, 2005: 29）。

“场域”是一个“结构化的位置空间”和驱动力（Bourdieu, 1993c: 72；Bourdieu, 2004: 33）。它是一个由特定的功能规则所决定“社会微观世界”（Bourdieu and Wacquant, 1996: 97），这些规则形塑了其“行动者”（agents）的轨迹和实践。行动者和机构的位置取决于“构成该场域的其他位置”（Bourdieu, 1993a: 30）；因此在场域中，意义和价值不是事物固有的，而是相互关系的。布尔迪厄所提出的“场域”概念，抓住了（在社会空间形成中的）这样一种相互关系作用，并给予其首要地位（Bourdieu, 1998: vii）。

“场域”具有“通常属性”（general properties）（Bourdieu, 2005:

1　本书为布尔迪厄在20世纪60年代、70年代和80年代发表的论文合集，这些论文是首次被收录在这本英文论文集中。

36），其中就包括对其主导价值定义的斗争。事实上，一个场域总是由老玩家和新来者所构成，他们为了（能够定义什么是合法的实践、审美、品味或规范的）权力而争斗。因此，场域是由“保存力”（forces of conservation）和“转化力”（forces of transformation）之间的权力关系所构成的微观世界，这些权力关系在特定历史时期的状态决定了当时场域的结构（Bourdieu, 1993c; Bourdieu, 2004）。

布尔迪厄还认为，“场域”是一套方法论工具，能够指导实证研究：

> 它迫使研究人员询问：人们在该场域中“玩”的是什么……那些探求、分配与重新分配的赌注、货物或财产是什么；它是如何分配的；人们需要何种工具或武器才能获得某种赢的机会；在这一游戏中的每个时刻，商品、收益和资产的分配结构是什么。（Bourdieu, 2004: 34）

因此，“场域”的概念有助于我们理解实践的集体维度及其相互关联的构成方式，并迫使我们看到，艺术作品的产生不仅仅是靠一种制度或一种评判机制，而是靠“生产场域”（field of production）自身，即所有行动者和“垄断了‘神圣化’权力（the power to consecrate）”的行动者之间所存在的关系系统（Bourdieu, 1993a: 78）。因此，布尔迪厄指出：“所有对一幅艺术作品感兴趣的人，在阅读、分类、破译、评论、反对、了解、拥有这幅作品时，都找到了一种物质性或象征性的利益，因此这幅作品被制作了一百次。”（Bourdieu, 1993a: 111）大量的机构参与了这个过程，它们的作用是构成现实以及（通过谈论来）

创造一个物品的价值。

因此布尔迪厄提醒我们，文化同时具有物质性和符号性，这也就是为什么他写下了以下文字：

> 艺术和文学的社会学不仅要以物质性生产为对象，还要以象征性生产为对象，例如作品价值的生产或作品价值的信仰。因此，它不仅要考虑到作品的直接生产者（艺术家、作家等）的重要性，而且要考虑到作品的意义和价值的生产者（批评者、出版商、画廊总监和一伙代理人）的意义。正是在他们的共同努力下，消费者才能够了解和识别艺术作品。（Bourdieu, 1993a: 37）

因此，通过“象征性的认可”，所有这些生产者“令某种类型的工作和某种类型的饱学之士神圣化”（Bourdieu, 1993a: 121）。

同样地，一个文化对象的价值，也必须在这个场域本身的结构中寻求。附于其上词汇的价值亦如此。布尔迪厄和德尔索这样说：

> 文字的力量不在于文字，而是通过集体信仰的生产赋予文字力量所需的条件，即对于（通过文字的确定使用而实现的）价值创造的任意性（arbitrariness）的集体误识（collective misrecognition）。(Bourdieu and Delsaut, 1975: 23)

于是，一件事物（一件艺术品、一个词或一句话）的价值，并不存在于事物本身或它的作者身上，而是存在于它所属的场域中，在反对力量和保守力量的相互作用中。这样一种相互作用形塑了场域，赋予其行动者发声、被聆听和“神圣化”的权力。

布尔迪厄认为，这种“神圣化”的权力在时尚场域中发挥了更为明显的作用。布尔迪厄和德尔索写道：“如果一个人的文字能够有魔法般的威力，甚至比魔法还厉害，那他一定是在时尚的宇宙中。”（1975: 23）在接下来的几个小节中，我们转向他对时尚的研究来进一步探讨布尔迪厄的理论框架。

时尚的场域

布尔迪厄对时尚场域最广泛的讨论，出自他与伊维特·德尔索1975年合著的一篇文章《时装设计师及其标签》（下称《时装设计师》），这篇文章发表于他个人创办的学术期刊《科学社会学学报》（*Actes de La Recherche en Sciences Sociales*）上。在此之前，他曾于1974年在《悬而未决的社会学》发表了《高定时装与高级文化》（*Haute Couture and Haute Culture*）一文，布尔迪厄的很多观点已经初现于这篇文章中。在《时装设计师》一文中，布尔迪厄和德尔索回顾了20世纪70年代法国高定时装界的结构，讨论了它的“神圣化”实例、新成员和老玩家（及其地位、策略和价值观），以及它所支持的规则和参与的斗争（亦可参见Rocamora, 2002a）。两位作者认为，时尚场域是“一个由特定合法性垄断的竞争所统治的场域；也就是说，对服装而言，独家权力（exclusive power）构成并推行合法性的区分象征”（Bourdieu and Delsaut, 1975: 15）。

布尔迪厄和德尔索将研究焦点放在高定时装场域，这其实仅仅是时尚场域的一个子空间——布尔迪厄称之为“子场域”（subfield）。事实上，布尔迪厄在他的作品中区分了两个子场域：一个是“限制性生产场域”（the field of restricted production），它是生产者的场域——对于生产者来说，“为艺术而艺术”（art for art's sake）的价值主导着实践和审美的判断；另一个场域则是“大规模生产场域”（the field of large scale production），它是一个以商业和利润原则为主导的场域（Bourdieu, 1993a）。

场域用以抵抗商业或媒体等外部力量的能力，是它们的独立性以及（制定自身运作标准）能力的一个指标。一个场域越“自治”（autonomous），就越有能力建立自己的规则。这一点，对于布尔迪厄所说的“限制性生产场域”来说尤其适用。相比之下，“大规模生产场域”是一个“异质性”（heteronomous）场域，它依赖于商业和媒体的施压。在时尚场域的等级结构中，高定时尚场域是一个“限制性生产场域”，而大众时尚则属于“大规模生产场域”。在《高定时装与高级文化》中，布尔迪厄将高级文化（Haute Culture）与高定时装联系起来，认为“当我谈论‘高定时装’时，我会一直离不开‘高级文化’”。

场域之间的区别，引发了人们对文化场域之间层次结构的关注，“限制性生产子场域”往往比“大规模生产子场域”具有更高的地位和合法性。因此，尽管布尔迪厄认为“高定时装”场域和“高级文化”场域是同源性场域（因为它们的功能是由同源规则决定的），然而两种场域在文化等级中占据着不同的位置。布尔迪厄和德尔索将时尚称为“中间艺术”（art moyen）或“次等艺术”（art mineur），以表明其处于中间位置。

因此，布尔迪厄和德尔索认为，为了提高时尚的地位并将其“神圣化”，时尚界的成员会引用高雅文化。他们指出：

> 对合法性高贵艺术、绘画、雕塑、文学的引用，使其大部分高贵的隐喻都体现在对服装的描述上；它的许多主题都体现在对贵族生活的唤起上，而这些贵族生活是他们所期望的一些象征——这表现了“次等艺术”对“高等艺术”（arts majeurs）的崇敬……这与服装设计师热衷于艺术或默认自己为艺术世界一员的热情是一致的。（Bourdieu and Delsaut, 1975:16）

安吉拉·麦克罗比（Angela McRobbie）（1988）在对英国时装设计师的研究中借鉴了布尔迪厄的理论框架，讨论了（她所采访的）实习设计师为使其艺术合法化和高尚化所制定的策略。她引用了一位时装设计学生的话：“在一个名为《爵士乐》（*Jazz*）的马蒂斯（ Matisse）展览启发下，我打算采用他拼贴画的技巧来完善海滩装的贴花细节。”（McRobbie, 1998: 61）麦克罗比认为，受访者对时尚的“神圣化”策略，是通过拒绝商业理念来表达的（McRobbie, 1998: 13）。正如布尔迪厄所说：

> 艺术和金钱（商业）之间的对立是大多数判断的生成性原则，在戏剧、电影、绘画和文学方面，这些判断声称在“资产阶级”艺术和“知识分子”艺术之间，在“传统”艺术和“前卫”之间建立

艺术与非艺术之间的边界。(1996c: 162)

与之类似，我曾研究《世界报》(*Le Monde*)(Rocamora, 2002b)和*Vogue*这两份杂志中的时尚报道，讨论了这些报道对于高雅文化的引用，并探讨了这些引用如何帮助杂志建构时尚以及高雅文化的空间。

在《时装设计师》中，布尔迪厄和德尔索还提到了“时尚话语”(fashion discourse)(1975: 23)的概念。他们分析了时尚业内人士、时尚界成员（如设计师和时尚记者）的话语，有助于我们来研究“时尚媒体话语”(Rocamora, 2009)。他们认为设计师用来描述其产品的形容词，表明其审美地位和时尚场域地位之间是具有同源性的。主流设计师排他性、真实性和精致性的语言，与前卫设计师生动、鲜活和大胆的语言之间形成了鲜明对比——前者是“清醒、优雅、平衡与和谐”的语言，后者是“自由、年轻和幻想”的语言（Bourdieu and Delsaut, 1975: 12)。在关注时尚话语的作用时，布尔迪厄和德尔索再次提醒我们文化的象征性生产的重要性。我本人曾分析对比了《卫报》(*Guardian*)中（作为流行文化的）时尚和《世界报》中（作为高级文化的）时尚这两种话语，由此探讨了这样一种象征性生产方式(Rocamora, 2001)。

时尚写作的词汇，并不只是简单“描述”了与之相关的物品价值(Bourdieu and Delsaut, 1975: 23)，实则“创造”了这些价值——这就是布尔迪厄和德尔索的时尚话语方法与罗兰·巴特（1990[1967]）的不同之处。布尔迪厄和德尔索认为，罗兰·巴特的符号学分析仅仅集中在对时尚话语的内部解读上，它忽略了“时尚话语在时尚商品生产过程中的功能问题”（Bourdieu and Delsaut, 1975: 23）。罗兰·巴特和布尔迪厄都对介于对象和用户之间的词汇系统投注了兴趣，巴特称之为“面纱”(veil)(1990[1967]),而布尔迪厄称之为“屏幕”(screen)(1993b: 138)。对于布尔迪厄而言，时尚不仅存在于衣服中，而且存在于话语之中。但是，布尔迪厄和德尔索将词汇系统视为一个更广泛的生产系统（场域）的一部分（因此也是话语外部的一部分），而巴特则侧重于内部系统及其语言结构的分析。布尔迪厄和德尔索认为，这就解释了巴特为何难以理解时尚话语的功能，也无法明晰时尚与其所在场域结构之间的相关性（1975: 23）。

布尔迪厄和德尔索指出，在同一类设计师的论述中，不同设计师之间的对立、他们的风格和生活方式的差异，反映了不同时尚杂志的不同论述风格。这也就是布尔迪厄所说的“差异确认的特权网站”（the privileged site for the affi rmation of differences）（1996b: 63）。这些差异也将那些杂志的读者区分成不同的阵营。时尚杂志在等级层次上越高，其描述风格就越冷静，这种风格与其读者的高社会地位也相互对应。

布尔迪厄的理论框架，尤其是他的“场域”概念，对于我们理解时尚媒体场域中时尚杂志的“话语”是很有用的，也有助于质询时尚起作用的场所和空间。这也就是我和乔安妮·恩特威斯特（Joanne Entwistle）的论文将布尔迪厄的理论框架应用于分析 2002 和 2003 年伦敦“国王路（King’s Road）时尚周”活动的原因（Entwistle and Rocamora, 2006）。我们注意到，场域的概念，无论作为一个概念框架还是一个活生生的现实，都具有重要的意义。我们认为，在伦敦时装周的围墙布局、秀场安排以及座次结构中，时尚场域被捕捉、再现和具体化了。

在那篇文章中，我们还挪用了布尔迪厄的另一个关键概念——“资本”（Bourdieu, 1993a）。布尔迪厄认为，一个人在某一场域的地位是由他的资本决定的，而资本的合法形式及其构成也是由它在该场域的斗争所决定的。因此，他区分了四种资本形式：经济资本、社会资本、象征资本和文化资本。经济资本指的是机构或行动者的金融资产，社会资本指的是他们的社交网络力量，象征资本指的是他们所拥有的社会地位，文化资本是他们文化资源的集合。文化资本无论表现为具身（例如人的身体）、物件（例如书籍或艺术作品）还是制度（例如文凭），都允许人们获得社会权力并予以区分。

虽然“经济资本是所有其他类型资本的根源”，但其他三种形式（社会、象征和文化）都可以转化为经济资本，也能转化为其他一种或多种形式。资本在场域中的分配是不平等的，这种不平等的分配参与了该场域的建构，一个特定的场域，决定了（在该场域内流通、积累和提取以确立自身地位的）资本的力量或价值。因此，在《时装设计师》中，布尔迪厄和德尔索认为，尽管 Dior 等知名时尚品牌拥有较高的象征资本和经济资本，但 Paco Rabanne 等新兴品牌能够运用颠覆策略来发展其资本，令象征资本和经济资本“神圣化”。但与此同时，新品牌需要依赖既有时装店的经验来创造“最初的权威资本”（initial capital of authority）（Bourdieu and Delsaut, 1975: 15）。在我与乔安妮・恩特威斯特对伦敦时装周的分析中，发现那些时尚品牌能够在时尚场域内部署象征资本、社会资本和文化资本，以令其转化为经济资本。文化资本通过适当的、知名的服装展示出来，它本身依赖于经济和社会资本，是一个人成为时尚界成员的关键因素。

布尔迪厄认为资本是被“具身”（或“体现”）的（embodied），这一观点反映了他对身体实践逻辑的关注，尤其体现在其关键概念“惯习”（habitus）中。他说，“具身资本”（embodied capital）是“外部财富转化为人的具体组成部分，从而成为人的惯习”。在《实践逻辑》（*Logic of Practice*）一书中，布尔迪厄系统论述了“惯习”这一概念，将其定义为一种“有限条件下的自发行为”，一份“实践感”（practical sense）（Bourdieu, 2000b: 260），以及以精神与肉体的感受、领会和行动等形式“沉积”（deposited）在个人身体内的“一组历史关系”（Bourdieu and Wacquant, 1996: 16）。

与“场域”的概念一样，“惯习”旨在绕过对立的二元结构 / 机构：“惯习与场域的关系，位于主体和客体的二元论之外，超越了主动和被动、手段和目的、决定论和自由……惯习通过‘被决定’来‘自我决定’。它是一个没有计算器的计算，一个没有意图的故意行为。”（Bourdieu, 2000b: 262）由惯习所建构的行动者，总是寻求利润的最大化，遵循最能保障其利益的策略。然而，恰如一个无意识的战略，惯习本身塑造了行动者的地位和要求。行动者对于这场游戏的感觉，是由其惯习决定的一种具体化倾向。因此，在《时装设计师》中，布尔迪厄和德尔索指出，与 Balmain 和 Givenchy 等老牌玩家不同，Courrège 的惯习与新的“现代”和“充满活力”的法国资产阶级惯习相一致，从而令该品牌在这一群体中获得了成功。

区分

尽管布尔迪厄针对“时尚场域”写了两篇文章，但在他大部头专著中几乎没有出现时尚主题，除了一本书——《区分》（1996a）。这本书或许也是他最著名的著作。和同年出版的《论摄影》（*photography*）（1996b）一样，布尔迪厄在这本书中，以康德美学作为判断文化对象和文化实践的路径。这些判断基于一系列的二分法，这些二分法源自康德的学说。康德认为，统治阶级的纯粹审美和工人阶级的大众审美之间具有对立性（1996a: 5）：统治阶级的审美是通过形式、思想、距离和“非利益”（disinterested）的概念来表达的，而工人阶级的审美则侧重于内容、身体、即时性和兴趣等概念。

布尔迪厄试图表明，审美判断必须是社会性的和历史性的。与康德不同，布尔迪厄认为审美体验不能被解释为心灵的独立表达、自主性和普遍的精神生活，而是社会和历史构成的“性情”（disposition）。这就是为什么布尔迪厄认为“品位”（taste）是阶级的区分标志（1996a: 2）。

布尔迪厄认为，美学家所重视的沉思距离，不过是一种金钱需求的距离，是由行动者的社会特权地位所造成的（1996a: 56）。它只能通过拥有经济资本来实现，而经济资本令美学家“远离必然性”（53）。工人阶级缺乏经济资本，因此其品位是“对必然性的品位”（374），它在所有文化对象中寻求“物有所值”（378）。这样一种品位，是只喜欢自己能“买得起”的东西的品位。相比之下，资产阶级的品位是“奢侈（或自由）的品位”（177），因为他们不仅拥有经济资本，还拥有文化资本。布尔迪厄将“品位”作为阶级区分的方法，这一点在这句著名的声明中体现得一览无遗：“品位有区分，它也区分了区分者”（taste classifies, and it classifies the classifier）（6）。

因此，在《区分》这本书中，布尔迪厄致力于将“品位”这一概念去本质化，并揭露文化实践中体现出来的社会武断性。借由这种做法，他彰显了文化作为社会差异载体的重要性。“主导性文化”（dominant culture）是统治阶级的文化，他们通过生产和复制其价值（并将其品位自然化为“好品位”）来保持这种主导地位。文化实践是阶级对立的产物，是阶级对立的再现；文化是权力关系和阶级区分的对象。[1] 后来，麦克拉比（McRobbie, 2005）在对英国流行电视节目《什么不该穿》（*What Not To Wear*）的讨论中借鉴了布尔迪厄的著作，认为这种类型的节目（通过提升中产阶级外表上的标准）制造（并合法化）了一种阶级区分，也引发了抗争。这一点，尤其体现在女性群体中。

在《区分》中，布尔迪厄以服装为例，来论证品位的阶级结构性以及相关的“区分”实践。他写道：“时尚是最新的时尚，是最新的区分。阶级的标志（在所有意义上）一旦失去其独特的力量，就会立即枯萎。当‘迷你裙’到达法国北部的矿村时，便会开启新一轮的区分。”（Bourdieu, 1993b: 135）布尔迪厄这一判断沿袭了西美尔（Simmel）的思想：西美尔（1971[1904]）认为时尚发端于社会等级制度的顶端，然后沿着阶层向下“涓滴”（trickle down）。在这一被称为“涓滴理论”

1　布尔迪厄在这里借鉴了卡尔·马克思“阶级斗争”的理论（参见本书第 1 章），但他与马克思的观点有所不同（1993: 180-182）。关于他和马克思主义的关系，也可参见斯瓦茨的讨论（Swartz, 1997: 38-40）。

的理论模型中，西美尔认为时尚是一种阶级差异和阶级模仿。

作为一种理论，“涓滴理论”具有一定的局限性，布尔迪厄的概念亦如此——对此，很多学者都有过论述（例如 Crane, 2000; Edward, 2010; Rocamora, 2002a）。虽然布尔迪厄被认为是 20 世纪最具影响力的思想家之一（例如 Silva and Warde, 2010: 157），但其理论框架也曾遭到不少人的批评；这也从反面证明其作品非常受欢迎，很多学者会以细读的方式来对其深入钻研。本章篇幅所限，无法一一将这些批评的观点进行梳理（可参见 Swartz, 1997），只能择其要点进行说明。

首先，尽管他发展了（在社会科学领域引发广泛反响的）“惯习”概念，但这一概念很大程度上是为了绕开“结构”和“行动者”的二分，于是其分析在某种程度上最终转向了另一端的结构主义和决定论，认为惯习是再生产的渠道（conduit）而非能动性的转换力（transformative power）（Devine, 2010: 152; Lamont, 1992; Reay, 2010; Rocamora, 2001）。正如布尔迪厄自己所指出的，“惯习所生产的实践……总是倾向于复制客观结构，最终沦为了产品”（2000a: 257）。因此，正如大卫·斯瓦茨（David Swartz）所说，“布尔迪厄的作品似乎并没有超越这样一种二元对立，反而为其所困”（1997: 54）。另一方面，布尔迪厄“惯习”的概念揭示了（利润驱动的）行动者会最大化其游戏的利益，尽管这种行为是由无意识所驱动的。这样一种观点，被认为过于强调行动者的利益导向性，也忽视了那些“非利益”导向的（诸如情感或痛苦等）实践行为（Devine, 2010: 153; Skeggs, 2004）。

其次，尽管布尔迪厄的作品被用于研究各种形式的文化资本（例如夜店或俱乐部的亚文化资本）（Thornton, 1997），但这其实是布尔迪厄本人并不接受的一种研究方式，因为他认为“文化”指的是高级文化，或者说，高级文化资本（high cultural capital）（Rocamora, 2001; Skeggs, 2004）。因此，很多作者都抛弃了他的观点，认为文化资本可以有更广泛而多元的形式，也用其理论框架来关注和研究特殊性的文化资本（Lamont, 1992, 2010; Skeggs, 2004）。例如，米歇尔·拉蒙特（Michele Lamont）就主张布尔迪厄的理论框架无法解释美国的文化实践（1992），认为《区分》一书“仅仅侧重于概括布尔迪厄自身生活周边的知识环境及文化，也就是法国文化”（Lamont, 1992: 186; Jenkins, 1996: 148; Shusterman, 2000: 197）。因此，布尔迪厄的一些观点（诸如工人阶级“被剥夺了文化”等）（Bourdieu and Darbel, 1997: 88）受到了“愁苦主义者”（miserabilism）的批评（Grignon and Passeron, 1989）。类似的，约翰·佛罗（John Frow）认为“剥夺”（deprivation）这一概念本身令人失望，因为它天生带着高级文化的惯例属性；也就是说，“文化劣势”（cultural disadvantage）只在“高级文化的土壤中发挥作用”（Frow, 1987: 65）。

最后，布尔迪厄所关注的，主要是阶级相关的范畴，相对较少研究性别[1]和族裔等其他社会范畴在品位、惯习和场域的形成中所起到的重要作用。

尽管布尔迪厄的理论具有以上的缺陷，然而它们依然具有强大的

1　但其实布尔迪厄曾于 2001 年出版《男性气质统治》（*Masculine Domination*）一书，只不过他并没有讨论或参与任何女性主义的著作。关于这一方面的缺陷，可参见维尔兹的研究（Wit, 2004）。

影响力，并被挪用或重新加工，以探寻更为广泛的议题，例如“布尔迪厄之后的女性主义”（feminism after Bourdieu）（Adkins and Skeggs, 2004）等。在接下来的一节中，我将运用布尔迪厄的“场域”理论，来分析当代的时尚博客（fashion bloggers），透视当代时尚媒体场域的价值所在。

博客和时尚媒体场域

时尚媒体场域是一个由一系列机构和行动者（杂志、报纸、记者、摄影师、造型师、化妆师等）组成的社会空间，他们都参与了这一场域规范（norms）和价值观（values）的定义。这些定义包括：什么是好的、有品位的、有价值的，或者创新的时尚。像 *Vogue* 或 *Marie-Claire* 等大牌时尚期刊是老玩家的田园，而如 *The Gentlewomen* 等新刊则是新人的天地。新人的天地还包括大量的时尚博客，尤其是 The Sartorialist 或 Garance Doré 等快速崛起的网站。这些时尚博客正在以迅雷不及掩耳之势，跻身成为时尚场域的知名玩家。

时尚博客出现于 21 世纪初（Rocamora, 2011）。最早，独立时尚博主被排除在时尚场域之外。他们无法通过时尚场域的两个重要入口——时装秀和公共关系机构。这两个入口是对传统印刷杂志和报纸的“合法性”保护。我们从博客内容便可见一斑，时尚博客里常见的抱怨之一，便是大品牌不愿同时尚博客接触。布尔迪厄曾写道：

> 在新闻场域，不仅存在接近“读者”的持久性竞争，也存在接

近“新闻”的竞争，也就是对最早获得新闻、独家新闻、独家信息以及独家稀罕事物、“大人物”等资源的竞争。(2005: 44)

在时尚场域，要获得这种“新闻”和“大牌”，得首先拥有时尚资本（Rocamora, 2001; Entwistle and Rocamora, 2006），来确保能够获得（如时装秀等重要活动的）入场券（Entwistle and Rocamora, 2006:740）。这样一来，人们就可以通过巩固自己的时尚资本，来进一步确定自己在该场域中的地位。

事实上，如果时尚博主一开始被大品牌所忽视，他们反而可能会因为其更加客观的立场而被“神圣化”；于是，象征资本产生了——诸如鬼马博主苏西·刘（Susie Lau）及其博客“时尚泡泡”（*Style Bubble*）的价值，不亚于凯茜·霍林（Cathy Horyn）等知名时尚记者。2013年，苏西·刘和美国版*Vogue*杂志的编辑安娜·温图尔（Anna Wintour）一起出现在《观察家》（*Observer*）杂志评选的“时尚学生权势榜”（Fashion Students' Power Lists）上（Fisher, 2013）。因此，现如今，时尚博主经常出席各类时装秀，与此同时许多时尚品牌也都举办了旨在吸引时尚博客圈的社交媒体活动。例如，2012年H&M委托艾琳·克林（Elin Kling）为瑞典市场设计了一个时装系列；2013年，苏西·刘也为伦敦牛津广场（Oxford Circus）设计了橱窗。这样一种行为，无疑帮助时尚博主们积累了更多读者，也令其在老牌时尚媒体中逐渐合法化。时至今日，时尚博主已经越来越成为传统平面媒体所关注和赞扬的对象，例如我们经常能够读到，一份传统时尚杂志报道和赞颂时尚博主的创新风格，并将其塑造为引领潮流的“文化中介”

（cultural intermediaries）（Bourdieu, 1996a）。一些时尚博主也登上了传统时尚杂志的封面，例如泰薇·盖文森（Tavi Gevinson）登上了2009年秋冬季 *POP* 杂志以及 *L'Officiel* 杂志的封面，而苏西·刘则登上了2013年1月 *Company* 的封面，等等。此外，更多的博主也为传统纸质媒介贡献文字或图片，例如嘉兰丝·多尔为法国版 *Vogue* 杂志写专栏，汤米·唐（Tommy Ton）也为 *Style* 杂志拍照片，等等。

然而，并不是所有博主都愿意"步入神坛"。2013年2月，知名时尚记者苏西·门克斯（Suzy Menkes）写了一篇文章，迅速引发了时尚博客圈的辩论。他写道："只有最稀有的博主，才能被视为视觉文化的仲裁者。"（2013）当然，这种观点并非她独有，例如男性杂志 *GQ* 的副主编罗伯特·约翰逊（Robert Johnson）认为时尚博主"并没有判断好与坏的批判能力"（Mesure, 2010）。要得出这样一种观点，其实需要对印刷媒体和博客在时尚场域中地位进行更系统而深入的分析，以确保其范围和意义属于时尚媒介圈。然而，这一观点指出了一个重要的问题：什么是好的（或有价值的）时尚新闻或时尚信息。对于这一问题，事实上存在着两种截然相反的观点：一方面，门克斯和约翰逊等老牌媒体人士坚持认为"真正的"时尚记者是那些能够鉴别"好时尚"与"坏时尚"的文化仲裁者，这些人对时尚具有充分的知识且能够进行客观公正的判断；另一方面，对于许多博主和博客读者来说，时尚博客的价值就在于博主（对于时尚的个人性）主观看法，以及博客圈对于客观性、真实性和独立性的重视。正如尤里·齐夫（Yuli Ziv）（2011: 26）在她的时尚博客中所说，"你的博客看起来公正而真诚么？那是必需的"。

在现实中，“真实性”和“独立性”的理想面对着“敌人”的阻拦。这些“敌人”，包括新闻记者自主权的匮乏，以及广告在新闻写作上的制约作用，等等。而博主们通过促进真实性和独立性，令自己成为布尔迪厄所说的“新来者”（newcomers）——布尔迪厄认为，“新来者”的策略是挑战既定的价值观和规范。在某些情况下，这一挑战也通过推广理想化的身体而得以体现，例如 Big Girl Blog 或 Le Blog de Big Beauty 所展现的 full body、Advanced Style 或 That's Not My Age 等博客所宣扬的老年身体、Street Etiquette 博客强调的黑人身体等。这些身体，同光鲜亮丽的纸质时尚杂志中“美丽”的身体（例如白人、瘦子、高个、年轻）形成了鲜明的对比。

然而，还是有很多时尚博客符合时尚媒体的惯例，遵循它们既定的游戏规则。事实上，最著名的女性时尚博主们，大都是年轻漂亮的女性，且常常以模特的身份出现，她们的帖子也给知名品牌留了相当大的空间。有些博主也跻身于模特行业，比如与 Next 模特经纪公司签约的鲁米·尼利（Rumi Neely）以及在 Loewe 2013 年广告宣传中担任模特的格拉·冈萨雷斯（Gala Gonzalez）等。在时尚场域中，人的身体（尤其是瘦长、年轻的白人身体）是一个可以培养、确立和显示场域身份的资本（Entwistle and Rocamra, 2006: 746）；而一些博客业已利用这一资本来提升关注度和受欢迎程度，并进一步巩固其象征资本和经济资本。

因此，人们不应该陷入文森特·莫斯科（Vincent Mosco）（2005）所说的“数字崇高”（the digital sublime）的陷阱。这样一种“数字崇高”，指的是互联网上的神话式话语；但它其实掩盖了诸多局限性。作为一种使用计算机向所有人开放的简单活动，博客看似具有民主的优点，却可能掩盖了特权资本（如模特化的人体）所发挥的关键性作用，尤其当它们成功进入时尚场域之时。塔拉·齐特迪恩（Tara Chittenden）（2010）和爱德华·麦奎利（Edward McQuarrie）（2013）等人应用布尔迪厄的“资本”概念来讨论青少年时尚博客，给予我们重要的启发。我们能够运用“文化资本”概念，对更广泛类型和范围的时尚博客进行研究，来了解它们的社会经济背景，探索其成功所需和富于价值的资本类型。

同样，与作为非等级空间的万维网相反，等级结构（hierarchies）并未从时尚博客圈中消失。我们发现，仅有一小部分博主能够出现在时尚秀场的第一排，只有“最好的”时尚博客能够出现在线上和线下的“十佳时尚博客”名单里（Bolter, 2001; Landow, 1997）。页面浏览量也是资本的一个重要标志，所以时尚博主们往往引用这些数据来彰显其博客的知名度和受关注度，以令其在时尚“长名单”中脱颖而出（Anderson, 2004）。因此，时尚博客可以被视为时尚媒体的一个“子场域”，它本身就是一个由新来者和老玩家组成的游戏空间。在这一空间中，既有苏西·刘、嘉兰丝·多尔、泰薇·盖文森和斯科特·舒曼（Scott Schuman）等业已负有盛名的老鸟，也有那些知名度和受关注度很低的新手。

结语

在这一章，我希望借布尔迪厄的理论框架，来探索其思考和研究时尚的价值——特别是在时尚博客场域。布尔迪厄的概念，令我们重视那些支撑、强化和改变行动者工作与实践的力量，并帮助我们更好地理解快速变化的时尚媒体场域。布尔迪厄的核心概念，例如场域、地位、资本、惯习等，都能够帮助我们揭示时尚媒体场域的动态。

正如我在引言中所提到的，布尔迪厄坚持认为，从作用过程和价值上来说，时尚场域是所有场域的典范。然而迄今为止，"时尚"似乎依然被学术圈归为"不值得"研究的对象。正因如此，本章鼓励研究者们积极运用布尔迪厄的理论，来打开时尚场域的大门，并积极拥抱时尚的世界。

参考文献

Adkins, L. and Skeggs, B. (2004) *Feminism After Bourdieu*, Oxford: Blackwell.

Anderson, C. (2004) 'The Long Tail', retrieved from wired.com.

—— (1990 [1967]) *The Fashion System*, Berkeley: University of California Press.

Bolter, J.D. (2001) *Writing Space*, New York: Routledge.

Bourdieu, P. (1965) *Un Art Moyen: Essai sur les Usages Sociaux de la Photographie*, Paris: Minuit.

—— (1966) 'Champ Intellectuel et Projet Créateur' in *Les Temps Modernes*, 246: 865-906.

—— (1986) 'The Forms of Capital' in J.E. Richardson (ed), *Handbook of Theory of Research for the Sociology of Education*, Westport, CT: Greenwood Press.

—— (1992) *Les Règles de l'Art*, Paris: Seuil.

—— (1993a) *The Field of Cultural Production*, Cambridge: Polity Press.

—— (1993b) 'Haute Couture and Haute Culture' in P. Bourdieu, *Sociology in Question*, London: Sage.

—— (1993c [1984]) *Sociology in Question*, London: Sage.

—— (1996a [1979]) *Distinction: A Social Critique of the Judgement of Taste*, London: Routledge.

—— (1996b) (with Boltanski, L., Castel, R. and Chamboredon, J.C.) *Photography: A Middle-Brow Art*, Cambridge: Polity Press.

—— (1996c [1992]) *The Rules of Art*, Cambridge: Polity Press.

—— (1997) *The Logic of Practice*, Cambridge: Polity Press.

—— and Darbel, A. (1997) *The Love of Art*, Cambridge: Polity Press.

—— (1998 [1994]) *Practical Reason*, Stanford, CA: Stanford University Press.

—— (2000a [1972]) *Esquisse d'une Théorie de la Pratique*, Paris: Seuil.

—— (2000b) *Les Structures Sociales de L'Economie*, Paris: Seuil.

—— (2001) *Masculine Domination*, Cambridge: Polity Press.

—— (2004 [2001]) *Science of Science and Reflexivity*, Cambridge: Polity.

—— (2005) 'The Political Field, the Social Field, and the Journalistic Field' in R. Benson and E. Neveu (eds), *Bourdieu and the Journalistic Field*, Cambridge: Polity.

—— and Delsaut, Y. (1975) 'Le Couturier et sa Griffe: Contribution à une Théorie de la Magie' in *Actes de la Recherche en Sciences Sociales*, 1: 7-36.

—— and Wacquant, L.J.D. (1996) *An Invitation to Reflexive Sociology*, Cambridge: Polity Press.

Brown, N. and Szeman, I. (2000) *Pierre Bourdieu: Fieldwork in Culture*, Oxford: Rowman and Littlefield.

Calhoun, C., Lipuma, E. and Postone, M. (eds) (1995) *Bourdieu: Critical Perspectives*, Cambridge: Polity Press.

Chittenden, T. (2010) 'Digital Dressing Up: Modelling Female Teen Identity in the Discursive Spaces of the Fashion Blogosphere' in *Journal of Youth Studies*, 13 (4): 505-520.

Crane, D. (2000) *Fashion and Its Social Agenda*, Chicago: University of Chicago Press.

Devine, F. (2010) 'Habitus and Classficiations' in E. Silva and A. Warde (eds), *Cultural Analysis and Bourdieu's Legacy*, London: Routledge.

Edwards, T. (2010) *Fashion in Focus*, London: Routledge.

Entwistle, J. and Rocamora, A. (2006) 'The Field of Fashion Materialized: A Study of

London Fashion Week' in *Sociology*, 40 (4): 735-751.
Fisher, A. (2013) 'The Fashion Students' Power List 2013' in the *Observer*, retrieved from http://www.theguardian.com/fashion/2013/mar/03/fashion-students-power-list-2013 on 2 April 2013.
Frow, J. (1987) 'Accounting for Tastes: Some Problems in Bourdieu's Sociology of Culture' in *Cultural Studies*, 1 (1): 59-73.
Grignon, C. and Passeron, J.C. (1989) *Le Savant et le Populaire: Misérabilisme et Populisme en Sociologie et en Littérature*, Paris: Hautes Etudes / Gallimard Le Seuil.
Jenkins, R. (1996) *Pierre Bourdieu*, London: Routledge.
Lamont, M. (1992) *Money, Morals and Manners: The Culture of the French and the American Upper-Middle Class*, Chicago: University of Chicago Press.
—— (2010) 'Looking Back at Bourdieu' in E. Silva and A. Warde (eds), *Cultural Analysis and Bourdieu's Legacy*, New York: Routledge.
Landow, G.P. (1997) *Hypertext* 2.0, Baltimore, MD: Johns Hopkins University Press.
Lynge-Jorlén, A. (2012) 'Between Frivolity and Art: Contemporary Niche Fashion Magazines' in *Fashion Theory*, 16 (1): 7-28.
McQuarrie, E.F., Miller, J. and Phillips, B.J. (2013) 'The Megaphone Effect and Audience in Fashion Blogging' in *Journal of Consumer Research*, 40 (1): 136-158.
McRobbie, A. (1998) *British Fashion Design: Rag Trade or Image Industry?*, London: Routledge.
—— (2005) *The Uses of Cultural Studies*, London: Sage.
Menkes, S. (2013) 'The Circus of Fashion', retrieved from http://tmagazine.blogs.nytimes.com/2013/02/10/the-circus-of-fashion/ on 22 February 2013.
Mesure, S. (2010) 'Fluff Flies as Fashion Writers Pick a Cat Fight with Blogger', retrieved from
http://www.independent.co.uk/life-style/fashion/news/fluff-flies-asfashion-writers-pick-a-cat-fi ght-with-bloggers-1884539.html on 6 March 2011.
Mosco, V. (2005) *The Digital Sublime: Myth, Power and Cyberspace*, Cambridge, MA: MIT Press.
Pinto, L. (1998) *Pierre Bourdieu et la Théorie du Monde Social*, Paris: Albin Michel.
Reay, D. (2010) 'From the Theory of Practice to the Practice of Theory: Working with Bourdieu in Research in Higher Education Choice' in E. Silva and A. Warde (eds), *Cultural Analysis and Bourdieu's Legacy*, London: Routledge.

Rocamora, A. (2001) 'High Fashion and Pop Fashion: The Symbolic Production of Fashion in Le Monde and The Guardian' in *Fashion Theory: The Journal of Dress, Body, Culture*, 5 (2): 123-142.

—— (2002a) 'Fields of Fashion: Critical Insights into Bourdieu's Sociology of Culture' in *Journal of Consumer Culture*, 2 (3): 341-362.

—— (2002b) 'Le Monde's Discours de Mode: Creating the Créateurs' in *French Cultural Studies*, 13, 1 (37): 83-98.

—— (2006) ' "Over to You": Writing Readers in the French Vogue' in *Fashion Theory: The Journal of Dress, Body*, Culture, 10 (1/2): 153-174.

—— (2009) *Fashioning the City: Paris, Fashion and the Media*, London: I.B. Tauris.

—— (2011) 'Personal Fashion Blogs: Screens and Mirrors in Digital Self-portraits' in *Fashion Theory: The Journal of Dress, Body, Culture*, 15 (4): 407-424.

Shusterman, R. (2000) *Pragmatist Aesthetics: Living Beauty, Rethinking Art*, Lanham, MD, Oxford: Rowman & Littlefield.

Silva, E. and Warde, A. (eds) (2010) *Cultural Analysis and Bourdieu's Legacy*, London: Routledge.

Simmel, G. (1971 [1904]) 'Fashion', Levine, D.N. (ed.) *Georg Simmel*, Chicago: University of Chicago Press.

Skeggs, B. (2004) 'Exchange, Value and Affect: Bourdieu and "the Self " ' in L. Adkins and B. Skeggs (eds), *Feminism after Bourdieu*, London: Routledge.

Swartz, D. (1997) *Culture and Power: The Sociology of Pierre Bourdieu*, Chicago: The University of Chicago Press.

Thornton, S. (1997) *Club Cultures: Music, Media and Subcultural Capital*, London: Polity.

Witz, A. (2004) 'Anamnesis and Amnesis in Bourdieu's Work: The Case for a Feminist Anamnesis' in *Feminism after Bourdieu*, Oxford: Wiley-Blackwell.

Ziv, Y. (2011) *Fashion 2.0: Blogging your Way to the Front Row*, CreateSpace Independent Publishing Platform.

15

JACQUES DERRIDA

Fashion under Erasure

雅克·德里达

被擦除的时尚

艾莉森·基尔

Alison Gill

引言

雅克·德里达（1930—2004）最为人所知之处，或许是他证实了一种流行观点：哲学思想是难以捉摸的。德里达以其晦涩难懂的文体著称，他的著作颠覆了语言和论点，证明一个词语或一个声音在文学或哲学文本中的意义是无法判定的。约翰·麦坎伯（John McCumber）将德里达视为一位“对法语进行游击式进攻”的（难以理解的）哲学家：“恰如阅读很多具有原创性的作家，阅读德里达的最佳方式是放松自己，让它冲刷（wash over）你。”（McCumber, 2011: 333）我还要补充说，通常阅读一次是不够的，你需要反复琢磨。也就是说，重新阅读德里达的内容，以提高对他所关注问题的意识，这些问题意识对时尚专业的学生来说会很有用。和许多欧陆哲学家一样，他的写作内容丰富、风格新颖；而我们所读到的德里达的英文版著作，都译自法语这一罗曼语族的独立语言。

德里达的哲学，将会作为一种文本细读的“解构”（deconstruction）策略而被人们铭记。所谓“解构”，在流行用法中意味着对传统和模式化思维方式的批判性消解。本章将会以一种“解构”性的细读策略来审视时尚领域，尤其通过各式各样的潜在文本及其功能来质询时尚的基础。要理解这一点，我们需要按部就班地分步进行。一个被解构的文本，质疑了它存在的基础。我们不仅需要定位操作的起点，还得揭示文本的主导框架、预设和逻辑。本章既尊重德里达的意图（即谨慎地重读西方形而上学史），又遵从德里达哲学对语言表达的挑战。因此，本章将“解构”不仅看作一种理论、一种方法、一种批评、一种“德里达式”的思考，而且视为质疑任何有关权威、命名、翻译、推导和风格问题的核心。

我想，要写作有关“解构主义哲学”与时尚的一章，必须得保留德里达自身的思维方式，尤其是如我的标题所说，“被擦除”——通过使用引号、斜体或删除线来“擦除”，令作为“哲学的名称”和“时尚的哲学”的可能性条件都得到明确的界定（Wortham, 2010: 1）。不可否认，在命名和论述德里达式的思想时，一种典型的语言风格是含糊其辞、隐晦艰涩——这对很多批评家来说不可容忍，对很多读者来说也困惑连连，也令“通过德里达来思考”这一本章的任务变得十分棘手且吃力不讨好。

这一章的目的，是厘清德里达思想的落脚点——我会从德里达大量的文章中挑出一些相关的思想，用以理解时尚。德里达在六十年的写作生涯中发表了大量的著作，其中交织着很多复杂的概念和术语，这些都需要专业词典或入门书籍的帮助才能理清头绪。这一点，很像他同时代的法国哲学家吉尔·德勒兹（详见第 10 章）。

本章列举了一些反思时尚实践的服装设计师的例子，讨论了如何“擦除”令时装不断生产的必要条件。这些条件迫使时装（在令人眼花缭的季节性节奏和可预测的时间中）不断符合一个崇尚创新、奇观和无缝的审美理想的商业体系。在德里达关于文本结构的思想中，包含了一些可用于分析纺织品（textiles）的语言——诸如“痕迹”（trace）等，这些术语能够帮助我们更好地理解时装设计所具有的一种批判性拆解意义。事实上，“解构”这个词在 20 世纪 90 年代初就与时尚联系在一起，它表明“服装创作的分析”（analytics of garment creation）（Martin and Koda, 1993: 94）尤其体现在服装结构的暴露、分解和未完成矛盾性外观上。“解构”与“破坏模式”（la mode Destroy）一样，成为时装评论家用以描述个性化、富有挑战性的另类服装的标签（Gill, 1998; Martin and Koda, 1993; Spindler, 1993; Zahm, 1995）。

在本章的前半部分，我将概述哲学思想中“解构”的主要特征，尤其侧重于阐发“文本”“痕迹”和“双重思维”（double-thinking）等概念。这些概念在时尚领域表现出一种差异化的思维，例如失败的表达或“不稳定性”（instablity），等等。我将这种时尚文本中的“不稳定性”视为一种挑战传统行业权威性、创新观念和时尚历史的力量。而在本章的后半部分，我以马丁·马吉拉时装屋（Maison Martin Margiela）的比利时设计师（马丁·马吉拉本人及其团队）为例，分析时尚设计中的解构性作品。Maison Martin Margiela 的时装在近年来颇受关注，可被视为一种自我解构的批判性、实验性文本。

哲学“解（结）构”

在德里达的哲学家生涯中，很多著作涵盖了哲学、文学、艺术、电影、媒介、政治、历史和传记等诸多主题。德里达似乎并没有专门论述时尚的作品，但却从时尚中找到了一种批判性的阅读模式。朱迪斯·巴特勒（Judith Butler）在德里达的讣告中，提出德里达的遗产不仅在于教会我们阅读，而且指导我们读出新的意义和结论。“解构”（deconstruction）这一概念是在德里达 1976 年的著作《语法学》（*Of Grammatology*）中最初使用的，而这一著作也代表了他的典型写作风格——一种糅合了哲学和文学的解构式写作风格。

他最重要的著述都存在着相当大的技术难度：德里达的阅读，总是涉及重要的哲学任务，即分解一个文本的操作逻辑，并（通过指出差异性的含义并创造出新的术语来）挑战它自我阐释的语言。“解构”并非简单的否定，而是对（所针对的哲学和文学文本的）语言所进行的批判性、彻底性和转化性阅读，以质疑影响整个西方哲学中固有概念的差别或对立（Culler, 2008）。对于西方哲学中的“二元对立”（binary oppositions），"解构"并非"颠覆"（invert）它们，而是希望"置换"（displace）它们，于是两个概念便没有了主次之分。德里达的细读重点在于，通过揭示意义和活动的相互联系（例如一个包含在另一个当中）来改变概念的逻辑关系。而这种逻辑关系，正是一个文本的基础。德里达把他的著作称为边缘性哲学，将其定位于哲学与文学的夹缝之中。作为一种文本细读的阅读和写作策略，这种边缘性哲学对许多文学和创作实践产生了巨大的影响，成为后结构主义跨学科性的一个重要标志（Culler, 2008）。

德里达的文本分析，在 20 世纪八九十年代的很多学术领域中具有卓越的影响力，这些领域包括哲学、历史、文学理论、法律、精神分析、人类学、女性主义、同性恋研究、政治理论、医学理论以及艺术、设计和建筑等（Benjamin, 1988; Caputo, 1997; *Encyclopedia Britannica*, 2014）。此外，在 20 世纪 80 年代末和 90 年代初，包括平面设计、电影制片、银幕媒体理论等方面的思想家们都将德里达以及后结构主义理论（也包括其他一些法国哲学家的著述）视为"最潮的"（heady）思想，并形成了自觉性、激进的、创新性的理论实践（Brunette and Wills, 1989; Byrne and Witte, 1990; Wigley and Johnson, 1988; Wigley, 1993; Lupton and Abbott-Miller, 1996; McCoy and Frej, 1988）。

这种发展在一定程度上可以用文学和哲学的跨学科分析来解释，这种分析能够揭示主导性的思想逻辑，即"逻各斯中心主义"（logocentrism）和"在场的形而上学"（metaphysics of presence）。德里达认为，西方的形而上学不断重复着一种本质上子虚乌有的"逻各斯中心主义”实践，即一个口头词（逻各斯 [logos]）定义了一个事物的本质存在（being），从而（作为意义渠道）彰显了事物的完全在场和普遍真理（Derrida, 1976: 18）。德里达所质疑的，是词语的“统一性”（unity），即一个词语抓住了某个事物的全部存在或表达了一种思想。德里达将这种“统一性”称为（坚守思想传统的）语言的“逻各斯中心主义”。他试图颠覆“本质”（essence）的同一性，质疑“身份”（identity）的固定化（Derrida, 1988: 4; Lucy, 2004: 12）。于是，我们便能够理解，“‘解构’从拒绝（能够决定每一个‘是’的）权威或权力开始”，并非单纯采取一种抵抗（或反对）的立场，也并非拒绝简单的事实，而是为了“强调每个‘是’都并不可能”（Lucy, 2004: 11）。德里达的“解构”表达了对“逻各斯中心主义”的批评，认为“逻各斯中心主义”总是试图抓住纯粹的存在并将其作为获得知识的适当途径。因此，德里达的哲学思想，可以很简单地被概括成：思考“差异”（difference），并以“作为在场的差异”（difference-as-presence）来对“在场”（presence）进行差异性的思考。

这样一种“解构”的路径，也可以用所谓的“双重思考”来说明，或者说表现为一种解构文本的“双重运动”（double movement）。奈尔·露西（Niall Lucy）认为，“解构”涉及对立性逻辑的悖论和困局，涉及“双重运动的必要性”，而这种“双重运动”不能化约为“两步走程序”或连续的“诠释阶段”（phases of interpretation）（2004: 13）。对文本的解构，表现为对这种对立性（即两个术语的区别、联系以及令其无法差异化思考的力量）的反思。露西认为，这种反思非常困难，因为按照惯例，一个词语的价值通常被认为高于另一个，这种存在也会遇到阻力。

在时尚领域，学者理查德·马丁（Richard Martin）和哈罗德·科达（Harold Koda）将这样一种“双重思考”用于分析川久保玲（Rei Kawakubo）的 Comme des Garçons 以及卡尔·拉格菲尔德（Karl Lagerfeld）的服装设计。这些设计通过各种洞（holes）和未缝合的线（unconcealed seams）来暴露其结构，于是“破坏成为一个分析性创造的过程”，而且“借由分析性工作来延长人们对服装的兴趣”（Martin and Kada, 1993: 94）。从这个角度来说，这些时装设计就像德里达的作品一样，强调文本或服装中的不稳定性，并表达了一种结构和破坏、制造和毁灭的矛盾。马丁和科达这两位学者提出这样的问题：20 世纪 20 年代薇欧奈（Vionnet）的服装设计手法的“曝光”（exposure），与拉格菲尔德和川久保玲的“解构”（deconstruction）之间，有怎样的不同（1993: 96）？他们的结论是，后者看似是“已完成衣服”的重新拆解和回返，它们“破坏了衣服的完整性，而不是简单地展示制造过程”（1993:94）。

这样的方式，突出了这一关键词——“解（结）构”[de（con）struction] 的“二合一”属性，或者暴露了解构主义在文本中的“双重运动”。也就是说，“解构”既可以把文本拆开，将其破坏、拆分、置换；又可以重新建构出文本的一个新意义，来理解它的机构和局限。《纽约时报》的艾米·斯平德勒（Amy Spindler）将时尚界的“解构”描述为“破坏事物结构的行为”；因此它不仅指的是“夹克的外表或袖子上有衬里”，而且也指“这一衣服部件的功能被‘重新想象’（re-imagined）”（1993: 1）。接下来，我将以马丁·马吉拉的设计为例，来阐释其表达的“双重运动”或者“‘非’制造”(un-making)的“双向性”(bi-directionality),以彰显裁缝师（通常隐藏在破旧的衣服中）的劳动，并以此纪念一个标志性服装的历史。在“‘非’制造”一词中的“非”(un)是被强调的，以说明这一“非”的工作是将矛盾中的服装制作悬置，使之变得不可判定，从而揭示服装内部的“双重运动”和对时装的“双重思考”。而伴随这样一种“双重运动”的，很可能是失败的表达，或者服装被销毁、蹂躏或误解（为故意破坏、虚无主义和未完成的文本）的风险。

颠覆文本：意义的交织与时尚的痕迹

德里达在细读文本时的积极品质，能够用于分析时尚物品。一件日常服饰、一件名牌服装、一个时尚的身体、一本时尚杂志、一张时尚照片、一篇时尚报道、一段时尚视频等，都可以被理解为建构的文本，也都具有内在的逻辑和符号的相互作用。而这些符号彼此之间，有时是相互矛盾的。虽然德里达并没有写作时尚主题的专著，但另一位法国符号学家罗兰·巴特则一直致力于将时尚视为一种能传达意义的语言。相对于巴特在时尚方面的热情，德里达则将自己的细读热情更多投入文学及非书写的文本，还有通俗文化和媒体文化。可以说，那一代的欧陆哲学家都对文化的意指（signification）感兴趣（详见本书引论），尤其是法国的哲学家们。在当时，与巴特（1967）和米歇尔·福柯（Michel Foucault）（1969）对“作者意图”（intentions of author）的质疑类似，德里达也反驳了作者意图的局限性，认为作者“没有办法以说或写的方式来展示出我们最终的意义”（Butler, 2004:

32)。这样一种转变，是从对传统作者（或生产者）的重视（认为作者是文本意义的起源）到对文本“互文性”（intertextuality）的确认（认为文本是多方面意义相互作用的产物）。在这一（被修正的）“作者”概念中，“读者”（reader）扮演了解释文本的角色（能够积极通过参考其他文本而获得意义）。卡罗琳·伊凡斯（Caroline Evans）提醒我们，如果时装能说话或交流，“它就能独立于其创造者来发言”（2003: 6）。这里的重点不是简单地消解创作者、作者或制作人的权威，而是激活读者的角色。或者用罗兰·巴特的概念来说——“读者的诞生”（the birth of the reader），即令读者拥有诠释文本的权力（Barthes, 1967; Silverman, 1994: 28）。

德里达对于文本和文本性的细读，赋予了时尚研究怎样的意义？他对文本性的解释，令我们将时尚物件和图像视为相互交织、错综复杂的“互文本”（inter-texts）：它们不仅具有丰富的含义，而且能够被编码。德里达重视文本或织品之间的相互交织，并指出文本性的“意指”是一种（通过论述发生在词汇和流通之间）差异（differences）的无限“相互作用”（interplay）：

> 无论是在口头抑或书面的话语秩序中，某个元素之所以能够成为一个符号，就是因为它无法脱离（本身并不简单在场的）其他元素而存在。这种相互交织的结果，导致每个“元素”（element）都是基于这一链条与系统中的其他元素而构成的。这种交织（interweaving）或这种织品（textile），是只在另一个文本（text）的转换过程中才能产生的文本（text）。在任何地方，无论是元素

之间还是在系统内部，没有任何东西是简单在场或缺席的。只有“差异”（differences）和“痕迹的痕迹”（traces of traces）才是无处不在的。（Derrida, 1982: 26）

金·萨丘克（Kim Sawchuk）引述了德里达关于文本的上述观点，尤其扩展了文本（text）和织品（textile）之间的类比，来思考互动性的“造型身体”（fashioned body）如何成为一种纹理化（textures）的时尚对象。“造型身体”是一种具身（embodied）的主体性，强调身体是在丰富的社会、历史、文化铭文中交织而成的。在任何时候（尤其是历史关头），这种“造型身体”都潜在地处于“健康、美丽、道德、性、国家和经济的多重论述之中”（Sauchunk, 2007: 478）。萨丘克指出，所谓的“铭文”（inscriptions）并不单指作用于身体上的“论述”（discourses），还包括在各个层面上同身体相关，在一种“互文”关系的布料中起作用的各种文本。

休·西尔弗曼（Hugh Silverman）认为，如果“解构”是一种阅读文本的理论实践，那么它有助于将诠释对象（在细微差异上）重构为符号学的分析对象。德里达的阅读和写作，不断在寻求一种差异性、质疑性和批判性的思考方式，来探寻文本的界限和边界，并将其视为连接两个术语或（有问题的）“二元对立”的铰链或桥梁。“解构”作为一种事物上已经发生的事情，恰如文本中已经发生的一切，并非人为的赋予（Lucy, 2004: 12-14）。在解构性的写作中，正是术语（terms）的更新换代或者“新概念的突然出现”，令等级化组织的术语得以置换和移位（Lucy, 2004: 13）。在德里达的作品中，有许多新造的术语（有些是全新的，而有些是改自旧术语），例如“元书写”（arche-writing）、“增补”（supplement）、“痕迹”（trace）、“延异”（différance）、“幽灵”（ghost）、“克”（gram）、“药”（pharmakon）等，都由于其模糊性而令文本的操作逻辑变得混乱，也以一种不确定性颠覆了原本固化的二元对立。

在这些概念中，“痕迹”被德里达用来表示文本的“发生”和意义差异的分配生产，即文本中的一个元素指向另一个（Derrida, 1982: 26）。在时尚中，“痕迹”的价值在于对意义的痕迹性元素提供解释行为，例如建立和破译传统服装设计中的观念，等等。此外，物理的“痕迹”也可以被“破解”（decode）为背离常规的符号，例如裁缝在布料上做的铅笔标记彰显了“劳动过程”以及“解构性服装外部的传统制衣技术”，于是“一个人可以辨认出衬里、接缝、缝褶、垫肩、白色的假缝线、图案等等”（Debo, 2008: 12）。这些劳动的“痕迹”通常在一个完成品中被抹去或隐藏起来，直至当有些接缝或其他元素偶尔暴露出来的时候，这一游戏才得以改变。对德里达来说，“痕迹”是差异（涂抹）的起源，是“生命与它者、内部与外部之间神秘关系的开始”（Derrida, 1976: 70）。在服装结构中，“接缝”（seam）被高度暗示为一个生产性的第三术语，一个不确定的概念，具有进一步洞察的潜质。简单来说，服装的“接缝”是无法完全被隐藏的生产痕迹；其功能是两个部分之间的铰链、接口和边界。因此，它既是服装整体造型中必不可少的结构，却又隐藏在“表面”（surface）之下。作为一个连接内部和外部、深度和表面的“界面”（interface），“接缝”在我们“双重思考”时能够令我们注意到事物的（内外）两边。按照这样一种思维，接缝的外露，其实是解构性时尚（例如川久保玲和山本耀司的作品）

词汇中的一个基本元素，能够帮助我们更好地思考意义和材料的“并置”（junxtaposition）（2010: 130）。

“痕迹”的概念，也有助于揭示时装与历史之间的关系。通过跟踪或模仿集体性时装以来的历史痕迹，我们不仅能够破译特定元素的意义，而且能够解释特定的时装逻辑——必须“涂抹”（efface）它的过去，才能坚持变化和创新。亚历山大·华威（Alexandra Warwick）和达尼·卡瓦拉罗（Dani Cavallaro）借由“重誊”（palimpsest）这一概念，来描述时尚文本的创新性重新书写（1998）。这些创新性的重誊，往往是“基于先前的叙述基础……既不是纯粹的也不是完全取消的”。因此，时尚文本，从本质上来说就是一个重誊的手稿，一个“涂抹原稿叙述，而以新的誊写取代之”的过程（Warwick and Cavallaro, 1998: 153）。借用德里达的概念，痕迹激活了原始写作的证据，暴露了那些缺席与看不见的元素，并在时尚文本的布料（textile）中彰显了那些相互交织的元素。痕迹触发了在场和缺席之间的相互作用，包括历史上时装的元素以及从前设计师的标志性主题；这些元素和主题既不完全缺席，也不完全在场。有人认为，要想让这些创新性文本成为重誊，就必须将时尚历史的痕迹予以“涂抹”（effacement）而非“擦除”（erasure）；而那些时尚的创新实验，可以找到令此前透明的踪迹“显形”可见的方法（Warwick and Cavallaro, 1998: 153）。借由这一角度，我们来分析马丁·马吉拉的设计，并思考他对于时尚“创新性”（inovation）的拒绝——他将创新性的时尚文本视为一种假象，或者仅仅以一张白纸、一块白板来作为对创新与创意的唯一辨识。

时尚中的解构："擦除"的时尚

许多时尚学者，将 20 世纪 90 年代的一些（暴露剪裁和设计过程中劳动和技术的）服装设计，同作为思考方式的"解构"联系起来（Debo, 2008; English, 2011; Evans, 1998, 2003;Gill, 1998; Martin and Koda, 1993, Lynge-Jorlén, 2010; Vinken, 2005,2008; Zahm, 1995）。他们以（非固定文本的）"解构性写作"（deconstructive writing）这一视角来看待时尚，于是将一些时尚设计视为以布料形式所进行的差异性写作。这样一种写作，以不太直截了当的方式表达了对过程和逻辑的批判。在前文对"解构性写作"的概述中，我们强调德里达对词汇、文本和论点的兴趣，不仅包括它们"什么意思"（mean）而且包括它们"怎么做"（do），也就是这种写作的积极能力——它既能把逻辑结合在一起，又能通过测试极限和（用新写作形式）产生希望等方式来将逻辑扰乱。

从服装设计实验的词汇中，我们能够洞察到一种测试服装结构、形式和技术极限的兴趣，这种兴趣令我们关注服装"怎么做"的问题。我们需要质疑的是时尚构成的基础：什么是时尚的连贯性框架、约束逻辑、预设，或者更简单来说，起作用的力量？然而，这种对元素或基本单元的思考，涉及对其所属的更大结构或系统的质询。众多时尚理论家（Debo, 2008; Gill, 1998; Lynge-Jorlén, 2010; Vinken, 2005, 2008）都将服装形式的"解构"问题，延伸到对时装体系、工作方式、产业结构和商业品牌体系及其消费者的质疑。对本章来说，有很多的例子都能够说明"解构性时尚"（deconstructive fashion），然而我之所以选择马丁·马吉拉，主要是因为他能够清楚地揭示一种“结构的解析学”（analytics of construction），并提供了作为主题（包括作者身份、创新性和时间）的洞见，这些洞见能通过质疑服装形式和时尚系统来“擦除”时尚。

马丁·马吉拉：构成的分析

马吉拉的“解构性时尚”形式，首先表现在其服装的结构方面；这些结构彰显了解构主义的一些重要思想。卡罗琳·伊凡斯曾对马吉拉的几款服装进行解读，提醒人们注意一件衣服的结构与“服装本身的形式逻辑”（formal logic of dress itself）之间的连贯性（2003: 250）。在对结构性指标的颠覆（例如衣服衬里的使用）方面，伊凡斯举了一个破坏服装“稳定性”的例子，来说明它取代了服装内外的形式逻辑，颠覆了内部衬里和外部面料之间的结构关系（如图 15.1）。

这个例子是马吉拉将 20 世纪 50 年代的一条鸡尾酒裙的衬里重新制作成一条当代的裙子，并把原衬里用照相机拍下来，再印在新裙子上(Evans, 2003: 250)。这条裙子再生产出一种“以衬里为衣服”(dress as lining）的衬里，使内部支撑变成了外部框架，于是揭示了框架中的不稳定运动。这样一种做法，比将衣服的衬里外翻更进一步。在第二个例子中(图 15.2)，马吉拉通过在衣服衬里加入额外的一层“身体”(通常是模特人台表面的亚麻布和外形)，来质疑穿衣者的身体结构。伊凡斯观察到：“设计师将裁缝的模特人台（dummy）重塑成亚麻背心，使表皮变成了内衣，身体变成了衣服。”（Evans, 2003: 250）这种“模

图 15.1 “作为（照片）衬里的衣服”[Liniag Dress or ‘Dress as（photographed）Lining’]，Maison Martin Margiela，1996 春 / 夏，盖伊·维尔特（Guy Voet）摄影

特人台”背心的另一个版本，是钉在一起的一半丝绸雪纺连衣裙。

从马吉拉的服装中，伊凡斯找到了一种将衣服结构“不稳定化”（destabilising）的证据，来说明其服装设计是一种“擦除”结构的尝试。马吉拉从 1997/1998 秋冬开始设计棉麻布服装系列，来表达一种结构性框架之内的游戏，因为它将制衣过程中临时的原型材料和工艺变为最终产品（图 15.3）。马吉拉故意主动“结构化”（structur-ing）穿衣的身体，以勾勒内部和外部之间的边界和表面，其目的是令“结构”（structure）的概念性和材料性框架工作清晰可见。通过这种方式，马吉拉回答了“什么是时尚的基础”这一问题——所谓“时尚的基础”，就是一种“运动的结构”（moving structure），这种结构可折叠、可变

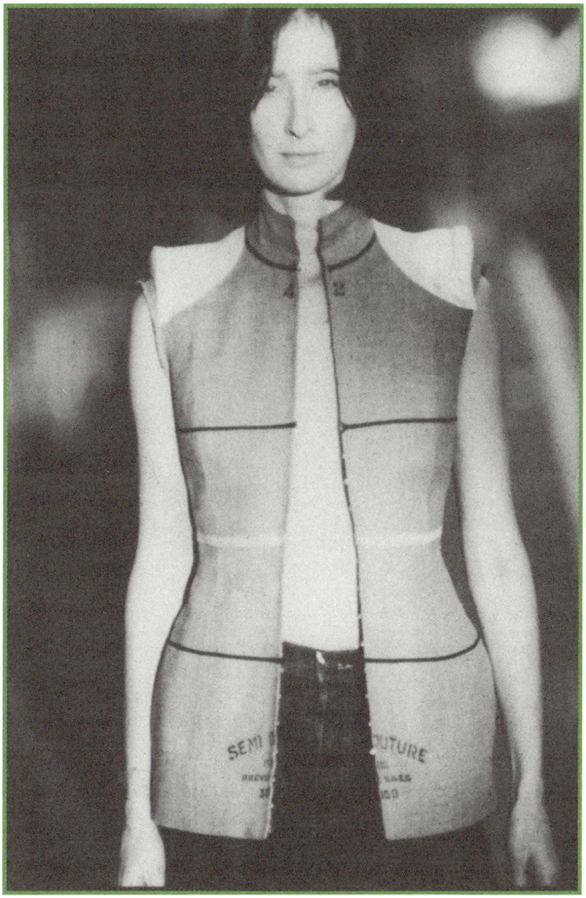

图 15.2 “人台背心”（Dummy Waistcoat），Maison Martin Margiela，1997 春 / 夏，罗纳尔德 · 斯多普（Ronald Stoops）摄影

形且可重新配置，于是边界能够在皮肤及外部的表面或褶皱处移位和丛生。

通过展示“过程中的作品”（work in progress），即可穿但未完成的衣服（例如未完成的裙摆、系线以及与马甲缝在一起的半条连衣裙

图15.3 一件纯棉连衣裙，标签上写着“第一次试穿后的棉麻衣：所有矫正和缺陷都可见”，Maison Martin Margiela, 1997/1998秋冬，盖伊·维尔特摄影

等)，马吉拉的设计试图扩展批评性时尚的词汇，使其超出破坏性的“反时尚”（anti-fashion）领域，探索了形式、材料和观念等方面的多种可能性。这些“过程中的作品”，令设计词汇增加了风险性，包括失败的风险、完不成的风险，特别是不符合传统标准的风险，等等。当马吉拉试图将宽袖子塞进窄得多的袖孔时，我们能够明显看出他并未完成这件衣服：这些并置的未缝完的线，令人反思服装是否真的有完成的必要（2010: 130）。而当马吉拉将可拆卸的袖子安在西装夹克上时，我们更明显地体会到一种“过程中的作品”的诉求：这不仅是一个非寻常的邀请，更是通过与衣服的互动来重新定义和配置“身份”的尝试。

在这样的例子中，马吉拉似乎拒绝了时尚（赋予穿衣者时尚或流行感）的功能和观念，表现出设计师对“秀场”之外的兴趣，以阐明这些作品“未完成”的本质。而这些作品的生命，从销售的瞬间才开始——它们参与穿衣者日常的生活中，令人们能够以服装来探索“未完成”和“完成”之间的种种可能性。马吉拉邀请穿衣者来参与时尚和服装领域的工作和生活中，去探索服装的用途，思考时尚的潜质。

作者身份

马丁·马吉拉，一个拥有“隐名设计师”（incognito designer）标签的设计师。他尽可能地令自己从作品中“消失”，并拒绝将自己的名字印在衣服的标牌上（Debo, 2008: 7）。在一个设计师的“作者身份”十分重要的年代与行业中，人们对设计师的名字、生活和个性往往抱有极大的兴趣，并习惯以设计师来判定服装品牌的质量。在这种情况下，马吉拉的“匿名性”反而引发了众人的兴趣（Debo, 2008; English, 2010; Lynge-Jorlén, 2010; Vinken, 2005; Zahm, 1995）。凯特·德波（Kaat Debo）写到，马吉拉设计的服装使用一个无字的白色棉布标签（钉在衣服内部），没有任何签名，就像一个盲点；而这样的空白标签在品牌营销上是毫无用处的（Debo, 2008: 7）。而奥利维耶·扎姆（Olivier Zahm）则注意到，使用空白标签可以令人们将注意力回归衣服本身。然而，马吉拉的空白标签已然成为一个标志：这一没有签名的空白标签，已经代表了该品牌一种“非最高级”（non-superlative）的制作方式（Zahm, 1995: 119）。马吉拉不断回避公众的关注和采访，他的失语（他不去解释自己的衣服含义是什么）和他的理念（他所赞同的解构运动）构成了双重的“沉默”或“消失”。在设计师同作品捆绑在一起的时代，即便有空白标签（无形中）作为其“作者身份”的体现，马吉拉依然拒绝承担任何（个人作为服装的主要作者、制作人和预测者的）风险，也拒绝承担（激活衣服的生命力的）责任。他更喜欢将“作者身份”分散给整个工作室团队以及（具有挑战性的）衣服试穿者，尊重他们的协同工作（虽然他的工作室还是称为“马丁·马吉拉”）（2010: 131-132）。和德里达一样，他拒绝主人（例如引领时装界的评论家、实验性设计的代理人等）身份，而将“解构”从制作者传递给使用者，令其“持续”（goes on）在衣服的“非制作”（un-making）以及“试穿”行为之间。

创新性

马吉拉不断抵制时尚行业（所强调的）“创新性”（innovation）、“真实性”（authenticity）和“原创性”（originality）等理念，这呼应了解构主义对传统“作者身份”的拒绝。马吉拉通过省略自己的签名，抵制了作者的权威身份，也否定了绝对的“创新”号召（Debo, 2008:7）。很多在时装史不同阶段和不同趋势中富有经典或标志性意义的二手服装，被他拿来重新制作，以变换和颠倒服装习惯性与潮流趋势之间的关系，令其成为一场反复无常的游戏。借由这种做法，马吉拉表达了对时尚“创新性”原则（即必须在每个季节都推出创新的系列）的抵抗和颠覆。一方面，马吉拉将这些作品冠以“复制品”

（Replicas）的名字，来表达一种保守的姿态；另一方面，他给每件衣服都配上一个标签，上面有服装款式、出处和日期的信息。借由这样的方式，马吉拉拒绝和批判了时尚必须表达全新理念的观点（Debo, 2008:12）。

与此同时，马吉拉的这些作品，也表达了对于旧式服装的颂扬。马吉拉尽可能准确地再现衣服的原初信息，以抵抗时尚业的现状。在一个沉溺于不断前行和创新的行业中，时装往往在聚光灯下稍纵即逝，在短暂的“时尚”后迅速消亡。借由马吉拉的作品，德波意识到时尚是一个“并非全新”的产业：“时尚界如此愿意‘忘记’，以至于早就忽视了一个事实，即只有站在历史工艺和知识的肩膀上，才能达成真正意义上的创新”（2008: 12）。马吉拉的这些“复制品”，虽然并不完全等同于他在其他系列中的一些尝试（例如将老化织物的材料回收），但都要求恢复和应用过去或历史上的旧风格和旧技术。马吉拉的团队，致力于拒绝“现时”（now-time）的力量，令时尚的历史成为“创新”的前提（Debo, 2008: 3）。

时代与时尚史

马吉拉对于时尚体系“当下性”（temporality）的抵制，被芭芭拉·文肯（Barbara Vinken）描述为一种“反节奏”（couter-rhythm）的意图。这种意图，针对的是“季节性的时尚”（fashion of the seasons）。所谓“季节性的时尚”，在文肯看来，就是“表现于每两三年的时装系列中，被眼花缭乱的消费狂潮所控制的一种无情的经济形式”（Vinken,

2005: 143)。在时间观念上，德里达尊重经验、强调矛盾和“双重运动”。这样一种时间观念，为马吉拉的那些（在时间上非传统、非线性，甚至“向未来倒退”的）服装和收藏品提供了理论支持（Evans, 2003: 14)。文肯认为马吉拉所设计的衣服“能根据‘时距’（duration）而不是‘变化’（change）来开创一种时尚”，因此令“时间依附于马吉拉的作品”（2005: 142-143)。我们知道，时尚产业在传统意义上的时间模式，是一种以令人无暇顾及的速度前进的线性发展过程；在这一过程中，“‘明天’的时尚把‘今天’的时尚变成‘昨天’的时尚”(2005: 143)。因此，“明天”的前提，是对于“今天”和“昨天”的持续遗忘。与此相反，马吉拉在其衣服上留下“时间在织物上的痕迹”以及“生产过程的痕迹”，因此呈现了一种持续性时间（Vinken, 2005: 142)。这些痕迹彰显了时装的变化。这些变化并不受时尚所驱使，而是会随着年龄和使用的进程不断生成新的面料和形状。通常来说，服饰的磨损和撕裂，都会被一种完美的理想主义所“涂抹”（effaced)，却很少有机会在时装设计中被用来感受“使用”（use)。

马吉拉善于使用不同年代和不同出处的二手布料，并将其组合为一种新的形式。伊凡斯（1998: 75）和德波（2008: 8-9）都讨论了马吉拉的这种独特做法，认为它表达了时间节奏和系统的持续性、过程性。这些设计，一方面通过引入了不同时间的老化织物和肌理，为线性向前的时间运动制造了麻烦；另一方面也通过“再语境化”（recontextualize）主题，令旧服装的“参考性”（references）超出了典型历史所引用的范围。马吉拉会把羊毛军袜的后脚跟循环使用为小抛袖，或者将拼接袜子做成套头衫的胸口拼接（详见 1991/1992 秋冬系列)。这样一种“反节奏”的时尚表达，令任何一件衣服都包含了多重节奏的集合、不确定性的时距、糅合了不同生产来源的残迹。于是，过去生活的痕迹（或许并非是单一的）在未来的编织中被打碎，重塑为一种新的经验。

在马吉拉的设计系列中，人们也可以发现一种持久和永恒的表达：设计师将早期作品系列中的设计理念进行重组和“再语境化”（recontextualize），并将一些服装和配饰元素作为（跨越不同时期系列作品的）永久性特质。总之，马吉拉对衬里、粗缝线、面料、图案、风衣以及整个标志性服装的运用，是一种时间语汇的物质化表达；在这一表达中，他引入了“回归”（returns）和“延迟性暂停”（deferring pauses），从而打破了时尚传统的物质性循环和象征性更新。

结语

在这一章中，我阐述了当代时装设计师马丁·马吉拉如何以服装的形式激活了德里达的解构主义思想。马丁·马吉拉在巴黎甚至全球时尚界都占有重要地位，即便他要求赋予其重新思考界限的自由（Debo, 2008: 3）；然而他的设计的确令人们进一步思考时装生产和日常使用之间的相互关系。除了马吉拉之外，还有一些设计师也借由“反节奏”和“具身实践”进行了类似的表达，例如三宅一生（Issay Miyake）认为服装需要一个穿着者来将其完成（详见第 7 章），等等。本章最主要的目的，是希望通过马吉拉的设计来指出：解构性时装实验的意义，正是在于对（支配性的）二元对立以及（文本之间相互联系的）逻辑前提进行质疑和抵抗。

对雅克·德里达来说，思考和写作行为是一种面对不确定因素和逻辑僵局的勇气。这样一种行为不仅局限于哲学领域，也延伸和影响了其他文化和日常实践。德里达的解构思维与马吉拉的时装实验具有很多有趣的相交之处，包括时尚中的作者身份、创新性和时间性的讨论等，这些议题清晰地体现在马吉拉的设计作品中。我在本章开篇时已经指出，时装专业的学生和时尚研究的学者应多关注服装制作元素、痕迹和技巧等方面的激进实验，例如对解构性或转换性缝线的解读等。此外，对那些致力于以创新性和差异性的设计来超越秀台、进入生活领域（以延续日常时尚）的设计师，我们也应当进行更深一步的研究。最后，我想说，从马吉拉的观点来看，进一步创新的可能性，并不存在于时尚历史经验的“涂抹”之中。

参考文献

Barthes, R. (1967) ‘Death of the Author’, reprinted in (1978) *Image, Music, Text*, S. Heath (trans), Glasgow: Fontana Collins.

Benjamin, A. (1988) ‘Deconstruction and Art/The Art of Deconstruction’ in C. Norris and A. Benjamin (eds) *What is Deconstruction*?, London and New York: Academy Editions/St Martins Press.

Brunette, P. and Wills. D. (1989) *Screen/Play: Derrida and Film Theory*, Princeton, NJ: Princeton University Press.

Butler, J. (2004) ‘Jacques Derrida’ in *London Review of Books*, 26 (21): 32.

Byrne, C. and Witte. M. (1990) 'A Brave New World: Understanding Deconstruction', *Print* 44 (6): 80-87, 203.

Caputo, J. (1997) *Deconstruction in a Nutshell*, New York: Fordham University Press.

Culler, J. (1983) *On Deconstruction: Theory and Criticism after Structuralism*, Ithaca, NY: Cornell University Press.

—— (2008) 'Why Deconstruction Still Matters: A Conversation with Jonathon Culler', interview with Paul Sawyer in *Cornell Chronicle*, retrieved through cornell.edu.

Debo, K. (2008) 'Maison Martin Margiela "20", The Exhibition' in *Maison Martin Margiela* [exhibition catalogue], Antwerp: ModeMuseum.

Derrida, J. (1976) *Of Grammatology*, G.C. Spivak (trans), Baltimore, MD: John Hopkins University Press.

—— (1982) *Positions*, A. Bass (trans), Chicago: University of Chicago Press.

—— (1988) 'Letter to a Japanese Friend' (dated 1983) in D. Wood and R. Bernasconi (eds), *Derrida and Différance*, Evanston, IL: North Western University Press.

Encyclopaedia Britannica (2014) 'Deconstruction', retrieved through britannica.com.

English, B. (2010) *Japanese Fashion Designers: The Work and Infl uence of Issey Miyake, Yohji Yamamoto, and Rei Kawakubo*, London: Berg.

Evans, C. (1998) 'The Golden Dustman: A Critical Evaluation of the Work of Martin Margiela' in *Fashion Theory*, 2 (1): 73-94.

—— (2003) *Fashion at the Edge*, New Haven, CT and London: Yale University Press.

Foucault, M. (1969) 'What is an Author?', reprinted in J.D. Faubion (ed) (1994) Aesthetics, *Method and Epistemology*, London: Allen Lane.

Gill, A. (1998) 'Deconstruction Fashion: The Making of Unfi nished, Decomposing and Re-assembled Clothes' in *Fashion Theory*, 2 (1): 25-50.

Lucy, N. (2004) *A Derrida Dictionary*, Oxford: Blackwell.

Lupton, E. and Abbott-Miller, J. (1996) 'Deconstruction and Graphic Design' in Design, *Writing, Research: Writing on Graphic Design*, New York: Princeton Architectural Press.

Lynge-Jorlén, A. (2010) 'When Silence Speaks Volumes: On Martin Margiela's Cult of Invisibility and the Deconstruction of the Fashion System' in *Vestoj*, 2 (winter): 134-155.

Martin, R. and Koda, H. (1993) *Infra-Apparel*, New York: Metropolitan Museum of Art/ Harry Abrams.

McCoy, K. and Frej, D. (1988) 'Typography as Discourse' in H. Armstrong (ed) (2009) *Graphic Design Theory: Readings from the Field*, New York: Princeton Architectural Press.

McCumber, J. (2011) *Time and Philosophy*, Durham, UK: Acumen.

Reynolds, J. (s.a.) 'Jacques Derrida 1930-2004' in *Internet Encyclopaedia of Philosophy*, retrieved through utm.edu on 8 May 2014.

Sawchuk, K. (2007 [1988]) 'A Tale of Inscription: Fashion Statements', reprinted in M. Barnard (ed), *Fashion Theory: A Reader*, Oxon: Routledge.

Silverman, H.J. (1994) *Textualities: Between Hermeneutics and Deconstruction*, New York and London: Routledge.

Spindler, A.M. (1993) 'Coming Apart' in *The New York Times*, 25 July, Styles Section: 1, 9.

Vinken, B. (2005) *Fashion Zeitgeist: Trends and Cycles in the Fashion System*, M. Hewson (trans), Oxford and New York: Berg.

—— (2008) 'The New Nude' in *Maison Martin Margiela* [exhibition catalogue], Antwerp: ModeMuseum.

Warwick, A. and Cavallaro, D. (1998) *Fashioning the Frame: Boundaries, Dress and the Body*, Oxford and New York: Berg.

Wigley, M. (1993) *The Architecture of Deconstruction*, Cambridge, MA: MIT Press.

—— and Johnson, P. (1988) *Deconstructivist Architecture*, New York/Boston, MA: Museum of Modern Art/Little Brown & Co.

Wortham, S.M. (2010) *Continuum Philosophy Dictionaries: Derrida Dictionary*, London: Continuum.

Zahm, O. (1995) 'Before and After Fashion' in *Artforum*, 33 (7): 74-77, 119.

16

BRUNO LATOUR

Actor-Network-Theory and Fashion

布鲁诺·拉图尔

行动者网络理论与时尚

乔安妮·恩特威斯特
Joanne Entwistle

引言

在近30年来的社会学领域，最具重要意义的一个方面，便是“科学与技术研究”（Science and Technology Studies, STS）及其方法“行动者网络理论”（Actor-Network-Theory, ANT）的兴起。STS最主要的研究者之一，是法国理论家布鲁诺·拉图尔（1947—　）。拉图尔早期著作的影响力，远超出STS的范畴。乍一看，这些以科学实践和技术为中心的术语，从理论上似乎离时尚很远；事实上，拉图尔和他的同事们自己也的确并未将任何注意力放在时尚研究上。然而，在这一章中，我想展示 STS 和 ANT 在时尚系统中的适用性，并分析一些援引拉图尔理论来研究时尚的例子，用以说明拉图尔对于我们理解和思考时尚是很有用的。因此，在本章的前半部分，我将简要介绍拉图尔在科学领域的研究成果，尤其是它如何挑战了社会学中的传统思维；而在后半部分，我会展示他的著述如何影响了思考和研究时尚的方式。

拉图尔：科学技术研究及其他

拉图尔早期的工作，是观察和记录科学家们在实验室中的科学实践。他认为："理解科学研究的唯一方法，是遵循科学研究最擅长的东西——密切关注科学实践的细节。"（1999: 24）他最具影响力的著作之一，是与史蒂夫·伍尔加（Steve Woolgar）合写的《实验室生活：科学事实的建构过程》（*Laboratory Life: The Social Construction of Scientific Facts*）（以下简称《实验室生活》）（1979）。这本书采用了民族志方法（ethnomethodology），旨在了解科学工作的组织和运作。这本书中所论述的"行动者"（actor），指的是那些（我们能向其学习、会关注日常生活中的实践、路径和规律的）有成就的专家。对于 ANT 中的"行动者"，需要注意的一点是：它并不仅指具有意识的人类主体，而且可以描述任何具有行为或能产生行为能力的事物。例如，一个显微镜或一个计算机程序（诸如一个电子表格程序）都能够被视为一个行动者，因为它们可以做一些事情，而且是我们本来可能无法完成的事情。例如，上述的两个行动者中都能通过运算令我们“看到”（see）：显微镜使我们能够看到肉眼所看不见的微观元素，而电子表格使我们能看到商业环境中的利润或损失。两者都能对我们产生作用，促进各种“行动”（actions）和“干预”（interventions）。因此，我们可以把这些事物视为人类身体和思想的假肢或延伸。我们所有人都被“连接”（hooked）或“联网”（networked）到许多这样的设备中，因此形成了“行动者网络”（actor-network）。

拉图尔的这一理论，挑战了传统的科学观点。传统科学倾向于将人类视为“行动者”，只有“行动者”才有能力使用特定的装置和仪器来观察和记录特定的“客体”（例如培养皿中的细胞、艾滋病毒或细菌），而这些客体都被视为惰性物质。根据这样一种传统的科学观点，客观的科学知识声称了解“自然”世界，并视其为一个完全不同于且独立于“文化”的世界。这样一种世界观，起源于启蒙运动和现代主义思想，即对于人类和非人类、社会和自然进行鲜明的区分。在这种观点下，自然与文化在本体论上是不同的；我们人类在“科学”的武装下，能够对我们的环境进行控制和支配。然而，在《实验室生活》中，拉图尔和伍尔加对加利福尼亚州索尔克研究所（Salk Institute）的一个（以开发疫苗而闻名的）神经内分泌科学实验室进行了民族志研究，旨在反驳这种（作为一种高级和中性的知识形式的）传统文化和科学观。他们首先就科学实践提出了一些显而易见的基本问题：这种实践的目的是什么？组装了哪些物体和仪器？如何使原本看不见的物体或元素变得可见？两位学者认为，科学家的描述不仅来源于他们自身特定的工作和训练方式，而且来源于对那些特定类型仪器和设备的使用，因为这些仪器和设备会积极决定或影响他们的科学发现。因此，科学并不是从中立和客观的距离来观察（由独立客体组成的）世界，而是在聚集和组装特定种类的客体，例如本生灯、显微镜、分子等等。拉尔图和伍尔加认为，这样一些“集群体”（assemblages）（STS 的一个关键概念）积极地构建和执行它们所描述的世界。这样一种观点，似乎与我们对“客体”和“能动者”（agency）的理解有着根本的不同，而事实上也的确如此——在 STS 和 ANT 中，测量和校准的科学技术工具被认为发挥了某种能动性（agency）作用，而它们是非人类的行动者。换句话说，它们被“招募”（enrolled）（另一个 STS/ANT 的关键概念）进这些观察的构建中。

拉图尔的观点远远超出了科学和技术的范畴，业已深入我们理解现代社会的核心问题。我们所谓的“现代”，在很大程度上甚至完全取决于一种观念，即（获得客观知识的）科学与技术的进步能够令“文化”从“自然”中脱离出来并被重新定义。拉图尔在其后来的著作《我们从未现代过》（*We Have Never Been Modern*, 1991）中认为，这种“现代”的概念在前现代人中并不存在[1]，因此是一种人为的概念。“现代”的概念是我们自说自话的一种行为，我们用它来令科学作为一种高级知识形式，也用它来支持人类的“文化”优于被动性“自然”的主张。

1　拉图尔在这里指的是“前现代”（pre-modern）和“现代”（modern）两种思维系统或分类系统。两种系统将事物组织起来，通常将事物区分成二元对立，尤其是“自然”和“文化”。在西方思想中，这些不同的思维方式被一种暂时的“巨大鸿沟”所分隔；由“现代”取代“前现代”从而产生一种更具优越性的世界知识。然而，所谓“现代”的世界其实从来都没有恰当存在过，因为这些区别本身就是人为的产物。因此，借由拉图尔的书名来说，“我们从未现代过”。对于这一问题，拉图尔建议用“非现代”（non-modern）这一说法来解决。

然而，如果我们去研究那些看似“自然”的物体，我们会发现，它们只是我们的观察方式（例如上文所提到的，我们所采用的“设备”）所导致的结果。从逻辑上这意味着，全球变暖或艾滋病毒等“现代”关注对象，不能仅仅被视为自然事件，而是一种自然和社会的混杂体：“文化的概念，本身就是一种将自然与社会相区分的人工制品。文化，无论普世性文化抑或差异性文化，都是不存在的。只有所谓的‘自然—文化’（natures-cultures）。”（Latour, 1991: 104）。从这个角度来看，“自然”并不能与“文化”截然分开，也不能被我们简单地视为“在那里”且与我们不同的事物。事实上，我们在自然之中，是自然的一部分；我们的“社会”或“文化”世界，实际上是“自然文化”的混杂体。这种思维方式在当今社会非常有用，且同政治息息相关——它令我们逐渐意识到人类行动所付出的环境代价，也越来越懂得我们与“自然”相互依赖的必要性。在接下来的文章中，我将更为详细地讨论这一点。

应用STS/ANT

写到这里，我们似乎离时尚还很遥远；然而当我们意识到时尚本身就是一种“自然—文化”的混杂体时，距离便没那么遥远了。时装，是由棉花或丝绸等自然材料（当然还有合成材料）所构成的。这些材料经过漫长而复杂的设计、制作和分销过程，最终转化为服装。当时尚在商店或衣柜里作为一种现成品出现时，它成为复杂自然世界所干预的最终产物，并与全球的“行动者网络”（networks of actors）编织纠缠在一起。参与这一网络的行动者中，既有人类行动者，也有非人类行动者。而且，非人类的行动者数量和种类都繁多芜杂：从起点一端的水、化学物质和种植的棉花，到终点一端的商店、衣架和其他用以展示的装置，等等。事实上，随着科学家和设计师们不断思考我们与周围物质世界的关系，产品设计、能源使用和消费实践等问题近来成为人们关注的焦点。这种对于物质性和实践性的关注，部分源于 STS 或 ANT；而伊丽莎白·莎弗（Elizabeth Shove）等学者则将这样一种关注延伸至设计和消费领域（Shove, 2007）。莎弗（2003）认为，日常生活中的家用电器等物品往往以一种创造性的方式被使用，这一点也被反馈于物品的设计之中。而当这一“实践理论”（practice theory）应用于时尚研究中时，莎弗（2005）则将焦点放在“北欧式健走”（Nordic walking）等科技或创新上。从“实践”的角度来思考时尚消费当然是有空间的，这些“实践”涵盖了服装的整个生活史以及（作为物质对象的）服装与我们之间的关系等议题。这样一些角度仍有待于新的学术研究进行开拓，而采用一个广泛的 STS/ANT 方法能够对时装设计、生产和消费等“自然—文化”的混杂性实践投入更深一层的关注。它们也证明了物质性和实践（STS/ANT 中的核心概念）的重要性。

因此，STS 已经将触角伸向科学实验室之外：这种分析世界的方法，在社会科学中的影响更加广泛。STS/ANT 的工作方法（尤其是针对“行动者”的民族志式细致观察），已经成为思考和研究社会生活诸多层面的广泛方法，因此并不局限于科学领域。作为一种研究方法，ANT 并不十分艰涩或特殊，所作的只是“追踪行动者”（following the actors）：观察他们做什么、去哪里，以及“招募”了怎样的客体到特定的“集群体”中。正如 STS 所强调的，行动者是在一个“集群体”中“招募”的客体，因此校准、观察和测量的工具、仪器、设备和技术都是行动者；它们积极地参与世界的构成或组装，并塑造世界的形成过程。

法国社会学家米歇尔·卡伦（Michel Callon）的研究，聚焦于一个非常重要的 ANT 分支：各种不同的市场。对卡伦（1998）来说，“市场”（market）的概念并不只限于新自由主义经济学理论中的抽象原则或“法律”（laws），尽管这种“市场”的概念在华尔街和伦敦金融城是真实存在的、不断出现在报纸和电视上且被人们坚信并付诸行动的。事实上，新自由主义经济学所钟爱的“市场”概念是具有“操作性”（performative）（另一个 STS/ANT 的关键词）的：它将现实视为一个强有力的结构，能够通过政府或政府间机构（例如世界银行或国际货币基金组织）的政策来塑造人们的行为。然而，卡伦的观点是，除了这一既定且备受追捧的概念内涵之外，我们还有一系列不同的、活跃的市场，它们塑造了特定对象的制造、零售和销售方式。这些市场，才是我们在日常生活中所时常遇到的。我们中的大多数人并不在华尔街或金融城工作，但经常会接触超市、街市或跳蚤市场。每个市场都是一个非常不同的空间，其中不同的“设备”（例如超市货架、装满胡萝卜的篮子、某人汽车的后备箱等等）向我们展示着在售的商品。在这些市场的不同零售“设备”背后，是一系列将商品推向市场的“供应链机制”（supply chains）。这些“供应链机制”，包括不同的设备、销售和会计方式，以及不同的商品库存、销售凭证和表格，等等。例如，当你在跳蚤市场上卖一些旧玩具，并想要随时知道一共赚了多少钱时，你就需要在信封背面做好记录。

卡伦在分析法国方丹昂索洛涅镇（Fontaines-en-Sologne）“新草莓市场”的建立时，借鉴了玛丽·加西亚（Marie Garcia）发表于1986年的论文中的分析方法。在这一市场建立之前，草莓的销售商被随机分配到不同的地方；而这个新的市场能够将大量的草莓销售商聚集在同一个地方。这样一种营销方式，源于一个新自由主义企业家的愿景和规划。对这个封闭性的地区来说，需要很多标准化的草莓零售策略，例如一致性的商品陈列和价格标签，以便于顾客能够对草莓进行查看和比较。这一市场使得草莓的销售商和供应商之间、销售商和客户之间都有了新的互动形式。与其他由ANT所启发的市场（MacKenzie, 2007; Knorr Certina and Bruegger, 2004）一样，这个草莓市场是由特定技术和设备所塑造的“社会安排”（social arrangements）。这种市场将特定类型的参与者聚集在一起，并鼓励特定形式的“测试”（testing）——例如不同的草莓摊位允许以不同方式展示商品，使其能够被观看、感受和品尝。

卡伦的观点是，所有进入市场的商品都要经过各种形式的测试，而不是在到达消费者时戛然停止。卡伦等学者（2005）将这一过程称为“鉴定”（qualification），它指的是通过各种测试、测量和比较来评估、衡量和确定货物的质量。因此，商品的质量并不像我们想象的那样安全，但总有方法对其考察和检验，尤其是需要沿着供应链在到达顾客之前不断“测试”。以2013年英国的食品恐慌为例：实验室在对即食食品进行常规检测时，发现牛肉制品被马肉所污染。在这种情况下，牛肉的质量问题并不是简单地从屠宰场转移到超市；幸好“测试”提供了（针对牛肉和马肉的）不同质量的证据。由此引发的丑闻，显然改变了超市与供应链的互动方式：人们对肉类来源产生了新的担忧，一些屠宰场被关闭，英国人的饮食习惯也得以改变，此外即食品的销售也在随后几个月里大幅下降。这说明，进入市场的商品，并不一定（像我们想当然认为的那样）安全而可靠，而是不断被“制造”（made）和“重造”（remade）的不稳定组合；而商品的质量总是受制于质量的“鉴定”过程。这样一种观点和角度，有利于我们思考商品生产、分配和消费的方式。例如，它让我们明白，“时尚性”（fashionability）的质量并非是稳定的，而是受制于众多不同行动者（最终是消费者）的连续“鉴定”——只有那些销售出去并反馈给零售商的衣服，才为时尚作出了贡献；而那些留在了商品货架上的衣服，则并没有通过这一重要的“测试”。接下来，我们会就这样一种时尚的“鉴定”和“测试”进行更深入的讨论。

思考时尚：对拉图尔的延伸

在对 STS 和 ANT 进行了简要概述之后，我们或许会问，从实践的角度来看，这种关于科学知识、现代性和市场的理论，与时尚有什么关系？对此，我们可以从两个方面来回答：第一是本体论的层次，即事物或客体的本质，以及我们如何看待时尚中的客体；第二个是认识论的层次，即我们在时尚领域应该致力于生产怎样的知识。然而，在实践中，这两个方面并不是截然分离的。关于“客体”和“行动者”本质的判断，会自然地引发认识论方面的考虑（包括时尚研究的方法论）。这些问题，已经在一些学者的著作中被论及，例如卡伦关于市场的论述；然而与此同时，正如乔安妮·恩特威斯特和多恩·斯雷特（Don Slater）所言（2013），拉图尔的理论在（与科学和实验相对的）文化研究和批评方面尚存在巨大的潜力。因此，我在此综述现有以 STS/ANT 框架来进行时尚研究的少量著述，并为未来的研究提供一些新的领域和方向。

一方面，从本体论的角度来说，拉图尔对于“客体”和“行动者”（既可以是人类也可以是非人类）的定义，为我们提供了一种思考时尚的不同方式。现阶段的时尚研究（Entwistle, 2009; Entwistle and Slater, 2012; Sommerlund, 2008）对作为一种组合方式的时尚越来越感兴趣，认为市场是由人类和非人类客体的结合所构成的。在这种思维方式下，时尚并非一个“东西”，而是由各种各样的行动者所组成的复杂“集群体”。而沿着卡伦的观点，我们可以认为时尚是一组相互重叠的市场，它吸引了许多不同的行动者（人类和非人类）。为了销售特定种类的商品，他们被贴上了“时尚”或“流行”的标签。我们可以举几个例子来进一步说明这一问题。

时尚服装是一种高度多样化和差异化的产品，是由生产、分销和零售时尚服装的不同市场组成的，包括大街上的“快时尚”、二手服装市场、“高端”或“设计师品牌”时尚等等。这些市场同时存在且完全不同，在相对不互通的供应链中流通服装，也以不同的方式相互关联。例如，在巴黎和伦敦展示的高端设计师时装会在名牌专卖店中被高价零售，但其设计和款式也往往也会被迅速复制和流通到“快时尚”零售店中；一些高端设计师也会为 H&M 等大型高街品牌设计廉价、快速的时装系列；而二手服装市场也会紧跟时尚潮流，一些二手店还专门零售“复古”的设计师产品。这些不同类型的市场，都试图捕捉到他们所认为的当季流行趋势。而各种时尚杂志和新闻（周日副刊、时尚博客和销售网站等）都拥有关于时尚趋势的重要的信息，也都是时尚网络中的重要行动者。这些市场都拥有由人类和非人类元素所共同组成的“异质性”（heterogeneous）行动者网络，这些元素被不断地组装和重组，并对“时尚”进行定义。

另一方面，从认识论策略上来说，拉图尔和卡伦所提出的“行动者网络”，具有重要的价值和意义。在这方面的第一个重要启发，是通过经验观察来“追踪行动者”。除了近距离观察，我们如何才能看到“异质性”集群体，又如何追踪时装市场中行动者之间的联系呢？答案是：我们需要观察产品是如何在过程中被挑选、展示和销售的，也需要观察它们在这个过程中所具有的品质。我自己的一个研究，就是利用这种方法来考察伦敦牛津街的高端百货公司塞尔福里奇（Selfridges）的设计师时装（Entwistle, 2009）。我在一个时尚季内追踪了时尚买家和商家，不仅跟随他们观察了设计师工作室的生产和仓库的管理，而且追踪了整个季节的销售情况。这一时装市场，彰显了这一类（由设计师所主导的）市场所特有的问题，即高级时装的采购是具有高风险性——相比二手时尚市场和快速时装市场来说，高级市场满足季节潮流的提前期要更长。事实上，在国际 T 台上展示的高级时装，在到达名品店的几个月前就已经进行了预演和订购，而且基本上都是按订单生产的。此外，一旦时尚季开始，他们就无法调整订单。所以，买家在试图预测未来趋势时，会有很强的不可预测性和风险性。

在认识论的角度，第二个重要启发是拉图尔和卡伦关于“行动者网络”和“集群体”的概念，提供给我们一个观察人类与非人类行动者之间的“互动”（interactions）和“界面”（interfaces）的角度和方法；这对理解市场的行程过程非常重要——朱莉·萨默伦德（Julie Sommerlund）在她对时尚“中介”（mediations）的分析（2008）中指出了这一点。根据她的研究，“中介”是以特定的方式，通过特定的空间和设备发生的，她特别探讨了三个方面的时尚“中介”：时装展、陈列室和时装书。和我的研究类似，她的文章特别关注特定行动者相互之间“相遇”以及“互动”（以塑造产品品质）的方式。正如加西亚对于草莓市场的研究，我们需要问，服装是如何展示的？通过这些互动，服装具有怎样的意义和品质？时尚商品又是如何被鉴定的？它的质量是如何通过这些互动而被测试与再测试，最终到达消费者手中的？也许这些问题看起来很平常，然而在时尚研究中，这些看似简单的问题直至最近才被提出。新经济社会学在很大程度上受到了卡伦与其同行研究者以及 STS 的影响和启发，正在提出和解决这些问题，为研究时尚提供新的思路。

除了“互动”，我们也可以应用 ANT 概念来研究买家和其他行动者之间的许多“界面”。首当其冲的一种“界面”，位于时装的买家和销售代表之间。借用 STS/ANT 的语言，我们的注意力被吸引到一系列（塑造“互动”的）销售“技术”和“手段”上，例如设计师工作室中拥有好身材并为买家“试衣”的模特、悬挂衣服的横杆和衣架、销售代表的演讲和展示等等。不同“界面”的销售手段，会对购买策略产生不同的作用。此外，卡伦将某些特定市场视为真实空间，这一点也是有用的：高级时装在各个国际时装周上得到推广，这些国际时装周是实时实地的重要贸易活动；不同的时装周是在不同的季节举办的，并将特定的行动者们面对面地聚集在一起。尽管时装周上的 T 台秀本身并不具有经济效益，但它们依然是时尚投资人推广身份的重要手段。对于 T 台时装秀，我们当然可以用皮埃尔·布尔迪厄（Pierre Bourdieu）的理论（详见第 14 章）进行分析，正如恩特威斯特和安格内·罗卡莫拉（Agnès Rocamora）（2006）所做的那样；但同样，我们也可以用卡伦的观点来分析时尚市场的这种空间配置。

除此之外还有一些“界面”可以关注。例如，我们可以分析有哪些其他类型的行动者被“招募”到了这些购买“互动”中来，令时尚变得有意义。一旦服装进入了商店，他们的销售就得不断地受到买家和商家的“监视”(monitor)。STS/ANT 关注于市场中各种行动者的“招募”过程，这对理解市场的积极组合过程非常有帮助。事实上，有各种各样的技术、工具和设备被用来追踪销售情况，并确保商品不会在季末时仍然滞留在商店里。例如，店铺的管理层在季节之前就会制订详细的财务计划以及针对买家的营销策略，并进行季节性的“趋势预测”来帮助他们决定购买的内容；或者策划重新开发或品牌重塑的战略来指导他们的购买决策；等等。在所有的“手段”中，每周的电子销售表格是非常关键的，它能够帮助店铺的管理层更好地“看见”他们的市场，为他们提供销售内容及数量的快照，并指导他们采取下一步的策略和行动。正如约翰·刘（John Law）的研究（2002），电子销售表格会指导买家和商家不断考虑如何处理卖不掉的存货（例如举办一次大促销活动或将其转移到车间等）以及是否需要买进更多好销售的商品（例如市场是否一直会维持这个水平），等等。因此，电子表格是一个行动者：一旦就位，人类行动者就必须对电子表格做出回应，认为它虚拟地读取了市场或车间所发生之事。

从认识论的角度来说，第三个重要启发是我们可以追踪物品的流向，例如从车间到消费者的全过程。最近在消费研究中所兴盛的“实践理论”（Bourdieu, 1977, 1990; Shove, 2005, 2007; Ortner, 2006）表明了消费者和消费行为影响被消费客体生产和构成的方式，以至于生产者业已认识到消费者的重要性，并令生产者通过多种“反馈回路”（feedback loops）向消费者（及其实践）学习。这一理念被用来分析广告分析（Moor, 2007）、品牌推广（Lury, 2004, 2009）、产品设计（Smith, 2007）等领域，然而在时尚消费领域还未被充分应用。

不过，在时尚模特相关的研究中（Entwistle, 2002, 2009），这样一种问题意识（追踪物品的流向）得到了探索。和时尚息息相关的模特，其“外观”的塑造过程类似于产品的生产轨迹。例如，模特们在其职业生涯中是如何被挑选、“鉴定”和“再鉴定”（re-qualified）的，都取决于他们在时尚网络中的行动方式以及他们所经历的各种“测试”。模特生涯的旅程，通常是从“宝丽来”（Polaroid）相机开始的——这一“手段”被用来测试某人是否具有模特潜质。因为很少有人在“宝丽来”照片上看起来很好，所以如果该模特能够在“宝丽来”中看上去不错，那他或她便是相当“上镜”的。过了这第一步的“测试”之后，模特将在摄影师那里进行无偿试拍。如果摄影师也看到了经纪公司所看到的品质，这个模特将被“再鉴定”为具有“潜力”，便很可能被派去与潜在的经纪人和杂志进行“试镜”（go-sees）会议。管理和展示模特质量的另一个重要手段，是模特的“作品集”（portfolio）：它集合了模特最重要的工作和成果，作为一个整体展示了模特的生涯（例如为哪些客户拍摄了哪些作品等）。“作品集”能够部分区分两种不同的模特性质，一种是“前卫 / 高级”的时尚模特（也就是拍摄独家高级时尚杂志的模特），另一种是“商业 / 大众”的模特（也就是拍摄主流服装产品目录画册的模特）；于是“作品集”成为进一步“再鉴定”模特的一种重要方式。

正因如此，恩特威斯特和斯雷特（2014）认为，“模特”可以被视为一种时尚“品牌”(brand)。品牌并非如一些传统学者所强调的那样，是一种静态和具有稳定意义的符号；相反，它是一个“事件”(event)，一个在时间上不断演变、在性质上不断变化的事件。作为一个事件，它分布广泛：它并非一次性地存在于单一的地方，而是分散在许多空间和地方。这样一种思考“品牌”的方式，符合 STS/ANT 对于品牌易变性和可移动性的强调；也正因如此，赛利亚 · 露西（Celia Lucy）将“品牌”称为“新媒体对象”（new media object）（Lury, 2004）。正如恩特威斯特和斯雷特（2012, 2014）所言，“模特”和“品牌”一样，都是流动的“事件”，其品质是活跃和流动的，其职业、形象、地位、性质都是不断变化的。这也解释了为何凯特 · 莫斯（Kate Moss）在毒品丑闻之后能重新获得“顶级模特”的资格（虽然其财富发生了变化）：作为一个品牌，她成功地适应并利用了这一丑闻。

对未来时尚研究的启示

站在今时今日，我们应当思考 STS/ANT 在研究时尚方面还有怎样的一些可能性。借由 STS/ANT 的视角对时尚进行思考，同此前的时尚研究有何不同？我们还是从本体论和认识论两个角度来回答这一问题。

从认识论的角度来看，STS/ANT 对时尚研究显然具有真正的方法论意义：如果你要对时尚产业进行研究，你就不能坐在书桌前仅仅分析时尚本身，就像翻一本时尚杂志一样（Brooks, 1992; Jobling, 1999）。如果你真的对时尚杂志感兴趣并想做一个 ANT 分析，那你就必须通过民族志式的实证工作来“弄脏你的手”（get your hands dirty），即观察形成这本时尚杂志的许多过程——从编辑会议到时尚拍摄等。或者，如果你想要研究模特机制，那你不仅需要分析照片的再现，还得考察模特被选择、面试和拍摄的整个过程。

当然，很多经验性或认识性的时尚研究工作已经有学者完成了，有些并不在 STS/ANT 的框架内。例如安·约伦（Ane Jorlén）（2012a; 2012b）在对利基时尚杂志 *Dansk* 的研究中，已经采用了访谈和民族志方法来分析很多本杂志；而帕特里克 · 埃斯佩斯（Patrick Aspers）（2001）在对瑞典的时尚摄影的研究中，也已经显示出其网络化性质。那么，ANT 的民族志研究和一些传统的民族志研究有什么区别？或许区别并不多；所有优秀的民族志研究也都要求我们关注参与者世界的细节。然而，我们可能会注意到它们在本体论上的差异。一方面，ANT 将“行动者网络”看作是由人类和非人类行动者所构成的，这一点往往会将我们的观察转移到一些通常没有被察觉到或者被认为是理所当然的事情上。我自己所从事的是模特和时尚买家方面的研究；正因为有这种意识，所以特别强调对于非人类行动者的观察，分析它们塑造动作方式，尤其探讨各种“手段”在塑造商品（如时尚物品）品质方面的作用。因此，从我的经验来说，充分考虑时尚行动者网络中所有的客体（尤其是非人类客体），比起（只关注"社会"或"文化"的人类行动者的）传统研究路径来说更有好处。我们可以从一系列客体或活动的角度来更有效地思考时尚，并将行动者和能动性的概念扩展到非人类的层面。

以 STS/ANT 的方式研究思考和时尚，还有哪些好处？延续卡伦的研究成果，将市场视为一种"操作性"（performative）主体是很有必要的。这样的话，我们就能够看到市场如何成为一类特定的行动者网络——它们不仅在空间上被定位，而且积极地确保所销售商品的质量。我们从行动者网络的角度来思考时尚，也能够扩展人文地理学的一些重要工作，这些工作往往支持"生产链"（chains of production）的概念。一些隐喻性的概念，例如"链条"（chains）、"线路"（circuits）或"网络"（network）等（Crewe, 2004; Hughes and Reimer, 2004; Leslie and Reimer, 1999），在讨论时尚供应时颇为流行，因为它们能够聚焦生产、分配和消费过程中许多不同行动者之间（空间分散但相互衔接）的联系上。不同的词语，都可以通过强调这些联系的差异化而各具优势；换句话说，每个隐喻所指涉的实际空间结构是不同的，因此提供了不同的方法来分析网络中各部分之间的"垂直"（vertical）关系。伊曼努尔·沃勒斯坦（Immanuel Wallerstein）（1979）提出了"全球商品链"（global commodity chain，或 GCC）的概念，强调链条（例如时尚链）中特定行动者的力量；这些特定的行动者往往是一些大公司，例如从（西部或北部的）时尚企业到（东部或南部的）销售商的商业链条等。而利奥波德（E. Leopold）（1992）则提出一种"供应系统"（systems of provision）的方法，来对系统的历史偶然性和特殊性投入更多的探讨；然而根据黛博拉·莱斯利（Deborah Leslie）和苏珊·雷默（Suzanne Reimer）的观点（1999, 2003），这样一种马克思主义式的路径倾向于系统生产侧的分析，而较少关注系统中的其他行动者，因为其目的是为了“揭示”（unveil）生产的权力关系。

从 STS/ANT 的角度来看，“网络”这一隐喻，比其他两个概念（“链条”和“线路”）更具优势。首先，它倾向于将网络“扁平化”（flatten），以检查整个网络中的所有行动者，而不仅仅是生产端的部分。这一概念也令我们能够研究相互关联的各种非人类行动者，从而将“自然—文化”联系起来。这一点，在强调可持续性发展的当下尤为重要。近年来，人们越来越关注“快时尚”的环境代价问题；而未来的 ANT 研究在可持续性发展的领域大有可为，尤其能令我们追踪时尚的“自然—文化”特质。我们以“水”为例：从 ANT 的角度来看，水并不是一个外在的、惰性的客体，而是时尚界的一个行动者。近年来，有学者批评时装业在缺水国家（不可持续地）用水浇灌和种植棉花，那么问题来了：我们应当种植更少的棉花，还是开发更少用水的转基因棉花？这些问题显然都是关于“自然”的，却会不断地影响未来的“时尚”系统。这一例子告诉我们，“水”与我们的时尚系统纠缠在一起，并非一个单独的“自然”客体。而沿着莎弗（2003, 2007）等学者的研究，我们也可以考察时尚的“东西”（stuff）如何与我们的日常消费和生活实践缠绕交织在一起。

结语

拉图尔的著作，背离了社会学中许多引以为豪的概念。他的学说从本体论和认识论两个层面挑战了既定的概念和观点：它不仅反思了现代知识形式的基础，而且质疑了现代科学为一种客观、中立知识形式且优于前现代社会的观念。拉图尔的方法论根源于民族志研究，他致力于通过民族志观察来了解社会和世界。民族志方法强调人们如何“运作”（do）社会世界，重视日常生活中的组织实践和活动。而要研究人们如何借由日常生活的规则、方法、惯例、癖习等来“运作”社会世界，就离不开观察。实地观察对我们的时尚研究具有重要的方法论意义，能够更好地思考时尚是如何构成或组合的。

以这种方式来接近和研究时尚，就能够开辟出不同的路径：我们不仅应当将时尚视为一个“行动者网络”（其中的一些行动者是非人类的），而且需要从空间上“追踪”各种联系。卡伦的著作指明了其中的一个研究方向，即将时装市场理解为一个特殊类型的网络——这一网络在特定的时间和地点中“集群”了特定的行动者，而这些行动者的工作是对该市场上的各类商品进行“鉴定”和“再鉴定”。

正如上面所讨论的，这方面的一些理论工作已经在进行中，然而STS/ANT在时尚研究方面的全部潜力还没有得到充分的释放。尤其，将时尚视为一种“自然—文化”的混杂体，能为我们思考时尚所引发的环境问题提供切实有效的路径和方法。

参考文献

Aspers, P. (2001) *Markets in Fashion: A Phenomenological Approach*, Stockholm: City University Press.

Bourdieu, P. (1977) *Outline of a Theory of Practice*, Cambridge: Cambridge University Press.

—— (1990) *The Logic of Practice*, Cambridge: Polity Press.

Brooks, R. (1992) 'Fashion Photography, The Double-Page Spread: Helmut Newton, Guy Bourdin and Deborah Turberville' in J. Ash and E. Wilson (eds), *Chic Thrills: A Fashion Reader*, London: Pandora Press.

Callon, M. (1998) 'Introduction' in *The Laws of the Markets*, Oxford: Blackwell.

—— Meadel, C. and Rabeharisoa, V. (2005) 'The Economy of Qualities' in A. Barry and D. Slater (eds), *The Technological Economy*, London: Routledge.

Crewe, L. (2004) 'Unravelling Fashion's Commodity Chains' in A. Hughes and S. Reimer (eds), *Geographies of Commodity Chains*, London: Routledge.

Entwistle, J. (2002) 'The Aesthetic Economy: The Production of Value in the Field of Fashion Modelling' in *Journal of Consumer Culture*, 2 (3): 317-340.

—— (2009) *The Aesthetic Economy of Fashion: Markets and Value in Clothing and Modelling*, Oxford: Berg.

—— (2012) 'Models as Brands: Critical Thinking about Bodies and Images' in J. Entwistle and E. Wissinger (eds), *Fashioning Models: Image, Text and Industry*. Oxford: Berg.

—— (2014) 'Reassembling the Cultural: Fashion Models, Brands and the Meaning of "Culture" after ANT' in *Journal of Cultural Economy*, 7 (2): 161-177.

—— and Rocamora, A. (2006) 'The Field of Fashion Materialized: A Study of London Fashion Week' in *Sociology*, 40 (4): 735-751.

—— and Slater, D. (2014) '(2014)' Reassembling the Cultural: Fashion Models, Brands and the Meaning of "Culture" after ANT.' *Journal of Cultural Economy* 7 (2). 161-177 (2012)

Fine, B. and Leopold, E. (1993) *The World of Consumption*, London: Routledge.

Garcia-Parpet, M.F. (2007) 'The Social Construction of a Perfect Market: The Strawberry Auction at Fontaines-en-Sologne' in D. MacKenzie, F. Muniesa and L. Sui (eds), *Do Economists Make Markets?: On the Performativity of Economics*,

Princeton, NJ: Princeton University Press.

Hughes, A. and Reimer, S. (eds) (2004) *Geographies of Commodity Chains*, London: Routledge.

Jobling, P. (1999) *Fashion Spreads: Word and Image in Fashion Photography since 1980*, Oxford: Berg.

Knorr Certina, K. and Bruegger, U. (2004) 'Traders' Engagement with Markets: A Postsocial Relationship' in A. Amin and N. Thrift (eds), *The Blackwell Cultural Economy Reader*, Oxford: Blackwell.

Latour, B. (1987) *Science in Action: How to Follow Scientists and Engineers Through Society*, Milton Keynes: Open University Press.

—— (1991) *We Have Never Been Modern*, Hertfordshire: Harvester Wheatsheaf.

—— (1999) *Pandora's Hope, Cambridge*, MA: Harvard University Press.

—— (2005) *Reassembling the Social: An Introduction to Actor-Network-Theory*, Oxford: Oxford University Press.

—— and Woolgar, S. (1979) *Laboratory Life: The Social Construction of Scientific Facts*, Princeton, NJ: Princeton University Press.

Law, J. (2002) 'Economics as Interference' in P. du Gay and M. Pryke (eds), *Cultural Economy*, London: Sage.

Leopold, E. (1992) 'The Manufacture of the Fashion System' in J. Ash and E. Wilson (eds), *Chic Thrills: A Fashion Reader*, London: Pandora.

Leslie, D. and Reimer, S. (1999) 'Spatializing Commodity Chains' in *Progress in Human Geography*, 23 (3): 401-420.

—— (2003) 'Fashioning Furniture: Restructuring the Furniture Commodity Chain' in Area, 35 (4): 427-37.

Lury, C. (2004) *Brands: The Logos of the Global Economy*, London: Routledge.

—— (2009) 'Brand as Assemblage: Assembling Culture' in *Journal of Cultural Economy*, 2 (1): 67-82.

Lynge-Jorlén, A. (2012a) 'Between Frivolity and Art: Contemporary Niche Fashion Magazines' in *Fashion Theory: The Journal of Dress, Body and Culture*, 16 (1): 7-28.

—— (2012b) 'Preaching to the Already Converted' in P. McNeill and L. Wallenberg (eds), *Nordic Fashion Studies*, Stockholm: Axl Books.

MacKenzie, D., Muniesa, F. and Sui, L. (eds) (2007) *Do Economists Make Markets?: On the Performativity of Economics*, Princeton, NJ: Princeton University Press.

Moor, L. (2007) *The Rise of Brands*, Oxford: Berg.

Ortner, S.B. (2006) *Anthropology and Social Theory: Culture, Power, and the Acting Subject*, Durham, NC: Duke University Press.

Pantzar, M. and Shove, E. (2005) 'Understanding Innovation in Practice: A Discussion of the Production and Reproduction of Nordic Walking' in *Technology Analysis and Strategic Management*, 22 (4): 447-462.

Shove, E. (2003) *Comfort, Cleanliness and Convenience: The Social Organization of Normality*, Oxford: Berg.

—— (2005) 'Consumers, Producers and Practices: Understanding the Invention and Reinvention of Nordic Walking' in *Journal of Consumer Culture*, 5 (1): 43-64.

—— Watson, M. (2007) *The Design of Everyday Life*, Oxford: Berg.

Sommerlund, J. (2008) 'Mediations in Fashion' in *Journal of Cultural Economy*, 1 (2): 165-180.

Wallerstein, I. (1979) *The Capitalist World-Economy*, Cambridge: Cambridge University Press.

17

JUDITH BUTLER

Fashion and Performativity

朱迪斯·巴特勒

时尚与操演性

伊丽莎白·威斯辛格
Elizabeth Wissinger

引言

在 20 世纪 90 年代，时尚研究界发生了剧变：随着后现代主义和后结构主义影响了各个学术领域，时尚研究也被注入了新的活力。曾经以一种家长式自负姿态拒绝时尚的女权主义，开始以一种新的眼光看待它。在第三波女权主义思想者的隆隆思想中，一种骚动的文化涌现出来，试图重新拥有口红和内衣的乐趣，强调铸造为穿衣者意志所支配的女性实践。与此同时，艾滋病令一个从前躲在“柜子里”的文化被迫开放，由此推动主流社会正视同性恋文化；在此过程中跨性别议题也得以彰显。这样一种新文化的觉醒，通过大卫·鲍伊（David Bowie）、葛蕾丝·琼斯（Grace Jones）和迈克尔·杰克逊（Michael Jackson）对雌雄同体的娱乐化再现，乔治男孩（Boy George）的眼线以及麦当娜（Madonna）的性别弯曲而得以表达与传播。随着生物技术的兴起，以往生命与非生命体之间神圣不可侵犯的鸿沟得以跨越，于是赛博格（cyborg）成为一种新的文化理想。而在这些众多分裂的二元对立之中，朱迪斯·巴特勒（1956—　）的作品逐渐受到观注。

巴特勒的思想从边缘走向中心，是具有一定的学术语境的：时尚在不断探索新的边界，寻找能够结合雌雄同体和性别游戏的历史，以融入新生的“酷儿研究”（queer studies）运动。“酷儿研究”认为仅仅以“男性”和“女性”两个类别不足以描述人类的经验，于是通过批判权力形式来挑战异性恋秩序规范，令性别研究步入了一个新的阶段。巴特勒的女权主义研究，很好地结合了“酷儿研究”的观点和角度，并赋予了“风格”（style）研究以新的地位。在这一过程中，关于身体的深刻哲学问题（尤其是它如何在文化和权力的主导结构中被程式化为存在）凸显出来，其中就包括时尚研究。

巴特勒的研究焦点，是衣服的角色或作用的转变：从创造或监控身份的作用，转变为塑造身体自身的功能。于是，她的作品从根本上质疑了主体性的概念，质疑了社会实践对“身份”（identities）的形成、稳定和归化所影响的方方面面。巴特勒不仅对男女两性的“既定性”

（given-ness）提出质疑，而且将这种质疑延伸到物质与精神之间的鸿沟上：她认为身体本身并非自然发生的东西，而是现有权力结构的相互作用的产物。因此，巴特勒将时尚引入关于身体的对话中：作为一种话语形式，"穿衣的身体"（the clothed body）取代了现存的权力关系。

通过奠定这一理论基础，巴特勒开辟了时尚研究的新领域。巴勒特之前的学者，主要将研究聚焦于服装及其社会意义上，例如瓦莱丽·斯蒂尔（Valerie Steele）关于恋物癖、手袋和紧身胸衣的开创性著作（1997, 2003; Steele and Borelli, 2000），或者克里斯托弗·布雷沃德（Christopher Breward）针对 600 多年的时尚文化史和社会意义所进行的调研成果《时尚文化》（*The Culture of Fashion*），等等。巴特勒为时尚研究提供了一个新的方向，即质疑时尚所再现的性别和心理意义。巴特勒的研究，并未将重点放在特定类型的男女时装上，而是通过揭示这些（诸如男女等）区分的脆弱性，来提醒人们将服装视为社会力量转移、性别化、酷儿等游戏的路径。

"酷儿研究"的学者们，很快就接受了一种"流动性"（fluidity）的概念。然而，在这些学者们关于时尚的论著中，直接将"酷儿"同"时尚"或"风格"联系在一起的并不多见，因为学者们更倾向于突出自己的研究与性、性别、男女同性恋亚文化尤其是同性恋生活中历史性时刻的关系，例如肖恩·科尔（Shaun Cole）的《我们现在的同性恋服饰》（*Don We Now our Gay Apparel*）(2000)，乔安妮·埃里克森（Joanie Erickson），珍妮·科根（Jeanine Cogan）的《女同性恋、李维斯和口红：我们生活中美的意义》（*Lesbians, Levis, and Lipstick: The Meaning of Beauty in Our Lives*）(1999)，等等。但最近出版的两本书——亚当·格奇（Adam Geczy）和维基·卡拉米纳斯（Vicki Karaminas）的《酷儿风格》（*Queer Style*）（2013）和瓦莱丽·斯蒂尔（Valerie Steele）主编的《酷儿时尚史》（*A Queer History of Fashion*）（2013）证实了巴特勒的思想在时尚研究领域的新前景。这些作品，尽管都延续了文化研究的方法，却毫无疑问会巩固巴特勒在时尚研究中的地位。巴特勒的著作，有时候会因其高深莫测的写作风格而受到批评；但事实上，她的主要贡献还是在理论方面。巴特勒善于对大量令人费解的哲学概念进行深入研究，并将西格蒙德·弗洛伊德（Sigmund Freud）、路易·阿尔都塞（Louis Althusser）、雅克·拉康（Jacques Lacan）、西蒙娜·德·波伏娃（Simone de Beauvoir）和米歇尔·福柯（Michel Foucault）的思想以新颖的方式结合在一起，从而延伸和深化了性别、身体和权力的意义。

操演性：性别表演还是性别处方？

朱迪斯·巴特勒最为人所知的概念，应该是“操演性”（performativity）。这个概念经常被人误解，例如有人会将“操演性”与“表演”（performance）相混淆，认为巴特勒的性别观念是一种“行为的风格化重复”（1990: 140），即人们对于姿态、服装和风格的有意识选择。巴特勒的“性别操演性”（gender performativity）概念，所描述的远不止穿衣服或系领带的行为，更为思考时尚（在产生和塑造性别化身体中）的作用提供了一套关键性的思路。

巴特勒运用“操演性”概念来分析性别的本体论根源：不只是性

别意味着什么，更重要的是性别是什么。[1] 对巴特勒来说，“性别永远是一种行为”（1990: 25），也就是说性别根本不在身体中，而仅仅存在于实践中。借用巴特勒最著名的灵感来源之一——波伏娃的话来说，我们不是天生的女性或男性，而是“成为”（become）一个女性或男性。例如，当我们被医生公告“是男孩”或“是女孩”之时，尽管有些婴儿在生理上无法辨认或分清，但我们很少会听到医生说：“我不知道是什么性别，但请你们放心，我们会处理好。”巴特勒（1990）认为，在身体本身的生理性别方面，“语言”和“话语”开始发挥作用，将性别属性的“自然性”（naturalness）变成问题。巴特勒发展了福柯的“话语”（discourse）概念（详见第 11 章），认为“性别不是一个名词”（1990: 24）。所谓“话语”，指的是（由赋予意义的规则所支配的）现实的文化建构式再现。性别并不存在于自身之中，而是在文化表达中被赋予连贯性。性别在性别化的实践中存在，然后不断被重复和言说，以证明它的存在。

因此，对巴特勒来说，身体并不是一个本身装有想法的“既定”（pre-given）解剖结构，而是“精神”（the psychic）和“物质”（the meterial）之间紧张关系的结果。在这种紧张关系中，一个“想象的图式”（imaginary schema），或者说一个（组织和解释我们周围世界的）信息框架被放置于“物质”之上，令我们的“精神”得以存在。换言之，如果没有“想象的图式”，身体是无法被理解的。这种想象的图式是由各种文化观念和形象组成的，通过互动、学习、惩罚和规训融入我们

1 “本体论”或与本体论相关的内容，是研究“存在”的形而上学分支。

的社会。

只有通过“想象的图式”，身体才进入了语言、意指和文化领域。身体的科学描述也是通过这些图式的循环和验证起作用的，这些图式构成了知识系统和科学证据的基础。巴特勒认为，在这些图式之下，隐藏着（令语言产生意义的）性别制度的禁令（1990: 35）。从这个角度来看，身体是一种外观模式，它的边界是通过一系列“重复性迭代”（repeating iterations）中的精神投射所决定的。虽然身体在这种重复中得以存在，然而它在形式或意义上并不固定。而且，身体的形式和意义之间存在“时间间隙”（temporal gaps）；在这种时间间隙中，赋予意义的结构被实例化。

巴特勒认为，由于人体的解剖学结构总是“超出”（exceed）既定术语的范畴，因此这些“时间间隙”令身体能够被“重新意指”（re-signification），这种“重新意指”是一种具有差别性的重复。身体总是在（置于其中或相互作用的）话语、意义或生产的图式外部、内部或周围移动。当身体进入环绕它的虚拟范围时，通常来说就被认为是“过度”（excess）的。而正是在这个逃逸的时刻，“变异性”（variability）才可能被发现。巴特勒这样解释道：“一个既定的性别禁令产生了必要性的失败，而（各种不连贯配置的）变异性超过并违背了它们产生的禁令。”（1990: 145）对巴特勒来说，这种“过度”是强迫性重复行为付诸身体内外的根源，它令我们将自己身体的经验变得不断更接近它的理想化投射。因此，每当身体被界定时，它其实是被一个规范的历史沉淀所塑造。而在这些规范之中，性别形态学的规范是最重要的。

这些规范也包括时尚方面的规定：它们会以某种形式来说明、确定或维持一个身体的“时尚性”。然而“时尚”的身体，本身就是多样性的。巴特勒的著作论及了这种多样性和活力性，她认为规范的历史沉淀并非是完全僵化的；而当一个不可能的动作在结构性“实例化”（instantiations）之间的“时间间隙”中滑动时，便有可能在瞬间改变世界和身体。在偶发性的动态力量下，身体既不是精神的也不是物质的，而是两者的混合，或者说存在于精神和物质的张力之中。

从这个意义上说，她的作品阐明了一个观点，即性别是“操演性”的，它通过“重复性迭代”或“实例化”而建立，这种重复为男性 / 女性的强制性分类留下了一些变化的空间。这种开放性，部分源于一个事实：没有真正的“那里”（there）。一方面，“性别是身体的重复‘程式化’（stylization）”——这种“程式化”是“一系列行为”在一个“高度僵化的监管框架内发生的”，而且“随着时间的推移，这种监管框架凝结起来，产生了一种物质的外观和一种自然的存在”（1990: 33）。这种“程式化”一点都不自然，因为它只是重复的迭代，以便于令其看起来如此。对巴特勒来说，“表演”和“操演”之间的区别在于，“‘表演’假定了一个主体，而‘操演’与主体的概念本身相冲突”（Butler, 1994: 33）。因此，任何发生的重新表达，都并非一种有意识的选择。通过这种方式，我们可以将时尚的“重复性迭代”过程理解为：在（网格化的）价值体系中构建身体、通过不同的文化代码塑造身体，以及在形塑身体的过程中控制性别界限，等等。而身体的“实例化”，则差异性地重复着每一个时尚周期，提供了可接受规范之外滑动的可能性，也创造了身体存在于社会力量之上的可能性。

操演性和扮装

将“表演”和“操演”相区分，对理解巴特勒的观点至关重要。我们明晰了这一差别，也就懂得了巴特勒所表达的重要观点：我们不能随心所欲地进行任何“性别表演”（gender performance），就如同随意穿上或脱下一件新衣服或定制西装一样。有些人似乎在她的写作中忽视了这一点。巴特勒谨慎地注意到“性别表演”过程的强制性，认为进入构成“意指领域”的重复性实践“并非一种选择”（1990: 148），而是“规范的强制性引用”（1993: 232）。例如，在成为“女孩”的道路上存在一系列变异的可能性，最终会形成“一种不可能完全符合规范的生理上的女性气质”（1993: 232）。也就是说，不管你给她穿上多少褶边和蓬蓬裙，一个女孩仍然是一个“迭代”（iteration），一个社会力量的影子——这些社会力量试图束缚和规定女孩的本质，但它们永远不会成功，因为令一个女孩成为“女孩”的标准是被想象出来的。

因此，在“个体的具身生活”（embodied life of individuals）中工作的本体论预设可以是一种开放的“重新表述”（rearticulation）（2004: 214）。这种开放性，导致了对巴特勒在观点方面的一些困惑之处。她在 1990 年的《性别问题》（*Gender Trouble*）一书中，阐述了“扮装”（drag）和“变装”（cross-dressing）（这两个词语在她的使用中可以互换）的性别表演，而这些阐述被人们误读；这导致了巴特勒随后在接下来的十年中不断对其进行细微调整。她在 1990 年的著作中声明“在模仿性别时，‘扮装’含蓄地揭示了性别本身的模仿结构以及它的偶然性”（1990: 187），于是巴特勒的读者发现很难不将“扮装”的表演性特征用于表面价值上，令其提升为能够颠覆现有性别秩序的行动，并以政治的方式塑造身体。然而，到了 1993 年，巴特勒谨慎地指出：

> 尽管许多读者认为《性别问题》是为了支持扮装表演，以此来颠覆占主导地位的性别规范；但我想强调的是，扮装和颠覆（subversion）之间并没有必然的联系，而且扮装很可能被用于混合性异性恋性别规范的“非自然化”（denatualization）和“再理想化”（reidealization）。（1993：125）

巴特勒后来指出，她并不打算将“扮装”打造为“抵抗政治干预的典范”（2004: 214-215）。相反，由于社会范畴的非封闭性质，“扮装”并没有“颠覆性别规范”，最多只是指出了“本体论的隐性叙述，决定了什么样的身体和性会被认为是真实的，而什么样的不会”（2004: 214-215）。换言之，通过复制主流规范的符号和象征，“扮装”可能会根据它的“程式化”来强化一种观念，即存在一种“正确”和“真实”的男性或女性的方式。然而，需要注意的是，“扮装”是按照存在的顺序揭示了隐含的假设；而这些假设一旦被揭示，就可能遭到“审讯”（interrogated）。

如果我们将“性别操演”的概念局限于“变装”（cross-dressing），就会忽略巴特勒在时尚研究方面非常重要的一方面贡献。“变装”被认为是一种话语行为：无论其意图是否明确具有政治性，它都通过戏仿“男性”和“女性”背后的本质范畴，凸显了性别身份的虚构性。正如性别学者罗斯玛丽・轩尼诗（Rosemary Hennessy）所观察到的：

> 对巴特勒来说，“扮装”不仅仅是“穿衣”或“变装”的问题。它是一种话语实践，通过重复性戏仿，揭示了异性恋性别系统的身份虚构性。作为一种戏仿，“扮装”颠覆了“一个稳定自我”（a stable self）的神话和一种“预先存在”（preexisting）的文化符码和表意系统。（Hennessy, 1994-95: 28）

因此，与其庆祝“扮装”或“变装”爬出异性恋母体的意义；不如寻求对“操演性”更深入理解，探索时尚在塑造性别身材方面所起的作用。这一点，是通过一系列创造了“身体之重”（bodies that matter）的否认过程而达成的（Butler, 1993）。

时尚是赋予身体“可理解性”（intelligibility）的制度之一，也就是说，时尚让身体被人们所了解。因此，通过时尚，身体成为现实的一部分，在这一过程中形成了身份和主体性。时尚的二元对立（什么是时尚的而什么是不时尚的），令身体沿着（鼓励或否认某些类型身体的）轴线发展，并定义了当代文化中身体的定义。对“操演性”最简单的解释是：当我们选择“穿什么”的时候，身体是用来“操演”性别的。巴特勒的思想，质疑了“性别身体的概念是存在于穿衣和实践之外”的观点。

巴特勒对时尚研究的意义

虽然心理学是研究身体最常见的“可理解性”机制之一，然而巴特勒认为心理学是一个有局限的范式。在 20 世纪 30 年代，约翰·弗吕吉（John Flügel）的专著《服装心理学》（*The Psychology of*

Clothes）业已成为用精神分析来研究时装的经典名作。从这本书开始，将衣服本身的意义进行解码（decode）便成为一个常见的主题，例如解构裙摆的社会意义、消解对装饰或禁欲主义的冲动等等。然而，对巴特勒来说，用精神分析来研究服装是有问题的，尤其是当涉及与“性变态的服装再现”（例如恋物癖）这一范畴时。在接受人类学家盖尔·鲁宾（Gayle Rubin）的采访时，她解释道：

> 对我来说，精神分析的解释力似乎在性变异方面是有限的。例如，精神分析会把“恋物癖”（fetishism）同“阉割”（castration）以及“缺失”（lack）联系起来；但当我想到恋物癖的时候，我其实希望知道很多其他的事情——我不知道如果不去考虑橡胶的生产、控制和骑马的技术和装备、军鞋的高抛光泽、丝袜的历史、医疗设备的冰冷品质，或者摩托车的诱惑力（和离开城市在开阔道路上行驶的自由），我们如何能够谈论或理解“恋物癖”或“虐待狂”（sadomasochim）？除此之外，我们还得考察那些城市中的某些街道和公园、红灯区和“廉价娱乐”的影响，以及没有百货公司柜台（堆满了令人向往和迷人的商品）的诱惑……对我来说，恋物癖引发了各种各样的问题，涉及物品制造的转变，也涉及控制、皮肤和社交礼仪的历史和社会属性，或是经验中的身体入侵以及微细的等级制度，等等。如果所有这些复杂的社会信息都最终被简化为“阉割焦虑”“俄狄浦斯情结”（the Oedipus complex）或知晓了自己本不应该知道的东西，那我认为重要的事情都被忽视了。（Rubin，1994:79）

这样一种“重要的事情”，表达了巴特勒的追求——她试图将身体实践放置于特定的社会和历史环境中。从这个角度来看，诸如“同性恋服装”（gay dress）、“女同性恋时尚”（lesbian chic）或服装本身的含义等类别需要更加细微地区分，来对各自所形成的复杂社会形态进行更详细的分析。服装生产的历史、材料的质量、时尚流通和控制的网络等，都必须成为分析的一部分。此外，巴特勒一直质疑弗洛伊德（Freud）对性的基本理解，无论是体现在对时尚、衣服还是其他方面的理解上（详见第 3 章）。她认为时尚分析中常常涉及的“欲望”（desire）和“吸引力”（attraction）都需要被彻底审察。巴特勒尤其质疑弗洛伊德所提出来的“俄狄浦斯情结”这一概念以及与“恋物癖”有关的目标和对象，认为这些业已成为弗洛伊德“最伟大作品”（greatest hits）的概念和理论将我们对于性的理解狭窄化了，而性和性别问题的复杂性应当在更多层面和范围内被重视。[1]

同样，巴特勒也受到时尚研究中的另一位重要人物罗兰·巴特（Roland Barthes）（详见第 8 章）很大的影响。罗兰·巴特将服装视为一种具有独特语法结构的语言；尤其在《时尚体系》（*The Fashion System*）这本时尚研究的奠基性著作中，罗兰·巴特详细阐述了这种语言的语法结构与规则。巴特运用符号学的分析方法，研究时尚体系如何令意义得以产生和流通；他将时尚视为一种语言结构，而将服装视为时尚的一种表达。按照这种结构主义的逻辑，任何事物都可以成

1　有趣的是，尽管巴特勒对弗洛伊德进行了彻底批判，但她同时也是弗洛伊德的崇拜者，正如她在同义词采访中也说过这样一段话：“在某个时刻，我回去读了一些早期的性学著作，意识到弗洛伊德对性变态的学术是辉煌但有限的，他的著作总是会糅合各种非常密集、丰富和有趣的文献。他的聪明、才智和名望，以及精神分析在精神病学中的作用，令其性变异的理论具有了一种典范性的地位。”（1994: 80）

为时尚；它的“时尚性”并非取决于它是什么，而是取决于它在时尚体系中的地位。一旦一系列的符号建立起来，它们就被一致地赋予意义，即便是作为符号载体的物件可能会发生变化。因此，当Fendi的法棍包、Jil Sander的皮革午餐袋手拿包、美甲等各种物件围绕“it”（指流行爆款）的位置像行星围绕恒星一样旋转运动时，只有“it”的位置在体系的逻辑中保持不变。

虽然巴特勒在她的著作中并没有直接地批评过罗兰·巴特，但她主张语言是一把双刃剑，比巴特早期作品对于语言的判断要更为流畅以及更难描绘。巴特勒呼吁坚持“话语和意义的分离”，并将其称为“可能性条件”（condition of possibility）的“表演”（Shulman，2011: 230）。在她看来，语言的“脆弱性”（vulnerability）有两层含义：一方面，我们依靠语言的构成性力量成为生活（主体）中的能动者；另一方面，我们并没有完全被这种力量所控制。由于意指（signification）并不是完美的，所以总是有机会重新进行意指，特别是当语言具有破坏性的时候。例如，如果我们能够控制诸如“婊子”（bitch）、“黑鬼”（nigger）和“怪物”（queer）之类的词语，就可以化解它们的贬义力量，并令曾被这些词语所玷污的群体少一些自我蔑视的感觉。虽然时尚支配和决定风格的力量是绝对的，但事实上，正是高级时尚与低级时尚、街头风格和定制时装之间的可转换性基础上，我们才找到了时尚活力的来源。关于性别，正如文化评论家艾莉森·班克罗夫特（Alison Bancroft）所说：

时尚从一开始就忽略了男人和女人的观念，它把男人放在女人的位置，把女人放在男人的位置，令“跨性别”变成规范（而非怪癖或贬低）。这种对于通常意义上男女二分的漠视与鄙弃，证明性别二元论在时尚领域不起作用——或者从更普遍的意义上来说，性别身份并不存在于生理身体之中。这一点，对于任何熟悉在过去二十年里如火如荼的酷儿理论的人来说，一点也不奇怪。（Bancroft, 2013）

时尚可能是一种令我们容易受到攻击的语言；但巴特勒认为它或许也能够赋予我们力量。这一观点，可从接下来的例子中得到阐发。

如穿衣般露体：波伏娃、巴特勒和大屁股

波伏娃有一张裸体的照片，是由她的情人（可能在她不知情的情况下）所拍摄的。这样一张照片，或许是半开玩笑的即兴发挥；然而照片上波伏娃的屁股为哲学家李奎（Kyoo Lee）提供了一个工具，用以分析巴特勒对波伏娃“性别化身体”思考（正如《第二性》中所阐发的）的发展（Lee, 2013）。李奎认为，巴特勒在“美化被害的精神政治悲喜剧”（psychopolitical tragicomedy of glamorized victimization）中发现了证据，来证明“尽管有必然性的外表和重量，但这种压抑在本质上是偶发的”（Lee, 2013: 189）。在时尚的节奏中，我们可以看到“必要的偶然性融合了程式化的变迁，一同被编码为重要的命令”（2013: 189）。也就是说，一个人永远不可能“处于”（be）

时尚之中，因为时尚总是会成为别的东西；就像一个人永远不可能到达作为女人“存在”（being）的彼岸，或者一个人在性别的过程中总是在“生成”（becoming）某个人一样。正如李奎所说，如果一个女人的生理能决定她的命运，那“她在‘选择’成为一个女人之前或之后就已经是一个女人了；但她只有选择‘生成’一个女人，才能作为一个合适的女人‘存在’”（2013:189）。用巴特勒的话来说：

> 在这种语境下“选择”一个性别，并不是从一个非身体的场所进入性别，而是重新诠释身体所穿戴的文化历史。身体成为一种选择，一种对性别规范的接受进行制定和反应的模式，这种规范同不同类型的身体一样逐渐浮出。（Butler, 1986: 48）

身体总是穿戴了一段文化史，因为文化的世界总是在一个连续而轻松的过程中“不断地、积极地”融入身体之中，“这似乎是一个自然的事实”（Butler，1986: 49）。李奎在波伏娃的裸体中看到了社会性别复杂性的强化，一种“性别认同的‘准服装复杂性’（quasi-sartorial complexity）”，其中“‘裸露的屁股’其实彰显了自然身体总被穿衣的事实，也揭示了身体被（即时而不可逆转）编码的事实”（Lee，2013：190）。时尚的编码，是塑造身体的众角色之一；正因如此，即使是在裸体中，时尚也扮演着一个“由各种（控制着性别社会面貌的）力量所设定的强制性框架”的角色（Butler，1990: 33）。

通过巴特勒思考时尚，令服装和身体之间的界限变得模糊。这样一种观点，在今天的时尚研究中表现出越来越重要的作用。尽管巴特勒的理论和观点对时尚研究影响很大，但她自身在最重要的作品中却并不太关注服装或时尚。不过还是有一些作品显示出她对时尚的精妙评论，例如她针对纪录片《巴黎在燃烧》（*Paris is Burning*）中的“扮装”（drag）文化进行了分析，这也构成了她《身体之重》（*Bodies that Matter*）一书中关于时尚的重要内容。然而，就算在这篇文章中，她也并未讨论特定的时装风格。同样，在讨论一对伴侣作为“夫妻”的“操演”行为时，她也并不太关注服装问题（1993: 229）。包括她在对波伏娃的讨论中也是如此——尽管我们能够在波伏娃的文本中听到缎子的沙沙声和珍珠的咔嚓声，然而巴特勒在《性别问题》中论述波伏娃“生成”（becoming）一个女人的观点时，并未涉及这些细节，而是选择将它们留给读者自己想象（1990）。尽管巴特勒将服装或时尚仅仅留在背景或语境之中，然而她的作品通过向我们展示“裸体即穿衣”（naked body is already clothed），为服装研究开辟了一条道路，令其成为身份建构与体感研究的一部分。这已远远超出了身份政治的范畴。尽管她的工作聚焦于人类身体性别化的过程，然而她所提出的问题（例如人类或非人类的生成过程）具有超越性别的一般化意义。

巴特勒的行动理论

对于身体“操演性”的研究，也包括身体内部和外部的结合处，即身体 / 皮肤的褶皱（fold）。在这些褶皱中，肉身与思想相互融合。巴特勒的研究，能帮助我们更好地质询“身体是什么”以及“身体能做什么”。象征性和物质性不只是相互交织，而且本身就是一体的——

在社会和历史的力量之下，它们并不会单独出现。巴特勒很可能会否认，时尚具有一种单独的象征结构，能够解释任何地方的时尚；相反，她会辩称，我们所谓的时尚，都在由物质和社会偶然事件所构成的动态权力关系中被拒斥。

或许，将巴特勒和物质约束（material constraints）的观念联系得如此紧密，似乎有些奇怪。根据很多对巴特勒解读的导引性文本，她是“语言转向”（linguistic turn）的主要人物之一。“语言转向”的概念源于后现代主义，认为现实只存在于话语中，呼应了法国哲学家雅克·德里达（Jacques Derrida）著名的宣言“文本之外，别无他物”（there is nothing outside of the text）（Derrida, 1976: 158; 另详见第 15 章）。巴特勒在一些著作中也表明，话语似乎就是一切，物质只能以话语的形式变成现实，而文化就是物质。从这个角度来看，时尚是一种将现实赋予身体的话语。

然而，近来新唯物女权主义者（new materialist feminists）对巴特勒作品的重新解读，微妙地改变了这一立场。正如性别学者爱丽丝·范德图因（Iris van der Tuin）所指出的，这是一场正在进行的辩论，其中一些女权主义者“简单地否认”巴特勒的唯物主义，而另一些人则声称“构成了巴特勒作品最终特征的悖论（即我们不在语言之外，但也不是由它决定的）是新唯物主义的最佳起点”（Iris van der Tuin, 2011: 273）。与巴特勒一样，凯伦·巴拉德（Karen Barad）（2003）、罗西·布拉多蒂（Rosi Braidotti）（2002, 2011）、伊丽莎白·格罗斯（Elizabeth Grosz, 1994）、唐娜·哈拉韦（Donna Haraway）（1991）

等女权主义者也论证了身体物质性岌岌可危的事实。[1]伊丽莎白·格罗斯认为这样一这群思想家既不是社会建构主义者，也不是平等主义者。对他们来说，身体并不是一个由文化所书写的表格，而是一个活生生的性别化肉身。因此，这一群体都有“一个基本的、不可还原的两性差异的概念”（Grosz, 1994: 17-18）[2]，认为身体既是主体又是客体，是文化在标记或铭刻过程中的一个能动性（agency）来源。

这样一种观点，允许以新的方式来分析时尚研究中的身体。正如女权主义者理论家伊利亚·帕金斯（Ilya Parkins）所说，在一个整体化的系统中看待时尚，要求“无论在个人对时尚的沟通层面，还是作为大众消费场所的时尚业，都需要考虑到时尚，并正视时尚的能动性”（Parkins, 2008: 510）。正如帕金斯所指出的，这种将时尚既解读为“亲密接触”（intimate encounter）又视为“大众操纵”（mass manipulation）的观点，部分源于巴特勒的“操演性”理论。巴特勒的理论对于女权主义者的“动能性”（agency）概念产生了“巨大的影响”，且将“能动性”独立于意识的目的之外（510）。从这个意义上说，时尚就是巴特勒所谓的“可理解性矩阵”（matrix of intelligibility）（1990）；在这一矩阵中，身体既是“可理解的”，又逃避了“可理解性”。这样一种矛盾，被罗西·布拉多蒂称为身体的“动态结构”（dynamic

1 另参见瑞克·多芬金（Rick Dolphijn）和爱丽丝·范德图因（Iris van der Tuin）编著的《新唯物主义：访谈与地图学》（*New Materialism: Interviews and Cartographies*）（2012）中对凯伦·巴拉德和罗西·布拉多蒂的访谈。

2 格罗斯这里所指的是卢克·伊里加里（Luce Irigaray）、赫勒·辛克索斯（Hélène Cixous）、加亚特里·斯皮瓦克（Gayatri Spivak）、简·盖洛普（Jane Gallop）、莫伊拉·盖滕斯（Moira Gatens）、维姬·柯比（Vicki Kirby）、娜奥米·肖尔（Naomi Schor）和莫妮克·维蒂格（Monique Wittig）等人的作品。

structure)和“生成过程”(process of becoming)之间的张力(Braidotti, 2011: 17)。身体的动态物质性,超越了(沉淀身体的)强迫性重复过程。这种超越,导致了对身体的严格监管,迫使它与文化赋予的“可理解性”门槛保持一致。

这种洞察力,对我自己的时尚研究至关重要。我在模特的日常实践中,发现这种“严格监管”(heavy policing)在控制和调节模特的身体、个性及其整体形象方面的表现(Wissinger, 2009)。例如,经纪人们通过规定女孩们的服装发型、生活环境、旅行节奏、日程安排和社交活动,令这些女孩成为“模特”。[1]经纪人们还会要求模特们谎报年龄,以符合青春和美丽的女性理想。不止如此,许多模特也被鼓励穿高跟鞋以体现女性气质,并接受强制性的测量、严格的个人管理来监控饮食、体重和体型(Wissinger, 2013)。这样一种高度警惕,意味着对身体完整性的持续威胁。“时尚的身体”是通过重复性的动作来塑造和重塑的,这些重复性的动作却从来就无法确保它的“时尚性”。这一方面是因为时尚本身就反复无常,另一方面则源于身体的一种超越规范的倾向——事实上,身体从未完完全全地处于绝对控制之下。

结语

总之,朱迪斯·巴特勒的见解,为我们提供了一个批判性的视角,我们能够借此来思考身体、衣着和权力等议题。巴特勒通过从根本上

1　在模特界,称呼一个模特称为“女人”(woman)是一种侮辱,意思是她太老了,不适合这份工作。

颠覆了男性和女性的自然化区分，为批判性地评估时尚铺平了道路，同时揭示出时尚过程中（未被正式承认）的颠覆性力量。她对身体自然性的质疑，也彰显了身体总是穿着衣服的事实（即便它是裸体的）；这一观点有助于将身体重新纳入服装分析的视域。因此，巴特勒的理论立场，令我们更好地思考时尚的性质——无论作为一种大众系统还是（身体的）亲密接触。同样，巴特勒的作品，向我们展示了身体如何在时尚的话语中被实例化。时至今日，巴特勒的思想，已经成为理解时尚的基础；它为那些想要在看似“肤浅”的时尚中找到深度的人提供了方向。

参考文献

Bancroft, A. (2013) ‘How Fashion Is Queer’ in *The Quouch*, 14 March, retrieved through theqouch.com on 8 January 2014.

Barad, K. (2003) ‘Posthumanist Performativity: How Matter Comes to Matter’ in *Signs: Journal of Women in Culture and Society*, 28 (3): 801-831.

Barthes, R. (1990 [1963]) *The Fashion System*, Berkeley: University of California Press.

Braidotti, R. (2002) *Metamorphoses: Towards a Materialist Theory of Becoming*, Oxford: Polity Press.

—— (2011, 2nd ed) *Nomadic Subjects: Embodiment and Sexual Difference in Contemporary Feminist Theory*, New York: Columbia University Press.

Breward, C. (1995) *The Culture of Fashion*, Manchester: Manchester University Press.

Butler, J. (1986) ‘Sex and Gender in Simone de De Beauvoir’s Second Sex’ in *Yale French Studies*, (72): 35-49.

—— (1990) *Gender Trouble: Feminism and the Subversion of Identity*, New York, London: Routledge.

—— (1993) *Bodies that Matter: On the Discursive Limits of Sex*, New York, London:

Routledge.

—— (2004) *Undoing Gender*, New York, London: Routledge.

—— Osborne, P. and Segal, L. (1994) 'Gender as Performance: An Interview with Judith Butler' in *Radical Philosophy*, 67: 32-39.

Cole, S. (2000) *Don We Now Our Gay Apparel*, London: Bloomsbury.

De Beauvoir, S. (1953) *The Second Sex*, H.M. Parshley (trans and ed), New York: Alfred A. Knopf.

Derrida, J. (1997 [1976]) *Of Grammatology*, Baltimore, MD: Johns Hopkins University Press.

Dolphijn, R. and van der Tuin, I. (2012) *New Materialism: Interviews and Cartographies*, Open Humanities Press.

Erickson, J. and Cogan, J. (1999) *Lesbians, Levis, and Lipstick: The Meaning of Beauty in Our Lives*, New York: Routledge Press.

Flügel, J.C. (1976 [1930]) *The Psychology of Clothes*, Brooklyn, NY: AMS Press.

Geczy, A. and Karaminas, V. (2013) *Queer Style*, London: Bloomsbury.

Grosz, E. (1994) *Volatile Bodies: Toward a Corporeal Feminism*, Indianapolis: Indiana University Press.

Haraway, D. (1991) *Simians, Cyborgs and Women: The Reinvention of Nature*, London: Free Association Books.

Hennessy, R. (1994 -95) 'Queer Visibility in Commodity Culture' in *Cultural Critique*, winter, 29: 31-76.

Lee, K. (2013) 'Should my Bum Look Bigger in This? Re-dressing the De Beauvoirean Femme' in E. Paulicelli and E. Wissinger (eds), *WSQ: Fashion*, 41 (1-2): 184-193.

Parkins, I. (2008) 'Building a Feminist Theory of Fashion' in *Australian Feminist Studies*, 23 (58): 501-515.

Rubin, G. (1994) 'Sexual Traffic: Interview with Judith Butler' in *Differences: A Journal of Feminist Cultural Studies*, 6 (2-3): 62-99.

Shulman, G. (2011) 'On Vulnerability as Judith Butler's Language of Politics: From Excitable Speech to Precarious Life' in *WSQ*, 39 (1-2): 227-235.

Steele, V. (1997) *Fetish: Fashion, Sex, and Power*, New York: Oxford University Press.

—— (2003) *The Corset, A Cultural History*, New Haven, CT: Yale University Press.

—— (2013) *A Queer History of Fashion: From the Closet to the Catwalk*, New Haven, CT: Yale University Press.

—— and Borelli, L. (2000) *Handbags: A Lexicon of Style*, New York: Rizzoli.

Van der Tuin, I. (2011) 'New Feminist Materialisms: Review Essay' in *Women's Studies International Forum*, 34 (4): 271-277.

Wissinger, E. (2009) 'Modeling Consumption: Fashion Modeling Work in Contemporary Society' in *Journal of Consumer Culture*, 9 (2): 273-296.

—— (2013) 'Fashion Modeling, Blink Technologies and New Imaging Regimes' in D. Bartlett, S. Cole and A. Rocamora (eds), *Fashion Media: Past and Present*, London: Bloomsbury.

—— (forthcoming) *Fashion Modeling in the Age of the Blink*, New York: New York University Press.

CONTRIBUTORS

各章作者简介

乔安妮·恩特威斯特（Joanne Entwistle），伦敦国王学院文化、媒体和创业产业系高级讲师。她在时尚、服装和身体研究方面著述颇丰，包括《时尚的身体：时尚，服装和现代社会理论》（*The Fashioned Body: Fashion, Dress and Modern Social Theory*）以及《美学的经济：衣服和模特中的市场和价值》（*The Aesthetic Economy: Markets and Value in Clothing and Modeling*）等。她最新的研究“光线的构形”探讨物质文化中光的问题。

亚当·格奇（Adam Geczy），澳大利亚悉尼大学悉尼艺术学院高级讲师、学术委员会主席。在二十多年的艺术实践中，他的影像艺术、雕塑装置和行为艺术作品在澳大利亚、亚洲和欧洲广泛展出，受到广泛赞誉。他的著作包括《时尚与东方主义》（*Fashion and Orientalism*, 2013）、《重构艺术》（*Reframing Art*）（与迈克尔·卡特 [Michael Carter] 合著），《时尚的艺术》（*Fashionable Art*）（与杰克琳·米勒 [Jacqueline Millner] 合著）、《酷儿风格》（*Queer Style*）（与维基·卡拉米纳斯 [Vicki Karaminas] 合著）、《双重时尚：绘画、摄影和电影中时尚再现》(*Double: Representations of Fashion in Painting, Photography and Film*)(与维基·卡拉米纳斯合编)、《时尚与艺术》(*Fashion and Art*)(与维基·卡拉米纳斯合编)等。此外,他的专著《艺术:历史、理论和例外》(*Art: Histories, Theories and Exceptions*)曾于 2009 年艺术类学术著作读者选择奖。他的下一个研究项目是关于模特、人台和木偶。

艾莉森·基尔(Alison Gill),澳大利亚西悉尼大学人文与传播艺术学院设计系教师。她的研究兴趣包括设计哲学、批判理论、物质文化和设计社会学等,发表论文涵盖体育产品广告、解构主义时尚、受众实践、可持续材料文化(包括服装)等领域。她曾与麦力克·洛佩斯(Mellick Lopes)共同发表可持续性设计教学项目“记录遗弃的产品”(Recording Abandoned Products)(2012),该项目来源于 2011 年利用社会实践理论调研多模式设计中“穿衣和磨损”的合作研究“论穿衣”(On Wearing)。她于 2014 年联合编辑了一期关于设计和社会实践理论的杂志组稿。

弗朗西斯卡·格拉纳塔(Francesca Granata),纽约帕森斯设计学院艺术与设计史论学院助理教授、时尚研究硕士学位主任。她是非营利性期刊《时尚项目》(*Fashion Projects*)(fashion-projects.org)的创始人和编辑。《时尚项目》主要由纽约艺术基金会赞助,下区曼哈顿文化委员会和纽约市文化事务部也投入了资金支持。她博士毕业于伦敦中央圣马丁艺术大学,获得过伦敦艺术大学和大都会艺术博物馆的奖学金。她的论文发表于《时尚理论》(*Fashion Theory*)、《时尚实践》(*Fashion Practice*)、《设计史期刊》(*The Journal of*

Design History）以及其他一些图书和展览册。她的专著《实验时尚：表演艺术、嘉年华和怪诞身体》（*Experimental Fashion: Performance Art, Carnival and the Grotesque Body*）已于 2017 年出版。

保罗 · 乔布林（Paul Jobling），布莱顿大学人文学院高级讲师。他的著作包括《时尚传播：1980 年以来时尚摄影中的文字与图像》（*Fashion Spreads: Word and Image in Fashion Photography since 1980*）、《男人魅力：广告、男装与现代主义》(*Man Appeal: Advertising, Menswear and Modernism*)、《广告男装：1945 年以来英国大众传媒中的男性气质与男装》（*Advertising Menswear: Masculinities and Menswear in the British Mass Media Since 1945*）等。

维基 · 卡拉米纳斯（Vicki Karaminas），新西兰惠灵顿梅西大学创意艺术学院教授、博士学位副主任。她与亚当·格奇（Adam Geczy）共同编辑了《时尚与艺术》（*Fashion and Art*）和《双重时尚：绘画、摄影和电影中时尚再现》（*Double: Representations of Fashion in Painting, Photography and Film*），并共同撰写了《酷儿风格》（*Queer Style*）。她也与彼得 · 麦克尼尔（Peter McNeil）共同编辑了《小说中的时尚：文学、影视中的文字与服装》（*Fashion in Fiction: Text and Clothing in Literature, Film and Television*）以及《男性时尚读本》（*The Men's Fashion Reader*）。她的合著作品包括《上海街头风格》（*Shanghai Street Style*）[与托尼·伍兹（Toni Woods）合著]、《悉尼街头风格》（*Sydney Street Style*）[与托尼 · 伍兹和贾斯汀 · 泰勒（Justine Taylor）合著]、《流行文化时尚》[与约瑟夫 · 汉考克（Joseph Hancock）和托尼 · 伍兹合著] 等。

彼得·麦克尼尔（Peter McNeil），悉尼理工大学设计史系教授和研究院副院长，斯德哥尔摩大学时尚研究系教授。他的研究兴趣主要集中于时尚文化史及其同艺术、设计和物质文化的互动等方面。他出版了许多关于时尚的著作，包括《鞋：从凉鞋到运动鞋的历史》（*Shoes: A History from Sandals to Sneakers*）[与乔治·里埃洛（Giorgio Riello）合著，2006、2011]。近期的出版计划包括《奢侈的“长”历史》（*The 'Long' History of Luxury*）以及《时尚书写和批评》（*Fashion Writing and Criticism*）等。他目前还在洛杉矶艺术博物馆展出“统治男性”（'Reigning Men'），这是有史以来规模最大的男性时尚展览。2014年6月，他被芬兰学院任命为阿尔托大学服装领域的杰出教授。

詹妮斯·米勒（Janice Miller），伦敦艺术大学伦敦时装学院文化与历史研究系高级讲师。她的研究主要聚焦于时尚的意义及各种表演形式，发表了多篇期刊论文、书评和专书章节，并著有《时尚与音乐》（*Fashion and Music*）。她最近的研究兴趣是妆容、体感与认同之间的关系，其中探讨男性气质和妆容之间文化关系的论文发表于2014年《男性时尚评论研究》（*Critical Studies in Men's Fashion*）杂志。她最新的研究除了进一步探讨化妆的文化意义，也关注时尚与社会阶层之间的关系。

卢埃琳·内格林（Llewellyn Negrin），澳大利亚塔斯马尼亚大学艺术学院艺术与设计理论系主任和高级讲师。她在时尚理论领域发表了大量著作，包括专著《外表与身份：在后现代中塑造身体》（*Appearance and Identity: Fashioning the Body in Postmodernity*）和几本论文集。她的文章发表于《理论》(*Theory*)、《文化与社会》(*Culture & Society*)、《身体与社会》(*Body & Society*)、《哲学与社会批评》(*Philosophy & Social Criticism*)、《欧洲文化研究杂志》(*European Journal of Cultural Studies*)和《女权主义理论》(*Feminist Theory*)等，主要探讨艺术和艺术机构在后现代文化中的角色、美学在日常生活中的作用以及时尚和身体的理论。

奥雷·范德佩尔（Aurélie Van de Peer），根特大学哲学博士，比利时鲁汶大学社会学博士。她的研究探索了 20 世纪和 21 世纪初纸质时尚新闻业中的政治。她的文章发表于《时尚理论》(*Fashion Theory*)、《文化社会学》(*Cultural Sociology*)、《国际文化研究》(*The International Journal of Cultural Studies*)和《诗学》(*Poetics*)等期刊。

安格内·罗卡莫拉（Agnès Rocamora），伦敦艺术大学伦敦时装学院社会和文化研究系讲读者（Reader）。她是《时尚城市：巴黎、时尚与媒体》(*Fashioning the City: Paris, Fashion and the Media*, 2009)一书的作者，并联合编辑了《时尚研究手册》(*The Handbook of Fashion Studies*)和《时尚媒体：过去与现在》(*Fashion Media: Past and Present*)。她的时尚研究论文发表于《时尚理论》(*Fashion Theory*)、《新闻实践》(*Journalism Practice*)、《社会学》(*Sociology*)和《消费文化杂志》(*the Journal of Consumer Culture*)等期刊以及《时尚的世界城市》(*Fashion's World Cities*)和《作为摄影的时尚》(*Fashion as Photograph*)等论文集。她也是《国际时尚研究杂志》(*International Journal of Fashion Studies*)的联合编辑，目前正在撰写一本关于时尚与数字媒体的书。

安妮克·斯莫里克（Anneke Smelik），荷兰拉德堡德大学卡蒂恩·范蒙斯特讲席教授，“创意产业”硕士学位主任，主要研究领域为视觉文化。她的编著（包括合编）包括《从代尔夫特蓝到牛仔蓝：当代荷兰时尚》（*From Delft Blue to Denim Blue, Contemporary Dutch Fashion*）、《艺术与大众文化中的表演记忆》（*Performing Memory in Art and Popular Culture*）、《视觉文化中的科学想象》（*The Scientific Imaginary in Visual Culture*）、《艺术中的记忆技术》（*Technologies of Memory in the Arts*）、《生活点滴：媒体、生物科学和技术交叉点上的女性主义》（*Bits of Life: Feminism at the Intersections of Media, Bioscience, and Technology*）等。她的专著包括《镜中破碎：女权主义电影和电影理论》（*And the Mirror Cracked: Feminist Cinema and Film Theory*）以及几本视觉文化领域（荷兰语）的书和一本关于流行文化中机器人的读物。她也是荷兰科学研究所“打造可穿戴产品；时尚技术”（Crafting Wearables; Fashionable Technology）研究项目的负责人。

安东尼·沙利文（Anthony Sullivan），伦敦时装学院文化与历史研究系高级讲师。他曾发表过多篇论文，内容涉及 2011 年英国夏季骚乱中品牌的作用以及课堂对青少年品牌消费的影响等。他参与撰写了《威利·布莱克威尔消费与消费者研究百科全书》（*The Wiley Blackwell Encyclopaedia of Consumption and Consumer Studies*）一书。其专著《品牌时尚：沟通自我与社会消费者》（*Branding Fashion: Bridging the Self and the Social Consumer*）即将出版。

伊夫兰特·特斯隆（Efrat Tseëlon），利兹大学设计学院时装理论系主任。博士毕业于牛津大学，博士论文聚焦于传播与服饰的交互关系，此后发展了批判时尚研究视角。她将时尚研究的议题从设计师时尚延伸到普通服装，将焦点从传统礼仪服饰转向日常衣柜设计，并对固定含义的服装客体的语言概念发起了挑战，将其视为意义协商的过程。她是时尚研究《智识丛书》（*Intellect Books*）系列的策划者，也是《时尚与美容批判研究》（*Critical Studies in Fashion & Beauty*）杂志的主编。她在专著《女性气质的面具》（*The Masque of Femininity*, 1995）和《化装与身份》（*Masquerade & Identities*, 2001）中分别发展了作为性别意识形态建构的时尚理论以及作为身份批判技术的化装理论，又在 2013 年的专著《时尚伦理学》（*Fashion Ethics*）中将道德时尚作为一种意识形态话语进行了分析。

简·泰南（Jane Tynan），伦敦艺术大学中央圣马丁分校讲师。她发表的论文聚焦于艺术、设计、时尚和身体等领域。在 2013 年出版的《英国军装与第一次世界大战：穿卡其的男人》（*British Army Uniform and the First World War: Men in Khaki*）一书中，她探讨了英国军装在西线战役中的社会意义，尤其是卡其布如何体现性别、社会阶层和种族并影响了裁缝业，从而成为和平主义抵抗的试金石。她目前的研究关注的是由非暴力反抗和叛乱所创造的美学实践。

伊丽莎白·威斯辛格（Elizabeth Wissinger），纽约城市大学社会学系副教授，主要教授时尚理论。她的主要研究兴趣为时尚、技术和身体，其著作获得了多项资助和奖项，包括两次梅隆奖、人文科学中心的奖金以及纽约大学研究生院跨学科科学研究中心的奖金。她的专著《时尚媒体：过去与现在》（*Fashion Media: Past and Present*）讨论了时尚和图像机制，而在《消费文化杂志》（*Journal of Consumer Culture*）上发表的论文《模特消费：当代社会的时尚模特工作》（*Modeling Consumption: Fashion Modeling Work in Contemporary Society*）则探究了时尚与品牌的议题。她与乔安妮·恩特威斯特合编了一本论文集《时尚模特：形象、文本和产业》（*Fashioning Models: Image, Text, and Industry*）。她最近的工作包括《华尔街日报》关于时尚的专刊编辑以及一本关于时尚模特魅力的专著。她的下一个研究焦点，是可穿戴技术及其引发的身体优化和增强问题。

INDEX

索引

deconstructionism：解构主义
Deleuze, Gilles：吉尔·德勒兹
Delsaut, Yvette：伊维特·德尔索
demi-monde：风流社会
Derrida, Jacques：雅克·德里达
dialectical image：辩证形象
Dialogism：对话理论
Diderot, Denis：德尼·狄德罗
Dior（品牌名）
discourse：话语
distinction：区分
Dongen, Pauline van：波琳·范·东恩
Doré, Garance：嘉兰丝·多尔

Eisenstein, Sergei：谢尔盖·爱森斯坦
Elle（杂志）
Engels, Friedrich：弗里德里希·恩格斯
Entwistle, Joanne：乔安妮·恩特威斯特
ethnomethodology：民族志

Facebook：脸书
'Fashion' (Simmel)：《时尚》
fast fashion：快时尚
Femen："费曼"团体
Feminism：女性主义
fetishism：拜物教 / 恋物癖
field theory：场域理论
Filmer, Naomi：娜奥米·菲尔默
first-order observation：一阶观察
Fittko, Lisa：丽萨·菲特克
flâneurs：漫游者
Flügel, J.C.：约翰·弗吕吉
fold：褶皱
Formichetti, Nicola：尼古拉·弗米切蒂
Foucault, Michel：米歇尔·福柯
Frankfurt School：法兰克福学派
Freud, Sigmund：西格蒙德·弗洛伊德
Frisby, David：戴维·弗里斯比
Furstenberg, Diane von：黛安·冯·芙丝汀宝

Jones, Grace：葛蕾丝·琼斯
Jugend（期刊）：《青年》
Jugendstil：新青年艺术风格

Kant, Immanuel：伊曼努尔·康德
Kawakubo, Rei：川久保玲
Kling, Elin：艾琳·克林
Knight, Nick：尼克·奈特
Kristeva, Julia：茱莉亚·克里斯蒂娃

labour：劳动
Lacan, Jacques：雅克·拉康
Lagerfeld, Karl：卡尔·拉格斐
Latour, Bruno：布鲁诺·拉图尔
Lau, Susie：苏西·刘
Lauren, Ralph：拉尔夫·劳伦
Lee, Kyoo：李奎
Lefebvre, Henri：亨利·列斐伏尔
Leibniz, Gottfried：戈特弗里德·莱布尼茨
linguistic turn：语言学转向
logocentrism：逻各斯中心主义
Louis Vuitton（品牌名）
Lucy and Bart：露西与巴特
Luhmann, Niklas：尼克拉斯·卢曼

Madonna：麦当娜
'Magic Fashion' (Wilson)：《魔法时尚》
Mallarmé, Stéphane：斯特凡·马拉美
Manet, Edouard：埃杜尔·马奈
Margiela, Martin：马丁·马吉拉
Marie-Claire（杂志）
Marx, Karl：卡尔·马克思
materialism：唯物主义
maternity：母性
McQueen, Alexander：亚历山大·麦昆
McRae, Lucy：露西·麦克雷
Menkes, Suzy：苏西·门克斯
Merleau-Ponty, Maurice：莫里斯·梅洛–庞蒂
Metamorphosis：变形

Proust, Marcel：马塞尔・普鲁斯特
psychic systems：心理系统
psychoanalysis：精神分析
punk：朋克
putting-out system：家庭工包制
'pyjama wearing'："穿睡衣"运动

queer studies：酷儿研究

Rabelais, François：弗朗索瓦・拉伯雷
racism：种族主义
Rembrandt van Rijn：伦勃朗・凡・莱茵
Remembrance of Things Past (Proust)：《追忆似水年华》
Renaissance, the：文艺复兴
Ribeiro, Aileen：艾琳・里贝罗
Richardson, Terry：泰利・理查森
Rilke, Rainer Maria：赖内・马利亚・里尔克
Riviere, Joan：琼・里维埃
Rodin, Auguste：奥古斯特・罗丹
Rorty, Richard：理查德・罗蒂

Saint Laurent, Yves：伊夫・圣罗兰
Salz, Arthur：亚瑟・萨尔兹
Sartre, Jean-Paul：让 – 保罗・萨特
Saussure, Ferdinand de：费尔迪南・德・索绪尔
Schiaparelli, Elsa：艾尔莎・夏帕瑞丽
Scholem, Gershon：葛森・肖勒姆
Schuman, Scott：斯科特・舒曼
science and technology studies (STS)：科学与技术研究
seams：接缝
second-order observation：二阶观察
seduction：诱惑
segmentary differentiation：分支式分化
Selfridges：塞尔福里奇百货公司
semantics：语义学
semiotics：符号学
sexuality：性 / 性存在
signified：所指
signifier：能指

unconscious, the：无意识
uniforms：制服

Veblen, Thorstein：托斯丹·凡勃伦
veil, the：面纱
Velde, Henry van de：亨利·凡·德·威尔德
vie quotidienne, la：“日常研究”
Viktor & Rolf（品牌名）
vintage fashion：复古时尚
Vionnet：薇欧奈
Vogue（杂志）

Walmart：沃尔玛
Werkbund：制造同盟
Westwood, Vivienne：薇薇安·韦斯特伍特
Wilde, Oscar：奥斯卡·王尔德
Willhelm, Bernhard：本哈德·威荷姆
Wintour, Anna：安娜·温图尔
Wipprecht, Anouk：艾纽克·维普雷希特
Wolkoff et Arnodin：沃尔科夫与阿诺丹公司
working classes：工人阶级
Worth, Charles Frederick：查尔斯·弗雷德里克·沃斯
‘written clothing’：“书写服装”

Young, Iris Marion：艾瑞斯·马里翁·杨

译后记

“时尚”在今天的社会变得越来越重要。作为我们日常生活不可分割的一部分，时尚的概念早已超出了衣饰、外观、风格和流行的范畴，不仅涉及各式各样的社会实践、视觉再现与物质文化，而且同政治、经济、文化、意识形态等产生了复杂而密切的关联。从时尚杂志的女星照片到模特产业的身材管理，从国际 T 台的民族品牌到时尚博客的花边新闻，从军队制服的集体管束到皮革毛发的恋物癖好，从历史上的“裹小脚”和“剪辫子”到科技化的“小米手环”和“谷歌眼镜”，从全球化的时尚产业链到网络状的服装“集群体”……我们在任何时间和地点都会面对这些纷繁芜杂的时尚现象，并希望能以一种更为理性化和深度化的方式来“透过现象看本质”，认清和掌握时尚的特征与规律。要达到这样的目的，这本书为我们提供了最好的理论工具。

从学术的角度来说，“时尚研究”已经成为当下欧美炙手可热、方兴未艾的研究领域，既具有前沿性又具有普适性。通过时尚来进行批判性思考，既令人兴奋又富有挑战性，它依赖于我们创造性地运用一系列文化理论和概念的能力。这本书从 19 世纪和 20 世纪的人文社科领域中撷取最杰出的思想家（包括马克思、弗洛伊德、西美尔、本雅明、巴赫金、梅洛－庞蒂、罗兰·巴特、欧文·戈夫曼、德勒兹、福柯、卢曼、鲍德里亚、德里达、拉图尔、巴特勒等），在对其重要理论含英咀华的基础上，淬炼与时尚相关的内容，形成“时尚研究”领域最为经典的理论读本。这一读本旨在通过时尚理论来理解和批判相关的社会文化议题，并学会运用时尚理论来分析现实实践和文化再现中的服装文本。读者不仅能够掌握最前沿的与时尚、服饰或物质文化相关的社会文化理论，而且能够培养批判性的学术思考和研究能力。

相对于欧美学界在“时尚”研究成果上的推陈出新，国内相关学科还并未重视这一重要的交叉学科，无论在艺术史、社会学、文化研究还是美学等领域，都未有重量级的成果出现。在西方时尚理论的整理和研究方面，为数不多的文章聚焦于西美尔、罗兰·巴特、鲍德里亚和布尔迪厄这几位学者身上，既缺乏对更多理论的探讨，也少有深度化的研究。此外，对于中国民族化、本土化时尚理论的挖掘和探索，在各个相关学科的研究中更是缺乏。从这个角度来说，本书希望能够具有一种开拓性的作用，推动国内更多社会学、文艺学、文化研究等领域的学者来参与时尚理论、文本和现象的研究。

这一理论读本隶属交叉学科，对于艺术史、创意产业、社会学、美术与设计学、城市研究、文化研究等学术或职业领域的读者来说都能有所助益。本书在翻译时，尽量保持和尊重原文的学术规范与论文腔调。对于文中批判理论和时尚领域的关键词，我们在正文中将其译为中文的同时也保留了原文，也在书后梳理了索引。每一章的参考书目保留了英文，希望有助于研究者和读者对原文的进一步参考。图表方面也同英文原作一致。如有疏漏之处，还盼各研究领域的专家指正。

图书在版编目(CIP)数据

时尚的启迪：关键理论家导读 / (英) 安格内·罗卡莫拉 (Agnès Rocamora), (荷) 安妮克·斯莫里克 (Anneke Smelik) 编著; 陈涛, 李逸译. -- 重庆: 重庆大学出版社, 2021.1 (2021.12重印)

(万花筒)

书名原文: Thinking Through Fashion: A Guide to Key Theorists

ISBN 978-7-5689-2286-9

Ⅰ. ①时… Ⅱ. ①安… ②安… ③陈… ④李… Ⅲ. ①社会生活–研究 Ⅳ. ①C913.3

中国版本图书馆CIP数据核字(2020)第115411号

时尚的启迪：关键理论家导读

SHISHANG DE QIDI: GUANJIAN LILUNJIA DAODU

[英] 安格内·罗卡莫拉　[荷] 安妮克·斯莫里克　编著

陈　涛　李　逸　译

责任编辑：张　维

责任校对：杨育彪

装帧设计：崔晓晋

责任印制：张　策

重庆大学出版社出版发行

出版人：饶帮华

社址：(401331) 重庆市沙坪坝区大学城西路 21 号

网址：http://www.cqup.com.cn

网址：北京盛通印刷股份有限公司

开本：880mm × 1230mm　1/16　印张：13.75　字数：320 千

2021 年 1 月第 1 版　　2021 年 12 月第 2 次印刷

ISBN 978-7-5689-2286-9　定价：99.00 元

'Thinking Through Fashion: A Guide to Key Theorists' published by arrangement with I.B. Tauris & Co Ltd, London
The original English edition of this book published in 2016 by I.B. Tauris & Co. Ltd

版权登记号：2017-113

陈涛

新加坡南洋理工大学哲学博士，现为中国人民大学文学院副教授、硕士生导师，著有《穿城观影：中国当代影像的空间生产与体感》《城市与现代性：重绘早期欧美电影》《底层再现：中国当代电影中的城市游民》《电影导论》等，并译有《高行健与跨文化剧场》《银色金属恋人》《一只鸟的选择》《再见，西方文化》等。

李逸

中国人民大学文学院 2017 级硕士研究生，译有《秀场后排故事：一个真实的时尚圈》，论文发表于《北京电影学院学报》《四川戏剧》《电影评介》《东张西望：文图学与亚洲视界》等。

万花筒——身体、服饰与文化系列

《巴黎时尚界的日本浪潮》
《时尚的艺术与批评》
《时尚都市：快时尚的代价与服装业的未来》
《梦想的装扮：时尚与现代性》
《男装革命：当代男性时尚的转变》
《时尚的启迪：关键理论家导读》
《前沿时尚：景观、现代性与死亡》（即将出版）